역사 속의 영웅들

HEROES OF HISTORY:
A Brief History of Civilization from Ancient Times to
the Dawn of the Modern Age
by Will Durnat
Copyright © 2001 by John Little and the Estate of Will Durnat
All rights reserved.

This Korean edition was published by Gimm-Young Publishers, Inc.
in 2011 by arrangement with Simon & Schuster, Inc., New York
through KCC(Korea Copyright Center Inc.), Seoul

Heroes
of
History

**A Brief History of Civilization
from Ancient Times to the
Dawn of the Modern Age**

역사 속의 영웅들

윌 듀런트 지음 | 안인희 옮김

김영사

역사 속의 영웅들

저자_ 윌 듀런트
역자_ 안인희

1판 1쇄 인쇄_ 2011. 9. 1.
1판 1쇄 발행_ 2011. 9. 14.

발행처_ 김영사
발행인_ 박은주

등록번호_ 제406-2003-036호
등록일자_ 1979. 5. 17.

경기도 파주시 교하읍 문발리 출판단지 515-1 우편번호 413-756
마케팅부 031)955-3100, 편집부 031)955-3250, 팩시밀리 031)955-3111

이 책의 한국어판 저작권은 (주)한국저작권센터(KCC)를 통한
저작권자와의 독점계약으로 김영사에 있습니다.
저작권법에 의해 한국 내에서 보호를 받는 저작물이므로 무단전재와 복제를 금합니다.

값은 뒤표지에 있습니다.
ISBN 978-89-349-5466-8 04900
　　　978-89-349-5488-0 (세트)

독자의견 전화_ 031)955-3200
홈페이지_ http://www.gimmyoung.com
이메일_ bestbook@gimmyoung.com

좋은 독자가 좋은 책을 만듭니다.
김영사는 독자 여러분의 의견에 항상 귀 기울이고 있습니다.

역사 속의 영웅들

|

자신의 삶을 통합적인 관점에서 바라보려는 사람들,
도그마와 선입견을 피하고, 깨닫는 지혜와
용서하는 분별력을 바라는 모든 사람들에게.

내게 문학과 예술과 과학과 철학에 대한 사랑을 심어주신
부모님 윌리엄 리틀과 코린 리틀 님께,
그렇게 해서 삶과 일에 대해, 또 윌 듀런트의
메시지에 감사드릴 씨앗을 뿌려주셨으니.

그리고 알렉산더, 크리스토퍼, 서배스천에게도.
위대한 조부모님이 그들에게 남겨주기 위해
그토록 애쓴 문화유산의 의미와 풍요로움을 더 잘
이해하기를 바라며.

존 리틀

차례

들어가며 역사는 사례를 통해 가르치는 철학이다 ·········· 8

제1장 문명이란 무엇인가 ·········· 17

제2장 공자와 추방당한 신선 ·········· 27

제3장 붓다에서 인디라 간디까지 ·········· 45

제4장 피라미드에서 이크나톤까지 ·········· 59

제5장 구약 성서의 철학과 시 ·········· 79

제6장 페리클레스에 이르는 길 ·········· 99

제7장 아테네의 황금시대 ·········· 117

제8장 플라톤에서 알렉산드로스 대왕까지 ·········· 143

제9장 로마 공화국 ·········· 169

제10장 로마의 혁명 ·········· 193

제11장 로마 제국 ·········· 223

Heroes of History:
A Brief History of Civilization from Ancient Times to the Dawn of the Modern Age

제12장 네로와 아우렐리우스 ············ 237

제13장 인간 그리스도 ············ 253

제14장 기독교의 성장 ············ 271

제15장 르네상스 1: 레오나르도 다빈치를 중심으로 ············ 293

제16장 르네상스 2: 로마 ············ 343

제17장 르네상스 3: 베네치아의 일몰 ············ 381

제18장 종교 개혁 1: 위클리프와 에라스무스 ············ 395

제19장 종교 개혁 2: 루터와 공산주의자들 ············ 429

제20장 가톨릭 종교 개혁 ············ 469

제21장 셰익스피어와 베이컨 ············ 491

옮긴이의 글 귀 있는 이여, 들어보라
해석학으로 역사읽기 ············ 531

들어가며

역사는 사례를 통해 가르치는 철학이다

퓰리처상 수상 작가인 윌 듀런트Will Durant는 죽기 4년 전에 자신의 마지막 작품을 쓰기 시작했다. 아내와 딸까지 힘을 합쳐 이미 높은 찬사를 받은 자신의 대작 '문명 이야기The Story of Civilization'를 축약한 책을 내놓으려는 시도였다. 완성하기까지 50년이 걸린 이 대규모 기획에서 듀런트는 (아내 에이리얼의 도움을 받아) 총 11권의 책으로 110세기(1만 1000년) 이상의 시대에 대한 통합된 개관을 내놓았다.

듀런트는 대중 매체와 정보 통신의 세계에서 벌어지는 변화를 날카롭게 의식했다. 녹음기, 텔레비전, 영화 등은 모두 현대 독자층의 관심을 잡아끄는 만만찮은 경쟁 상대였다. 그에 반해 '문명 이야기' 제1권이 나오던 1935년에 서적 매체의 경쟁 상대라고는 영화와 당시만 해도 비교적 새로운 라디오뿐이었다. 1977년에 듀런트의 딸 에설은 부모가 완성한 저술의 독자층을 넓히겠다는 희망을 품고, '문명 이야기'를 토대로 텔레비전 미니 시리즈를 만들기로 파라마운트 스튜디오와 계약하고, 또 스튜디오 측에서 고무적인 소식을 받았다.

출판의 얼굴도 변하고 있었다. 한때 사람들은 큰 책을 좋아했는데, 이제는 작은 책에서 정보와 오락을 얻기를 원했다. 대중은 큰 책에 시간을 바칠 여유가 없어진 것이다. 큰 책들을 즐거움보다는 위압적인 노동으로 여기게 된 것이다. 현대의 독자와 함께하기에 더욱 효과적인 오락 및 교육의 형태를 찾던 윌 듀런트는 '미니 토크' 시리즈, 곧 오디오 녹음 강의 시리즈를 만들기로 했다. 인류 역사에서 핵심적인 인물과 사건에만 초점을 맞춘 내용이었다. 이 아이디어가 듀런트의 마음에 들었다. 에설이 녹음을 주선했지만 1977년 3월 7일 딸에게 보낸 편지에서, 그는 아흔둘이라는 나이에 이런 작업을 완성할 능력이 있을지에 대한 두려움을 표현했다.

맑은 정신으로 프로그램을 살펴보고 있다. 지적인 가미카제 특공대 한 쌍을 위한 계획을 내가 세웠구나. 에이리얼이 도와준다고 해도 그토록 야심찬 일정을 구상하고 낭송하는 일이 내 육체적 능력의 한계를 넘는 일이라는 걸 알겠다. …… 죽음의 신이 우리를 찾아냈다고 생각한다. 점점 흐려지는 기억력, 불안정한 걸음걸이, 그리고 다리에 새로 생긴 경직 등의 모습으로 죽음이 명함을 남기고 갔으니 말이다. 죽음의 이런 예고가 나를 슬프게 하지는 않는다. 내가 필요 이상 오래 살았음을 부끄럽게 여겨야 할 것 같다. 어쨌든 너나 파라마운트가 나의 영속성을 믿고 에너지와 돈을 투자하게 만들진 말아야겠다.

그런데도 듀런트는 현대 독자에게 흥미와 이익이 된다고 생각되는 임시 명단을 역사에서 추려냈다. 그가 추려낸 명단은 공자에서 이태백과 에이브러햄 링컨을 거쳐 월트 휘트먼에 이르는 것이었다. 이런 구상은 단순한 나열을 넘어서서 중요한 것이었다. 그것은 역사상의 위대한 남녀의 업적과 삶에 대해 보통 사람이 듀런트 부부에게서 직접 배울 수 있게 해주는 일이 될 것이다. 미국에서 가장 찬양받는 역사가 두 명이 인류 역사의 풍경을 이룬 시인·예술가·정치가·철학자 들의 의미에 대해 설명하는 것을 녹음테이프라는 마법을 통해 들을 수 있게 되는 것이다. 이 테이프들은 듀런트 부부가 베푸는 개인 교습이 될 것이다. 그것도 얼마든지 거듭 들을 수 있는 것으로, 이것이야말로 새로운 교육의 수단이 된다. 듀런트의 생각으로는 '역사는 사례를 통해 가르치는 철학'이다.

그가 이 일에 열을 올리고 있을 때 온통 창조적인 바람이 그의 돛을 향해 불어왔고, 듀런트는 생애에서 가장 창조적이고 생산적인 한 시기를 맞았다. 이듬해 8월까지 그는 이 모험을 위해 19개의 대본을 썼다. 그리고 아내 에이리얼과 함께 그중 상당수를 녹음했다. 바로 이 무렵, 약간만 수정을 가한다면 이 오디오 강의 대본이 친절한 책으로 변할 수 있으리라는 생각이 그의 머릿속에 떠올랐다.

1978년 8월 25일, 그는 딸에게 이렇게 써 보냈다.

'18번째 이야기'라고 적어 밀봉해서 잘 보관해두었다. 19번째 이야기는 타이핑을 끝냈지만 아직 수정은 못했다. 가톨릭 종교 개혁

(1517~1563) 부분인데 17쪽 분량이 될 것이다. 나는 이 에세이를 텔레비전보다는 오히려 《역사 속의 영웅들Heroes of History》이라는 책으로 낼 생각이기에 이전의 대본들보다 약간 양을 늘렸다. 대략 23쪽 정도가 될 것 같다.

듀런트의 마음에 이제 질문은 없었다. 이것은 철학으로서의 역사라는 자신의 사유를 전파하는 일에서 마지막 시도가 될 참이었다.

역사란 내게는 철학의 한 부분이다. 철학은 광범위한 전망을 얻으려는 시도이다. 삶과 현실의 광범위한 전망, 곧 당신의 태도를 현실이나 삶의 특정한 부분을 향해 이끌어가는 광범위한 전망 말이다. 예를 들면 그것은 당신을 더욱 이해력 있고, 용서를 잘하는 사람으로 만들어줄까? 당신은 적어도 두 가지 방식으로 광범위한 전망을 얻을 수 있다. 그중 하나는 과학을 통해서다. 그것은 겉으로 드러난 현실의 모든 양상에 색깔을 주는 다양한 과학을 공부하는 방법이다. 다른 하나는 역사를 공부함으로써 광범위한 전망을 얻을 수 있다. 그것은 공간 속의 사물보다는 오히려 시간 속의 사건들을 공부하는 것이다. 나는 첫 번째 방식(과학)은 포기했다. 그것이 지나치게 외적이고 수학적이라고 느꼈기 때문이다. 그것은 나의 내면과 다른 물건들에서 내가 찾아낸 생명의 요소에는 비현실적으로 보였다. 나는 인간이 무엇인지 알아내기 위해 역사를 공부하겠다고 말했다. 과학을 통해서는 그것을 찾아낼 수가 없다. 역사는 시간 속의 사건들을 탐구함으로써 철학적 전망을 얻으려는 시도다. 내가 이렇게 말하는 것을 허용한다면 결론적으로 나는 스스로가 역사를 쓰는 철학자라고 생각한다.

이런 목적을 위해 듀런트는 '문명 이야기' 시리즈의 어떤 부분들은 요약하고 또 어떤 부분들은 완전히 새로 자료를 만들어냈다. 그렇게 해서 완성된 책은 역사 과목을 위한 경이로운 입문서 노릇을 하게 된다. 하지만 이 입문서는 독자가 가장 매력적이라고 여기는 '영웅들'을 이보다 크기가 훨씬 더 큰 '문명 이야기' 시리즈에서 더 탐색해보도록 자극할 것이고, 또 마땅히 그래야 한다.

듀런트는 이 책을 위해 23개 장章을 완성하려고 생각했지만 운명의 계획은 달랐다. 그가 21장을 완성했을 때 아내가 뇌졸중으로 쓰러졌다. 1981년 말, 듀런트 자신도 심장병으로 병원 신세를 지게 되었다.

에이리얼은 남편이 아마도 돌아오지 못할 여행을 떠났을 거라는 두려움에 식사를 중단했다. 그녀는 1981년 10월 25일, 여든셋을 일기로 세상을 떠났다. 가족들은 아내의 죽음 소식이 철학자에게 전해지지 않게 힘을 모으기로 결정했다. 그는 수술을 무사히 견디고 회복되는 중이었다. 그러나 듀런트의 손녀인 모니카 미헬은 자신들의 온갖 노력에도 불구하고 할아버지가 사랑하는 아내의 사망 소식을 텔레비전이나 신문을 통해 알게 되었을 거라고 생각한다. 사실이야 어찌 되었든, 1981년 11월 7일에 그의 심장이 멈추었다. 아흔여섯의 나이였다.

듀런트의 사망과 더불어 그의 개인 기록들이 사라졌다. 일부는 친척들에게, 그리고 다른 일부는 수집가들과 문서고로 넘어갔다.

그 문서들 중에 이 원고가 들어 있었다. 이것은 세 번의 이사와 한 번의 홍수를 겪고도 살아남았고, 나는 2001년 겨울에 우연히 이것을 발견했다. 듀런트가 작업을 마치고 21년의 세월이 흐른 다음이었다.

윌 듀런트 같은 퓰리처상 수상 작가의 최종 원고를 찾아낸 것은 그의 글을 사랑하는 사람뿐 아니라 전 세계에서 역사와 철학을 공부하는 학생들에게도 진정 하나의 사건이다. 듀런트는 많은 상을 탄 저술가 이상의 인물이었다. (그는 미국 정부가 시민에게 수여하는 최고 훈장인 자유 메달도 받았다.) 그는 명성보다는 명료성을 위해 싸운 철학자였다. 눈부시고 힘찬 산문으로 글을 썼으며, 또한 인류가 충분한 영감을 받기만 하면 신들과 동일한 위대성의 수준으로 올라갈 수 있다고 여겼던 사람이다.

니체와 마찬가지로 "오늘날 철학은 역사에 힘을 뺏겼다"고 느꼈던 듀런트는 현재의 문제를 이해하는 데 가장 좋은 방법은 과거를 공부하는 것이라 생각했다. 그곳이야말로 인류의 본성이 진정 어떤 것인지 찾아낼 수 있는 곳이기 때문이다. 이런 태도와 철학은 《역사 속의 영웅들》의 많은 페이지에서 울려나온다. 이 책은 역사가 가르쳐준다고 그가 믿었던 많은 교훈들을 보여준다. 종교와 정치에서 계급 갈등과 같은 사회적 문제에 이르기까지, 그리고 동성애 성향의 사람들이 군대에서 생존할 가능성에 대한 현재의 토론까지 다루고 있다. (예를 들면 당신은 역사에서 동성애자들이 사나운 전사가 아니라는 그 어떤 징후도 찾아낼 수 없다는 사실을 알면 몹시 곤란한 느낌이 들 것이다. 제8장에서 듀런트가 설명하듯이 기원전 371년 레우크트라에서, 에파미논다스와 300명의 '그리스 애인들'이 끈끈한 동성애로 똘똘 뭉친 테바이 군대는 고대 그리스에서 가장 강한 스파르타군을 패주시켰다. 이로써 스파르타의 지배가 그리스에서 끝을 맺는 것이다.)

《역사 속의 영웅들》은 한층 더 솔직하고 사적인 듀런트를 보여준다. 아마도 나이 탓이거나, 아니면 자신이 가진 기술의 완성을 위해 60년 이상의 세월을 바친 결과, 마침내 더 큰 자유로움을 얻었다는 느낌 때문일 것이다. 이유가 무엇이든 여기서 듀런트는 신선할 정도로 새롭게 말한다. 대부분의 역사가들이 다루기를 꺼리거나 아니면 극단적으로 학술적인 용어를 사용해서 표현하는 성性, 정치, 종교와 같은 문제들에 대해 매우 솔직하고도 쉽게 말한다. 더욱이 듀런트가 1인칭 화법을 사용하는 덕에, 이것이 그에게 깊은 의미가 있는 주제들에 대한 개인적인 유언이라는 느낌까지 준다.

윌 듀런트의 모든 저술의 주제는 문명이 인류의 발전을 위해 특정한 사상을 발전시켰다는 것, 그리고 이 사상의 효능에 대한 평결은 이미 역사의 법정에서 내려졌다는 것이다. 우리가 귀담아들을 시간을 낸다면 말이다. 철학적 주제와 관련된 이론적인 추상 개념으로 시간을 보내기보다는, 예를 들면 소수의 손에 집중된 부富를 보통 사람들에게 재분배하는 것이 옳으냐 아니냐 하는 질문 따위를 위해 시간을 내는 편이 낫다. 인류의 유산은 그런 원칙이 바람직한 결과를 냈느냐, 아니면 예상치 못한 재앙으로 떨어졌느냐에 대한 구체적인 예들을 갖고 있기 때문이다.

윌 듀런트의 마지막 저서인 이 책은 단순히 날짜와 인물과 사건을 모아놓은 것이 아니며, 또한 그의 주요 저작인 '문명 이야기'의 요약만도 아니다. 이것은 미래 세대의 발전과 이익을 위해 과거의 유산이 우리에게 남겨준 교훈이다. 이것은 듀런트의 말을 빌자면,

> ……수많은 성인聖人, 정치가, 발명가, 과학자, 시인, 예술가, 음악가, 연인, 철학자 들이 살아서 말하고 가르치고 조각하고 노래하는, 정신의 나라, 하늘의 도시……

를 들여다볼 열쇠 구멍이다.

《역사 속의 영웅들》은 이 '정신의 나라'가 제공하는 축복을 받으라는 윌 듀런트의 마지막 유언이다. 그는 이 나라를 사랑했고, 우리에게 그것을 보여주는 일에 생애의 많은 부분을 바쳤다. 그의 언어의 매력을 통해 이 하늘나라의 국경선이 열리고 우리 영혼에게 잠시 방문하라 손짓한다. 함께 걸으면서 삶·사랑·전쟁·시·사상에 대한 이야기를 나누고, 또 관용, 지혜, 깊어진 삶을 향한 더 많은 사랑이라는 위대하고도 고귀한 전망을 향해 함께 올라가자고 우리를 부른다.

_존 리틀

Heroes
of
History

Chapter 1

문명이란 무엇인가

 인류 역사는 생물학의 한 부분이다. 인간은 수없이 많은 종들 가운데 하나이고, 다른 종들과 마찬가지로 생존을 위한 싸움과 살아남기에 가장 적합한 존재들의 경쟁을 피할 수가 없다. 심리학, 철학, 정치적 능력 그리고 이상향들은 이 생물학 법칙과 화해하지 않으면 안 된다. 인류의 흔적은 대략 기원전 100만 년까지 거슬러 올라간다. 그중에서 농업의 흔적은 기원전 2만 5000년 이전으로는 올라가지 않는다. 그러니까 인류는 땅을 경작하는 농부로 정착 생활을 한 것보다 40배나 긴 세월을 사냥꾼으로 살았다. 97만 5000년에 이르는 긴 세월 동안 인류의 기본적인 성향이 만들어졌고, 아직도 그대로 남아 매일매일 문명에 도전하고 있다.

 이 사냥꾼 단계에서 인류는 게걸스럽게 욕심을 부렸다. 그러지 않을 수 없었기 때문이다. 음식을 얻는 일은 불확실했다. 그래서 먹이를 구하면 아마도 십중팔구는 배가 터지도록 먹었을 것이다. 시체는 빨리 상하기 때문이다. 많은 경우 날로 먹었다. 대단히 남성적인 레스토랑에서 아직도 우리가 사냥꾼 단계로 되돌아갈 때 쓰는 말인 '덜 익힌rare' 것으로 말이다. 1000년의 1000배나 되는 시간 동안 인간은 싸움을 좋아하고 언제나 싸울 준비가 되어 있어야만 했다. 먹이와 짝짓기와 목숨을 위해서였다. 할 수만 있으면 아내를 여러 명 얻었다. 사냥과 싸움은 목숨을 거는 일이어서 남자보다 여자가 많았기 때문이다. 그래서 남자에게는 아직도 일부다처의 습성이 남아 있다. 남자는 피임할 이유가 없었다. 아이들은 오두막의 자산이고 뒷날 사냥 패거리의 자산이었다. 이와 함께 다른 이유들로 인해 욕심이나 싸움을 좋아하는 기질, 그리고 아무 때라도 짝짓기를 할 수 있는 능력은 이 사냥꾼 시절의 미덕이었다. 바로 생존을 위해 필요한 자질이다.

이런 자질은 아직도 남자의 기본 성격으로 남아 있다. 문명 세계에서도 남자들의 주요 기능은 밖으로 나가 가족을 위해 먹을 것이나 혹은 필요할 때 먹을 것으로 바꿀 수 있는 무언가를 벌어오는 일이다. 남자는 대단히 빛나는 존재일지는 몰라도 근본적으로 따지면, 자궁이며 인간 종족의 주류인 여자에게 공물을 바치는 존재다.

문명을 위한 최초의 토양인 농업은 아마도 여자가 발전시켰을 것이다. 여자는 열매나 나무에서 떨어진 씨앗에서 싹이 튼다는 것을 알아챘다. 남자들이 동물을 사냥하러 나가 있는 동안 여자는 동굴이나 오두막 주위에 시험적으로 끈질기게 씨앗을 심었다. 여자의 실험이 성공하자 배우자는 자신과 다른 남자들이 함께 힘을 합쳐 외부의 공격을 막아낼 수만 있다면, 불확실한 사냥이나 유목의 행운에 자기 목숨과 먹이를 거는 대신 자신도 여자들과 함께 씨를 뿌리고 열매를 거두어들이는 것이 좋겠다는 결론을 내렸다.

수많은 세월이 흐르는 동안 남자는 집과 정착 생활에 적응했다. 여자들은 먼저 양·개·나귀·돼지 들을 길들여 가축으로 만들었다. 그런 다음 남자를 길들였다. 남자는 여자가 마지막으로 길들인 동물로, 마지못해 부분적으로만 문명화되었다. 남자는 천천히 여자에게서 사회적 특질을 배워 익혔다. 가족에 대한 사랑, 친절(친족과 가까워지는 것), 절제, 협동, 공동체 활동 등과 같은 공동체의 생존을 위해 만들어진 자질이 미덕이 되었다. 내 생각엔 이것이 바로 문명의 시작이다. 즉 문명이란 공동체의 구성원이 된다는 의미다. 그러나 이와 더불어 자연과 문명 사이의 깊고 끈질긴 갈등도 함께 시작되었다. 인류 역사의 길고도 긴 사냥 단계에서 아주 깊숙이 뿌리를 내린 개인적 본능과, 비교적 최근의 정착 생활을 통해 생겨났지만 아직도 충분히 발전하지 못한 사회적 본능 사이의 갈등이다. 모든 정착지는 단합된 활동을 통해 보호받아야 했다. 개인 사이의 협동은 마을, 씨족, 신분 계층, 종교, 종족, 국가 같은 그룹들 사이의 경쟁 수단이 되었다.

대부분의 국가들이 아직도 자연 상태, 곧 사냥꾼 상태에 머물러 있다. 군사적 팽창은 먹이, 연료 혹은 원료를 위한 사냥에 해당한다. 전쟁에서 승리하는 것이 국민을 먹이는 방법이다. 국가는 곧 우리 자신이며, 조직과 방어를 위해 증진된 우리의 추진력이다. 국가는 우리가 가졌던 욕심과 호전성의 본능을 원시인처럼 드러낸다. 국가는 아직 불안하다. 국가의 탐욕은 미래의 필요와 결핍에 대한 방어다. 오직 외부에 대해 안전을 느낄 경우에만 국가는 내부의 필요성에 주의를 기울인다. 그 경우에만 아직 불완전한 복지 국가로, 문명에 의해 발전된 사회적 충동을 따르는 단계로 올라선다. 개인은 효율적으로 보호해주는 공동체에 속함으로써 안전해졌을 때 문명화되었다. 국가들은 효율적으로 보호해주는 연방 그룹의 충성스러운 일원으로 안전해질 때 문명화될 것이다.

남자들이 물려받은 사냥꾼 천성에도 불구하고 문명은 어떻게 성장했나? 문명은 사냥꾼 천성을 질식시키려 하지 않았다. 어떤 경제 체제도 축적 본능에 호소하지 않고는, 그리고 훌륭한 보상을 통해 더 우수한 능력을 이끌어내지 않고는 유지될 수 없다는 사실을 문명은 받아들였다. 어떤 개인, 어떤 국가도 자기 보존을 위해 싸우려는 의지 없이는 오래 살아남을 수 없다는 사실을 인정한 것이다. 어떤 사회나 종족, 종교도 번식하지 않고는 유지되지 않는다. 그러나 축적의 욕심을 억제하지 않는다면 산발적인 도둑질, 대규모 강도질, 정치적 부정부패 등이 널리 퍼질 것이고, 부가 한쪽으로 지나치게 집중되어 마지막에는 혁명을 부른다.

호전성이 억제되지 않는다면 구석구석이 말다툼이고, 가장 사나운 흉악범이 모든 이웃을 점령할 것이고, 모든 도시는 라이벌 갱단들에 의해 분할되고 말 것이다. 성性이 통제되지 않는다면 소녀들은 호색한의 처분만 바라는 처지가 될 것이고, 아내는 남편의 감추어진 욕망, 곧 여러 젊은 여자들을 향한 욕망에 휘둘리게 될 것이다. 그리고 공원뿐 아니라 길거리에서도 여자들은 전혀 안전하지 않을 것이다. 이 강력한 본능은 통제되어야 했다. 그렇지 않으면 사회 질서와 공동체 생활이 불가능했을 터이고, 인류는 야만인으로 남았을 것이다.

　사냥꾼 단계에서 얻은 본능은 부분적으로는 법과 경찰에 의해, 그리고 부분적으로는 도덕이라 불리는 불확실한 일반적 합의에 의해 통제되었다. 도둑질을 법으로 금하고, 탐욕을 비난하고, 파괴에 이를 정도의 축재를 유죄로 인정함으로써 축적의 욕심이 통제되었다. 사람이나 재산에 상해를 입히는 일에 벌을 줌으로써 호전적인 정신을 억제했다. 굶주림보다 약간 덜 강력한 성적 충동에 대해서는 공공연한 자극을 금하고, 또 일찍이 책임이 따르는 결혼을 통해 이 충동을 제 길로 유도함으로써 통제 가능한 질서로 만들었다.

　우리 천성에는 맞지 않고 '하지 말라'는 말로 우리의 비위를 거스르는 이 복잡한 도덕적 규범은 오늘날 다시 황폐해지고 있는 다섯 가지 특별한 제도를 통해 어떻게 학습되고 유지되는가? 곧 가족, 교회(종교), 학교, 법, 대중의 의견(여론)의 다섯 가지 제도가 복잡한 도덕규범의 형성을 도왔다. 농업 시대에 가족은 협동과 상호 협조가 쓸모 있고 편안하다는 사실을 가르쳐주었다. 어머니는 집안일을 하면서 딸들을 지도하고 가르쳤다. 아버지는 농사일에서 아들들을 가르쳤다. 이런 이중의 지도력은 부모의 권위에 확고한 토대가 되어주었다. 도덕적 계율이란 모든 것을 살펴보고 보상이나 벌을 주는 신에게서 나온 것이라고 설명함으로써, 종교는 그런 계율을 든든하게 받쳐주었다. 부모와 교사들은 종교가 인정한 이런 규범을 교훈과 예를 통해 전수했다. 부모와 교사들의 권위는 20세기가 되기 이전까지는 종교와의 연결을 통해 강화되었다. 법은 조직된 힘을 이용해 도덕적 규범 대부분을 뒷받침해주었다. 대중의 의견은 형용사(예: "그건 나쁜 짓", "몹쓸 놈" 따위)와 모욕적인 취급을 통해 부도덕을 억제하고, 칭찬과 장려와 권력을 통해 좋은 행실을 격려해주었다.

공동체 생활은 개인을 보호해주는 사회 질서라는 우산 아래서 확장되었다. 문학이 번성하고 철학이 발전하며 예술과 과학이 성장하고, 역사가들은 국민과 종족들이 남긴 위대한 업적을 기록했다. 남자와 여자는 절제, 친절과 예의, 도덕적 양심과 미적 감각을 발전시켰다. 이런 것들은 만질 수는 없어도 소중한 우리 유산의 은총이다. 문명이란 문화적 창조를 격려하는 사회 질서다.

만일 질서와 문명을 위해 만들어진 힘이 보존될 수 없다면 어떻게 될까? 가족을 농토에 함께 묶어두던 공동의 노동이 사라지면서 가족의 끈이 약해졌다. 직업과 아들들을 여기저기 흩어지게 만드는 개인주의에 의해, 그리고 정신적 자유와 이상향을 향한 동경과 같은 젊은이들의 자연스러운 반항으로 인해 부모의 권위가 사라지면서 가족의 유대는 약화되었다.

부富와 도시들이 커지면서 종교가 약해졌다. 과학과 사료 편찬의 놀라운 발전을 통해, 그리고 창조적 삶을 찬양하는 농토를 떠나, 물리학과 화학을 설파하고 기계의 영광을 전파하는 공장으로 삶이 옮겨가면서 종교가 약해졌다. 이제 하늘에 대한 소망 대신 완전한 국가가 등장했다. 교육 체제는 계급 투쟁과 종족 간의 전쟁을 통해, '타협할 수 없는 요구들'을 내세운 무장한 소수에 의해 약해졌다. 지나친 부담을 지고 있는 납세자들의 저항에 의해, 또한 젊은이와 나이 든 사람 사이에 놓인 다리들이 무너지고, 실험과 체험

(과학과 인문학) 사이에 놓인 다리들이 무너지면서 교육 체제도 약해졌다. 법은 지나친 증식과 그 편향성을 통해, 또한 입법자들을 매수하는 일이 가능해짐으로써 그 권위를 잃었다. 그리고 도주와 은폐의 수단이 치밀해지면서, 또 법 집행 기관의 통제 바깥에 있는 사람들에 의해서도 법이 힘을 잃었다. 대중의 의견은 분열과 두려움과 무관심, 그리고 부에 대한 보편적인 숭배에 의해 그 힘을 잃었다.

이렇게 되면서 옛날의 본능이 사슬에서 풀려나 범죄, 도박, 부정부패, 양심 없이 돈만 밝히는 것, 성적인 문란이 난장판을 이루게 되었다. 성이 곧 사랑이 되는 이런 성적인 문란 속에서 성이 남자에게는 공짜가 되었고, 종족에는 위험한 것이 되었다. 협의 대신 대립이 등장했다. 법은 소수의 힘에 굴복했다. 결혼은 위험 분산용 단기 투자가 되었고, 번식은 불상사 또는 환경에 적응하지 못하는 사람들의 일로 남았다. 무능한 사람들의 생산성이 밑바닥에서 종족을 번식시키고, 지적인 사람들의 불임은 정상급에 있는 종족을 시들게 했다.

그러나 현재 우리의 이교적인 방종이야말로 이런 것이 오래 지속되지는 않으리라는 희망을 보장해주는 것일지도 모른다. 방종은 보통 그 반대를 만들어내기 때문이다. 역사상 가장 빈번히 나타나는 연속 장면 한 가지는 이교적인 방종의 시대에 뒤이어 청교도적인 억제와 도덕적 규율의 시대가 나타난다는 것이다. 네로와 코모두스와 그 뒤의 황제들이 다스리던 고대 로마의 도덕적 붕괴에 이어 기독교의 융성이 등장하고, 마침내 콘스탄티누스 황제에 의해 기독교가 공식적으로 받아들여지고 보호를 받기에 이른다. 기독교는 질서와 예의의 원천이자 버팀목이 되었다.

보르자 가문 사람들(교황 알렉산데르 6세와 그 아들 체사레 보르자)이 설치던 이탈리아 르네상스 시대 용병 대장들의 폭력과 성적인 문란함은 마침내 교회의 정화와 도덕성의 회복이라는 결말에 도달했다. 엘리자베스 여왕 시절의 분별없는 망아경은 크롬웰 시대의 청교도주의로 넘어갔다가, 다시 그 반작용으로 찰스 2세 시대의 무종교 상태로 바뀌었다. 프랑스 혁명 10년 동안 정부·결혼·가족이 붕괴되었던 일은 결국 나폴레옹 1세 치하에서 법과 규율과 부모 권위의 회복으로 끝났다. 바이런과 셸리의 낭만적 이교주의와 뒷날 조지 5세가 되는 웨일스 왕자의 방종한 행동 뒤에 빅토리아 시대 영국의 단정함으로 넘어갔다. 이런 예들을 받아들인다면 우리 자녀의 손자들이 청교도가 되리라는 기대를 가질 수도 있을 것 같다.

그러나 역사에는 방종과 그 반대 사이의 이런 진자 운동보다 더 즐거운 전망들이 있다. 나는 볼테르와 기번Edward Gibbon의 비관적 결론, 즉 역사는 "인류의 범죄와 어리석음의 기록"이라는 결론에 동의하지 않겠다. 물론 부분적으로는 그 말이 맞고 또한 수억 가지의 비극들이 있다. 그래도 여전히 수많은 장애물을 넘어 생명의 흐름을 이끌어온 것은 평범한 가족의 건강함과, 남자들과 여자들의 노동과 사랑이다. 또한 윈스턴 처칠과 프랭클린 루스벨트 같은 정치가들의 지혜와 용기도 있다. 루스벨트는 완전히 기진맥진해서 죽었지만 그래도 맡은 일을 다하고 세상을 떠났다. 그런가 하면 자신들을 둘러싼 우주를 이해하기 위한 과학자들과 철학자들의 굴하지 않는 노력도 있다. 또 덧없는 아름다움에 지속적인 형식을 부여하고, 미묘한 의미를 밝히려는 예술가들과 시인들의 끈질김과 기술도 있다. 그리고 우리를 고귀함으로 안내하는 예언자들과 성인聖人들의 미래 전망도 있다.

이 소란스럽고 더러운 강 위에, 부조리함과 고통 한가운데에 진짜 신의 도시(신국神國)가 감추어져 있다. 이 도시에서는 과거의 창조적 정신이 기억과 전통의 기적에 의해 아직도 살아서 작용하며, 모습을 다듬고 형태를 만들고 노래를 부른다. 거기선 플라톤이 소크라테스와 함께 철학을 갖고 논다. 셰익스피어가 매일 새로운 보물을 가져온다. 키츠는 아직도 나이팅게일 소리에 귀를 기울이고, 셸리는 서풍에 실려 떠다닌다. 니체가 미친 듯 고함치며 폭로한다. 그리스도는 자신의 빵을 함께 나누자고 우리를 부른다. 이들과 다른 수많은 사람들과, 그들이 가져다준 선물이 인간 종족의 엄청난 유산이다. 씨줄과 날줄로 짜인 역사라는 피륙을 이어가는 황금의 혈통이다.

우리에게 도전해오는 악을 향해 눈을 감을 필요는 없다. 우리는 용기를 잃지 말고 그들을 가르치려 노력해야 한다. 그러나 우리는 과거의 업적과 물려받은 장엄한 유산에서 힘을 얻을 수 있다. 우리 여기 앉아 셰익스피어의 불행한 왕을 살짝 수정하여 고귀한 여자들과 위대한 남자들의 용감한 이야기를 해보자.

Chapter 2

공자와 추방당한 신선

중국 문명이 우리에게 알려진 다른 문명만큼 오래되었을 뿐 아니라 정치가·현자·시인·예술가·과학자·성인 들이 그 역사를 생동하게 하고, 이들의 이야기가 아직도 우리의 지성을 풍요롭게 해주고, 우리의 인간성을 깊이 있게 만들어준다는 사실이 이 글을 읽는 당신에게 낯선 일은 아닐 것이다. 디드로는 1750년 중국에 대해 이렇게 썼다. "고대 중국인들은 문물·예술·지성·지혜·정책·철학적 감각이라는 면에서 어떤 아시아 사람보다 우수했다. 어떤 저자들의 판단에 따르면, 그들은 이런 일을 놓고 오늘날 가장 계몽된 유럽인들과도 우열을 다툴 정도다." '고대의 현자들'이라는 말을 꺼내면서 예수보다 약 500년 전에 살았던 공자를 찾아내는 것은 얼마나 뜻깊은 일인가. 중국에는 공자보다 1000년 전에, 그리고 붓다, 이사야, 데모크리토스, 소크라테스보다도 1000년 전에 이미 여러 철학자들이 있었다.

우리 조상들도 그렇듯이 고대 중국인들도 자신들의 기원을 설명하기 위해 전설을 이용한다. 전설은 우리에게 반고盤古 이야기를 전해준다. 이 거인 신은 1만 8000년 동안이나 일을 해서 기원전 약 222만 9000년에 우주를 만들어냈다. "그의 숨결은 바람과 구름이 되고, 목소리는 천둥이 되고, 핏줄은 강물이, 살은 땅이, 머리카락은 풀과 나무가, 땀은 비가 되었다. 그리고 그의 몸에 붙어 있던 벌레들은 인간이라는 종족이 되었다." 처음에 인간은 이랬다. "사람들은 짐승과 같았다. 몸에 두른 옷이라곤 제 가죽뿐이고, 날고기를 먹고, 어미는 알지만 아비는 알지 못했다." 오늘날 방식으로 표현하자면 다음과 같다. "밍크코트를 입고, 날스테이크를 좋아하며, 남자들은 공짜 사랑을 즐겼다."

전설에 따르면 이 거친 자유는 몇 명의 '하늘의 황제'들에 의해 끝이 났다. 그들은 각기 1만 8000년씩 통치하면서 반고의 몸에 붙어 있던 기생충을 고분고분한 시민으로 변화시켰다. 복희씨伏犧氏는 기원전 2852년경 사람들에게 결혼, 음악, 글, 그림, 그물로 물고기 잡는 법, 짐승과 남편 길들이는 법, 그리고 비단을 짜기 위해 누에 치는 법을 가르쳐주었다. 그의 뒤를 이은 신농씨神農氏는 농사를 시작하고 쟁기를 발명했다. 또한 약초로 의약품을 만드는 법을 발전시켰다. 황제黃帝는 자석을 발견하여 관측소를 세우고, 달력을 만들고 땅을 재분배했다. 이것은 (거듭 집중되곤 하는) 부를 재분배하는 통치 행위에 대한 최초의 언급이다. 전설은 이렇듯 칼라일처럼 역사를 영웅들의 연속이라고 여겼다. 그리고 수많은 세대에 걸쳐 끈질기게 이루어진 발전을 몇몇 뛰어난 개인의 업적으로 돌렸다.

황제 시대는 걸왕桀王의 사악함으로 인해 끝이 났다. 그는 젓가락을 발명하고 사람들에게 방탕과 폭력을 허용했다. 남자와 여자들이 벌거벗고 황제의 정원에서 뛰어다녔다니까 말이다. 기원전 1123년 무렵 폭동이 일어나 걸왕을 쫓아냈다. 그리고 중국인들이 스스로를 일컫는 중화 제국은 완전히 독자적이지는 못했던 자유로운 제후들의 손으로 넘어갔다. 그들은 18세기 독일(신성 로마 제국)처럼 부분적으로만 독립적이었다. 이들은 시와 철학, 과학, 예술이 발전하는 것을 허용했다. 공자는 이 봉건 시대에 만들어진 시 305편을 《시경》에 모아놓았다.

집을 떠나 스스로도 이해할 길 없는 죽음으로 제물이 된 병사들의 탄식이 오늘날의 우리에게도 호소력을 지닌다.

> 하늘을 나는 저 기러기 얼마나 자유로운지,
> 덤불숲에서 얻는 그 휴식도 얼마나 자유로운지!
> 하지만 우리는 쉬지 못하고 왕에게 봉사하는 가여운 일꾼,
> 우리 집 기장과 벼를 심을 길이 없구나.
>
> 우리 부모는 무엇을 의지하실까?
> 오, 멀고 짙푸른 하늘아,
> 이 모든 것이 언제나 끝날까?
>
> 나뭇잎은 빨갛게 물들지 않았나?
> 사내가 아내에게서 멀리 떠나지 않았나?
> 우리 가여운 병사들!

우리도 남자가 아니던가?

이런 시들 중에서 가장 행복한 것을 찾아보면 한 병사가 집으로 돌아온 것이다. 헬렌 위델은 이것을 아름답게 번역했다.

나팔꽃 덩굴 내 머리 위로 뻗어 오르네,
흰색, 보라색, 푸른색, 붉은색 꽃들.
내 마음 불안하구나.

저 아래 시든 풀잎 속에 흔들리는 것.
내 들은 것이 그이의 발소리였던가?
메뚜기 한 마리 폴짝 뛰어오를 뿐.

새 달이 뜰 때 나는 언덕에 올랐네.
그가 남쪽 길로 오시는 것이 보였네.
내 마음 무거운 짐을 내려놓네.

중국 최초의 유명한 철학자들이 이 춘추전국 시대에 나타난다. 기원전 604년경에 노자, 곧 '늙은이'[1]는 《도덕경》으로 알려진 책에서 당시 중국에 생겨나던 도시 문명을 거부했다. 이것이 곧 '길과 올바름 The Way and the Right' (《도덕경》의 영어 번역)이다. 이것은 그보다

---

1 Old Master. 다석 유영모 선생은 노자를 '늙은이'로 옮겼다.

2300년 뒤에 나타나는 장 자크 루소나 토머스 제퍼슨을 요약해놓은 것과 비슷한 내용이다. 노자에 따르면 올바른 길이란, 지적 활동을 하는 것과 거짓을 피하는 것이다. 그리고 자연이나 옛날 관습, 사고와 조화를 이루어 고요하고 소박한 생활을 하는 것이다.

정부에 의해 통제받지 않는 사람들은 임의의 충동, 즉 먹을 것과 사랑을 향한 욕구만으로 삶의 바퀴를 단순하고도 온전히 원만하게 굴릴 수 있을 테고, 그렇게 되면 발명도 거의 없어질 것이다. 발명품이란 강한 사람을 더욱 강하게, 부자를 더욱 부자로 만들기 때문이다. 책도 산업도 필요 없고, 그냥 마을 단위 상거래로 족하다. 물론 외국과의 무역은 없어져야 한다.

'늙은이'는 루소가 현대 사상에 메아리를 만들어낸 만큼이나 자연과 문명을 예리하게 구분했다. 자연이란 자연의 활동성이며 전통적 사건의 고요한 흐름이고, 계절과 하늘의 웅대한 행진이며 질서다. 그것은 모든 시내와 바위와 별에 새겨져서 드러나는 '길道'이다. 그것은 공평하고 사적이지 않으며 합리적인 질서다. 우리가 지혜를 갖고 평화롭게 살기를 원한다면, 행동의 법칙은 바로 이런 질서를 따라야 한다(스피노자도 주장한 것이다). 이러한 사물의 법칙이 바로 우주의 도道, 즉 우주의 길이며, 행동의 법칙은 삶의 도, 즉 삶의 길이다. 노자에서 이 두 길은 하나가 된다. 탄생·삶·죽음의 리듬을 지닌 인간의 삶은 우주 리듬의 일부다.

자연에서 모든 사물은 소리 없이 작용한다. 이들은 존재 속으로 들어오지만 아무것도 소유하지 않는다. 이들은 그 기능을 모두 완수하지만 아무런 요구도 없다. 모든 사물은 똑같이 자기 맡은바 일을 다 하고 물러난다. 사물은 절정에 도달하면 모두 왔던 곳으로 되돌아간다. 원래의 온 곳으로 되돌아간다는 것은 휴식 혹은 사명의 완수를 뜻한다. 이런 귀환은 영원한 법칙이다. 이 법칙을 아는 것이 곧 지혜다.

철학적 비활동 상태인 무위無爲는 사물이 나아가는 자연의 흐름에 개입하지 않음을 뜻한다. 이런 무위는 모든 분야에서 지혜로운 사람의 표지다. 국가가 무질서해졌을 때 할 일은 국가를 개혁하는 것이 아니라, 사람들의 삶을 원래의 정상적인 의무로 되돌리는 일이다. 저항이 일어났을 때 더 지혜로운 방식은, 싸우거나 다투거나 전쟁을 벌이는 것이 아니다. 조용히 물러나서 굴복하고 참음으로써 마침내 이기게 된다. 수동성이 능동적 행위보다 훨씬 더 자주 승리를 거둔다. 여기서 노자는 거의 예수와 같은 어조로 이렇게 말한다.

네가 다투지 않으면 지상의 그 누구도 너와 다툴 수 없다. …… 손해를 친절로 갚아라. …… 나는 선한 사람을 선하게 대하며 선하지 않은 사람을 선하게 대한다. 이와 같이 하면 모두가 선해진다. 나는 진실한 사람에게 진실하며 진실하지 않은 사람에게도 진실하다. 그러면 모두가 진실하게 된다. …… 세상에서 가장 약한 것이…… 가장 강한 것을 이긴다.

이런 가르침은 현자에 대한 노자의 개념에 두드러지게 드러난다. 중국인의 사유는 성자가 아니라 현자에 대해 이야기한다는 점이 특징이다. 그래서 주로 선의가 아니라 지혜를 이야기한다. 중국인들의 이상은 경건한 헌신이 아니라, 성숙하고 고요한 마음이다. 지혜로운 사람은 심지어 도와 지혜에 대해서도 말하지 않는다. 지혜란 말로 전달할 수 있는 것이 아니라, 오로지 모범과 경험으로만 전수될 수 있기 때문이다. 지혜로운 사람이 다른 사람보다 아는 것이 많을 경우, 그는 이것을 감추려 한다. "그는 자신의 명석함을 완화시키려 하며, 스스로 다른 사람들의 몽매함과 같아진다. 그는 학식 있는 사람보다는 단순한 사람들과 더 마음이 맞으며, 초심자의 모순을 보고 화를 내지 않는다." 지혜로운 사람은 부나 권력에 가치를 두지 않고, 불교에서 말하는 최소의 수준으로 소망을 줄인다.

이런 은둔의 철학을 만났을 때 야망에 넘치던 젊은 공자가 얼마나 당황했을지 상상해볼 수 있다. 공자는 아직 성숙하지 못한 서른다섯의 나이로 노자를 찾아가 역사의 몇 가지 세부 사상에 대한 충고를 구했다. '늙은이'는 거칠고도 신비롭고 짤막한 말로 대꾸했다.

> 네가 탐구하는 사람들은 뼈까지 진흙이 되고 말았다. …… 너의 자부심과 야망을 없애라. 애착과 극단적인 목적들을 다 없애라. 네 품성은 이것들로부터 얻을 것이 없다.

중국의 역사가들은 공자가 이 말속에 지혜가 들어 있음을 깨닫고 그 말에 화를 내지 않았다고 말한다. 공자는 새로운 길을 찾아 자신이 맡은 몫을 다하고 역사상 가장 영향력이 있는 철학자가 된다.

공자

공자(제자들은 그를 '공 선생님'이라고 불렀다)는 대략 기원전 551년에 봉건 제후 국가의 하나인 노나라에서 태어났다. 오늘날의 산둥성에 위치한 나라다. 소년이 세 살 되던 해에 아버지가 세상을 떠났다. 공자는 공부가 끝난 다음 어머니를 도와 일을 하곤 했다. 열아홉 살에 결혼하고, 스물세 살에 아내와 헤어졌다. 그리고 다시는 결혼하지 않았던 것으로 보인다. 스무 살에 그는 선생이 되어 집을 학교로 삼아 무엇이든 학생들이 내는 것을 학비로 받으면서 학생들을 가르쳤다. 소크라테스처럼 책보다는 말로 가르쳤다. 우리는 그의 생각을 주로 그의 제자들이 남긴, 신뢰하기 어려운 기록에 의존해서 알게 된다. 그는 다른 사상가들을 공격하지 않았고, 논박하느라 시간을 허비하지 않았다. 명성과 관직을 열렬히 소망했으나 번번이 그의 눈에 부도덕하거나 불의를 행하는 것으로 보이는 통치자들에 의해 임명을 받지 못했다.

기원전 501년경 그가 중도(中都, 지금의 베이징)를 다스리게 되었을 때 기회가 왔다. 애국적인 전통이 전해주는 말에 따르면, 그야말로 정직성이 전염병처럼 마을을 휩쓸고 지나갔다. 소중한 물건이 길거리에 떨어져 있어도 누구 하나 건드리는 사람이 없거나 아니면 주인에게로 돌아갔다. 이어 공자는 노나라의 정공定公에 의해 범죄를 소탕하는 대사관大司冦 직을 맡게 되었다. 그는 이 직분을 너무나 잘해내서 마지막에는 법이 필요 없을 정도가 되었다. 중국의 기록들이 전하는 바에 따르면, "정직하지 못한 사람과 방종한 사람이 부끄러워 머리를 감추었다. 충성과 신뢰가 남자들의 특성이 되고, 정숙과 순정은 여자들의 특성이 되었다. 공자는 사람들의 우상이 되었다"고 한다. 그러나 이것은 사실이라고 보기에는 지나치게 좋은 상태다. 또 사실이라 해도 오래 지속되기에는 지나치게 좋았다. 범죄자들은 머리를 모아 선생님의 발치에 덫을 놓았다. 역사가들에 따르면, 이웃 나라들은 노나라를 질투하고 노나라의 힘이 커지는 것을 두려워했다. 꾀 많은 관리 하나가 노나라 제후와 공자를 이간질시킬 책략을 궁리해냈다. 제나라 제후는 정공에게 아름다운 '노래하는 소녀' 한 무리와 그보다 더 아름다운 말 120마리를 보냈다. 노나라 제후 정공은 마음이 홀려 공자의 항의를 무시하고(공자는 좋은 본보기를 통치의 첫 번째 원칙으로 여겼다) 나라의 일을 소홀히 했다. 그러자 공자는 사직하고 제자들과 함께 13년 동안이나 방랑했다. 슬픈 어조로 그는 "아름다움을 사랑하는 것만큼 덕을 사랑하는 사람을 한 번도 본 적이 없다"고 말하고 있다.

그의 기본 철학은 무엇이었던가? 그것은 널리 교육을 펼쳐 도덕성과 사회 질서를 회복한다는 것이었다. 《대학》에 있는 이 두 구절은 제자들이 그의 가르침을 요약해놓은 것이다.

제국(온 세상)에 최고의 미덕을 펼치기 원했던 옛사람들은 먼저 제 나라의 질서를 잡았다. 나라의 질서를 잡기 원하면서 그들은 먼저 제 가족부터 단속했다. 가족을 단속하기 원하면서 그들은 먼저 자신부터 다스렸다. 자신을 다스리기를 원하면서 그들은 먼저 마음을 바르게 했다. 마음을 바르게 하기를 원하면서 먼저 생각을 신중히 했다. 생각을 신중히 하기를 원하면서 그들은 먼저 지식을 최대한 넓혔다. 지식을 넓힌다는 것은 사물을 탐구하는 것이다.

　사물을 탐구하자 지식이 완전해졌다. 지식이 완전해지자 생각이 신중해졌다. 그들의 생각이 신중해지자 마음이 바르게 되었다. 마음이 바르게 되자 그들은 자기 자신을 다스릴 수 있게 되었다. 자신을 다스리게 되자 가족을 단속할 수 있었다. 가족을 단속하게 되자 나라가 바르게 통치되었다. 나라가 바르게 통치되자 온 세상이 평화롭고 행복하게 되었다.

　이것은 완전성에 대한 권고이며, 인간이 바지 입은 원숭이라는 사실을 잊은 권고이기도 하다. 그러나 기독교처럼 이것도 추구할 목표와 올라갈 사다리를 제시한다. 이것은 철학에서 황금률의 하나다. 곧 개혁은 집에서 시작된다는 것이다.

　공자가 예순일곱이 되었을 때 계손季孫이 노나라를 물려받았다. 그는 세 명의 관리를 철학자에게 보내 선물을 주고 고향 땅으로 돌아오라고 청했다. 공자는 마지막 남은 5년 동안 그곳에서 소박하고 정직하게 살았다. 섭공葉公이 그의 안부를 물었을 때, 그는 제자인 자로子路를 시켜 이렇게 대답하게 했다.

　그는 열렬히 지식을 구하느라 먹는 일을 잊어버립니다. 그리고 (지식을 얻은) 기쁨에 취하여 근심을 잊어버립니다. 그래서 나이 먹는 것도 알아채지 못합니다.

　그는 일흔둘의 나이로 세상을 떠났다. 제자들은 그를 향한 존경심에 어울리는 의식과 화려함으로 장례를 치렀다. 일부는 그의 무덤 곁에 오두막을 짓고 3년을 지냈다. 모든 제자들이 떠났을 때 다른 누구보다 그를 사랑했던 자공子貢은 스승의 무덤 곁에 3년을 더 남아서 홀로 애도했다.

—

이제 기원전 478년에서 날개를 펼쳐 12세기를 지나 705년으로 가보자.

통치의 절정에 이르렀을 때 당 현종은 어느 날 한반도에서 온 사신을 맞았다. 사신은 사투리로 쓰인 중요한 전갈을 가져왔는데, 대신들 중 아무도 이 글을 읽지 못했다. 황제가 소리 질렀다. "뭐라고! 이 많은 대신들과 학자들 중에 단 한 사람도 우리의 번뇌를 풀어줄 사람이 없다는 말이냐? 사흘 안에 이 편지를 해독하지 못하면 너희 대신들은 모두 목이 달아날 것이다." 하루 종일 대신들은 서로 상의하며 직위와 목숨을 잃을까 두려워 안달했다.

대신 하지장이 옥좌로 다가와서 말했다.

> 폐하께 아뢰고자 합니다. 위대한 재능을 가진 이 씨 성을 가진 시인이 있는데 그는 여러 학문에 능통합니다. 그에게 이 편지를 해독하라 명하십시오. 그는 하지 못하는 것이 없습니다.

이 시인이 와서 대답을 구술하자 황제는 망설이지 않고 이 답장에 서명했다. 황제는 대신 하지장이 자기 귀에 속삭인 말을 완전히 믿었던 것이다. 즉 이 시인이 고약한 장난으로 하늘에서 추방당한 신선이라고 믿었다. 이 이야기는 아마도 시인 자신이 꾸며낸 이야기의 하나일 것이다.

그가 태어나던 날 밤에 어머니는 태백성 꿈을 꿨다. 그것은 서쪽 하늘에서 하얗게 빛나는 커다란 별로 오늘날의 이름은 금성(비너스)이다. 아이는 '자두'라는 의미를 지닌 '이李' 씨 성을 얻고, 커다란 하얀 별을 뜻하는 '태백太白'이라는 이름을 얻었다. 열 살이 되었을 때 그는 공자가 남긴 모든 책을 공부하고 불멸의 시를 쓰기 시작했다. 그는 건강하고 힘센 젊은이로 자라 검도를 익히고 세상에 자신의 능력을 알렸다. "키는 7척이 안 되지만 1만 명을 상대할 정도로 힘이 장사다"라고 자랑했다. 그런 다음 그는 한가하게 지상을 떠돌며 수많은 입술에서 사랑의 노래를 받아 마셨다. 그리고 다음과 같은 시를 썼다.

> 포도의 술,
> 황금의 술잔
> 아름다운 오나라 처녀 하나.
> 그 임은 조랑말 타고 오네, 방년 15세.
> 푸르게 다듬은 눈썹,
> 연분홍 수놓은 신발
> 그 임은 황홀하게 노래도 잘하지.
> 거북 등딱지를 박아 넣은 식탁에
> 잔치가 벌어지니

그 임은 취하여 내 무릎에 앉네.
오, 아이여, 나리꽃 수놓은 장막 뒤에서
황홀한 이 포옹!

〈술을 받으며 對酒〉

그는 결혼했지만 돈을 조금밖에 벌지 못해 아내가 아이들을 데리고 떠나버렸다. 황제는 그와 친구가 되었고, 애첩인 양귀비를 찬양하는 노래를 부른 대가로 그에게 많은 선물을 주었다. 그러나 양귀비는 시인이 자기를 빈정댄다고 여겨 황제를 졸라 그에게 돈주머니를 쥐여주고 떠나게 했다.

우리는 최종지의 묘사를 통해 도시에서 도시로 떠도는 그의 모습을 그려볼 수 있다.

책이 든 봇짐 하나 등에 짊어지고
당신은 천리만리 먼 길을 떠도네.
소매 안엔 단검 하나,
주머니엔 시를 모은 책 한 권.

자연과 벗하면서 계속된 이런 방랑 생활이 그에게 위안과 한 줄기 저항적인 기쁨을 주었다.

내가 어째서 푸른 산 사이에 사느냐?
나는 웃을 뿐 대답하지 않는다. 내 혼은 고요하다.

내 혼은 사람에게 속하지 않은 다른 하늘, 다른 땅에 산다.
복사나무엔 꽃이 피고 강물은 흘러가고.

〈산에서 묻고 답하다 山中問答〉

또는,

침상 머리에서 달빛을 보았네.
달빛이 땅에 내린 서리가 아닌가 생각했네.
머리를 쳐들고 산 위에 뜬 달을 바라보았네.
머리를 조아려 멀고 먼 고향 집을 생각했네.

〈고요한 밤에 생각하다 靜夜思〉

어느덧 그의 머리에 백발이 내리고 가슴속엔 어린 시절 풍경들을 향한 그리움이 넘쳤다. 도시의 인공적인 삶 속에서 그는 얼마나 자주 자연 속 고향 집의 소박한 삶을 그리워했던가!

오나라 땅에 뽕나무 잎사귀 짙푸르고
누에들은 벌써 세 번이나 잠자리에 들었네.
내 가족이 사는 땅 노나라 동쪽,
누가 우리 논밭을 가는지 궁금하구나.
봄 일에 때맞춰 돌아갈 수 없으니
강 위를 떠도는 나는 아무 도움도 못 되는구나.

남풍이 불어와 향수병에 걸린 내 마음 둥둥 신고서
우리 오두막 집 앞으로 데려가누나.
그곳 오두막 동편에 복사나무 한 그루,
푸른 안개 속에서 무성한 잎과 가지를 흔드네.
3년 전 집 떠나기 전에 심은 그 나무
나 돌아가지 못하고 떠도는 사이,
나무는 자라서 오두막 지붕 높이 되었겠지.

예쁜 딸 펑양, 네가 복사나무 옆에서
꽃 핀 나뭇가지 꺾는 것이 보이는구나.
너는 꽃을 꺾는데 나는 거기 없네―
네 눈물이 강물처럼 흐르는구나!
어린 아들 포친도 자라서 이젠 제 누이 어깨에 닿겠지.
밖으로 나와 복사나무 아래 누이 곁에 섰는데
누가 너를 들어 올려 누이 등에 태워줄까?

이 모든 일을 생각하면 정신이 아뜩하다.
날카로운 고통이 매일 내 마음을 찢는다.
이제 흰 비단 한 조각을 찢어내 이 편지를 써서
내 사랑을 담아 강물 위로 먼 길 너희에게 띄워 보낸다.

〈동로의 두 자식에게 寄東魯二稚子〉

그의 말년은 힘들었다. 그는 머리 숙여 돈을 모은 적이 없었고 전쟁과 반란의 혼란 속에 굶주림을 막아줄 왕을 찾아내지 못했다. 그는 현종의 아들인 영왕永王 이린의 참모가 되었다. 하지만 이린은 현종의 후계자(영왕의 이복형)에게 반기를 들고 일어났다가 진압되었다. 이태백은 붙잡혀 반역죄로 사형 언도를 받았으나 반란을 진압한 장군 곽자의가 이태백의 군대 지휘만 뺏고 그의 목숨은 살려달라고 간언했다. 황제는 추방령으로 바꿔주었다. 곧이어 일반 사면령을 받고 시인은 비틀거리는 발길로 고향으로 향했다. 3년 뒤 그는 병이 들어 세상을 떠났다. 그러나 이렇듯 보기 드문 천재에게 내린 평범한 죽음을 못마땅히 여긴 전설이 이야기를 지어냈다. 그가 술에 만취한 상태에서 물에 비친 달의 영상을 끌어안으려다 그만 강물에 빠져 죽었다는 것이다.

어찌 되었든 그가 남긴 서른 권 분량의 섬세하고 아름다운 시편들은 그가 중국 최고의 시인임을 확인해준다. 중국의 어떤 비평가는 이렇게 설명한다. "그는 주위에 수많은 산과 언덕 위로 우뚝 솟은 태산의 정상이다. 그는 태양이다. 태양이 나오면 하늘의 수많은 별들이 그 빛을 잃고 만다."

현종과 양귀비는 죽었지만 이태백은 여전히 노래한다.

나의 배는 향나무로 만든 것, 목란木蘭의 노가 있다.
악사들이 양쪽 끝에 앉아 보석 박힌 대나무 피리와 황금 나팔을 분다.
달콤한 술 한 통과 노래하는 처녀들이 곁에 있으니
이 얼마나 즐거운가.
물결 따라 이리저리 흔들리는 이 기분!

나는 노란 학을 타고 하늘을 나는 신선보다 행복하고
하릴없이 갈매기 뒤를 따르는 하백河伯처럼 자유롭다.
붓을 들어 휘갈기니 다섯 산이 흔들린다.

시는 완성되었다. 내 마음껏 웃으니 내 즐거움이 바다보다 크구나.
오, 불멸의 시詩여! 초楚나라 왕궁과 탑들은 언덕에서 무너져 내려도
시인 굴원의 노래들은 태양과 달처럼 영원히 빛난다.

〈강에서 놀다江上遊〉

할 말은 아직도 너무 많지만 지옥의 시계가 계속 똑딱거리고 있으니 이쯤에서 1932년경 내가 중국에 관해 쓴 글의 마지막 구절을 인용하는 것으로 끝을 맺는다.

군사적 승리도 외국 금융의 폭정도 자원과 생명력이 이토록 풍부한 한 민족을 오래 억압할 수는 없다. 중국의 허리가 그 생명력을 잃기 전에 침략자들이 먼저 자본이나 참을성을 잃어버릴 것이다. 100년이 지나기 전에 중국은 그 정복자들(당시 일본인)을 흡수하고 현대 산업이라는 이름으로 불리는 기술을 모두 배울 것이다. 도로와 통신이 중국을 통일시킬 것이고, 경제와 근검은 자본을 가져다줄 것이며 강력한 정부가 질서와 평화를 가져올 것이다. 모든 혼란은 일시적일 뿐이다. 마지막에는 무질서가 치유되어 독재 정권과 균형을 이루고, 낡은 장애물은 거칠게 쓸려나가고 새로운 성장이 나타날 것이다. 죽음과 양식樣式이 그렇듯이, 혁명이 쓰레기를 제거하고 불필요한 것을

도려낼 것이다. 많은 것들이 죽어야 할 순간에 혁명이 나타난다. 중국은 전에도 이미 여러 번이나 죽었다. 그리고 여러 번이나 다시 태어났다.

Chapter 3

붓다에서 인디라 간디까지

우파니샤드

인도에서도 문명은(앞에서 이미 문명이란 문화 창조를 촉진시키는 사회 질서라고 정의한 바 있다) 고고학자들이 파내야 할 만큼 오래된 것이다. 1924년 인더스 강변의 모헨조다로에서 존 마셜 경과 그 보조자들이 층을 이룬 네 개 혹은 다섯 개의 도시를 발굴했다. 바퀴 달린 마차, 가구, 화장실 용품, 채색 도자기, 주화, 새긴 도장, 목걸이, 귀고리 등을 찾아냈다. 이 모든 것은 이집트의 피라미드만큼이나 오래된 것들이라고 한다.

기원전 1600년경 아리아족이라 불리는 강인한 종족이 북쪽에서 인도로 들어와 정복자로 자리를 잡고 지배 계층을 이루었다. 이들은 카스트 제도를 고안했거나, 아니면 적어도 확고하게 만들었고, 유럽의 언어와 대단히 유사한 산스크리트어를 발전시켰다. 그리고 문학을 발전시켰는데 그중 일부가 오늘날까지도 전해지고 있다. 네 권의 《베다》 또는 '지식의 책'들이다. 이 책들은 대부분 기도문,

찬가, 종교적 의식 등으로 이루어져 있다. 우파니샤드는 스승과 제자 사이에 오간 종교 철학적 대화다. 여러 세기에 걸쳐 이 가르침은 입에서 입으로 전해지다가 기원전 300년경에 문자로 기록되었는데, 이는 인도 철학에서 현존하는 가장 오래된 형태이다. 나는 이것을 아주 좋아한다. 그래서 당신이 나와 함께 그중 일부를 맛보길 청한다.

'우파'는 '가까이', '샤드'는 '앉다'라는 뜻이다. 이 말은 하나 혹은 여러 명의 학생들이 구루, 곧 선생님 앞에 앉는다는 의미다. 가르침은 오늘날에도 여전히 구루들에 의해 전수되고 있는데, 이해와 깨달음의 세 단계를 보여준다. 첫 번째 단계는 끈질기게 지속적으로 내면을 관찰하는 일이다. 감각·소원·기억·추론·사색 등을 무시하라. 이 모든 지적 작업을 옆으로 밀쳐내라. 이들은 외부의 사물을 다루기 위해 도입된 것이기 때문이다. 모든 행동을, 그리고 행동에 대한 생각을 옆으로 밀쳐내라. 어떤 형태나 내용이나 개체성을 가진 것이 전혀 보이지 않을 때까지 내면을 들여다보라. 마침내 그런 활동들 뒤에 숨어 있는 마음 자체를 느낄 때까지, 그리고 의식 자체의 의식을 느낄 때까지 계속하라. 이것이야말로 모든 현상들, 그러니까 모든 지각과 모든 사물들이 토대로 삼는 가장 직접적이고 가장 기본적인 실체다. 구루들은 이러한 근원적인 실체를 아트만氣息이라고 부른다. 이것은 영어의 '혼spirit', '영감inspire' 등이 그렇듯이 '숨결breath'을 뜻했던 말로 보인다.

두 번째로 우리 자신의 내면과 마찬가지로, 모든 사물에는 내적이고 생동하는 비물질적인 힘의 숨결이 있다. 이것이 없다면 사물은 혼이 없고 동작이 없고 죽어 있을 것이며, 어느 것도 살거나 자라지 못한다. 이들 살아 있는 모든 힘의 총합이 브라흐마(범천凡天)이다. 생명과 생각뿐 아니라 모든 형태와 힘도 바로 그것에 의존한다. 브라흐마는 삼라만상 모두에 스며들어 있는 정수精髓로서 비물질적이고 성性의 구별이 없고, 비개인적이며 만질 수 없는 것이다. 이것은 오직 하나뿐인 신으로, 다신교인 힌두 만신전의 모든 신들은 바로 이 브라흐마의 부분적인 양상이며 시적 표현에 지나지 않는다. 어디에나 있는 실체의 다양한 생명력을 유한한 인간이 감지할 수 있도록 그렇게 표현되었을 뿐이다.

세 번째로 아트만과 브라흐마는 원래 하나다. 우리 속에 들어 있는, 혹은 나무나 돌 안에도 들어 있는 비개체적 영혼이나 힘은 세계의 비인격적 영혼과 동일한 것이다. 우파니샤드 구루들 중 가장 사랑스러운 인물 야즈나발키야가 제자인 스웨타케투에게 이것을 설명하는 말을 들어보자.

"거기 그 무화과 열매 하나를 가져와라."
"여기 있습니다, 선생님."
"그것을 쪼개라."
"쪼갰습니다."
"거기 무엇이 보이느냐?"
"아주 작은 씨앗들이 보입니다, 선생님."
"그중 하나를 쪼개봐라."
"쪼갰습니다."

"거기 무엇이 보이느냐?"

"아무것도 안 보입니다."

"사랑하는 제자여, 네가 감각하지 못하는 이 가장 섬세한 정수, 바로 이 가장 섬세한 정수에서 이 큰 나무가 자라 나온다. 내 말을 믿어라. 이 가장 섬세한 정수야말로 온 세상의 혼이다. 그것이 실체다. 그것이 아트만이다. 타트 트밤 아시— 그것이 바로 너다, 스웨타케투야."

"선생님, 제가 더 많은 것을 이해하도록 하시는군요."

"그렇다면 그렇게 되어라."

우파니샤드는 아주 많은 것을 가르친다. 자신을 정화시키는 방식으로서의 요가와, 이기적인 데 대한 형벌로서의 내생來生. 그러나 이 문제에 대해서는 '세계의 빛' 붓다의 말을 들어보기로 하자.

붓다

그의 이야기는 전설로 가득 차 있어서 우리는 그가 진짜로 존재했는지도 확신할 수가 없다. 어떤 이야기에 따르면, 처녀의 몸에서 태어난 것으로 되어 있다. 그는 마야 왕비의 옆구리를 열고 자궁으로 들어가 그곳에 열 달 동안 머물고 나서 밖으로 나왔다. "더러운 물질로 더럽혀지지 않고", "계단을 내려오는 남자와 같았으며", "보석처럼 빛이 났다". 그런데도 그는 아버지가 있었다. 히말라야 산맥 근처 카필라바스투의 왕이었다. 소년 시절 그는 고타마 싯다르타라는 이름으로 불리며 온갖 사치를 누렸다. 고통과 슬픔에서 보호를 받았고 500명의 아름다운 처녀들 중에서 아내를 골랐으며 행복한 아버지가 되어 부와 평화를 누리며 살았다.

거룩한 전설에 따르면, 어느 날 그는 궁전을 떠나 거리로 나갔다가 늙은 사람을 보았다. 다른 날 그가 다시 밖으로 나갔다가 병든 사람을 보았다. 그리고 세 번째 날에는 죽은 사람을 보았다. 그는 후에 이렇게 설명했다. "내게는 이것이 적절하지 않은 일로 보였다. 내가 이렇게 반성했을 때 모든 젊음의 당당함이 사라졌다. …… 오, 수도자들이여, …… 나는 이렇듯 스스로 탄생에 종속된 존재였기에 탄생의 본질을 찾아보았다. 늙지 않을 수 없는 존재였기에 늙음의 본성을 탐구했다. 병과 근심과 불결함도 마찬가지다." 그러고 나서 생각했다. "나 자신이 탄생에 종속된 존재이기에 내가 탄생의 본성을 찾아내야 한다면 …… 그리고 탄생의 본성의 비참함을 보았기에 태어나지 않음을 찾아내야 한다면, 최고 평화인 해탈(니르바나)을 찾아내야 한다면 어떤가?" 그는 '전환'을 맞은 것처럼 아버지와 아내와 갓난 아들을 남겨둔 채 근원적 진리를 찾는 고행자가 되었다.

6년 동안 그는 나무 열매와 풀뿌리로 살았다. "그런 다음 나는 생각했다. 내가 손바닥 안에 들어올 정도로 아주 적은 양의 음식만 먹는다면, 콩이나 야생 완두, 병아리콩의 즙만 먹는다면 어떨까 하고……. 내 몸은 극단적으로 야위었다. 아주 조금 먹었기에 내가 앉았던 엉덩이 자국이 낙타 발자국과 같았다. …… 음식을 아주 조금 먹어서, 생각할 때 앞으로 엎어지면 편할 것 같았다."

그러던 어느 날 이런 자발적 고행은 올바른 길이 아니라는 생각이 들었다. 그는 이런 고행을 통해 새로운 깨달음을 얻는 것이 아니라는 사실을 알았다. 반대로 혹시 고행을 통해 생겨났을지도 모르는 성스러움을 고행에 대한 자부심이 더럽히고 있었다. 그는 고행을 포기하고 그림자를 드리운 나무 아래(여행자는 오늘날에도 이 '보리수'를 볼 수 있다) 앉아 깨달음이 오기까지 앉은 자리에서 일어나지 않기로 마음먹었다. 그는 자신에게 물었다. "인간의 근심과 병, 늙음과 죽음의 원천은 무엇인가?" 탄생과 죽음의 무한한 연속에 대한 환상이 나타났다. 이 모든 탄생과 죽음 하나하나가 고통과 슬픔으로 어두웠다. 그는 탄생이 바로 모든 악의 근원이라는 결론을 내렸다.

어째서 탄생은 그치지 않는가? 카르마(업業)의 법칙이 새로운 탄생을 요구하기 때문이다. 영혼은 새로 얻은 삶에서 전생의 악행을 보상할 수 있다. 그러나 어떤 사람이 완전한 정의와 지치지 않는 인내와 모두에게 친절한 삶을 살 수 있다면, 또 영원한 일에 생각을 결부시키고, 시작되고 소멸되는 것에 마음을 두지 않으면 재탄생을 면제받을 수도 있다. 즉 악의 원천 자체가 말라버리게 된다. 어떤 사람이 자신의 모든 소망을 접고 오직 모두에게 좋은 일만 할 수 있다면, 인간의 기본적 망상인 개체성(나 자신이라는 의식)은 극복되고 영혼은 마침내 의식이 없는 무한성과 합칠 수 있게 된다. 모든 개인적 소망을 말끔히 걷어낸 마음 속에 어떤 평화가 나타나는가! 또한 자신을 그렇게 깨끗이 정화시키지 못한 마음이 무슨 평화를 알겠는가? 행복이란 이교도들이 믿듯이 이승에서 가능한 것이 아니며, 많은 사람들이 믿듯이 저승에서도 가능하지 않다. 열망이 없는 냉정한 평온함에서만 평화가 가능하다. 그것이 해탈(니르바나)이다. 이렇듯 7년 동안 명상한 다음 고타마는 해탈을 설교하기 위해 사람들에게 돌아갔다.

머지않아 제자들이 생겼다. 그가 마을에서 마을로 돌아다니며 가르칠 때 제자들은 그를 따랐다. 그들은 그를 믿었다. 그는 자신을 전혀 생각지 않았고, 고약한 일을 선으로 갚았기 때문이다. "화난 사람을 친절함으로 이겨라." 그는 제자들에게 이렇게 가르쳤다. "선으로 악을 이겨라. …… 미움으로 미움을 멈추게 할 수는 없다. 미움은 오로지 사랑으로만 중단된다." 그는 내일을 걱정하지 않고 숭배자들이 주는 음식으로 만족했다. 한번은 그가 고급 매춘부의 집에서 식사를 하는 바람에 제자들을 곤란하게 했다. 제자들은 그를 붓다라고 불렀다. 깨달은 사람이라는 뜻이었다. 하지만 그는 자기를 통해 신이 말씀하신다고 주장한 적이 없었다. 그는 도덕적인 우화들을 통해 가르쳤다. 아니면 '다섯 계율'처럼 간결한 5행시를 이용했다.

살아 있는 존재를 죽이지 마라.
제게 주어지지 않은 것을 취하지 마라.
거짓된 말을 하지 마라.
취하게 하는 음료를 마시지 마라.
음란하지 마라.

이 계율은 성행위와 성적인 욕망을 모두 금한다. 전설에 따르면, 붓다가 사랑한 제자 아난다와의 대화는 다음과 같다.

"여자들 앞에선 어떻게 행동해야 합니까, 선생님?"
"아난다야, 그들을 바라보지 마라."
"만일 그들을 보아야 한다면 어떻게 해야 합니까?"
"그들과 이야기를 하지 마라."
"하지만 그들이 우리에게 말을 걸어온다면 어떻게 해야 합니까?"
"정신을 바짝 차리고 있어라, 아난다야."

종교에 대한 붓다의 생각은 순수하게 윤리적이었다. 그는 의식이나 숭배나 신학에는 전혀 관심이 없었고 행동에만 관심이 있었다. 나아가 우리의 최근 심리학처럼, 정신이 정신적 활동 뒤에 있는 어떤 것이라는 생각을 거부했다. 정신이란 총체적으로 이루어진 활동을 이르는 추상적 용어다. 그러나 붓다는 신체와 개체의 살아 있는 힘인 영혼은 그대로 남는다고 가르쳤다. 이 영혼은 다시 태어나 지상의 삶을 새로 시작하고, 전생에 지은 죄를 여기서 속죄할 수 있다고 했다.

죄는 이기심, 즉 개인적인 이익이나 쾌락을 좇는 일이다. 영혼이 모든 이기심에서 자유로워질 때까지 영혼은 되풀이해서 다시 태어나게 된다. 해탈이란 죽음 뒤의 하늘을 뜻하는 것이 아니다. 그것은 이기심을 극복한 고요한 상태이다. 붓다의 말에 따르면, 마지막에 우리는 도덕적 개인주의와 심리적 개인주의의 어리석음을 깨닫게 된다. 욕심에 시달리는 우리의 자아는 실제로는 분리된 존재나 힘이 아니다. 그것은 삶의 강물 위에 이는 순간적인 잔물결이고, 바람에 날리는 운명의 올가미 속에 얽혔다 풀어졌다 하는 작은 매듭일 뿐이다. 우리 자신이 전체의 일부임을 본다면, 전체의 틀 안에서 우리 자신을 개선하고 우리의 소망을 바꾼다면 우리의 개인적인 실망과 패배, 비탄과 고통, 피할 수 없는 죽음 등이 더는 이전처럼 우리를 슬프게 하지 않을 것이다. 그들은 무한성의 넓이 속으로 사라진다. 우리의 분리된 자아가 아니라 모든 사람을 사랑하는 법을 배운다면, 마지막에 우리는 해탈, 곧 이기적이지 않은 평화를 찾을 것이다.

2500년

인도의 영혼은 열기다. 1930년 2월, 나는 아내와 함께 봄베이(지금의 뭄바이)에 내렸을 때 기온이 화씨 92도(약 섭씨 34.7도)를 가리키고 있는 것을 보았다. 이것이 어쩌면 많은 힌두교도들이 다시는 태어나지 않게 해달라고 기도하는 이유가 아닐까? 우리는 동쪽으로 뉴델리까지, 남쪽으로 마드라스(지금의 첸나이)까지 가면서 열기에도 불구하고 많은 잘생긴 힌두교도들이 매우 열성적이고 활동적이며 창조적인 것을 보았다. 북부에서도 인도 사람들은 히말라야 산맥에서 불어오는 서늘한 바람으로 깨어 있었다. 영국인들은 대부분 한 번에 5년 이상 머물지 않고 인도 경영을 계속했다. 5년 단위로 그들은 영국으로 돌아와 열기를 피하곤 했다.

기원전 3세기 아소카 왕 치하에서 전성기를 누리다 빠른 속도로 인도에서 쇠퇴한 불교는 실론(지금의 스리랑카)에서 가장 잘 전승되었다. 그러나 야만스러운 변형을 대가로 치렀다. 칸디에 있는 불교 사원의 벽에서, 온화한 붓다가 지옥에서 사나운 형벌을 지시하고 있는 커다란 그림을 보고 나는 충격을 받았다. 살아 있는 존재를 죽이지 말라고 설파했던 이 이상주의자를 이렇듯 야만적으로 변형시킨 일을 항의하자, 한 승려가 설명해주었다. 종교가 미덕과 축복뿐 아니라 공포심으로 설교하지 않는다면, 인류의 무법적인 개인주의를 통제할 길이 없다고 했다. 중국, 일본 그리고 동남아 등지에서는 신학적으로 재구성된 불교가 번성하고 있으며, 신을 생각지 않았던 붓다는 신이 되고 말았다.

그사이 인도는 열기와, 종교적·군사적·정치적 분할로 약해져서 알렉산드로스 대왕의 침략을 받았다. 이어 흉노족, 아랍, 터키, 티무르(또는 타메를란), 포르투갈, 프랑스, 영국의 침략을 받았다. 1686년에 영국의 동인도회사는, "다가올 모든 시대를 위해 인도에 거대하고 토대가 튼튼한 영국의 지배권을 세우는 것"이 목표라고 천명했다. 대부분의 침략자들은 지쳐 있는 인도 대륙에 약간의 축복을 가져왔다. 회교 예술과 영국의 행정 같은 것이다. 그러나 모든 침략자들은 전설적인 '인도의 부'를 빼앗고 가난에 지친 사람들을 뒤에 남겼다.

흉노, 아랍, 터키, 기독교도 등의 압제나 태양의 열기에도 불구하고 끈질긴 힌두 사람들은 대규모 건축물, 수많은 조각품, 섬세한 철학, 산문과 시로 이루어진 풍부한 문학을 발전시킬 에너지가 충분했다. 지혜로운 소녀가 애인의 찬사를 질문하는 라빈드라나트 타고르의 시, 그 작은 보석을 어떻게 놓칠 수 있는가? 그 시를 읽으며 우리 마음을 가라앉히자.

맞는지 말해주세요, 내 사랑, 이것이 맞는지요.
내 두 눈이 당신 가슴속 어두운 구름을 환하게 비출 때 폭풍 같은 대답을 해주어요.
내 입술은 첫사랑으로 벌어지는 꽃봉오리처럼 달콤한가요?
사라진 5월의 여러 추억이 내 팔다리에 남아 있나요?
내 발이 건드린 자국으로 대지는 하프처럼 노래를 만들어내나요?
내가 나타난 밤의 눈에서 이슬방울 떨어지고, 아침 빛이 내 몸을 휘감을 때 그 빛은 정말로 기쁨을 느끼나요?
당신 사랑이 나를 찾아 수많은 세월, 수많은 세계를 떠돈 게 맞나요, 그것이 맞는지요?
당신이 마침내 나를 찾아냈을 때, 수많은 세월 품었던 당신의 소망이 내 부드러운 말소리와 내 눈과 입술, 향기로운 머리에서 최고의 평화를 얻었다는 것이?
무한의 신비가 나의 이 작은 이마에 쓰여 있다는 말이 맞나요?
말해주세요, 내 사랑, 이 모든 것이 정녕 맞는 말인가요?

영국은 이 시에 박수갈채를 보냈지만, 제2차 세계 대전이 일어나서야 겨우 인도에 정치적 자유를 돌려주었다.

모한다스 간디와 인디라 간디

모한다스(마하트마) 간디는 형성(교육) 기간 3년을 영국에서 보내며 영국의 특성을 사랑하고 영국 산업의 어두운 면을 피하려고 했다. 그는 윌리엄 모리스, 표트르 크로폿킨, 존 러스킨, 레프 톨스토이의 영향과 점진적 사회주의를 받아들였다. 그리스도의 윤리적 복음에도 마음이 끌려 열렬한 붓다 숭상에 그리스도의 교훈을 덧붙였다. 살아 있는 것을 해치지 않는다는 생각이었다.

인도로 돌아간 그는 사람들에게 공장보다는 농토에서 일하라고 설파했다. 공산품이 필요할 경우에는 가족이 물레를 돌리고, 집에서 짠 의상과 마을 대장장이가 만든 도구로 만족하라고 했다. 시골집의 가난함이 산업화된 도시의 궁전 같은 집이나 아파트보다 더 낫고 시골 사람들의 친절함이 도시의 군중 사이로 서둘러 지나가는, 익명의 존재 사이에 자리 잡은 은밀한 불신이나 적대감보다 더 낫다. 간디를 이끌었던 이러한 생각은 고대 방식의 단순함에 만족하는 사람들의 그것이었다.

미래를 향한 전망이 대개 그렇듯이 비현실적인 것이기도 했다. 마을 대장장이는 지하에 절반쯤 파묻힌 산업 노동자들을 통하지 않고 어떻게 철을 구할 수 있단 말인가? 그리고 공격에 맞서 마을을 방어하기 위해 필요한 무기와 조직과 전투 정신은 대체 어디서 온단 말인가? 가장 친절한 영혼과 가장 평화로운 정착지도 가혹하고 강한 사람의 처분에 맡겨지게 마련이다. 다윈이 거듭 그리스도에게 도전장을 내밀 것이기에.

간디가 암살된(1948) 다음, 산업화에 반대하는 그의 운동은 인간의 자연적인 욕심과 경쟁심에 의해 급속히 쇠퇴했다. 도시의 공장들이 시골 청년들을 유혹하고, 농업 자체가 산업이 되어 화학 및 값비싼 기계들과 결합했다. 그런데도 인구 증가가 식량 공급의 속도를 앞질렀다. 오래된 관습과 금기들이 현대의 방식과 생각들을 물리쳤다. 사람들은 왕성한 번식력으로 번영을 소멸시켰다.

그사이 과학과 역사 연구, 그리고 유럽 및 미국의 회의주의와 관용 정신과의 접촉 등이 인도의 종교적 신념과 도덕적 강령을 침식했다. 새로운 국민은 경제적·정치적·사회적 생활이 싸구려 노동, 부패한 관청, 사회적 붕괴 등으로 인해 질서를 잃었음을 깨달았다. 갑자기 정치적으로 인기 있는 한 여성이 민주주의에 유예를 선언하고, 인도의 정부·경제·언론에 대한 독재적 통제권을 장악했다.

인디라 간디는 모한다스(마하트마) 간디에게서 이름이나 정치적 강령을 물려받지 않았다. 그녀의 이름은 남편인 페로즈 간디에게 온 것으로 그는 '마하트마'와는 친척이 아니었다. 게다가 그녀의 통치 철학은 아버지 자와할랄 네루와도 거의 정반대의 것이었다. 인도가 영국에서 독립한 후 첫 번째 총리를 맡았던 네루는 신사적인 태도와 타협의 능력으로 사람들의 마음을 사로잡았다. 1960년대 나는 인디라 간디가 지역 문필가들에게 베푼 오찬에서 그녀 바로 옆에 앉을 기회가 있었는데, 맨 먼저 그녀의 아름다움, 특히 이탈리아 사람 같은 외모와 빛나는 눈에 깊은 인상을 받았다. 그리고 그 인품과 정신의 힘에 더 깊은 인상을 받았다. 그러고 나서 1966년에 그녀가 인도 총리가 되었을 때 나는 전혀 놀라지 않았다. 그녀가 2년 전에 죽은 아버지의 자리를 차지한 것이 자연스러운 일로 보였다.

 여기서 우리가 그녀에게 판결을 내려야 하는 것은 아니다. 우리는 멀리 떨어져 있고 충분히 알지도 못한다. 인도의 경제·정치·사회는 무질서·무능력·부패에 빠졌고, 아마도 단호하고 중앙 집권적인 권력을 움켜쥔 단호한 손길이 필요했을 것이다. 고대 공화정 시대의 로마는 위기가 닥쳐오면 1년 동안 독재관을 임명하는 것이 법률로 허용되어 있었다. 하지만 그 기간이 만료되고 나서도 독재관이 계속 자리를 고집할 경우 누구나 그를 제거할 수 있었다. 합법적이든 아니든 그랬다.

Chapter 4

피라미드에서 이크나톤까지

파라오들

고대 이집트 문명이 역사상 가장 오래되고 가장 길게 지속한 문명이었던가?

세계 미술사가인 엘리 포르는 이렇게 썼다. "이집트는 예술품의 견고함과 통일성과 기율을 지닌 다양성, 그리고 성과물의 엄청난 지속성과 보존 능력으로 지구 상에 나타났던 문명들 중에서 가장 거대한 문명의 장관을 제공하고 있다." (나는 고대 로마 문명이 이보다 더 거대하다고 평가하고 싶다.)

이집트 역사에서 일반적으로 가장 오래된 날짜는, 물론 불확실한 것이지만 기원전 4241년으로 거슬러 올라간다. 이 날짜를 인정한다면 당시 이집트의 천문학과 수학은 이미 상당한 정도로 발달한 것이었다. 그러나 아마 메소포타미아 지역에서도 비슷한 발전이 있었을 것이다. 고고학자들은 "알려진 역사에서 가장 오래된 문명"이 유프라테스와 티그리스 "두 강 사이에 난 통로" 지역에서 발달했을 것이라고 설명한다. 특별히 이집트 문명을 기원전 4241년부터 그리스의 이집트 정복(기원전 332)까지로 잡는다면 이집트 문명은 3809년 동안이나 존속했다. 다른 어떤 문화도, 심지어 중국 문화도 그렇게 오래 지속하지 못했다.

기원전 430년에 헤로도토스가 말했던 것처럼, 이집트는 "나일 강의 선물"이다. 강들 중에서 가장 유명한 나일 강은 강 양쪽에 자리 잡은 정착지에 물을 공급해주었다. 또한 통신과 상업을 위한 물길이 되어주었다. 나일 강은 해마다 확실하게 범람해서 농부들의 경작지에 관개를 해주었다. 그리스 사람들은 이런 정착지를 '노메스nomes'라고 불렀다. 그것은 법을 받아들인 공동체라는 의미였다. 그리고 각 지역의 통치자는 '노마르케스(이집트 태수)'라고 불렀다. 강력한 통치자가 나타나 이들 노메스 몇 개를 통합하면서, 그곳의 노마르케스들이 '모나르코스(단독 통치자)'에게 복종했다. 그와 함께 이집트의 정치적 역사가 시작되었다.

기원전 약 3100년경의 단독 통치자인 메네스는 절반은 신화적인 존재지만 자신이 장악한 공동체를 위해 토트 신이 자신에게 주었다는 법체계를 만들었다. 그는 나일 강 서안에 수도를 건설했다. 우리에게는 그리스 이름 멤피스로 알려진 지역이다. 그는 이집트 제1왕조를 열었다.

약 400년이 지난 후에 나타난 제3왕조의 파라오 조세르(BC 약 2680년)는 임호텝을 재상으로 임명했다. 임호텝은 이집트 역사에 처음으로 나타나는 위대한 인물로 의사 겸 건축가로 명성을 떨쳤다. 뒤의 세대들은 그를 지식의 신이며 이집트의 과학과 예술의 아버지로 여겨 숭배했는데, 전통에 따르면 현재 남아 있는 이집트에서 가장 오래된 건물이 그의 작품이라고 한다. 사카라의 계단 피라미드로, 멤피스 유적지 근처에 있는 석대를 쌓아 올린 건축물이다. 이것은 현존하는 모든 피라미드의 아버지다.

이들 중에서 가장 유명한 것은 제4왕조(BC 약 2613~2494년)에 나타났다. 헤로도토스는 제4왕조의 두 파라오 케옵스와 케프렌을 찬양하고 있는데 오늘날 쿠푸와 카프레라는 이름으로 알려진 왕들이다. 그 시대에 이미 이집트의 사업가들은 상업용 선단船團을 만들어 지중해 동부의 몇몇 항구와 교역했다. 그들은 레바논의 삼나무와 다른 자원을 개발하고 시나이 광산을 개척했다. 그리고 누비아 사막과 아스완 지역에서 돌을 캐냈다.

파라오들은 부자가 되자 궁전과 무덤을 위해 부를 쏟아 부었다. 헤로도토스는 쿠푸(BC 2590년경)가 카이로 교외 기자Giza 근처의 사막을 장식한 많은 피라미드 중에서 가장 오래된 피라미드를 세운 일을 기록하고 있다. 우리가 아는 한, 인간이 세운 단일 건축물로는 가장 큰 것이다. 그것은 넓이가 13에이커(약 5만 2610제곱미터)에 달하고, 높이가 448피트(약 134미터)에 이른다. 그 공간 안에 로마의 산피에트로 성당, 런던의 웨스트민스터 사원과 세인트폴 대성당 그리고 피렌체 성당과 밀라노 성당을 모두 집어넣을 수 있을 정도다.

이 건축물은 아름답지는 않다. 다만 돌을 자른 것이 정교하고 기하학적 척도가 정확하게 대칭을 이룬다는 점이 특징이다. 이것은 주로 크기와 역사로 우리에게 깊은 인상을 준다. 기술적인 작업이라는 측면에서 보면 이 피라미드는 그 시대의 기적이었다. 하나하나가 평균 2.5톤에 이르는 230만 개의 돌덩이들이 동부의 사막을 지나 나일 강을 넘어 운반되었다. 화강암 덩이들은 대부분 아스완 지역에서 북쪽으로 555마일(약 888킬로미터)이나 운반되어 왔다. 피라미드가 점점 높아지면서 이 돌덩이들은 흙이나 벽돌로 쌓아올린 제방을 따라 롤러나 썰매에 끌려 운반되었다. 헤로도토스에 따르면 이렇게 끌어 올리는 제방 길을 만드는 데만 2년이 걸렸고 피라미드 자체를 만드는 데만 10만 명의 인부가 동원되어 20년이 걸렸다고 한다. 그리스의 여행가이자 역사가인 헤로도토스는 피라미드 한 군데서 찾아냈다는 비명碑銘 하나를 전해주고 있다. 거기에는 이 한 가지 사업에 투입된 노동자들이 소비한 무, 마늘, 양파 등의 양이 기록되어 있다.

어째서 파라오들과 다른 사람들은 피라미드를 건설했던가? 이집트 사람들은 자기 안에 '카ka'라고 부르는, 자기와 똑같은 영적인 짝이 들어 있다고 여겼다. 그리고 육체가 굶주림, 폭력, 부패를 이기고 보존된다면 원래의 자기 모습 그대로 살아남을 것이라고 믿었다. 그래서 왕의 시체는 특별히 조심스럽게 향료 처리한 미라로 만들어졌다. 내장은 일종의 제왕 절개 방식으로 제거되었다. 두뇌는 코를 통해 끄집어냈다. 신체 내부는 포도주와 향료와 다른 향기로운 약품으로 깨끗이 씻어냈다. 그런 다음 신체를 다시 꿰매고 방부제에 담갔다가 끈적끈적한 고무로 문질러 왁스를 입힌 천으로 만든 붕대로 꼭꼭 감았다. 마지막으로 시체는 관에 보관되었다. 돌로 만든 무덤이 이상적인 무덤이었고, 돌을 넉넉히 사용해서 단단한 덩어리를 만들어 비밀 통로를 통하지 않고는 안으로 들어갈 수 없게 했다. 그 안에는 음식물, 무기, 화장실 그리고 돌로 깎아 만들거나 그려진 인물들이 들어 있는데, 이들은 사제들만 아는 마법 공식에 의해 왕의 시체와 영혼과 '카'를 영원히 지키는 존재들이었다.

파라오 카프레(BC 2550년경)의 피라미드 근처에는 스핑크스라는 그리스 이름으로 알려진 유명한 괴물이 서 있다. 이것은 통치자의 명령에 따라 일단의 기술자와 조각가들이 돌을 잘라 만든 것으로 사자의 몸과, 이른바 카프레 자신의 머리를 한 거대한 조각상이다. 그 얼굴은 침략자들에게 겁을 주어 왕의 무덤에 접근하지 못하게 하려는 듯 잔뜩 찌푸리고 있다.

피라미드에는 야만적으로 원시적인 요소가 있다. 그토록 난폭할 정도의 엄청난 크기를 만들어낸 일과, 영원성을 향한 공허한 갈망이 그것이다. 역사에 의해 부풀려진 채 이들 건축물을 위대한 것으로 만드는 것은 아마도 구경꾼의 추억과 상상력일 것이다. 분명 사진들은 이집트 건축물을 지나치게 고귀한 것으로 만들었다. 사진은 흙먼지 말고는 무엇이든 다 잡아낼 수 있고, 대지와 하늘의 고귀한 원경을 이용해 인간이 만든 건축물을 웅장하게 만들 수 있다. 기자의 일몰이 피라미드보다 더 위대하다.

사람들

고대 이집트에서 파라오들에게는 삶이 즐거운 것이었다. 우리는 그림과 부조浮彫, 그리고 두루마리 문서에서 그들의 부와 사치와 권력을 볼 수 있다.

사제들은 이들에게 협조했다. 파라오를 신이라 선언하고, 백성들에게는 왕에게 복종하라고 가르쳤다. 그 대가로 그들은 왕의 수입에서 넉넉한 몫을 챙겼다. 수많은 훈련된 서기들이 성직자 관리가 되어 파라오와 사제에게 봉사했다. 그들은 또한 봉건적인 귀족들에게도 봉사했다. 봉건 귀족들은 왕의 봉신封臣 자격으로 각 지방을 다스렸다. 이렇게 해서 정부 기구는 우체국 서비스 같은 조직망을 갖추었다. 세금을 거둬들여 자본을 축적하고, 신용 금융 제도를 발전시키고 자본을 농업·제조업·상업 등에 배분해서 어느 정도 국가가 통제하는 계획 경제 수준에 이르렀다.

자유민 노동자뿐 아니라 지방 태수에 종속된 노예들도 제조업 분야에서 일했다. 전쟁에서 수많은 포로들을 데려왔고, 그들 대부분은 노예로 팔렸다. 이들의 노동은 광산의 개발과 기술의 승리를 쉽게 만들어주었다. 계급 투쟁이 만연하고 파업이 빈번했다. 어떤 문서는 감독관에게 보낸 노동자들의 탄원을 보여준다. "우리는 이곳에서 굶주림과 목마름을 겪고 있습니다. 우리는 옷도 연료도 음식도 없어요. 주인이신 파라오와 우리를 감독하는 태수님에게 편지를 보내, 우리에게 생계를 유지할 물건을 주시도록 청해주십시오." 그러나 계급 혁명에 대해서는 들을 수가 없다. 유대인들의 항의 퇴거(유대인의 이집트 탈출) 사건을 혁명으로 여기지 않는다면 말이다.

고대 이집트의 산업 기술은 르네상스 이전 유럽의 수준 정도로 다양하고 발전된 것이었다. 이집트 장인들은 청동으로 무기와 도구들을 만들었다. 그중에는 가장 단단한 섬록암도 뚫을 수 있는 천공기와 강력한 대리석 관의 석판을 자르는 톱도 있다. 그들은 목판 조각의 거장들이었다. 100피트(약 30미터) 길이의 상업용 배를 만들고, 죽음이 매력적이라는 생각이 들 정도로 아름다운 관을 만들었다. 이집트의 기술은 1800년 이전에 나온 세계의 그 어느 기술보다 우수했다. 그 기술은 나일 강에서 홍해에 이르는 수로를 건설하고, 1000톤에 이르는 오벨리스크를 운반했다.

이집트의 도덕규범은 근친혼을 막지 않았다. 오누이가 혼인한 기록을 얼마든지 볼 수 있다. 많은 파라오들이 왕실의 혈통을 순수하게 지키기 위해, 아니면 가족의 부를 나누지 않기 위해 이 같은 혼인을 했다. 당시 부는 여성의 혈통으로 상속되었기 때문이다. 파라오와 일부 귀족들은 후궁harem을 둘 수 있었지만 보통 사람은 그런 사치를 누릴 수 없었다. 매춘부도 많았으나, 대부분의 그림들은 부부간의 사랑을 예찬하고 있다.

여성들은 로마 제국을 빼고는 20세기 이전 유럽 어느 나라에서보다 더 큰 도덕적·사회적 자유를 누렸다. 여성에게 심각한 제한을 두었던 그리스 사람들은 이집트 여자들이 수행원도 없이 공공연히 밖으로 나가 일하는 것을 보고 깜짝 놀랐다. 그들은 온갖 화장품을 다 이용했다. 심지어는 손톱을 칠하고 눈 화장을 했다. 일부는 가슴과 팔과 발목을 보석으로 휘감았다. 이 여성들은 오늘날 가장 자유로운 여성과 견줄 정도로 직설적으로 성에 대한 이야기를 했다. 그들은 사랑에서 주도권을 가질 수 있었고, 오로지 간통이 입증되었을 경우나, 아니면 아주 넉넉한 보상을 받고서야 이혼을 했다. 일부 여성은 네페르티티처럼 아름다움으로 불멸의 명성을 얻었다. 또 일부는 하트셉수트(재위 BC 약 1503~1482)처럼 거만하지만 아주 훌륭하게 통치하였고, 아니면 클레오파트라처럼 무모한 통치를 하기도 했다. 모성은 여성의 고결함이라는 찬양을 받았다.

이집트 예술은 그리스·로마 예술과 겨룰 만한 것이지만 그리스·로마보다 1000년 이상을 앞섰다. 그리고 수많은 항목들에서 길을 안내했다. 피라미드 시대에서 클레오파트라 시대에 이르는 3000년 동안 나일 강 양 언덕을 따라 만들어진 사원, 궁전, 주랑, 무덤 들을 여기서 나열할 필요는 없을 것이다. 여러분 중 많은 분들이 이미 직접 보았거나, 아니면 그 사진을 보았을 것이기 때문이다. 카르나크와 룩소르에는 이집트 왕가들이 만들어낸, 그야말로 기둥들의 숲이 솟아 있었다. 그 기둥들은 우리의 눈에 너무 수가 많아 보이지만, 눈에 거슬릴 정도로 바싹 붙어 있는 것으로 미루어, 아마도 강렬한 태양의 충격을 막아내기 위해서였던 것 같다. 그리스 문화가 꽃피기 오래전에 이미 이곳에서 만들어진 아치와 둥근 천장, 기둥과 기둥머리, 처마 도리와 박공벽 등은 지중해 세계의 건축술에 모범과 도전거리를 제공해주었다.

—

이집트 조각을 고전 그리스의 것과 동일하게 취급하려는 의도는 아니다. 그래도 나는 그리스 조각품 중에서 카이로 박물관에 있는 섬록암으로 만든 카프레의 흉상보다 더 섬세한 것은 알지 못한다.

그것은 이미 4200년이나 된 것이지만 마치 시간에 대해 면역을 지닌 것만 같다. 이 조각상은 아마도 제4왕조 두 번째 파라오의 모습을 이상화한 것이겠지만, 그래도 분명히 그의 핵심적인 모습을 지니고 있을 것이다. 이보다 더 유명한 것은 현재 루브르에 있는 서기의 돌조각상이다. 그는 거의 나체로 웅크리고 앉은 채 손에 펜을 하나 들고 귀에는 예비용 펜 하나를 꽂고 있다. 그동안 이루어진 작업과 지불받은 재물, 가격과 비용, 이윤과 손실, 지불할 혹은 이미 받은 세액 등을 기록하고 있다. 그의 삶은 단조로웠지만 그는 서기 생활의 어려움과, 종이를 일상의 양식으로 잉크를 피로 여기는 문필가의 품위에 대한 에세이를 씀으로써 자신을 위로하고 있다.

이집트에서는 모든 것 위에, 그리고 모든 것 아래에 종교가 있었다. 토테미즘에서 신학에 이르기까지 모든 단계, 모든 형식의 종교를 볼 수 있다. 문학, 통치, 미술 그리고 도덕성을 제외한 모든 것에서 종교의 영향을 볼 수 있다. 이집트의 신들은 인도의 신들만큼이나 많다. 사제들은 태초에 하늘이 있었다고 말한다. 하늘과 나일 강은 마지막까지 주신主神으로 남았다. 모든 천체는 강력한 영靈이 밖으로 드러난 형태였다. 그들의 의지는 복잡하고도 다양한 움직임을 만들어냈다. 태양은 라, 레 혹은 아몬이라는 이름이었다. 태양신은 세상을 비춤으로써 모든 것을 창조했다. 호루스 신으로 나타날 경우에는 매의 모습을 하고 자기 영역을 감독하는 것처럼 매일 하늘을 가로질러 간다. 나일 강은 위대한 신 오시리스다. 나일 강이 인접한 땅을 비옥하게 만들어주었기 때문에 오시리스는 남성의 정력을 나타내는 신으로도 여겼다.

오시리스의 누이이며 아내인 이시스는 모성의 여신이었다. 오시리스 신에 의해 비옥해진 나일 삼각주 지역은 이시스의 여러 형상들 중 하나다. 식물과 동물도 신으로 숭배되었다. 야자나무는 모양 때문에, 염소와 황소는 생산력 때문에 숭배를 받았고, 뱀은 지혜와 생명의 상징으로 여겨졌다. 뱀은 어쨌든 양쪽 끝을 붙일(수입과 지출의 균형을 맞출) 줄 알았다. 파라오들도 아몬-레 신의 아들로서 신으로 숭배를 받았다. 그는 임시로 지상을 집으로 삼은 신이었다. 아마도 이런 신의 혈통 덕분에 파라오는 그렇게 오랫동안 물리적 폭력을 덜 사용하고도 계속 통치할 수 있었을 것이다.

그래서 이집트의 사제들은 왕권에 꼭 필요한 지주이자 사회 질서를 유지하는 비밀경찰이었다. 사람들의 신앙심과 왕의 너그러움을 통해 그들은 봉건 귀족 계급보다 점점 더 부유해지고 강해졌다. 심지어는 왕족보다 더 강해졌다. 이들은 젊은이를 교육시키고 지식을 축적하고 전수했다. 그리고 열심히 엄격하게 자신들을 훈련했다. 헤로도토스는 거의 경외심을 품고 그들을 묘사하고 있다.

그들은 신을 경배하는 데 지나칠 정도로 조심스러웠다. 그들은 다음의 의식을 관리했다. …… 아마로 된 옷을 입었는데 언제나 깨끗했다. …… 청결을 위해 할례를 받았으며 잘생긴 것보다 깨끗함을 더 낫게 여겼다. 이나 그 밖에 불결한 기생충이 몸에 붙지 않도록 사흘에 한 번씩 온몸을 면도했다. …… 매일 낮에 두 번, 밤에 두 번씩 아주 차가운 물로 몸을 씻었다.(《역사》제2장 37절)

이들의 약점은 권력에 대한 애착이었다. 그리고 마법, 의식, 부적, 지상의 부나 영원한 행복을 위한 여러 도구를 신도들에게 명령하거나 팔았다는 점이다.

미국의 위대한 이집트 학자 제임스 브레스테드 교수에 따르면 다음과 같다.

저승의 위험이 점차 여러 가지로 늘어났다. 그리고 모든 위험한 상황에 대해, 사제는 죽은 사람을 틀림없이 치유해줄 부적으로 죽은 사람을 장식할 수 있게 되었다. 그 밖에도 죽은 사람이 저승 세계에 도달할 수 있게 해주는 부적들이 있었다. 입을 잃어버리지 않도록 해주는 부적, 머리나 심장을 잃어버리지 않게 해주는 부적들도 있었다. 또 자기 이름을 기억나게 해주는 부적, 숨 쉬고 먹고 마시며, 자신의 오물을 먹는 것을 피하게 해주는 부적, 먹는 물이 불로 변하는 것을 피하게 해주는 것, 어둠이 빛으로 바뀌는 것을 피하게 해주는 것, 온갖 뱀과 다른 괴물을 쫓아주는 것, 그 밖에도 많은 부적들이 있었다. …… 이렇게 해서 고대 동방에서 볼 수 있는 최초의 도덕적인 발전이 여기서 갑자기 중단되었다. 아니면 이익을 얻으려는 부패한 사제 계급의 혐오스러운 장치들로 인해 적어도 방해를 받았다.

이집트의 종교적 상황이 이렇던 시절에, 시인으로서 사랑을 알고 이교도이기도 하던 사람이 왕좌에 올라, 놀라워하는 사제들과 사람들을 향해, 신은 오직 한 분뿐이라고 선언했다.

시인 왕

아멘호테프 4세는 원래 왕이 되기 어려운 사람이었다. 그는 전쟁보다 예술을 더 좋아하고 이집트 문학에서 가장 유명한 시를 썼으며, 아내 네페르티티를 지치지 않고 사랑했다. 그는 예술가들에게 자신이 여왕과 함께 마차를 타고, 아이들과 함께 즐거워하는 모습을 그리는 것을 허용했다.

국가 의식이 있을 경우 네페르티티는 그의 옆에 앉아 그의 손을 잡았다. 딸들은 옥좌의 발치에서 놀았다. 아내는 딸만 일곱을 낳고 아들은 낳지 못했다. 그런데도 그는 아내를 사랑하여 두 번째 아내를 얻지 않았다. 왕은 그녀를 "나의 행복의 여주인, 그 목소리를 듣고 왕이 기뻐하네"라고 노래했다. 그리고 "내 마음이 여왕과 그 아이들 속에서 행복하듯이"라는 말을 맹세의 말로 삼았다.

그녀 다음으로 그가 사랑한 것은 태양이었다. 이집트 사람들은 이미 오래전부터 태양을 지상의 모든 생명체의 아버지로 여겨 숭배했다. 그러나 사람들은 아몬 신을 숭배하고 또 수많은 다른 신들을 섬겼다. 저녁 별에서부터 양파와 비비원숭이까지 신으로 섬겼다. 그는 아몬 신을 섬기는 고급 사제가 숫양을 죽여 신에게 제물로 바치는 것을 보고 반감을 품었다. 또한 승려들이 마법의 부적을 팔고, 자기들의 계획을 위해 아몬 신이 주었다는 가짜 예언을 이용하는 것이 싫었다.

왕은 옳지 못한 방법을 동원해 얻은 사원의 부와, 백성의 삶에서 돈으로 산 위계질서가 점점 더 자리를 잡아가는 것이 못마땅했다. 시인의 대담성으로 그는 모든 타협을 내던지고 이 신들과 모든 의식들이 저속한 우상 숭배라 선언하고, 오직 한 분뿐인 아톤, 곧 태양신만 있을 뿐이라고 선언했다. 그는 자신이 물려받은 이름인 아멘호테프를 버렸다. 이 이름은 태양신 아몬의 이름을 포함하고 있었다. 대신 그는 스스로를 이크나톤이라고 불렀는데, 이것은 '아톤은 만족한다'는 의미였다.

그는 이전 시대에 만들어진, 유일신을 찬양한 몇 편의 시詩를 받아들여 신이며 태양인 아톤을 향한 열렬한 노래를 만들었다. 현존하는 그의 시 중에서 가장 긴 시는 고대 이집트 문학에서 가장 주목할 만한 유산이다.

당신의 먼동은 지평선에서 아름답습니다.
오, 살아 있는 아톤, 생명의 시작이여,
당신이 먼 동쪽 하늘에 떠오를 때
당신은 그 아름다움으로 온 땅을 가득 채웁니다.

당신은 아름답고 위대하고 반짝이면서 모든 땅 위에 높이 솟아,
당신의 빛이 스스로 만드신 온 땅을 둘러쌉니다.
그들은 레, 당신은 그들 모두를 사로잡아 데려갑니다.
당신은 그 사랑으로 그들을 붙잡지요.
당신이 멀리 있어도 당신의 빛은 땅 위에 있습니다.
당신이 높이 오르면 당신의 발자국은 낮이 됩니다.

당신이 서쪽 하늘로 넘어가면

땅은 사자死者처럼 어둠에 잠기고
사람들은 모두 잠을 잡니다.
그들의 머리는 감싸여 있고 콧구멍은 멈추고
아무도 다른 사람을 보지 못합니다.
머리 아래 놓아둔 물건을 모두 도둑맞아도
그들은 모르지요.
모든 사자가 동굴에서 나오고 모든 뱀들이 물어도……
세상은 고요하고
그들을 만든 분은 지평선에서 쉬고 계시니.

당신이 지평선에 떠오를 때 땅은 밝아집니다.
당신이 아톤이 되어 환하게 비추면
낮이 되어 어둠을 쫓아 몰아냅니다.
당신이 광선을 보내면
두 나라는 매일 축제를 벌입니다.
당신이 일으켜 세우면
그들은 깨어 일어나지요.
그들은 몸을 씻고 옷을 입고
아침 빛을 숭배하기 위해 팔을 높이 쳐들지요.
온 세상에서 모두 자기 일을 합니다.

소 떼는 목장에서 쉬고
나무와 식물은 꽃을 피우고

새들은 늪지에서 날개를 퍼덕이고
당신을 찬양하기 위해 날개를 펼칩니다.
모든 양들이 춤을 추고
날개 달린 것들은 모두 날고,
당신이 이들을 비추면 모두 살아납니다.

배는 강물을 오르락내리락합니다.
당신이 비추기에 모든 길이 열립니다.
강에서 물고기는 당신 앞에 뛰어오르고
당신의 광선은 커다란 푸른 바다 한가운데도 비추지요.
여자 속에 배아를 만들고
남자 속에 씨앗을 만들어내는 분,
어미의 몸 안에 있는 아들에게 생명을 주는 분
그가 울지 않게 그를 어루만지고
자궁 속에 있는 그를 먹이고
모두에게 생명이 되는 숨결을 주시는 분!
그가 탄생일에…… 어머니 몸 밖으로 나올 때면
당신은 그의 입을 열어 말하게 하고
당신은 그가 필요한 것을 공급해주십니다.
당신의 빛이 모든 정원에 양분을 주시니
당신이 나오면 그들은 살고
그들은 당신에 의해 자라납니다.

당신은 모든 일을 하기 위해

계절을 만드시니

겨울은 그들에게 차가움을 가져오나,

그들은 열기에서 당신을 맛봅니다.

당신은 먼 하늘에 떠올라

당신이 만드신 모든 것을 바라봅니다.

당신은 살아 있는 아톤이 되어 빛납니다.

먼동이 되어 빛나고 멀리 갔다가 되돌아옵니다.

당신은 오로지 당신 자신을 통하여

수많은 형태를 만듭니다.

도시, 마을, 종족, 길과 강을.

모든 눈이 당신을 봅니다.

당신은 땅 위에 낮의 아톤이시니…….

당신은 내 마음에 계십니다.

당신의 아들 이크나톤 말고는

어느 누구도 당신을 아는 이 없습니다.

당신은 계획과 힘으로

그를 지혜롭게 만드십니다.

세계는 당신 손안에 있나니,

당신이 그들을 만들었을 때에도.

당신이 떠오르면 그들은 살고

당신이 지면 그들은 죽습니다.

당신은 당신 자신의 생명의 길이시니.

당신이 지기 전까지

사람들의 눈이 당신의 아름다움을 보는 동안

그들은 당신을 통해 삽니다.

당신이 서쪽으로 지면

모든 노동은 사라집니다.

당신은 세계를 세우고

당신의 아들 이크나톤을 위해 그들을 키우십니다.

그의 명은 길어라.

그가 사랑하는 왕비에게도,

두 나라의 여주인 네페르-네프루-아톤, 네프레티티,

그녀 또한 영원히 살고 번성하리.

이것은 역사상 가장 위대한 시의 하나일 뿐 아니라, 이사야가 나오기 640년 전에 쓰인 탁월한 유일신 사상의 표현이다. 이크나톤의 신은 야훼처럼 종족을 가리지도 않는다. 아톤은 지상의 모든 종족을 먹이고 통치한다. 그것은 살아 있는 신성神性의 개념으로 모든 사물을 살아나게 만드는 창조적인 힘이다. 태양신의 열기는 생명의 따뜻함이고 사랑의 열정이다. 그것은 모든 식물을 먹이고 열매 맺게 하고 모든 동물에게 힘을 주고 '여자 속에서 남자―아이를 만드는' 존재다. 태양신은 모든 종족과 모든 형태의 성장을 위한 신이다.

이크나톤은 이런 원대한 전망에 이기심의 구름을 드리워 이것을 망가뜨렸다. "당신의 아들 이크나톤 말고는 어느 누구도 당신을 아는 이 없습니다. …… 당신은 세계를 세우고 당신의 아들 이크나톤을 위해 그들을 키우십니다." 그는 자신의 새 종교에 대한 확신에 가득 차서 이집트의 모든 공공장소에서 아톤을 제외한 다른 신들의 이름을 갈거나 지워서 없애라고 명령했다. 그는 아버지의 이름에서 아몬이라는 말을 없앴다. 그 신은 이제 죽었기 때문이다. 그는 자신의 신 이외의 다른 모든 신들에 대한 신앙 고백은 불법이라고 선언했다.

공식적인 성직자 계층이 불평하고 음모를 꾸몄다. 사람들은 이크나톤의 유일신 사상이 신들에 대한 대량 학살이라 느끼고, 불평하며 반발했다. 심지어 그의 궁전 안에서도 대신들이 그를 미워했다. 그가 전쟁을 경멸하여 군대를 약하게 만들었기 때문이다. 장군들은 그가 죽기를 기다렸다. 이집트의 지배를 받는 속국들은 공물 바치기를 거부했다. 그들은 하나씩 이집트 태수를 쫓아내고 자유를 되찾았다. 이집트는 갑자기 분열되었다. 이크나톤은 아내와 자식들 말고는 거의 모두에게 버림을 받았다. 그는 통치자로서의 실패와 자기 종족의 무가치함을 탄식하다가 서른 살이 되기도 전에 죽었다.

그가 죽고 2년이 지난 후 사제들의 총애를 받은 그의 사위 투탕카멘이 왕좌를 물려받았다. 그는 장인이 지어준 이름인 투탕카톤을 투탕카멘으로 바꾸고, 사제 세력과 화해하고 옛날의 신들을 되살려냄으로써 사람들을 기쁘게 했다. 이번에는 아톤과 이크나톤이라는 말이 모든 기념비에서 지워졌다. 사제들은 누구의 입에서도 이 이교도 왕의 이름이 나오는 것을 금지했으며, 사람들은 그를 가리켜 '큰 범죄자'라고 불렀다. 이크나톤이 없앴던 이름들은 기념비로 되돌아오고, 그가 없앤 축제일은 모두 되살아났다. 모든 것이 전과 같이 되었다.

이집트는 람세스 2세 치하에서 또 다른 위대한 시대를 경험했다. 그는 이집트 식민지를 다시 정복하고, 거대한 사원을 짓고 수많은 아내들에게서 100명의 아들과 50명의 딸을 얻어 자신의 기개를 입증해 보였다. 그는 자신의 권력을 당당하게 자랑하는 유물을 남겼다. 그것은 원래 높이가 56피트(약 17미터)이던 것이 지금은 길이가 56피트로 되었다. 세월이 조각상의 아랫부분을 침식해 옆으로 쓰러뜨렸기 때문이다.

시인 셸리는 한 소네트에서 이 조각상이 아름답고도 무시무시하다고 묘사했다. 람세스의 여러 이름 중 하나인 '오지만디아스'라는 제목의 소네트다.

> 고대의 땅에서 온 여행자를 만났네.
> 그가 말하길, 몸통 없는 거대한 돌다리 두 개가
> 사막에 서 있다 하네. …… 그 옆에는 모래에
> 반쯤 파묻힌 채 부서진 얼굴 하나가 놓여 있는데
> 찌푸린 눈살, 주름진 입술, 차가운 명령의 비웃음은,
> 이것을 만든 조각가가 그 정열을 잘 읽었음을 보여준다네.
> 그 정열이 이 생명 없는 물체에 새겨져 아직도 남아 있네.
> 그것을 조롱하는 손길과, 그것을 키운 마음.

받침대에는 이런 말이 새겨져 있다네.
'내 이름은 오지만디아스, 왕 중의 왕,
강한 이들아, 내 이룬 것을 보고 절망하라!'
그 밖에 남은 것은 없다네. 경계도 없이 휑뎅그렁하게
거대한 잔해가 쓰러진 주위로
외롭고 평평한 모래만 넓게 펼쳐져 있을 뿐.

Chapter 5

구약 성서의 철학과 시[2]

한 민족의 탄생

이 책의 의도는 문명의 역사를 한정된 지면에 요약해서 표현하는 것이 아니라, 문명에 의해 남겨진 사상과 표현의 걸작을 탐구하고 그 예를 살펴보는 것이다. 그러므로 여기서는 기원전 약 1800년경에 팔레스타인에 나타나 기원 135년에 그들의 거룩한 땅에서 흩어질 때까지, 유대인의 철학과 문학을 이해하는 데 도움이 되는 정도로만 유대인의 역사를 살펴볼 것이다.

   기독교 이전 시대 근동 또는 중동은 사람들의 가마솥이었다. 사람들은 기질과 자부심이 뜨겁고 정착지에서는 참을성이 없어, 쉬지 않고 떠돌아다녔다. 그들은 대규모 문명을 만들어내기에 충분할 정도로 그곳에 오래 살았다. 수메르 사람, 바빌론 사람, 아시리아 사람들이었다. 바빌론 사람들은 과학과 의학을 발전시켰

---

[2] 인용된 성경 구절은 '공동 번역 성경'에 따라 표기하였다.

고, 함무라비 왕은 기원전 1940년경에 대단히 이성적인 법전을 만들었다.

성서에 따르면 아브라함이라는 이름의 유명한 유목민이 기원전 1800년경에 칼데아(갈대아) 지방(오늘날 남부 이란)에 있는 우르 마을을 떠나, 점점 불어나는 가족과 양 떼를 위해 새로운 땅을 찾아 나섰다. 환상 속에서 그는 야훼 신을 보고 그 목소리를 들었다. 신은 그와 그 자손들에게 가나안 땅을 제공했다. 다만 그들은 오로지 야훼만을 섬기고, 남자 후예들은 신과 계약의 표시로 할례를 받아야 했다. 모세와 십계명에서도 그렇듯이, 여기서도 종교적 신념이 위기에 처한 사람들의 단결, 도덕성, 용기 등을 강화시켜주는 것을 볼 수 있다. 아브라함은 가족을 거느리고 북서쪽을 향해 전진해서 가나안 땅으로 들어가 그곳을 정복했다. 모세가 나오기 600년쯤 전의 일이었다. 그들은 그곳을 신께서 주신 땅이라 생각했다.

아브라함의 맏아들 야곱은 낯선 사람과 싸움을 했는데 나중에 보니 천사였다. 야곱이 힘껏 싸웠기에 하느님은 그에게 이스라엘이라는 새 이름을 내려주었다. 그것은 '하느님과 겨룬 사람'(《창세기》 32장 24~30절)이라는 의미였다. 이것은 종족과 나라의 이름이 된다. 야곱이 사랑하던 아들 요셉은 질투하는 형들에 의해 구덩이에 묻혔다가 구조된 후 이집트에 노예로 팔려갔다. 그곳에서 꿈 해석을 잘해 풀려난 요셉은 파라오가 총애하는 신하가 되었다. 그는 파라오에게 풍년이 든 해에 곡식을 저장했다가 흉년이 든 해에 백성을 먹여 살리라고 조언했다. 그의 형들은 기근이 덮친 이스라엘을 떠나 이집트에 식량을 구걸하러 왔다. 요셉은 그들에게 식량을 주고 야곱과 그 일족에게 이집트로 와서 살라고 청했다. 그들은 기원전 1650년경에 고센 지방에 정착했다.(《창세기》 46장)

그들의 후손은 이집트에서 약 400년 동안 번성했다. 그런 다음 알려지지 않은 어떤 이유로 이집트 사람들은 유대인을 적대시하고 무거운 노동과 증오스러운 법을 부과했다. 성서 이야기를 믿어도 된다면, 당시의 파라오는 아마도 람세스 2세(셸리의 '오지만디아스')였을 것으로 추정된다. 파라오는 산파들에게 명령을 내려 유대인 산모들이 사내아이를 낳으면 죽이라고 명령했다.(《출애굽기》 1장 16절) 어머니 몇 명이 아기들을 몰래 감추었다. 이들 중 하나가 모세였을 것이다. 어쨌든 우리는 그를 역사적 인물로 받아들일 수 있다. 그리고 시나이 반도에서 유대인 수난 시대의 이야기도 핵심 부분은 사실로 받아들일 수 있다.

나는 많은 유랑자들이 고난 중에 조상들이 믿던 하느님을 향한 신앙을 잊고, 초자연적인 도움을 기대하며 이방의 우상을 섬겼다는 말을 믿을 수 있다. 그들의 지도자가 성격과 믿음의 힘을 통해 그들에게 십계명이 말하는 질서와 품위로 돌아오라고 호소했다는 것도 믿을 수 있다. 현대에 방황하는 우리도 도덕의 사막에서 그 계명을 오랫동안 귀 기울여 듣고 다시 복종하지 않는가. 나는 또한 고통과 전쟁으로 힘든 피로에 지친 저 방랑하는 민족이, 옛 조상들이 400년 전에 굶주림과 목마름에 쫓겨 떠났던 저 가나안 땅을 되찾기 위해 거칠고 사납게 싸웠다는 말도 믿을 수 있다.

이들 승리자들은 가나안 땅에서 거의 200년 동안 느슨한 종족 연합체를 이루고 살면서 자기들 부족끼리의 싸움으로 찢기고, 또한 블레셋 사람, 모압 사람, 암몬 사람, 에돔 사람들과 거듭 전쟁과 평화를 겪었다. 이 기간 동안 판관들과 사제들이 법과 질서를 유지했다. 인구가 늘고 널리 퍼지자 절대적 명령권을 가진 중앙의 권위에 대한 요구가 생겨났다. 당시 지도적인 판관이던 사무엘은 그런 왕권 통치에 반대하면서 사람들에게 경고했다.

(왕은) 너희 아들들을 데려다가 자기 밭을 갈거나 추수를 하게 할 것이며 전쟁의 도구로 삼을 것이다. …… 너희의 밭과 포도원과 올리브 밭에서 좋은 것을 빼앗아 자기 신하들에게 줄 것이며, …… 너희의 남종 여종을 데려다 일을 시키고 좋은 소와 나귀를 끌어다가 부려먹고 너희들마저 종으로 삼으리라. 그때에 가서야 너희는 너희들이 스스로 뽑아 세운 왕에게 등을 돌리고 울부짖겠지만, 그날에 야훼께서는 들은 체도 하지 않으실 것이다.

사람들은 사무엘의 충고를 거절하고 이렇게 말했다.

그렇지 않습니다. 우리는 왕을 모셔야겠습니다. 그래야 우리도 다른 나라처럼 되지 않겠습니까? 우리를 다스릴 왕, 전쟁이 일어나면 우리를 이끌고 나가 싸워줄 왕이 있어야 하지 않겠습니까?(《사무엘상》 8장 11~20절)

사울이 사람들을 한데 모았고 그들은 그를 첫 번째 왕으로 뽑았다. 모든 사람들이 "우리 임금 만세!" 하고 외쳤다.

사울은 왕으로서 실패하고 블레셋 사람들에게 맞서 공허한 싸움을 벌이다 죽었다. 원래 왕의 경비대장이던 다윗, 잘생기고 음악에 재능이 있던 그가 기원전 1000년경에 왕위를 차지했다. 그는 이스라엘의 모든 지역을 정복하여 하나로 합치고, 각 지역에서 아내를 취해 통치권을 확고하게 만들었다. 예루살렘을 수도로 삼아 36년 동안 다스렸으며 대단한 부를 남겼다. 유대인들은 뒷날 불운을 겪을 때면 '메시야'를 갈망했다. 메시야란 다윗의 후손 중에 '기름 부음을 받은 자'를 뜻하는 말로, 그가 다윗 왕이 통치하던 시대의 영광과 행복을 다시 만들어낼 것을 소원한다는 뜻이었다.

여기서 역사상 가장 일찍 등장하는 극히 다채로운 면모를 지닌 영웅을 볼 수 있다. 승리의 전사이며 시편의 시인이고, 하프 연주자이며 또한 사울의 아들 요나단과 자신의 아들 압살롬을 사랑할 줄 아는 사람이다. 밧세바를 그 남편 우리야에게서 빼앗고 우리야를 전쟁터에서 죽게 만들었다. 그는 풍부하고 다채로운 요소들을 지닌 놀랍고도 확실한 남자이며, 내면에 많은 야만성을 지니고 있으면서도 또한 문명의 모든 약속을 보여주는 남자이다.

그의 아들이며 후계자는 솔로몬이었다. '평화'를 뜻하는 '샬롬'이란 말에서 온 이름이다. 그는 37년 동안 평화와 부유함을 유지함으로써 높은 명성을 얻었다. 티로(티루스) 왕 히람과 좋은 관계를 유지함으로써 페니키아 상인들의 카라반隊商이 팔레스타인을 거쳐 가도록 했고, 이스라엘의 농산물을 시돈과 티로의 공예품과 바꾸었다. 그는 지중해와 홍해의 무역을 위해 상선 선단을 만들고 금과 값진 '오빌'의 보석을 캤다. 오빌은 최근에 사우디아라비아에서 발견되었다. 솔로몬은 "700명이나 되는 후궁과 수청 드는 여자를 30명이나" 거느렸다. 이 숫자를 10분의 1로 줄이고 나머지는 친선을 맺은 부족이나 나라들의 숫자라고 헤아려도 좋을 것이다. 그 밖에도 이 위대한 왕은 자신의 특별한 자질을 가능한 한 많은 아들들에게 전수하려는 우생학적 정열을 지녔던 것 같다.

그는 예루살렘에 거대한 사원을 지었다. 그 아름다움은 유대인들의 영원한 자부심이 되었으며 그들의 숭배의 정점을 이루었다. 그리고 뒤에 관습이 된 일이지만, 교역의 중심지가 되었다. 그가 죽기 전에 상인들의 수가 사제들의 수보다 훨씬 많았는데, 상인들이 정부를 장악하고 국가의 부를 통제했다. 안정적으로 고용되지 못하거나 노동의 대가를 제대로 받지 못해 불만을 품은 무산자 계층이 생겨났다. 그리고 그들의 곤궁은 원래 호전적인 야훼 숭배를 변형시켜 예언자들을 통해 사회주의적인 복음을 만들어냈다.

예언자들

그들은 우연히 미래를 예언했다. 예루살렘이 외국 세력에 사로잡히게 되리라는 것을 정확히 예언한 것은 우연이었다. 그들은 원래 미래를 예언하는 사람들이라기보다는 현재를 고발하는 사람들이었다. 그들 중 몇 명은 먼 변방에서 예루살렘으로 올라온 사람이었다. 그들은 수도에 와서 제조업 분야에서의 착취와 상업 분야에서의 속임수를 보고 충격을 받았다. 그리고 종교가 정의에 대한 요구가 아니고, 불에 태운 제물과 경건한 노래로 변화된 것을 보고 깜짝 놀랐다.

아모스는 자신이 예언자가 아니라 수도를 구경하러 양 떼를 놓아두고 예루살렘에 온(BC 760년경) 단순한 시골 양치기라고 서술했다. 그는 거기서 삶의 부자연스러운 복잡성에 당황했다. 부의 불공평, 경쟁의 괴로움, 가차 없는 착취 등에 놀랐던 것이다. 그래서 그는 "성문 앞에 서서" 부자와 그들의 사치를 질책했다.

너희가 가난한 자를 마구 짓밟으며 그들이 지은 곡식을 거둬가는구나. 너희는 돌을 다듬어 집을 지어도 거기에서 살지 못하고 포도원을 탐스럽게 가꾸고도 거기에서 난 포도주를 마시지 못하리라. …… 저주받아라! 시온을 믿고 안심하는 자들아, …… 상아 침상에서 뒹굴고, …… 양 떼 가운데서 양 새끼를 골라 잡아먹고, 거문고를 뜯으며 제 멋에 겨워 흥얼거리는 것들. 몸에는 값비싼 향유를 바르고 술은 대접으로 퍼마시는 것들. …… 나는 너희 순례절이 싫구나.(야훼의 말씀) …… 너희가 바치는 번제물과 곡식 제물이 나는 조금도 달갑지 않다. …… 그 시끄러운 노랫소리를 집어치워라. 거문고 가락도 귀찮다. 다만 정의를 강물처럼 흐르게 하여라. 서로 위하는 마음이 개울같이 넘쳐흐르게 하여라.(〈아모스〉 5장)

학자들이 첫 번째 이사야라 부르는, 더 위대한 예언자는 이러한 사회주의 복음을 세계 문학 사상 가장 고귀한 산문으로 발전시켰다.

야훼께서 재판정에 들어서신다. 야훼께서 당신 백성의 장로들과 그 우두머리들을 재판하신다. "내 포도밭에 불을 지른 것은 너희들이다. 너희는 가난한 자에게서 빼앗은 것을 너희 집에 두었다. 어찌하여 너희는 내 가난한 백성을 짓밟느냐? 어찌하여 가난한 자의 얼굴을 짓찧느냐? …… 아, 너희가 비참하게 되리라. 집을 연달아 차지하고 땅을 차례로 사들이는 자들아! …… 아, 너희가 비참하게 되리라. 악법을 제정하는 자들아. 양민을 괴롭히는 법령을 만드는 자들아! 너희가 영세민의 정당한 요구를 거절하고 내가 아끼는 백성을 천대하여 그 권리를 짓밟으며 과부들의 재산을 털고 고아들을 등쳐먹는구나. 너희는 어떻게 하려느냐? 벌을 받게 되는 날, 먼 곳에서 태풍처럼 재난이 닥쳐오는 그날에 누구에게 피하여 도움을 청하고 그토록 소중히 여기던 재산은 어디에다 숨겨두려느냐? …… 너희들 스스로를 씻고 깨끗이 하여라. 정의를 찾고 억압받은 자들을 풀어주고, 고아에게 정의를 가져다주고 과부를 변호해주어라."(《이사야》 3장 14~15절, 5장 8절, 10장 1절 이하)

이사야는 괴로워하지만 절망하지 않는다. 그는 유대인들의 메시야사상의 위안을 보여준다. 미래에 구원자가 나타나 박애와 평화의 시대를 가져다줄 것이라고 위로한다.

보라, 처녀가 잉태하여 아들을 낳고 그 이름을 임마누엘이라 하리라. …… 우리를 위하여 태어날 한 아기, 우리에게 주시는 아드님, 그 어깨에는 주권이 메어지겠고, 그 이름은…… 평화의 왕이라 불릴 것이다. …… 가난한 자들의 재판을 정당하게 해결해주고 흙에 묻혀 사는 천민의 시비를 바로 가려주리라. 그의 말은 몽치가 되어 잔인한 자를 치고 그의 입김은 무도한 자를 죽이리라. …… 늑대가 새끼 양과 어울리고 표범이 숫염소와 함께 뒹굴며 새끼 사자와 송아지가 함께 풀을 뜯으리니 어린아이가 그들을 몰고 다니리라. …… 나라마다 칼을 쳐서 보습을 만들고 창을 쳐서 낫을 만들리라. 민족들은 칼을 들고 서로 싸우지 않을 것이며 다시는 군사 훈련도 하지 아니하리라.(〈이사야〉 7장 14절, 9장 6절, 11장 4~6절, 2장 4절)

예언자들이 위협하던 나쁜 일은 약간 늦기는 했지만 결국 이루어졌다. 기원전 609년에 이집트 군대가 옛날 도시 메기도 근처에서 유대인을 처부쉈다. 사도 요한은 세계의 운명을 결정하는 큰 싸움을 위해 '아마겟돈'이라는 이름을 사용했다.(〈요한의 묵시록〉 16장 16절) 기원전 597년에 바빌론의 느부갓네살 1세가 예루살렘을 포위하고 유대인 1만 명을 포로로 잡아갔다. 예레미야의 엄중한 예언의 충고에 반하여 시드키야 왕은 유대인을 이끌고 바빌론에 맞섰다. 그에 대해 느부갓네살은 기원전 586년 예루살렘에 보복했다. 솔로몬의 사원을 무너뜨리고 예루살렘의 거의 모든 주민을 포로로 삼아 바빌론으로 데려갔다. 그러자 예레미야는 자신의 예언이 실현되어 예루살렘이 황폐해진 것을 탄식했다.

아, 그렇듯 붐비던 도성이 이렇게 쓸쓸해지다니. 예전에는 천하를 시녀처럼 거느리더니 이제는 과부 신세가 되었구나. 열방이 여왕처럼 우러르더니 이제는 계집종 신세가 되었구나! …… 길 가는 나그네들이여, 나를 보시오. 야훼께서 노여움을 터뜨려 나를 내려치시던 날 겪던 그런 고생이 또 어디 있겠소. …… 오 야훼 주님, 내가 간구할 때 당신은 정의로우십니다. 당신의 정의로움과 이야기하고자 합니다. 어떤 이유로 사악한 자들의 길이 번성하는 것입니까?(〈예레미야 애가〉 1장 1절, 12절)

이제(BC 540) 예레미야보다 더 위대한 예언자가 나타났다. 학자들은 그를 두 번째 이사야로 부른다. 그가 첫 번째 이사야에 새로운 장을 덧붙여 넣었기 때문이다. 그는 바빌론에 사로잡힌 유대인들을 향해 신의 이름으로 이스라엘만이 아니라 모든 사람을 위해 설교했다. 최고이신 하느님은 "바닷물을 손바닥으로 되고, 하늘을 장뼘으로 재었고…… 산을 저울로 달고 언덕을 천평으로 달았다. …… 눈을 높이 들어라. 그리고 누가 이 모든 것을 만들었는지 보라"고 말한다.

그는 죄 때문에 사람들에게 저주하지 않고 오히려 자신의 하느님이 머지않아 유대인들을 바빌론의 노예 상태에서 풀어주실 것이라고 약속했다.

야훼께서 오신다. 사막에 길을 내어라. 우리의 하느님께서 오신다. 벌판에 큰길을 훤히 닦아라. 모든 골짜기를 메우고, 산과 언덕을 깎아 내려라. 절벽은 평지를 만들어라. …… 야훼께서 목자처럼 당신의 양 떼에게 풀을 뜯기시며, 새끼 양들을 두 팔로 안아 가슴에 품으시고 젖

먹이 딸린 어미 양을 곱게 몰고 오신다.(〈이사야〉 40장 3~4절, 11절)

이 예언은 기원전 539년에 페르시아 왕 고레스(키루스) 2세가 바빌론을 정복한 뒤 유대인을 해방시키고 그들을 예루살렘까지 호위하면서 실현되었다. 그는 사원의 재건을 도와주겠다고 약속했다. 두 번째 사원은 기원전 516년에 완성되어 종교적 재생의 중심지가 되었다. 이 사원에서 왕들은 사제들의 힘을 빌려 사회 질서를 유지했다.

기원전 444년경 교육받은 사제인 에스라가 사람들을 소집하고서 7일 동안 매일 여러 시간씩이나 그가 '모세 법전'이라 칭하던 책을 읽어주었다. 유대인들은 '토라(안내서)'라고 부르며, 그리스 사람들은 '모세 5경'이라 부르는 것으로 구약 성서 맨 앞에 나오는 다섯 권의 기록이다. 이 책에는 십계명, 모세 법전 등이 들어 있어서 2300년에 걸친 비할 바 없는 고난의 세월 동안 유대인들이 질서와 보통 이상의 건강을 누리도록 해주었다. 이 중 〈레위기〉에는 가장 위대하고 가장 대담하고 가장 간결하게 기독교 윤리가 표현되어 있다. "네 이웃을 네 몸처럼 아껴라."(19장 18절)

기원전 332년 굶주린 제왕들에 둘러싸여 있던 이 작은 나라는 평화롭게 알렉산드로스 대왕을 군주로 받들었다. 알렉산드로스가 요절한 다음 유대아(옛 유대)는 그 후계자들 사이에서 일어난 파괴적인 전쟁을 견뎌야 했다. 그동안 유대인 철학자와 시인들은 마음을 사로잡는 그리스 문학과 사상의 영향을 받았다.

철학자들

칼라일은 〈욥기〉를 가리켜 "역사상 기록된 가장 위대한 문헌의 하나다. …… 성서나 혹은 성서 바깥에 이와 동일한 문학적 가치를 지닌 글이 쓰인 적이 없다고 나는 생각한다"라고 말했다. 학자들은 이 기록이 기원전 500년에서 300년 사이에 나왔을 것으로 생각한다. 이것은 기본서이다. 모든 신학 체계를 괴롭히는 어두운 질문을 다루고 있기 때문이다. 그것은 곧 "불의가 그토록 자주 승리한다면, 어떻게 이 세상이 정의와 사랑의 신이 다스리는 세상이라고 할 수 있단 말인가?" 하는 질문이다. 욥은 처음에 "완전하고 진실한" 사람이라고 되어 있다. 그러나 야훼는 그를 연속적인 재난에 던져 넣었다. 고통받는 사람은 하느님이 정의롭다고 주장하는 친구들의 말을 대책 없이 듣고 있어야 했다. 그러나 마침내 그는 그들이 눈이 멀었고 위선적이라고 비난한다. 그리스도 이전의 유대인들이 다 그랬듯이 그 역시 저승에 대한 믿음이 없었다. 그는 지상의 존재란, 피할 길 없는 죽음을 매일 연기하는 것이라고 여겼다.

사람이란 결국 여인에게서 태어나는 것, 그의 수명은 하루살이와 같은데도 괴로움으로만 가득 차 있습니다. 꽃처럼 피어났다가 스러지고, 그림자처럼 덧없이 지나갑니다. …… 나무는 그래도 희망이 있습니다. 찍혀도 다시 피어나 움이 거듭거듭 돋아납니다. …… 그러나 사람은 죽으면 별수 없고 숨만 지면 그만입니다. 늪에서도 물이 마르고 강줄기도 말라버릴 수 있듯이 사람은 누우면 일어나지 못합니다. …… 사람이 죽으면 다시 살 수 있습니까?(〈욥기〉 14장 1절~14절)

욥은 하느님의 정의에 대한 희망을 버리고 야훼를 '적대자'라 부르며 자살을 계획한다. 그 순간 한 목소리가 구름과 '폭풍'을 뚫고 세계 문학 사상 가장 장엄한 구절 하나를 말한다. 그리고 인간에게 도전한다.

부질없는 말로 나의 뜻을 가리는 자가 누구냐? 대장부답게 허리를 묶고 나서라. 나 이제 물을 터이니 알거든 대답해보아라. 내가 땅의 기초를 놓을 때 너는 어디에 있었느냐? …… 그 누가 세상의 주춧돌을 놓았느냐? 그때 새벽 별들이 떨쳐 나와 노래를 부르고 모든 하늘의 천사들이 나와서 합창했는데, 바다가 모태에서 터져나올 때 그 누가 문을 닫아 바다를 가두었느냐? …… 그리고 "여기까지는 와도 좋지만 그 이상은 넘어오지 말아라. 너의 도도한 물결은 여기에서 멈춰야 한다"고 누가 말했느냐? …… 네가 북두칠성에게 굴레라도 씌우고 오리온성좌의 사슬을 풀어주기라도 한단 말이냐? …… 네가 천상의 운행 법칙을 결정하고 지상의 자연법칙을 만들었느냐? …… 누가 내면에 지혜를 주었느냐, 누가 마음에 슬기를 주었느냐? …… 전능하신 이와 변론하는 자야, 어찌 물러서려느냐? 하느님을 비난하는 자야, 대답하여라.(〈욥기〉 38장 1절~ 40장 2절)

욥은 이 현상을 보고 놀라서 자신을 낮추고 말한다. "제 자신을 멸시하고 티끌과 잿더미에 앉아 뉘우칩니다." 야훼는 마음이 누그러져 욥의 도전을 용서하고 그에게 "전보다 두 배"나 많은 것을 선물했다. 그래서 욥은 "양 1만 4000마리, 낙타 6000마리, 소 1000쌍,

암나귀 1000마리"를 소유하게 되었다. 그는 이후로도 140년을 더 살고 아들과 아들의 아들에 이르기까지 4대를 더 보았다.

이것은 행복한 결말이다. 길들여지고 기쁨이 없는 결말이지만, 그래도 우리가 할 수 있는 가장 좋은 것이다. 우리가 누구이기에 우주를 이해하겠는가? 철학은 전체의 빛 속에서 부분을 탐구하는 것이다. 우리가 아주 큰 전체의 아주 작은 부분이라는 사실이 그 최초의 교훈이다. 부분과 전체의 조화는 아마도 건강, 아름다움, 진실, 지혜, 도덕성, 행복에 대한 가장 훌륭한 정의가 될 것이다.

이것은 다시 〈전도서〉에 대한 유일한 답변이기도 하다. 이 작은 책은 성서에서 가장 쓰디쓴 메시지를 담고 있다. '전도서'라는 말은 히브리 말 '코헬렛'이라는 낱말을 그리스어로 옮긴 것으로 '설교자'를 의미한다. 알려지지 않은 저자는 스스로를 그렇게 불렀으며, 자신이 다윗의 아들로서 지혜로운 왕 솔로몬인 척하고 있다. 그러나 무자비한 학자들은 그가 기원전 200년경, 그리스 정신에 물든 신원이 밝혀지지 않은 유대인일 것이라 여기고 있다.

나 설교자는 예루살렘에서 이스라엘의 왕으로 있으며 하늘 아래 벌어지는 모든 일을 알아보아 지혜를 깨치려고 무척 애를 써보았지만, 하느님께서는 사람에게 괴로운 일을 주시어 고생이나 시키신다는 것을 알기에 이르렀다. 하늘 아래 벌어지는 일을 살펴보니 모든 일은 바람을 잡듯 헛된 일이었다. …… 어차피 지혜가 많으면 괴로운 일도 많고 아는 것이 많으면 걱정도 많아지는 법이다.(〈전도서〉 1장 12~18절)

그는 역사를 공부했으나 이 또한 헛된 일이라는 결론을 내린다. 역사는 동일한 것을 큰 규모로 되풀이하고 있으며 성서의 족보처럼 탄생과 죽음의 기록일 뿐이기 때문이다.

한 세대가 가면 또 한 세대가 오지만 이 땅은 영원히 그대로이다. 떴다 지는 해는 다시 떴던 곳으로 숨 가쁘게 가고…… 강물은 떠났던 곳으로 돌아가서 다시 흘러내리는 것을…… 그래서 나는 아직 목숨이 붙어 살아 있는 사람보다 숨이 넘어가 이미 죽은 사람들이 복되다고 하고 싶어졌다. …… 명예가 값진 기름보다 좋고 죽는 날이 태어난 날보다 좋다. …… 사람의 운명은 짐승의 운명과 다를 바가 없어…… 다 같은 데로 가는 것을! 다 티끌에서 왔다가 티끌로 돌아가는 것을! …… 모든 것이 헛되다.

시인들

그렇다면 구약 성서의 시인들에게서 〈욥기〉와 〈전도서〉에 대한 어떤 대답을 찾을 수 있을까? 시인들은 두 가지 답변을 해준다. 하느님과 그리고 우주와 화해하라. 또한 사랑으로 너의 삶을 밝게 만들어라. 한 가지 답변은 〈시편〉에 들어 있고, 다른 답변은 〈아가〉에 들어 있다. '시편'이라 불리는 찬양의 노래들 중에서도 가장 적합한 찬양의 노래는 누가 부른 것인가? 신학교 시절 우리 복사服事들이 성 히에로니무스의 라틴어 번역본으로 낭랑하게 부르던 〈시편〉의 구절들이 내게는 소중한 추억으로 남아 있다. 지금 우리가 아무리 경건하다 해도, 우리 운명이 하느님의 감독 아래 들어 있다는 확신을 지녔던 고대 유대인들이 느꼈을 감정을 느낄 수는 없다. 나는 시다스-시나이 병원의 회복실에 있던 아내 에이리얼을 간호하던 때가 생각난다. 아내는 아직 통증을 느끼면서 〈시편〉 23편의 첫 번째 구절을 낭송했다. 죽음과의 싸움에서 방금 돌아온 다른 환자가 두 번째 구절을, 또 다른 환자가 세 번째 구절을 낭송했다. 이것은 어쩌면 〈욥기〉의 질문에 대한 소박한 답변이 될지도 모르겠다.

    야훼는 나의 목자, 아쉬울 것이 없어라.
    푸른 풀밭에 누워 놀게 하시고 물가로 이끌어 쉬게 하시니……
    나 비록 음산한 죽음의 골짜기를 지날지라도 무서울 것 없어라…….
    한평생 은총과 복에 겨워 사는 이 몸.

그리고 바빌론에 포로가 되어 지내던 시절보다 더 큰 걱정이 있을까?

    바빌론의 강기슭, 거기에 앉아 시온을 생각하며 눈물 흘렸다.
    그 언덕 버드나무 가지 위에 우리의 수금 걸어놓고서.
    우리를 잡아온 그 사람들이 노래하라 청하였지만…….
    "시온 노래 한 가락 불러라"고 하였지만
    우리 어찌 남의 나라 낯선 땅에서 야훼의 노래를 부르랴?
    예루살렘아, 내가 너를 잊는다면 내 오른손이 말라버릴 것이다.
    네 생각 내 기억에서 잊혀진다면,

내 만일 너보다 더 좋아하는 다른 것이 있다면
내 혀가 입천장에 붙을 것이다.(〈시편〉 137편)

그리고 나는 〈시편〉보다 언어나 상상력이 더 훌륭한 것을 알지 못한다.

하늘은 하느님의 영광을 속삭이고……
해를 위하여 하늘에 장막을 쳐주시니,
해는 신방에서 나오는 신랑과 같이, 신나게 치닫는 용사와 같이
하늘 이 끝에서 나와 하늘 저 끝으로 돌아가고
그 뜨거움을 벗어날 자 없사옵니다.(〈시편〉 19편)

누가 이 시편들을 썼을까? 신앙의 전통은 그중 약 70편을 다윗 왕이 지은 것이라고 하지만, 학자들은 그 말을 별로 믿지 않는다. 시편 대부분은 아마도 다윗 왕에서 다니엘에 이르는 대략 700년 (BC 900~167) 세월에 걸쳐 나온 수많은 시인들의 목소리일 것이다. 그중 많은 것이 성전에서 부른 것이다. 우리는 거기서, 고대 오리엔트 시에서 볼 수 있는 대응 연對應聯의 리듬을 느낄 수 있다. 장엄한 코러스가 질문과 답변을 서로 주고받는 형식이다.

구약 성서에는 한 가지 시편이 더 있다. 이 자리에서 그것에 대해서도 존경을 표해야 한다. 그것은 공식적으로는 '솔로몬의 노래'라고 불리며, 젊은 왕의 연도連禱 일부로 여겨진다. 유대인들은 그 것을 '쉬르 하쉬림Shir Hashirim'이라 부르고, 가톨릭 성서는 '칸티쿰

칸티코룸Canticum canticorum'이라 번역했으며, 우리는 그것을 '노래 중의 노래雅歌'라고 부른다. 이토록 솔직하고 생동하는 어조로 남녀의 사랑을 찬양한 시는 드물다.

이것이 어떻게 거룩한 성서 안에 들어갔는지는 하느님만이 아실 노릇이다. 정통 신앙은 대담하게도 이것을 교회와 그리스도의 사랑에 대한 알레고리로 해석한다. 학자들은 그것을 풍요제의 유산으로 생각한다. 그러나 시의 열정은 들판이나 아이 생각을 허용하지 않는다. 그것이 만들어진 시기는 알 수 없다. 다만 그리스-이집트 영향의 흔적들이 보이고 알렉산드리아의 흔적이 나타난다. 연인들은 이집트 방식으로 서로를 오빠와 누이라 부르고 있다.

아주 유명한 구절, 성 히에로니무스의 라틴어 번역에서 "니그라 숨 세드 포르모사Nigra sum sed formosa", 즉 "나는 검지만 아름답다"는 구절은 이 아가씨가 아프리카 출신이며 아프리카 사람 기질을 가진 아가씨일 것이라는 추측을 만들어낸다. 그러므로 나의 유색 인종 형제와 자매들은 '검은 것이 아름답다'는 사실에 대해 성서의 보증을 받은 셈이다. 이제 직접 시를 들어보자.

내 임은 유향 꽃송이, 온 밤을 내 젖가슴에 묻고 지내셔도 좋으리.
내 임은 엔게디 포도원에 핀 헤나 꽃송이여라.
그대 내 사랑 아름다워라, 아름다워라, 비둘기 같은 눈동자.
나는 샤론에 핀 수선화, 산골짜기에 핀 나리꽃……
포도주 잔을 들고 내 곁에 머물러요, 사과로 나를 위로해주어요.
나는 사랑으로 병들었으니……

들판을 뛰노는 노루 사슴 같은 예루살렘의 아가씨들아,
이 사랑이 잦아들기까지 제발 방해하지 말아 다오.
흔들어 깨우지 말아 다오……
임은 나의 것, 나는 임의 것,
임은 나리꽃 밭에서 양을 치시네.
선들바람이 불기 전에
땅거미가 지기 전에,
임이여, 돌아오세요.
노루처럼, 날랜 사슴처럼
베델 산으로 돌아오셔요. ……
임이여, 어서 들로 나갑시다.
이 밤을 시골에서 보냅시다.
이른 아침 포도원에 나가
포도나무 꽃이 피었는지
석류나무 꽃이 망울졌는지 보고,
거기에서 나의 사랑을 임에게 바치리다.

이것은 매우 강렬한 구절이라 피로에 지친 늙은 사내라도 그 열기를 느낄 정도다. 그러나 90대에 이른 사랑의 사도는, 인간적 형식의 광채보다는 더 깊은 기도문을 요구할 것 같다. 건강한 신체의 즐거움이 스스로를 부끄러워할 필요는 없겠으나, 그것이 욥의 비명에 어떻게 답변하겠는가? 아니면 육체적 결합이나 동물적 생존보다 더 큰 중요성을 갈구하는 영혼의 갈망에 어떻게 대답하겠는가? 모파상은 "진실한 사랑에서는 영혼이 육체를 감싸 안는다"고 말할 때, 좀 더 섬세한 헌신을 생각했다.

　모든 것 중에서 가장 고귀한 사랑은 에고를 가장 많이 넓혀주고, 살아 있는 평화로운 모든 것들에 대해 마음과 팔을 활짝 여는 일이다. 영혼이 행복하면 그 사랑도 커진다.

Chapter 6

페리클레스에 이르는 길

종족 혼합

고대 그리스인들은 어떤 사람들이고, 그들은 어디서 왔는가? 그들은 사방에서 왔다. 서아시아, 에게 해의 섬들, 크레타, 이집트, 발칸 반도 그리고 일부는 '스키타이(남부 러시아)'에서 온 사람들이다. 그들은 가축을 방목하고, 땅을 경작하고, 무역을 하고, 마을과 도시를 건설하고, 전쟁을 벌이고, 미케네의 아가멤논과 아테네의 코드로스 같은 추장이나 왕들에게 복종했다.

미케네 사람들은 아마도 크레타와 이집트 문명을 이어받았을 것이다. 그에 비해 동부 그리스 정착지들은 서아시아와 에게 해의 문화적 요소들을 수입했다. 아시아 및 크레타의 섬세함과 이집트의 세련됨이, 북쪽에서 헬라스로 넘어온 종족들의 야만적인 활력과 결합하여 아마도 '영광된 이름 그리스'의 생물학적 근거를 이루었을 것이다.

지리적 확장

이런 잡종 교배보다 더 중요한 것은, 그리스가 놀라울 정도로 고대 지중해 세계 전체로 확장되고 발전되었다는 사실일 것이다. 뒷날 콘스탄티노플이 되는 비잔티움부터 오늘날의 지브롤터를 가리키는 '헤라클레스의 기둥'까지 퍼졌다. 도리스족이나 다른 종족의 침입을 피해 도망가기 위해서든, 아니면 지나친 성장을 뒷받침하기 위해서든, 그리스 사람들은 아가멤논에서 페리클레스에 이르는 600년 동안, 모험을 좋아하는 남아도는 사람들을 아티카와 펠로폰네소스 반도에서 멀리 떨어진 곳으로 보내 그리스 식민지를 건설하게 했다. 북쪽으로는 크림 반도까지 이르렀다. 그곳에서 오레스테스가 이피게네이아를 찾아낼 수 있었다. 동쪽으로는 흑해 맨 끝에 자리 잡은 콜키스에 이르렀다. 그곳에서 이아손이 메데아와 황금 양털을 찾아냈다. 흑해의 남부 해안과 지중해의 동부 해안들을 따라⋯⋯ 잠시 여기 머물기로 하자. 이 유명한 해안을 따라, 혹은 그 근처에서 그리스 사람들은 아테네가 유명해지기 전에 이미 열두 개의 도시들을 발전시켰다. 이오니아의 열두 도시라 불리는 곳들이다. 이 열두 도시는 아티카의 도시들만큼이나 그리스 역사에 중요한 공헌을 했다. 기원전 570년에 테오스에서 시인 아나크레온은 영감을 주는 포도주와 양성兩性의 사랑을 노래하였다. 기원전 600년에 밀레토스에서는 탈레스가 최초의 철학 학교를 세우고 그리스 기하학과 천문학을 엄청나게 발전시켰다.

헤라클레이토스

에페소스, 그곳의 아르테미스-디아나 신전은 고대의 일곱 기적 중 하나였다. 이 에페소스에서 플라톤보다 300년 전에 헤라클레이토스는 수수께끼 같은 경구를 사용해 발전과 변화의 철학을 설명했다. 헤겔, 다윈, 스펜서, 니체 등에게 영감을 준 사상이었다.

두 가지 생각이 그의 마음을 사로잡았다. 변화가 보편적이라는 것과 에너지는 파괴되지 않고 영속한다는 생각이었다. 지속되는 것은 아무것도 없고 모든 것은 변한다. 모든 것이 언제나 현재의 존재이기를 중지하고 새로운 다른 것으로 된다. "모든 것은 흘러간다." 그리고 "흐르는 강의 동일한 물속에 발을 두 번 담글 수 없다". 우주는 쉬지 않고 중지하지 않는, 거대한 '과정'이다. 헤겔이 1830년에 상세히 설명한 철학의 절반가량이 여기서는 한두 문장으로 축약되어 나타나 있다.

그러나 이런 흐름 속에서 헤라클레이토스는 절대 사라지지 않는 것을 보았으니, 곧 그가 '불'이라고 부른 것이었다. 이 말로 그는 '힘'이나 '에너지'를 뜻했던 것 같다. 개별적인 영혼은, 끊임없이 변하는 생명의 불꽃이 얻은 일시적인 혀일 뿐이다. 인간은 이 불꽃이 잠깐 나타난 한순간일 뿐이다. "불을 붙여 밤에 내놓은 촛불과 같다." 신은 영원한 불로서, 유동적인 세계 어디에나 존재하는 에너지이다. 이런 보편적인 변화 속에서는, 시간이 흐르면 무엇이든 정반대의 것이 될 수도 있다. 선은 악이 될 수 있고, 악이 선이 될 수도 있다. 삶은 죽음이 되고 죽음은 삶이 된다. 대립이란 동일한 물건의 두 가지 측면이다. 힘은 대립하는 두 요소의 긴장이다. '싸움(경쟁)'은 "모든 것의 아버지이며 모두의 동족이다. 싸움이 만들어낸 일부는 신이 되고, 또 일부는 인간이 된다. 그것은 어떤 존재를 노예로, 또 어떤 존재를 자유인으로 만든다". 마지막에 헤라클레이토스는 이렇게 결론을 내린다. "싸움은 정의다." 개인들, 그룹들, 기관들, 국가들, 제국들의 경쟁은 자연의 최고 법정이며 거기서 나온 판결에 대해서는 항의할 길이 없다.

프사파(사포)

이오니아 도시들 바로 맞은편에 레스보스 섬이 있다. 상업으로 분주하고 시의 불꽃이 빛나는 섬이었다. 그 성의 중심인 미틸레네에서 그리스 여성 중 두 번째로 유명한 사람이 살았다. 고향의 부드러운 사투리로 자신을 프사파라고 불렀던 이 여성은 기원전 612년에 태어났다. 그녀는 아름다움으로 유명한 사람이 아니라, 아름다움을 즐기는 것과 섬세함과 부드러움으로 유명한 사람이었다. 스무 살에 부유한 상인과 결혼했지만 남편은 곧 죽었다.

활동적인 삶을 바라던 그녀는 소녀들을 위한 학교를 열어 시, 음악, 춤을 가르쳤다. 그것은 분명 역사상 알려진 최초의 '여성 교양학교'였다. 남자가 없는 이곳에서 그녀는 학생인 아티스와 사랑에 빠졌다. 그리고 이 소녀가 젊은 남자의 구애를 받아들였을 때 거의 미칠 지경이 되었다. 아티스의 부모는 소녀를 다른 곳으로 보냈다. 다음의 글을 썼을 때 사포는 분명히 이 일을 마음에 두고 있었을 것이다.

그녀(아티스?)는 고통에 가득 찬 눈물을 흘리며 나를 두고 떠났다. "아, 우리 운명이 얼마나 슬픈가요! 사포, 맹세해요, 내가 떠나는 것은 내 뜻이 아니에요." 그리고 나는 이렇게 대답했다. "즐겁게 너의 길을 가라. 하지만 나를 기억해 다오. 내가 너를 얼마나 사랑했는지 알지 않니. 네가 기억하지 않으면 내가 기억나게 해줄 거야." …… 우리가 함께 보낸 삶은 얼마나 아름답고 사랑스러웠던가. 너는 내 곁에서 제비꽃과 달콤한 장미로 수많은 화관을 만들어 나부끼는 곱슬머리를 장식하곤 했지. 수많은 꽃으로 엮은 목걸이가 네 목을 장식했어. 그리고 너는 내 품에서 소중하고 값진 연고로 네 사랑스러운 젊은 피부를 문질렀지. 우리가 함께 가지 않은 언덕이나, 거룩한 장소나 시내가 없지. 이른 봄의 소리들이 나이팅게일의 노래로 숲을 가득 채우면, 넌 나와 함께 그곳을 거닐었어.

남자 후배들은 그녀를 깎아내림으로써 그녀에게 복수했다. 혹은 그녀가 한 남자를 짝사랑하다 죽었다는 이야기를 꾸며냈다. 《수이다스》[3]에는 '매춘부 사포'가 선원 파온을 사랑했으나 그가 자기를 사랑하지 않는 것에 절망해서 레우카스 섬의 절벽에서 뛰어내려 죽었다고 기록되어 있다. 사실 그녀가 언제 어떻게 죽었는지 우리는 모른다. 다만 그녀가 정열, 시, 우미優美 등에 대한 생생한 기억을 남겼다는 것, 그리고 당대 가장 아름다운 선율로 노래한 가수로서, 알카이오스를 능가하는 시인이었다는 것을 알 뿐이다.

---

3 Suidas. 10세기에서 11세기에 만들어진 백과사전.

수많은 그리스 사람들이 바다와 육지를 통해 서쪽으로 밀려가서 아드리아 해 남부의 섬들을 식민지로 삼고, 이탈리아로 밀려들어 갔다. 그곳에 한동안 유명한 도시들인 시바리스와 크로토나를 건설했다. 시바리스는 게으른 사치에 그 이름을 남겨주었고, 크로토나는 채식주의자 운동선수인 밀로와 피타고라스를 역사에 남겨주었다. 밀로는 올림픽 경기와 피티아[4] 경기에서 우승했고, 피타고라스는 소크라테스 이전에 그리스에서 가장 위대한 철학자였다.

피타고라스

그는 기원전 580년경 에게 해의 사모스 섬에서 태어나 호기심에 넘쳐 갈리아,[5] 이집트, 중동과 인도를 여행했는데 인도 여행의 후유증에서 완전히 회복되지 못했다. 카르마 이론, 즉 인과응보에 따른 재탄생의 이론을 받아들였다. 전해오는 이야기에 따르면, 그는 개를 때리는 남자를 말리면서 개의 울부짖음 속에서 죽은 친구의 목소리를 들었다고 말했다. 쉰 살이 넘어 크로토나에 정착했는데, 그의 강의는 많은 남녀 학생들을 끌어들였다. 그는 가장 열성인 제자들을 모아 공산주의 공동체를 만들고, 고기, 달걀, 콩을 먹지 않겠다는 맹세를 받았다. 금욕과 자기 수양으로 몸을 깨끗이 하고, 학문과 음악으로 정신을 깨끗하게 하는 단체였다. 그는 유클리드가 나오기 200년 전에 기하학의 고전적인 형식을 만들어냈으며, 자신

---

[4] 피티아는 아폴론 신전의 여자 예언자. '피티아 경기'는 아폴론 신을 위해 델포이에서 4년마다 열린 고대 그리스의 경기.
[5] 고대 켈트 사람들이 살던 땅. 오늘날 북이탈리아, 프랑스, 벨기에 등을 포함한다.

의 이름을 딴 원리를 만들기도 했다.

그는 하프의 현에 나타나는 것 같은, 음계들 사이의 수학적 관계를 밝혀냈다. 모든 물체는 공간을 가로질러 가면서 소리를 내기 때문에 각 행성들은 궤도를 돌며 분명히 일정한 소리를 낼 것이다. 이 소리들이 '공간의 음악'을 이루지만, 우리는 이 소리를 계속 듣고 있기 때문에 그것을 듣지 못한다. 디오게네스 라에르티오스[6]에 따르면, 그는 처음으로 "세계에 코스모스라는 이름을 부여한" 인물이다. 그는 별들의 질서와 아름다움을 보고 그런 이름을 붙였다. '코스모스'는 질서라는 뜻이고, 이것이 피타고라스에게 핵심적인 단어이다. 우리의 소망이 질서를 이룬 것, 그리고 공동체와의 관계에서 질서를 이룬 것이 곧 미덕이다. 그리고 국가 안의 질서가 유지되면, 그것이 곧 올바른 정부이다. 피타고라스의 이런 사상은 교육을 받은 귀족 계층, 특히 피타고라스 학교 졸업생들에 의해 가장 잘 준비될 수 있었다. 플라톤은 이것과 더불어 다른 많은 점에서 피타고라스의 뒤를 따랐다. 그리스 사람들이 '철학자'라고 말할 때는 바로 피타고라스를 의미하는 것이었다.

이탈리아 반도의 장화 앞부분을 돌아가면 이탈리아 반도와 시칠리아 섬 사이를 지나가게 된다. 호메로스의 《오디세이아》에 나오는 '스킬라와 카리브디스'는 아마도 이 '메시나 해협'을 가리키는 말일 것이다. 머지않아 우리는 벨리아, 즉 고대의 엘레아에 도착하게 된다. 그곳에서 파르메니데스와 수많은 제논들 중 한 제논이 기원

---

[6] Diogenēs Lāertios. 3세기경 그리스 철학사를 썼다.

전 445년경에 유명한 철학 및 수수께끼 학교를 세웠다. 이어서 페스툼에 이르는데 고대의 설립자들은 포세이도니아라고 불렀고 로마 사람들은 파에스툼이라 불렀던 곳이다. 기원전 600년경에 그리스 사람들은 그곳에 신전을 건설했는데, 이 신전들은 지금도 그 폐허만으로 대단히 아름답다. 그리스 사람들은 더 북부에 네아폴리스(신도시)를 건설했다. 바로 나폴리다.

여기서 비행기를 타면 한 시간도 안 걸려 시칠리아에 도착한다. 만족할 줄 모르는 그리스 사람들은 이곳에 시라쿠사, 메시나, 카타나, 젤라, 아크라가스 등의 도시들을 세웠다. 그리스의 가장 위대한 수학자 중 하나인 아르키메데스는 시라쿠사에서 태어났다.(BC 287) 그는 지레와 사랑에 빠졌는데, 지레 하나를 들고 땅 위에 한 발로 서 있으면 지구를 움직일 수 있다고 믿었기 때문이다. 시칠리아 남서부 해안에 위치한 아크라가스, 오늘날의 이름인 지르젠티(지금의 아그리젠토)에 콘코르디아(조화와 타협) 여신의 신전을 세웠다. 이 신전은 전쟁과 정치로 얼룩진 2300년의 세월을 뛰어넘어 아직도 그대로 있다. 엠페도클레스가 이 도시에서 태어났다. 마라톤 전쟁의 해(BC 490)였다. 그는 아마 에트나 화산의 분화구가 아니라 이곳에서 죽었을 것이다. 우리는 그를 아테네 황금시대에서 다시 만날 것이다.

그리스 상인들은 이보다 더 북쪽으로 올라가서 안티폴리스(앙티브), 니카이아(니스), 모노쿠스(모나코), 마실리아(마르세유) 등을 건설하고 여기서 더 서쪽으로 항해해 스페인에 요새를 세웠다. 암푸리아스와 마나가(말라가 근처) 같은 요새였다. 그런 다음 아마도 대서양에서 불어오는 바람에 놀란 탓이겠지만, 그들은 방향을 돌려 그리스 본토로 돌아갔다. 정복과 무역의 발전으로 본토를 부유하게 만들었다.

그리스 문명의 크기, 다양성 그리고 그 대담성을 살펴보고 느끼기 위해 이 긴 순회를 할 필요가 있었다. 아리스토텔레스는 158개 그리스 도시 국가들의 역사를 서술했지만 그보다 훨씬 더 많았다. 각 도시 국가들은 상업·산업·과학·철학·문학·미술 그리고 무엇이 되었든 '고대 그리스'의 문화에 나름대로 이바지했다. 식민 도시와 본토에서 그리스 시 문학과 산문 문학, 수학과 형이상학이 태어났다. 식민 도시라는 촉수가 없었다면, 우리가 물려받은 세속의 유산 중에서 가장 소중한 유산인 그리스 문화는 존재하지 않았을 것이다.

본토

본토 그리스(펠로폰네소스, 보이오티아, 에우보이아, 아티카 지역)에 활기차고 질투심 많고 경쟁적인 도시 국가들, 곧 스파르타, 아르고스, 에피다우로스, 코린토스, 올림피아, 엘레우시스, 플라타이아, 아테네 그리고 이오니아의 그리스 도시들(할리카르나소스, 밀레토스, 사르디스, 스미르나, 페르가뭄), 혹은 에게 해의 섬 국가들, 곧 피타고라스가 태어난 사모스, 사포의 레스보스, 아리아드네의 도시 낙소스, 크니도스, 테네도스, 성 요한이 태어난 파트모스, 시모니데스가 태어난 케오스, 호메로스가 태어난 키오스, 날개 달린 승리의 여신이 있는 사모트라케. 그리스 상인과 선원들은 이 마력을 가진 섬들에서 바다 냄새 속에 자랐다. 탐욕스러운 모험가들은 이집트와 중동의 모래를 밟는 일에 싫증이 나거나 지중해를 통해 항해하는 일에 싫증이 나면, 이 섬들과 또 그리스 사람들의 기억에 새겨진 다른 장소로 돌아왔다. 그들은 수많은 사실을 고향으로 가지고 돌아와 학문을 자극했다. 또한 풍부한 경험은 철학과 정치학을 이끌었고, 타는 듯한 경쟁심은 심오한 연극과 비할 바 없이 탁월한 미술을 뒷받침해주었다.

지식의 발전과 도시를 꾸미려는 이런 열성이 스파르타에는 거의 영향을 미치지 못했다. 스파르타는 스스로를 북쪽에서 오는 '야만인'들의 침략에 대항한 수문장이라고 여겼다. 그래서 시민과 노예들은 군사 훈련에만 열중해 인간성과 삶의 우아함을 위한 공간이 없었다. 그와는 반대로 해군의 보호를 받는 아테네 사람들은 사색과 아름다움에 헌신했다. 그래서 그들은 극장을 철학의 목소리로 만들고, 사원을 신들에 대한 찬양으로 만들었다.

미국인들은 그리스 신들을 낭만적인 상상력의 산물이나 시 문학의 은유로 생각하도록 교육을 받았다. 그래서 제우스는 지치지 않는 바람둥이고, 아프로디테는 미의 이상理想으로만 여긴다. 우리는 고전 문학의 수많은 구절들을 잊고 있다. 거기에 따르면 그리스 사람들은 맛 좋은 동물을 신에게 제물로 바치고, 아가멤논은 심지어 자기 딸까지도 미풍을 위해 희생 제물로 바칠 각오를 한 것으로 되어 있다. 기원전 450년경 소피스트들이 그리스 사람들 사이에서 종교심의 토대를 없애기 전까지, 종교는 사람들과 가까웠고 그들의 도덕적 생활의 바탕이었다. 집집마다 신상을 갖추고, 신이 지켜주는 가운데 가족은 서로 결속했다. 도시마다 수호신이 있었다. 아테네의 수호신은 아테나 여신이었다. 여신을 숭배하느라 시민들은 일시적으로 가혹한 경쟁을 잊어버리고, 여신을 모시는 파르테논 신전을 짓기 위해 파산할 지경에 이르기도 했다. 그들의 종교는 그들의 애국심이 그렇듯, 주로 도시와 도시를 둘러싼 시골에만 미칠 뿐, 올림피아 산을 넘어가지는 못했다. 그들은 동맹 체제를 이루었을 뿐, 하나의 국가를 이루지는 못했다. 그래서 통일 페르시아가 도전했을 때, 그들은 하마터면 자유를 잃어버릴 뻔했다. 각각의 지역적 자유를 너무나 사랑했기 때문이다.

아티카의 중심지인 아테네는 특히 정부 형태의 실험과 정신적인 일들에 대한 탁월함으로 우리의 관심을 끈다. 아테네는 왕조와 독재 체제를 시도해보았고, 특히 가장 유명하던 시절에는 제한된 민주주의를 선보였다. 미국을 건국한 조상들처럼 아테네도 노예들의 봉사를 받았다. 그러나 아테네에서 노예는 소수에 지나지 않았고, 보통은 전쟁 포로들이 노동을 했다. 그들은 자유의 기억과 희망을 간직한 사람들이었다.

다시 미연방 공화국의 초기 시절과 마찬가지로, 오직 부를 지닌 사람들만 시민으로 간주되었다. 기원전 507년까지 오랜 전통을 지닌 가문들(즉 장로들)이 '불레Boule', 곧 법정을 지배했다. 이 기구는 아크로폴리스에 본부를 두고, 정치를 조직화하고 나라를 다스릴 집정관들을 선출했다.

절반쯤 봉건적인 통치가 이루어지던 기원전 7세기쯤, 아티카의 소작농들은 그로부터 2500년 뒤(프랑스 혁명기) 프랑스의 농부들과 비슷하게 위태로운 처지에 빠졌다. 아리스토텔레스는 이렇게 말한다. "극소수의 지주들이 거의 모든 땅을 소유했다." 농부들이 임대료를 갚지 못하면, 아내와 자식들과 함께 노예로 팔려가야 했다. 많은 농부들이 농토를 담보로 고리채를 빌렸다. 돈을 갚지 못하면, 도시로 도망쳐 자발적으로 자본을 가진 사람들의 하인이 되었다. 아티카 지역에서 시골의 빈곤이 너무나 큰 것이어서, 많은 농부들은 전쟁이 일어나는 것을 비밀스러운 축복으로 여길 정도였다. 나라가 승리해서 더 많은 식민지를 얻게 되면, 먹는 입을 줄일 수도 있기 때문이다.

플루타르코스에 따르면, 기원전 7세기가 끝나갈 무렵 "부자와 가난한 사람들 사이에 부의 격차가 절정에 이르러 아테네는 정말 위태로운 지경에 빠진 것으로 보였다. 전제 정치 말고는 도시를 소동에서 자유롭게 해줄 어떤 방책도 불가능해 보였다". 가난한 사람들 사이에서는, 무장 폭동을 일으켜 완전한 재분배를 해야 한다는 말이 돌기 시작했다. 부자들은 합법적인 방법으로는 빚을 돌려받을 길이 없었다. 그들은 자신들의 부와 저축에 대한 도전을 보고 분노했다. 그래서 가혹한 드라콘 정권(BC 620)을 후원해 옛날 법을 불러왔다. 그리고 모든 부와 기존 질서와 심지어는 문명 자체까지도 뒤집어엎으려는 위기에 맞서 자신들을 보호하려 했다.

솔론

역사상 자주 언급되곤 하는, 이렇게 위태로운 순간에 한 사람이 나타나 말이나 행동에서 폭력을 사용하지 않고 부자와 가난한 사람을 타협하게 만들었다. 이 일을 통해 그는 사회적인 무질서를 피했을 뿐 아니라, 이후의 아테네 역사에도 중요한, 새롭고 더욱 인간적인 정치와 경제 질서를 만들어냈다. 솔론의 평화로운 혁명은 역사상 용기를 주는 하나의 기적이었다.

그의 아버지는 가장 순수한 혈통의 귀족이었다. 플루타르코스에 따르면, 그는 "다른 사람에게 친절한 일을 하다가 재산을 다 날렸다"고 한다. 솔론은 몸뚱어리 말고는 가진 것이 없는 자신을 지혜로운 마음으로 달랬다. 부자 중에서도 가장 부자인 사람은 "재산이라곤 위장, 허파, 두 발밖에 가진 것이 없는 사람들이다. 이런 소유물은 고통이 아니라 즐거움을 가져다준다. 소년이나 소녀의 피어나는 매력, 변화하는 삶의 계절과 화해하는 삶이다". 그는 무역으로 큰 이익을 남겨 상인으로 성공했다. 그리고 지성과 성실성으로 명성을 얻었다. 마흔다섯 살이 되기도 전인 기원전 594년에 지역 집정관으로 선출되었다. 그것도 모든 계층과 지역 사람들의 동의를 받아 선출된 것이었다. 이 독재적 힘을 이용해 그는 계층 간의 갈등을 진정시키고, 새로운 법을 만들어내고 국가의 안정을 되찾았다.

극단주의자들은 그가 땅을 재분배하지 않은 것에 실망했다. 그런 시도를 했다가는 내란이 일어났을 것이며, 한 세대에 걸친 무질서를 겪고도 빠른 시일 안에 다시 불평등이 나타났을 것이다. 유명한 '부채 탕감Seisachtheia'을 통해 솔론은, 아리스토텔레스의 표현대로 가난한 사람들이 "개인이나 국가에 진 빚을 모두" 없애주었다. 이렇게 해서 한꺼번에 아티카 땅에서 모든 저당이 사라졌다. 노예가 되었거나 빚에 묶인 사람이 모두 풀려났다. 노예가 되어 외국에 팔려나간 사람들을 다시 불러들여 해방시켰다. 사람을 노예로 파는 일은 금지되었다. 부자들은 이 법이 공공연한 사유 재산 침해라고 항의했지만, 10년도 지나기 전에 거의 모든 사람이 이 조치가 아테네에 혁명을 면제해주었다는 사실에 동의했다.

이 개혁보다 더 오래 지속된 것이 역사적인 솔론 법령의 포고였다. 솔론은 우선 사면으로 이 법령을 시작했다. 국가 전복 기도를 제외하고 정치적 이유로 감옥에 갇히거나 추방된 모든 사람을 석방하고, 그들의 권리를 회복시켰다. 그는 아티카의 자유민을 재산 정도에 따라 네 그룹으로 나누었다. 연 수입에 따라 첫 번째 계층에는 연간 12퍼센트의 세금을, 두 번째 계층에는 10퍼센트, 세 번째 계층에는 5퍼센트, 그리고 네 번째 계층에는 세금을 면제해주었다. 봉건 제도는 사라지고, 노골적인 금권 정치가 나타났다. 그러나 새로운 법안은 민주주의를 향한 몇 가지 변화를 만들어냈다. 재산에 상관없이 모든 시민이 참여하는 시민 의회인 '에클레시아Ecclesia'를 만들어냈다. 여기서 집정관이 (첫 번째 계층 출신 중에서) 선출되고, 또한 그들의 행적을 검사하고 질책하는 일이 이루어졌다. 모든 시민은 제비뽑기로(부의 힘을 피하기 위한 수단) 배심 법원인 '헬리아이아Heliaea'에 선출될 수 있었다. 이것은 6000명으로 이루어진 최고 법원으로, 살인과 반역죄를 제외한 모든 일을 다루었다. 또한 행정관의 결정에 대한 항소 법정이기도 했다. 이런 공공연한 항소권은 아테네 민주주의의 쐐기이자 보루가 되었다.

솔론은 도덕과 관습이라는 아슬아슬한 영역을 위한 법령도 내놓았다. 지속적인 게으름은 범죄에 해당하고, 방탕한 삶을 사는 사람은 시민 회의에 참석할 수 없었다. 매춘을 합법화하고 세금을 부과했다. 그리고 국가가 허가하고 감독하는 공식 홍등가를 만들었다. 자유로운 여성을 강간하는 것에 대해 그리 심하지 않은 100드라크마의 벌금을 부과했지만, 간통 현장을 잡은 사람은 남자를 즉석에서 죽여도 좋다고 허용했다.

죽은 사람을 헐뜯는 일(중상)은 범죄였으며, 또한 신전과 법정과 공공 기관에서, 혹은 경기 중에 산 사람을 중상하는 것도 범죄였다. 하지만 그는 아테네 사람들이 부지런히 놀려대는 혀를 묶어둘 수는 없었다. 소문과 중상모략은 민주주의에 필수적인 것처럼 보였다. 또 치안을 방해하는 소동이 일어났을 때, 중립을 지키는 사람은 시민권을 잃어버린다는 조항도 있었다. 공공의 일에 무관심한 것은 국가를 파괴하는 일이라고 여겼기 때문이다. 국가를 방어하다가 죽은 사람의 아들은 국가가 양육하고 교육시켜야 한다고 정했다. 과격주의자들은 솔론이 소유와 권력의 평등을 만들어내지 못했다고 비판했다. 보수주의자들은 그가 평민에게 참정권과 법정의 재판권을 주었다고 비난했다. 그의 친구였던 아나카르시스, 저 변덕스러운 스키타이 출신의 현자는 새로운 법안을 보고 이렇게 비웃었다. "이제 지혜로운 사람은 도망치고, 바보들이 결정을 내릴 것이다." 그 밖에도 그는, "인간을 위해 지속적인 정의를 만들어낼 수는 없다. 강하거나 영리한 자들은 자신의 이익을 위해 어떤 법이든 피해나가기 때문이다. 법은 거미줄과 같아서 작은 파리는 잡지만, 큰 벌레는 법망을 뚫고 도망친다"고 덧붙였다.

솔론은 자신의 법안이 불완전함을 인정하고, 이런 비난을 너그럽게 받아들였다. 아테네 사람들에게 가장 좋은 법을 주었느냐는 질문을 받으면 그는 이렇게 대답했다. "아니다. 그들이 받아들일 수 있는 가장 좋은 법을 주었다." 서로 갈등하는 그룹과 이해 단체들이 납득할 수 있는 한에서 가장 좋은 법안이었다. 그는 황금률을 좇아 나라를 구했다. 아리스토텔레스가 태어나기도 전에 이미 아리스토텔레스의 훌륭한 제자였던 셈이다. 전통에 따르면 델포이 아폴론 신전에 쓰여 있는 모토, "무엇이든 지나치지 말라"는 그의 말이라고 전해진다. 그리스 사람들은 그를 일곱 현자의 한 사람에 포함시켰다.

솔론은 22년 동안의 집정관 생활을 마친 다음 기원전 572년에 예순여덟의 나이로 공직 생활에서 물러나 문명과 통치 방식을 탐구하기 위해 이집트와 근동으로 나갔다. 그는 이렇게 말했다. "나는 항상 배우는 가운데 나이가 들었다." 아테네로 돌아온 직후 그는 페이시스트라토스가 독재 정부를 세운 것을 보고 슬퍼했다. 그러나 페이시스트라토스는 자신의 권력을 확고하게 다진 후에 솔론의 법을 거의 모두 회복시켰다.

그사이 아테네 상업은 널리 뻗어나가 많은 이익을 남기면서 아테네 산업을 발전시켰다. 그리고 점점 늘어난 사업가 계층은 마침내 지주 귀족 계층의 정치적 최고 권한을 없앴다. 교육이 확대되고, 변론가들은 청중에게 공공연한 규칙을 받아들이라고 호소했다. 기원전 507년에 독재자의 손자인 클레이스테네스는 아테네 민주주의를 확립했는데, 이 형태는 기원전 338년까지 지속되었다. 최고 권한은 501인 위원회에 주어졌다. 재산을 소유하고 30세가 넘은 모든 시민은 누구나 1년씩 돌아가면서 이 위원회에 속했다. 위원회는 행정부를 감독하고, 시민 의회에서 다룰 의제를 결정하고, 최고 법정 노릇을 했다. 모든 시민(대략 3만 명의 남자)이 시민 의회에 참석할 권한이 있었다. 정족수는 6000명이었다. 그 이전에는 정치적 권한이 이처럼 광범위하게 분배된 경우가 없었다.

이런 도약을 통해 아테네 사람들은 주권을 얻었다. 이날부터 그들은 행동과 말과 생각에서 자유를 더욱 크게 확대하는 데 관심을 가졌다. 그리고 이날 이후로 문학·철학·예술 분야에서, 그리고 일시적으로는 정치와 전쟁 분야에서도 그리스 모든 국가보다 앞서게 되었다. 그 시대의 가장 거대한 제국이(페르시아는 아프가니스탄에서 이집트 사이에 있는 모든 나라를 정복한 참이었다) 그리스에 산재한 도시 국가에도 조공의 의무를 주기로 결정했을 때, 페르시아는 아티카에서 자신들이 경작하는 땅을 스스로 소유한 남자들, 그리고 자신들을 다스리는 국가를 스스로 경영하는 남자들을 만나게 되리라는 사실을 잊고 있었다.

마라톤 전투보다 12년 전에 클레이스테네스가 작업을 끝냈다는 것이 그리스로서는 행운이었다. 마라톤 해전과 살라미스 해전에서 아테네는 그리스 사람들을 지휘하여 페르시아의 도전을 물리쳤다. 더불어 아테네의 황금시대에 이르는 길도 활짝 열렸다.

Chapter 7

아테네의 황금시대

페리클레스

1820년경 셸리는 이렇게 썼다. "페리클레스의 탄생과 아리스토텔레스의 죽음 사이에 들어 있는 시대는…… 세계 역사상 가장 기억할 만한 시대이다."

아테네는 마라톤 전투(BC 490)와 살라미스 해전(BC 480)에서 페르시아를 누르고 그리스군을 승리로 이끌었다. 해군의 힘으로 이 두려운 시련에서 벗어남으로써 아테네는 지중해 상권을 장악하고, 또한 이전의 동맹국(델로스 동맹)들에 대한 지도적 위치를 차지하였으며, 델로스 섬 신전에 모금된 적립금에 대한 권한을 장악했다. 이로써 아테네는 유럽 문명에서 중요한 한 시대를 이끌어가게 되었다. 아티카에 자리 잡은 조그마한 도시가 명실공히 아테네 제국의 수장이 된 것이다.

이 지역을 통치하기 위해 시민들은 거듭 크산티포스의 아들 페리클레스를 선출했다. 그는 출생과 교육의 모든 이점을 누린 사람

이었다. 아버지는 살라미스 해전에서 싸웠다. 어머니는 귀족 출신
으로 아테네에 발전된 민주주의 형식을 도입한 클레이스테네스의
손녀였다. 플루타르코스에 따르면, 젊은 페리클레스는 "완벽한 모
습이었다. 다만 머리가 조금 길고 균형이 맞지 않았다"고 한다. 그
를 비판하는 사람들은 이 긴 머리를 언제나 놀림거리로 삼았다. 그
는 정치·음악·문학 분야에서 좋은 교육을 받았고, 아낙사고라스
와 소크라테스의 열렬한 학생이었으며, 그 시대 가장 해방된 여성
인 아스파시아의 남편이었다.

그는 연설의 재능으로 명성을 얻었지만, 그의 연설은 정열 없이
냉정하며 상호 교감에 호소하는 것이었다. 플루타르코스는 그를
"모든 형식의 부정부패에서 명백하게 자유롭고 돈에 초월한"인물
이라고 서술했다. 그러나 이는 편안한 운을 타고난 사람에게는 그
리 어려운 일이 아니다.

땅을 소유한 귀족 계층이 상업의 발전과 보조를 맞추지 못하는
것을 보고, 그 자신은 당시 차츰 세력이 커지던 데모스, 곧 아티카
의 일반 자유민 편에 섰다. 오랫동안 경탄과 진실의 정신을 가졌던
선거인단은, 기원전 467년에서 428년까지 국가를 통치하는 10인
위원회의 한 사람으로 30번이나 페리클레스를 선출했다.

10인 위원회는 언제나 그를 전권 위원으로 만들었다. 배심원 노
릇이나, 디오니소스 연극제와 공식적인 운동 경기에 참석한 데 대
해 대가를 지불함으로써, 페리클레스는 평민층에 대한 자신의 영
향력을 더욱 키웠다. 그때까지는 부자들에게만 한정되어 있던 집
정관 직이 모든 계층의 사람들에게 활짝 열렸다. 페리클레스는 대

규모 공공사업을 일으켜 실업자들에게 일자리를 주었다. 예를 들면 '긴 성벽'의 건축 같은 일이었다. 긴 성벽은 아테네와 그 항구들인 팔레룸과 피레우스를 빙 둘러싸서, 적들은 오직 바다를 통해서만 아테네에 접근할 수 있었다. 바다는 다시 제국의 함대가 철통같이 지켰다.

아테네를 헬라스의 문화적 왕관으로 만들려는 마음으로, 그리고 페르시아군이 살라미스 전쟁 초기에 파괴한 고대의 성소를 재건하려는 마음으로, 그는 아테네의 예술가들을 고용했다. 그리고 남아 있는 실업자들을 동원해 아크로폴리스를 건축물로 장식한다는 대담한 계획을 세웠다. 이 거대한 사업에 돈을 대기 위해, 그는 망설이는 시민 의회를 설득해 델로스 동맹 기금을 델로스에서 아테네로 옮기도록 만들었다. 활력에 넘친 수도를 아름답게 꾸미는 데 이 기금의 일부를 사용하기 위해서였다.

이런 일들이 진행되는 한편, 그러니까 페리클레스는 자신의 꿈을 실현하기 위해 페이디아스와 익티노스 같은 예술가들과 또 다른 건축가들을 지원하는 한편, 문학과 철학도 후원했다. 이 시기 그리스의 다른 도시들에서는 파벌 싸움으로 시민들의 힘이 소진되면서 문학이 시들어가고 있었지만, 아테네에서는 부와 민주적 자유가 커지는 것과 함께 계몽된 정치적 지도력이 합쳐 황금시대가 만들어졌다. 페리클레스, 아스파시아, 아낙사고라스, 소크라테스 등이 함께 디오니소스 극장에 앉아 에우리피데스의 연극을 관람했다면, 아테네는 그리스 생활의 절정과 통합을 생생하게 목격한 것이다. 한 국민의 역사에서 정치 지도력·예술·과학·철학·문학·종교·도덕 등이 책의 여러 페이지에 흩어져서 제각기 따로따로 나타 난 것이 아니라, 다채로운 색상을 지닌 하나의 직물로 짜여 나타난 시대였다.

사람들

황금시대의 면모 중에는 우리에게 경고를 해주고, 우리 감정을 손상시킬 만한 측면들이 있다. 인간적인 너무나 인간적인 장면을 낭만적으로 이상화하는 일을 피하기 위해, 그것도 약간 언급할 필요가 있다.

우선 아티카라 불리는 작은 반도에 살던 31만 5000명의 주민들 중 오직 4만 3000명만이 참정권을 가진 시민이었다. 그리고 11만 5000명이 노예였다. 노예는 몸값을 지불하지 못한 전쟁 포로들, 그리스 바깥 나라를 침략해서 얻은 사람들, 그리고 범죄자와 부랑아들로 이루어져 있었다. 그리스 무역 상인들은 상품을 사듯이 노예를 사서 아테네와 코린토스에서 팔았고, 또 살 사람만 있으면 어디서든 팔았다. 아테네에는 (1863년 이전의 미국과 마찬가지로) 벌거벗은 노예들을 검사하고 살 수 있는 시장이 있었다. 아주 가난한 시민도 노예 한 명쯤은 있었다. 아에스키네스는 자신의 가난을 증명하기 위해 자기 가족은 노예가 일곱 명뿐이라며 불평하고 있다. 감독관과 기술자까지 포함해 광부는 모두 노예였는데, 아티카의 모든 광산은 국가 소유였다.

아테네 경제는 주로 농업에 의존했다. 제조업은 대개 집에서만 이루어졌다. 아테네에는 몇 개의 공장이 있었는데 그중 하나가 페리클레스 소유였다. 탐욕스러운 사람들은 제조업보다는 상업을 선택했다. 한 장소에서 물건을 싸게 사들여 다른 곳에서 비싸게 파는 일이 그리스 사람들 생활의 절반가량을 차지했다. 아테네에서 주요 항구인 피레우스로 가는 9킬로미터 거리의 도로는 낮 동안 상업을 위한 교통으로 언제나 붐볐다. 상선들은 돛과 노예 일꾼의 힘으로 움직였다(때로는 배 한 척에 노예가 200명이나 있었다). 이 배는 시속 13킬로미터의 속도로 바다를 항해해 지중해 동쪽과 북쪽 해안에 자리 잡은 100여 군데의 무역 중심지로 향하곤 했다.

해군이 우세하고 상업이 번성하자, 사치는 늘어나고 도덕성은 줄어들었다. 매춘부가 많았지만, 그들의 후원자가 여론의 비난 때문에 고생하는 일은 드물었다. 아테네는 이것을 사업으로 인정하고 합법화했으며, 종사자들에게 세금을 물렸다. 일부 매춘부는 음악과 춤과 다른 오락 형식을 훈련받았다. 최고급 기생인 헤타이라이, 곧 동반자들은 교육받은 여성들로서, 지적인 후원자와 어울려 문학·예술·철학에 대한 토론을 벌여 그들을 즐겁게 해주었다. 그들 중 한 명은 소포클레스를 즐겁게 해주었고, 또 다른 한 명은 페리클레스와 결혼했는데 바로 아스파시아다.

매춘부가 직면한 문제는 법이 아니라 소년들이었다. 상인들은 잘생긴 소년들을 수입해 돈을 가장 많이 내는 사람에게 팔았다. 이들은 잘생긴 소년들을 사서 처음에는 애인으로 이용하다가, 나중에는 노예로 부려먹었다. 아테네 법은 동성애를 금지했지만, 여론은 그것에 관대했다. 플라톤은 《파이드로스》에서 인간의 사랑을 논하는데 그것은 동성애를 뜻하는 것이다. 그리고 《향연》의 토론자들은 동성애를 남녀의 사랑보다 더 높은 것으로 만들고 있다.

아리스토텔레스는 이런 관습을 인구 과다에 대한 공포심 탓으로 돌렸다. 이것은 아마도 유럽이 동방에서 받아들인 유산의 일부였을 것이다. 이런 관습은 여성을 발전에서 격리시켰다. 시장(아고라), 체육관(김나지움), 레슬링 학교(팔라이스트라) 등에서 보내는 아테네 생활은 젊은이들에게 오직 남성적인 생활 방식만을 보여주었다. 미술조차도 페리클레스보다 100년 뒤에 오는 프락시텔레스 이전에는 여성의 육체적 아름다움을 표현하지 않았다. 결혼 생활에서 남성들이 집에서 정신적인 동반 관계를 찾는 경우는 드물었다. 교육받은 여성이 적었기 때문에 남성과 여성 사이에 틈이 생겼고, 남자들은 집 밖에서 아내에게는 허락하지 않던 매력을 구했다. 아테네 사람들에게 있어 집이란 저택이 아니라 숙소였다. 남자는 대부분의 경우 아침부터 저녁까지 시내에서 지냈고, 그곳에서도 존경할 만한 여성들과 사회적 접촉을 갖는 일은 드물었다. 그리스 사회는 남성만의 단성單性 사회였다. 그래서 여성의 정신과 매력이 이탈리아 르네상스와 프랑스 계몽주의에 준 것 같은 흥분·우아·자극 등이 결핍되었다.

일반 아테네 남성은 부드러운 성격이 모자랐다. 생애의 처음 6년을 빼고 남자들은 언제나 다른 남자들과 함께 살았다. 성인이 된 다음의 인품은 시장과 상업상의 경쟁, 정치와 철학, 전쟁 등 현실적인 정신의 날카로운 상호 작용에 의해 결정되었다. 종교에 바탕을 둔 도덕성은 빠져 있었다. 그리스 사람들은 정직함이 최선의 방책이라는 사실을 인정하기는 했겠지만, 행동은 언제나 달랐다.

소피스트인 트라시마코스는 권력이 곧 정의라고 말했다. 그리스의 가장 중요한 역사가의 한 사람인 투키디데스는 거의 모든 페이지에서 그의 의견에 동조하고 있다. 대부분의 그리스 사람들은 동물에게 친절하고 인간에겐 잔인했다. 그들은 죄를 짓지 않은 노예에게서 정보를 빼내기 위해 정기적으로 고문을 가했고, 군인이 아닌 사람들을 잔뜩 죽이고 나서도 단잠을 잤다. 그러나 다른 도시국가에서 억압받고 쫓기는 사람들은 아테네에서 피난처를 찾았다. 전쟁은 헬라스에서는 정상적인 상황이었다. 그리스 사람들은 수많은 전쟁에서 다른 그리스 사람들에 맞서 싸웠다. 고대 역사에서 거의 가장 우수했던 이 문명은 마라톤 전투가 끝나고 100년이 지난 다음, 27년 동안의 전쟁에서 스스로의 힘을 소진했다. 그것은 국민의 자살행위나 다름없었다.

아테네 사람들은 너무 똑똑해서 선량해지기가 어려웠다. 그들은 악덕을 싫어하는 것보다 훨씬 더 단순성을 멸시했다. 어떤 민족도 이보다 더 큰 상상력이나 혹은 더 생생한 혀를 가진 적이 없었다. 명료한 사색과 그것의 산물인 명료한 표현이 아테네 사람들에게는 신적인 것으로 여겼다. 아테네 사람은 공부를 많이 했기에 오히려 망설이는 태도를 참지 못했고, 정보가 풍부하고 지적인 대화를 문명의 최고 스포츠처럼 우러러보았다. 인간이 만물의 척도라는 프로타고라스의 생각에 동의했다. 알고 이해하고자 하는 욕망은 아테네 사람의 가장 고귀한 정열이었지만, 나머지 다른 일들처럼 너무 지나쳤다. 뒷날 아테네 사람은 이성理性의 한계를 발견하고 원래 그들의 정신의 낙천성과는 어울리지 않는 비관주의에 빠지게 된다. 페리클레스 시대의 풍요 속에서도 가장 심오한 사람들은 철학자가 아니라 극작가들이었는데, 이들의 사색은 아름다움의 짧음과 죽음의 끈질김으로 그림자가 드리워진 것이었다.

페리클레스 시대의 미술

그리스 사람들의 부의 추구는, 아름다움을 향한 사랑에 의해서만 제한되었다. 크세노폰의 《향연》에 나오는 인물 하나는 이렇게 말한다. "모든 신들에 맹세코 나는 페르시아 왕의 권력이라도, 아름다움을 위해서라면 그것을 취하지 않을 것이다." 그리고 역시 크세노폰의 《경제》에 나오는 한 인물은 이렇게 덧붙인다. "재치 없는 사람들의 조롱에도 불구하고⋯⋯ 감각과 균형 있게 배치된 요리 접시를 보는 것 또한 아름다운 일이다. 예외 없이 모든 사물은 질서 있게 놓여 있을 경우, 균형으로 인해 아름답게 보인다."

　이런 질서와 비율에 대한 감각, 형태와 리듬, 정밀성과 명료성에 대한 감각은 그리스 문화에서 핵심을 이룬다. 이런 감각은 주발과 꽃병 모양이나 장식에까지 스며들고, 조각상, 그림, 신전과 무덤, 시와 연극, 과학과 철학 분야의 모든 작품에도 스며들었다. 그것은 그리스인의 행동, 종교, 정치적 지도력 등에만 빠져 있었다. 그리스 예술은 이성理性을 눈에 보이게 만든 것이다. 그리스 회화는 선線으로 이루어진 논리학이고, 조각은 균형에 대한 숭배이며, 건축은 대리석으로 된 기하학이다. 페리클레스 시대의 미술에서 무절제는 없고, 형태의 기묘함도 없고(디오니소스 축제에서처럼), 비정상적인 것이나 특이한 것을 통해 고귀함을 추구하는 요소도 없다. 투키디데스가 서술한 페리클레스는 "우리는 무절제함 없는 아름다움을 사랑한다"고 말한다. 현실의 무수한 세부 사항을 무차별적으로 재현하는 것이 목적이 아니었다. 사물의 본질을 잡아내고, 형태와 생명의 이상적인 가능성을 그려내는 것이 목적이었다.

덜 생산적인 시대의 낭만주의자들이 그리스 사람에 대해 무슨 생각을 하든 상관없이, 그리스 사람들은 예술을 위한 예술의 신비를 중얼거리는, 여성화된 미학자가 아니었다. 그리스 사람들은 예술이란 삶에 종속된 것이며, 삶이 모든 것 중에서 가장 위대한 예술이라고 생각했다. 실용성이 없는 아름다움에 반대하는 건강한 공리주의 성향을 가졌다. 쓸모와 아름다움과 선善은 플라톤 철학에서 그렇듯이, 그리스인의 생각 속에서 서로 아주 밀접하게 결부되어 있었다. 국가에 대해 생생한 감각을 갖고 있던 그리스인은, 자신을 자기가 속한 도시의 힘이나 영광과 동일한 것으로 여겼으며, 도시의 공공 광장을 아름답게 꾸미기 위해 수많은 예술가들을 고용하고 도시의 축제를 열고 그 역사를 기념했다.

무엇보다도 그리스 사람들은 신들을 기리고 달래려 하였으며, 생명, 도망 혹은 승리에 대한 감사를 표현하고자 했다. 봉헌의 그림들을 바치고 신전을 짓기 위해 많은 돈을 쓰고, 신이나 혹은 죽은 사람에게 오래 지속되는 돌로 된 모상模像을 만들어주기 위해 조각상을 만들었다. 그리스 예술은 빌려온 경외심으로 명상을 하는 박물관이 아니라, 사람들의 진짜 관심과 모험을 위한 것이었다. 예술가는 작업장에 파묻혀 보통 사람과 다른 언어로 작업하는 무능력한 은둔자가 아니었다. 예술가는 공공연하고 지적인 직책을 맡아 온갖 등급의 노동자들과 함께 작업하는 장인匠人이었다. 아테네는 그리스 전체 세계로부터, 고대 유럽의 다른 어떤 도시보다 더 많은 예술가와 시인들, 철학자들을 끌어들였다. 이들은 계몽된 지도자의 협조를 받으면서 불타는 경쟁심으로, 페리클레스의 비전을 영웅적인 척도로 현실로 만들었다.

키츠가 그림이 그려진 그리스 항아리에서 얼마나 많은 것을 보았는지를 상기시키는 것 말고는, 그리스 도자기에 대해 다른 말은 하지 않겠다. 그것은 "아직 황홀경을 겪지 못한 고요함의 신부"이다. "침묵 속에서 느린 시간" 동안 그것을 본다면 아주 많은 것이 그 안에 있다. 그러나 우리가 오늘날 저 폴리그노토스나 제욱시스 같은 페리클레스 시대 화가의 정신을 어떻게 느낄 수 있단 말인가? 세월이 흐르면서 그들이 남긴 작품에서 지워지지 않은 선線이 거의 없다시피 하다면 말이다. 다만 제욱시스의 이야기 한 토막을 전할 수 있을 뿐이다. 다른 화가가 빠른 작업 속도를 자랑했을 때, 그는 "나는 시간이 오래 걸립니다" 하고 조용히 말했다고 한다.

조각은 그림보다는 더 오래 견딘다. 이 시대의 걸작 두 개에 대해서만 말하고자 한다. 〈아프로디테의 탄생〉은 1887년에 로마에 있는 루도비시 저택의 폐허에서 발견된 대리석 부조다. '거품에서 태어난'이라는 의미를 가진 미의 여신이, 엄청난 파도에서 빠져나와 승리에 가득 차서 물방울을 떨어뜨리며 일어선다. 아니면 〈원반 던지는 사람(디스코볼로스)〉에 대해 이야기하고 싶은가? 그것은 기원전 470년경에 미론이 청동으로 주조한 것이다. 이 운동선수는 긴장된 근육의 격앙 상태를 보여주는 게 아니라 자기 능력을 확신하고 있는 조용한 남자, 세련과 섬세함을 지닌 남자로서, 그대로 주저앉아 책이라도 쓸 것 같은 모습이다.

페이디아스는 미켈란젤로 이전의 그 누구도 견줄 사람이 없던 조각가인데, 그는 거침없이 금을 사용했다. 파르테논 신전에서 일하는 조각가들의 지도자로서, 페리클레스에게는 아주 소중한 사람이었다. 그는 메토프 벽과 작은 벽, 박공벽을 가득 채울 그룹상과 인물상을 고안한 뒤, 이 계획을 현실에 옮기라고 제자들에게 내주었다. 그 자신은 아크로폴리스를 위해 도시의 수호 여신인 아테나의 신상 세 개를 주조했다. 이 중에서 가장 유명한 것이 〈파르테논의 아테나〉이다. 이것은 파르테논 신전에 세워진 것으로, 지혜와 순결을 관장하는 처녀 신 아테나를 11.4미터 높이의 거대한 조각상으로 표현했다.

처녀들의 신전인 파르테논은 페리클레스 시대 아테네 및 아테네와 동맹을 맺은 도시들이 만들어낸 걸작 건축물들 가운데 하나일 뿐이었다. 기원전 480년 페르시아군에 의해 약탈당할 때 도시에서 조금이라도 가치 있거나 두드러진 건물은 모두 무너지고 말았다. 전쟁에서 돌아온 승리자들은 처음에 이 폐허를 보고 무척 낙담했다. 그러나 인근 농업 지대에서 도시에 식량을 보내주고, 승리를 거둔 함대가 수많은 도시들에서 온갖 도움을 가져오고, 델로스의 동맹은 기금을 가져오고, 무역의 이익은 더욱 커졌다. 페리클레스의 연설은 사람들에게 용기와 자부심을 불러일으켰다. 그의 생애 마지막 18년 동안(BC 447~429) 도시는 건축, 조각, 그림을 위해 6000만 달러를 승인해주었다. 부자들이 저축한 것이 미술가, 장인, 노예 들에게 분배되었고, 아테네는 1세기 동안 세계의 기적이 되었다.

철학자들

새로운 부의 한가운데서 학문과 철학이 다시 청중을 얻기 시작했다. 많은 그리스 도시들, 특히 스파르타는 철학적 이론의 공공연한 사색을 금하였다. 아테나이오스의 말에 따르면, "그런 사색이 불러일으킬 질투와 싸움과 무익한 논쟁 때문"이었다. 그러나 페리클레스 시대 아테네는, 철학의 "소중한 즐거움"(플라톤)이 교육받은 계층의 상상력을 사로잡았다. 부자들은 프랑스 계몽주의 시대 방식으로 집의 대문을 활짝 열었다. 철학자들이 대우를 받고, 똑똑한 논의는 튼튼한 사람이 올림픽 경기에서 인기를 얻듯이 갈채를 얻었다.

 이 시대 많은 학자들이 아테네로 왔다. 시칠리아 출신의 물리학자 겸 채식주의자 시인이고 신비주의자인 엠페도클레스가 아테네로 찾아와서, 인간과 다른 모든 종種은 생존 경쟁을 통해 진보한다는 이론을 주장했다. 가장 적합한 존재가 살아남고 선택되며, 내적 붕괴의 방식을 통해 형태와 종들이 삭제된다고 했다. 야만적이라고 생각되던 북부의 압데라에서는 데모크리토스가 왔다. 그는 아테네 사람들에게 모든 것은 입자일 뿐이라고 설파하며 생각이란 특별히 섬세하고 부드러운 입자들이라고 했다. 엘레아학파의 제논이 그보다 먼저 아테네로 와서, 자신의 선생인 파르메니데스의 심리학적 이상주의를 증명하기 위해 고안된 지적인 수수께끼로 철학자들을 즐겁게 해주었다. 물질은 오로지 정신을 통해서만 알 수 있으므로 물질주의란 논리적으로 보면 비논리적이라는 것이다. 아테네에서 철학은 열병이 되었다. 보수주의 정치가들은 도덕과 국가의 붕괴를 두려워하기 시작했다.

기원전 440년경 페리클레스의 친구인 아낙사고라스는 〈자연에 대해서〉라는 논문을 내놓았다. 우주는 약간 물리적인 '누스(nous, 정신)'에 의해 활력을 받은 입자들로 이루어진 큰 덩어리라고 했다. 이 누스는 우리 안에 있는 생명과 운동의 원천과도 비슷한 것이다. 모든 유기체는 원래 흙, 습기, 열기 등에서 만들어진 것이라는 주장이었다. 페리클레스의 정적政敵인 클레온은 페리클레스의 힘을 약하게 만들 다른 어떤 방책도 찾을 수 없게 되자, 아낙사고라스가 태양(당시 사람들은 아직도 태양을 신으로 여겼다)이 열을 뿜는 돌덩이라고 서술했다는 이유로, 불경죄로 공식 고발했다. 페리클레스가 친구를 변호했지만, 이 사건은 가혹하게 처리되어 아낙사고라스는 유죄 판결을 받았다.(BC 434년경) 아낙사고라스는 헬레스폰트에 자리 잡은 람프사코스로 도망쳐 몇 년 뒤에 그곳에서 죽었다. 그의 나이 일흔셋이었다.

분명 아테네의 소수 지식인 사이에서 신에 대한 두려움이 사라졌다. 두 가지 일이 이런 결과를 초래했다. 멀리까지 여행한 중산층이 많아진 것과, 떠돌이 학자들을 통해 사교육이 퍼진 것이었다.

이 학자들은 수사학, 문학, 과학, 철학, 정치학 등을 가르쳤다. 그들 중 몇 명은, 특히 프로타고라스 같은 사람들은 스스로를 '소피스타이', 곧 '지혜를 가르치는 선생'이라고 불렀다. 그리고 일부 사람들은 아주 높은 수업료를 요구했다. 그들이 가르친 학생들 중 많은 사람이 종교적 신앙심을 잃어버렸기 때문에, 이 선생들은 돈을 밝히는 궤변가라는 이유로 고발당했다. 이들에게는 아직도 궤변학파라는 명칭이 붙어 있다. 프로타고라스는 "인간은 만물의 척도"라는 말로 자신의 시대를 시작했다. 그는 에우리피데스의 집에서 솔직한 불가지론을 설파했다. "신에 관해 말하자면 나는 그들이 존재하는지 않는지도 모르겠다." 아테네 시민 의회는 그에게 아테네를 떠나라고 명령했다. 그리고 그의 책 사본을 모두 빼앗아 시장에서 불태웠다.

   이 사건을 염두에 두고 소크라테스의 경력과 운명을 바라보아야 한다. 그는 아마도 페리클레스 시대 그리스에서 가장 유명한 인물일 것이다. 서양 세계의 절반 정도는 아마도 그의 대머리, 넓은 얼굴, 커다란 코, 덥수룩한 수염을 알고 있다. 그의 게으른 아내에 대해, 그리고 그가 자기 입장은 밝히지 않은 채 다른 사람들에게 질문해서 화가 나게 만드는 방식을 안다. 그러나 우리는 철학의 역사에서 그의 제자들이 종교적 신앙을 포기하려는 성향을 가졌다는 말은 듣지 못했다. 아니토스의 아들은 이런 회의적인 젊은이들 중 하나였다. 아니토스는 아테네 민주주의파의 지도자였다. 아니토스는 소크라테스가 민주주의를 비판하는 것을 좋아하지 않았다. 그는 소크라테스를 파괴할 기회가 오기를 조심스럽게 기다렸다. 그러나 우리는 먼저 그리스 연극과 더불어 이 시대의 정상에 올라가 보기로 하자.

그리스 연극

보통 한 시대의 철학은 다음 시대의 문학이 된다. 한 세대 동안 사색이나 탐구의 영역에서 논쟁이 이루어진 사상이나 문제들은 그 뒤에 이어지는 세대에 가서 연극, 소설, 시 문학의 배경이 되곤 한다. 그러나 그리스에서 문학은 철학의 뒤를 쫓아가지 않았다. 시인들 자신이 철학자들이었고, 자신들의 사색을 행했다. 그들은 자기 시대의 지적인 선봉에 섰다. 그리스의 종교·학문·철학을 뒤흔든 것과 동일한 보수주의와 과격주의 사이의 갈등이, 문학과 연극에서 표현되었다. 역사 쓰기 영역에서도 그랬다. 투키디데스는 철학자 노릇을 하기 위해 역사적 인물을 위한 연설을 만들어냈다. 사변적 사색의 깊이에 예술적 형식의 탁월함이 합쳐져, 아테네 황금시대의 문학은 셰익스피어와 몽테뉴가 나타나기 전에는 건드릴 수 없을 정도의 높이에 이르렀다.

기원전 500년경 아테네 주요 극장에서 나무 벤치들이 무너져 내린 것이 계기가 되어, 정부는 아크로폴리스 언덕에 전체가 돌로 된 강력한 원형 극장을 건설했다. 이 극장은 디오니소스 신에게 바쳤다. 지붕이 없는 이 건물에서 환상적인 반원을 이룬 관객석 계단이 파르테논 신전을 향해 올라가고 있으며, 멀리 히메투스 산과 바다가 내려다보였다. 이 극장에서 신을 향한 공물로, 비극과 희극이 공연되었다. 고위 사제들과 국가 관리들 앞에서 이루어진 공연이었다. 이 연극에서 낡은 신앙과 새로운 철학 사이의 생생한 전쟁의 한 국면이 이루어졌다. 사유의 거대한 과정 속으로 섞여 들어가, 고전 그리스의 내면의 역사를 변화시킨 전쟁이었다.

기원전 460년 페리클레스가 서른다섯 살이 되었을 때, 아이스킬로스는 첫 번째 위대한 비극 〈포박된 프로메테우스〉를 만들었다. 그는 인간에게 불과 문명의 기술을 가르침으로써, 신에게 도전한 사람의 이야기를 들려주었다. 제우스의 명령에 따라 프로메테우스는 사슬에 묶여 코카서스의 바위에 결박된다. 거대한 독수리가 그의 심장을 쪼아 먹지만 심장은 다시 회복되고, 그러면 독수리가 다시 쪼아 먹는 벌을 받았다. 세 편으로 이루어져 있는데, 비극이 사라진 결말부에서 아이스킬로스는 프로메테우스가 제우스와 화해하는 것을 보여주었다. 그러나 잔인한 신에 대한 인간의 반항이라는 주제는 2200년을 살아남았다가 셸리의 〈사슬에서 풀린 프로메테우스〉에서 사나운 발언을 한다.

또 다른 3부작 〈오레스테이아〉(BC 458)에서 아이스킬로스는 논의를 양면적으로 다루었다. 신은 인간의 범죄를 함께 행하면서도 인간에게 벌을 주고 있다. 함대가 트로이아로 가려 할 때 바람이 불지 않아 배가 출발할 수 없게 되자, 그리스군 사령관 아가멤논은 하늘에서 순풍을 얻기 위해 딸 이피게네이아를 죽여 희생의 제물로 바친다. 그가 트로이아를 포위하고 있는 사이, 남편에게 정나미가 떨어진 아내 클리타임네스트라는 아이기스토스와 사랑을 나눈다. 트로이아에서 돌아온 아가멤논은 두려움에 사로잡힌 아내와 그 정부에게 살해당한다. 이런 공포 속에서 자란 그녀의 아들 오레스테스는 누이 엘렉트라의 사주를 받고 어머니와 아이기스토스를 죽인다. 그러고는 복수하는 신들의 잔인한 분노에 몸과 마음이 쫓긴다. 어떻게 이런 악행이 숭배의 의식 속으로, 그리고 인간의 영혼 속으로 들어왔단 말인가? 유혈이 낭자한 이 3부작은 단순한 살인 이야기가 아니다. 사람들이 생각한 신과 인간에 대한 강력한 고발이다. 《일리아드》와 《오디세이아》 이후로 이 〈오레스테이아〉 3부작은 그리스 문학의 최고봉을 이룬다. 셰익스피어조차도 이것에 맞먹을 수는 없었다.

　기원전 468년에 쉰일곱 살이 된 아이스킬로스는 스물일곱 살의 젊은이에게 연극상을 뺏기고 말았다. 젊은이는 소포클레스, 즉 '지혜롭고 갈채를 받는 사람'이라는 도전적 이름을 가졌다. 그는 정말이 두 가지 모두였다. 그는 상을 거듭 받았다. 디오니소스 극장에서 받고 인생의 무대에서도 받았다. 그의 아버지는 검을 만들어 부자가 되었다. 그리스 사람들이 전쟁에 대한 정열을 갖고 있었기 때문이다. 아들은 운이 좋을 뿐 아니라 외모도 훌륭한 천재였다. 그는 구기 경기를 잘했고 하프를 잘 타고 춤도 잘 추었다. 페리클레스의 친구가 되어 고위 관직을 맡은 그는 제국 전체의 재무를 맡아 보았는데 기원전 440년에는 장군이 되었다. 또한 신을 섬기고 쾌락을 사랑했다. 성숙한 나이에는 소년들에게 애정을 품었지만, 늙어서는 정부情夫를 더 좋아했다. 삶의 온갖 은총을 누렸고, 그보다 많은 축복을 받은 사람은 태어난 적이 없다고 여겨졌으며, 아흔한 살까지 장수했다.

프로이트와 그의 주변 사람들이, 엘렉트라 같은 소녀는 아버지를 사랑하면서 어머니를 질투하고, 오이디푸스 같은 소년은 무의식적으로 아버지를 죽이고 어머니와 결혼하고 싶어 한다고 알려준 20세기 이전까지만 해도, 그의 연극들은 오직 학자들에게만 알려져 있었다. 성장기의 이런 일시적인 노이로제에 대해 비난받을 사람은 소포클레스가 아니다. 그는 당시 청중이 잘 아는 이야기를 한 것뿐이다. 그가 덧붙인 것은 연극의 섬세한 구조와 진지한 시구詩句의 유려한 흐름이었다. 그의 연극은 전형적인 '고전' 형식으로 다음과 같은 특성들을 드러낸다. 잘 다듬어져 있고, 평온하고 명료하다. 활달하면서도 절도가 있다. 행 하나하나가 모두 적절하다. 모든 사건이 절정을 향해 나아가고 있으며, 심오한 의미를 드러낸다.

그런데도 고전적인 것에 경탄하고 낭만적인 것을 사랑하는 나로서는 에우리피데스가 더 좋다. 그는 더할 나위 없이 낭만적이다. 이성은 감정에 밀리고, 불의를 미친 듯이 미워하고 더 온전한 세상을 꿈꾼다. 그가 쓴 75개의 연극 중에 18개만 남아 있지만, 거의 모두가 미신, 억압, 전쟁 등에 반대하는 그의 생각을 보여주고 있다. 그는 아테네 사람들에게 그들이 섬기는 신들이 유치하게 변덕스럽고, 자애롭기보다는 잔인하다고 말해주었다. 그는 야만적인 잔인성과 증오를 지닌 메데아의 모습을 보여주었지만, 또한 아테네를 다스리는 자부심 많은 남자들에게 다음과 같이 말한다.

지상에서 피 흘리고 자라는 모든 것 중에서
가장 상처 많은 식물이 여자.

우린 한 남자의 사랑을 사들이려고
그 하루를 위해, 저축한 그 많은
황금을 (지참금으로) 내야 한다.
그리고 보라, 그들은 우리의 주인이 돼버리니!
그러고 나면 좋거나 나쁘거나
이 얼마나 위험한 주인이던가…….
여자가 자기 옆에서 잠자는 동물을
평화로 이끌어가는 방법을 집에선 가르쳐주지 않았다.
그러므로 여자는 오래 애써서 길을 찾아내야 한다.
주인이 자기와 잘 지내도록,
그가 지워준 멍에가 너무 가혹하지 않도록,
여자의 호흡이 축복된 것이 되도록!
그렇지 않으면 그녀의 소원은 오직 죽음을 향할 뿐.

에우리피데스의 연극 중에서 가장 뛰어난 것은 기원전 415년에 만들어진 〈트로이아의 여인들〉이다. 이때는 아테네와 스파르타 사이에 오래 계속된 펠로폰네소스 전쟁이 한창이던 시기였다. 〈트로이아의 여인들〉은 트로이아를 폐허로 만든 자들이 도시를 불태운 다음, 과부가 된 여인들을 첩으로 삼거나 노예로 만들던 시기의 트로이아의 참상을 그린 작품이다. 프리아모스 왕은 죽었다. 그의 아들이며 후계자인 헥토르도 아킬레스와의 싸움에서 죽었다. 프리아모스의 과부인 늙은 헤카베는 젊은 며느리 안드로마케에게, 조용히 복종하고 점령군의 첩이 되라고 간청했다. 자신들을 포로로 잡은 사람들이 헥토르의 아들 아스티아낙스의 목숨을 살려줄지도 모른다는 실낱같은 희망을 품었기 때문이다. 그러나 그리스 사람들은, 어린아이가 자라 복수를 하고 트로이아의 옥좌를 차지할까 두려웠다. 그들은 아이를 도시 성벽 밖으로 던져서 죽였다. 이윽고 매장을 위해 아이의 시체가 할머니 헤카베에게 운반되어 왔다. 에우리피데스의 감정과 용기의 절정을 보여주는 이 장면에서, 헤카베는 승리한 그리스 사람들을 부끄럽게 만드는 도전적인 대사를 말한다.

(시체를 부여잡고서.)
헤카베: 아, 어떤 죽음이 너를 잡았느냐, 내 새끼야! ······
이 부드러운 팔, 그이와 똑같은 모습이었는데······.
소중하고 당당한 입술은 희망에 가득 차 있더니
이제 영원히 다물고 말았구나! 오늘 아침 동이 틀 때
내 침대로 다가와서 다정하게 말을 걸고 내게 약속했지.
"할머니, 할머니가 죽으면 난 머리를 자르고
장수들을 이끌고 할머니 무덤까지 말 타고 따라갈 거야."
그 말이 틀렸구나. 어째서 나를 그리 모질게 속였느냐?
이 늙은이가, 집도 자식도 없는 내가
너 때문에 차가운 눈물을 뿌려야 하다니,
끔찍하게 죽은 어린 너를 위해서.
신이여! 또박또박 걷는 너의 발소리,
내 무릎에서 놀던 모습, 아, 다정하게 함께

잠들곤 했는데! 모두 끝나버렸구나.
시인이 네 이야기를 어떻게 비석에 새겨 넣을까?
'여기 한 어린아이 잠들다.
그리스 사람들이 그를 두려워했고, 두려움에 사로잡혀 그를 죽였다.'
그렇구나, 그리스는 이 이야기를 축복하겠지……!
오, 인간은 헛것,
즐거울 땐 빛나고 두려움이 없지만
바람에 흔들리는 백지처럼 세월의 변화에 따라 춤추는 존재……!

(아이를 수의로 감싸며.)
프리기아 의상의 광채여,
네가 멀리 동방에서 찾아낸
왕비와 혼인하는 날을 위해, 내가 준비해두었던
이 의상이 언제까지나 너를 감싸주겠지.

아테네 사람들은 〈트로이아의 여인들〉에 분개했고, 에우리피데스는 소크라테스만 빼고는 아테네에 친구가 거의 없음을 깨달았다. 페리클레스는 이미 죽은 지 오래였다. 기원전 408년, 그는 일흔두 살의 나이로 마케도니아의 왕 아켈라오스의 초대를 받아들여 그곳의 수도인 펠라에 머물렀다. 18개월 동안 그곳에서 안락과 평화를 맛보고 나서 신앙심 깊은 그리스 사람들의 말에 따르면, 406년 왕실의 개들에게 물려 사지가 찢겨 죽었다고 한다.
죽은 다음의 그는 아테네에서도 인기를 누렸다. 그가 그토록 열렬히 주장했던 사상들은 다음 몇 세기 동안 주도적인 개념이 되었다. 헬레니즘 시대는 에우리피데스를 소포클레스와 함께 그리스가 배출한 가장 지적인 자극으로 여겼다. 그의 선배들의 연극은 상대적으로 잊혔지만, 그의 연극은 그리스 세계가 무대를 가진 곳 어디서나 해마다 공연되었다. 아테네 사람들이 시라쿠사 원정(BC 415)에 실패했을 때, 포로가 된 아테네 사람들은 이탈리아 채석장에서 사슬에 묶인 노예가 되어, 살아 있으나 죽은 것과 같은 운명을 눈앞에 두었다. 이들 중에서 (플루타르코스가 전해주는 바에 따르면) 에우리피데스 연극의 구절을 암송할 수 있는 사람들에게는 자유가 주어졌다. 18세기와 19세기에 자유주의와 인도주의가 되살아나면서, 에우리피데스는 거의 당대의 인물이 되었다. 오직 셰익스피어만이 그와 견줄 수 있다. 괴테는 이렇게 물었다. "세상의 모든 민족이 그의 신발을 들 만한 가치가 있는 극작가 하나를 만들어냈는가?" 오직 셰익스피어 한 사람뿐이었다.

재앙

페리클레스 시대의 아테네에 대한 나머지 이야기는 고통스럽게 위축되는 이야기다. 연극의 정점에서 아리스토파네스 희극으로 넘어간다. 그것은 훌륭하고 거칠고 무자비한 것이다. 페리클레스, 에우리피데스 그리고 소크라테스를 우스운 존재로 만든다. 민주주의와 회의주의와 도덕적인 해이를 공격한다. 그리고 거의 잊고 있는 도덕성을 회복하라고 외치면서, 전쟁을 끝낼 것을 호소한다.

기원전 431년에 아테네는 펠로폰네소스 전쟁을 시작했다. 그것은 27년 동안 계속되면서 빈곤과 잔인성을 전파하고, 그리스 정신을 어둡게 만들었다. 투키디데스는 이 전투에 참여해서 그것을 하나하나 기록했다. 세계 문학의 고전에 속하는 기록이다. 스파르타는 점점 커지는 아테네 제국과 그 해군력에 둘러싸이자, 동맹을 결성한 뒤 선전 포고를 하고는 아티카에 침입해서 그 땅을 황폐하게 만들었다. 해군력을 지나치게 믿은 나머지 육군을 소홀히 한 아테네는 내륙 지역을 방어할 수 없어, 도리 없이 그곳의 주민들을 도시의 성벽 안으로 불러들여 함께 살게 되었다. 시내에 몰려든 사람들은 한 세대에 걸쳐 포위와 굶주림, 질병, 정치적 소요를 견뎌야 했다. 페리클레스는 전쟁이 발발한 지 2년 만에 죽었다.(BC 429) 아테네 사람들은 귀족적 민주주의에 지쳐 정치적 선동가들로 이루어진 과두 체제를 이루었다. 이들 지도자들은 연속적으로 재앙을 불러들였다.

마침내 전쟁이 끝났을 때(BC 404) 아테네는 무질서하고 활기 없는 상태가 되었다. 정치적 혼란을 이용해 크리티아스가 이끄는 한 무리의 귀족들이 아테네의 30인 통치위원회(BC 404)를 만들었다. 이 위원회는 많은 부유한 상인들의 부를 빼앗았고, 그런 탓에 그들의 지원을 받지 못했다. 위원회는 신전을 약탈하고 1000탈란트를 들여 건설한 피레우스 항구 선착장을 겨우 3탈란트를 받고 팔았다. 위원회는 민주주의자 5000명을 추방하고, 또 다른 사람 1500명을 사형에 처했다. 집회와 연설의 자유는 끝이 났다. 크리티아스는 소크라테스가 공개적인 토론을 못하게 금지했다.

과두 정치의 위험이 커지면서 민주주의의 실수들은 잊혔다. 이런 폭정을 끝내려 하는 사람들의 수와 실질적인 가능성이 하루가 다르게 늘어났다. 트라시불로스가 지휘하는 무장한 1000명의 민주주의자들이 피레우스 항구에 도착했을 때, 크리티아스는 작은 군대로 그들에게 맞섰다가 패하고 죽임을 당했다. 트라시불로스는 아테네에 들어와서 민주주의를 회복시켰다.

승리에 취한 민주주의자들 중에는 여러 해 전 대화 도중에 상처를 입은 것과, 자기 아들이 '망가진 것'에 대해 소크라테스에게 복수하기로 마음먹은 아니토스라는 사람이 있었다. 그는 자신이 30인 위원회에 의해 추방당했을 때, 아들이 아테네에서 소크라테스 곁에 남아 주정뱅이가 된 일도 잊지 못했다. 아니토스는, 다른 어떤 궤변가보다 소크라테스가 종교와 도덕성에 더 나쁜 영향을 미치고, 교육받은 아테네 사람들의 민주주의에 대한 신념을 붕괴시켰다고 생각했다. 폭군 크리티아스는 소크라테스의 제자 중 한 명이었다. 부도덕한 배신자 알키비아데스는 소크라테스의 애인이었다. 소크라테스가 전에 좋아하던 카르미데스는 민주주의에 맞서 싸우다가 죽은 지 얼마 되지 않았다. 아니토스는 이 철학자가 아테네를 떠나거나 죽는 것이 옳은 일이라고 생각했다.

기원전 399년에 아니토스, 멜레토스, 리콘이 소크라테스를 고발했다. "소크라테스는 국가가 인정한 신들을 인정하지 않으므로 공공의 범죄자이다. …… 그는 또한 젊은이를 타락시켜 공공질서를 손상시켰다." 대부분 교육받지 못한 500명가량의 시민들로 구성된 시민 법정이 열렸다. 소크라테스는 자신이 국가의 신들을 믿고 있으며, 태양과 달도 신이라고 믿는다고 대답했다. 그는 침묵을 지키기를 거부했다. "나는 철학을 행하고 가르치는 일을 절대 중지하지 않을 것이다. …… 당신들이 무슨 일을 하든 나는 내 방식을 변경하지 않을 것이다. 내가 여러 번 죽는다 해도 마찬가지다." 그가 유죄라고 생각한 사람이 60명 더 많았다.

그는 죽음 대신 다른 형벌을 선택할 특권을 가지고 있었다. 그를 위해 보증 서명을 해준 플라톤과 다른 친구들이 조르자, 그는 30미나(5000달러?)의 벌금을 지불하겠다고 제안했다. 배심원단이 두 번째 투표한 결과 그의 유죄를 인정한 사람이 처음보다 오히려 80표가 더 늘었다. 그의 친구들은 뇌물을 써서 도망치라고 제안했다. 하지만 그는 노쇠하고 부담스러운 삶의 일부를 포기하는 것뿐이라고 말하면서, 이 제안을 거절했다.

황금시대는 소크라테스의 죽음과 더불어 끝났다. 아테네는 몸과 영혼이 다 지쳤고, 한 세대 동안이나 계속된 싸움을 통해 품성이 타락한 것을 느꼈다. 두 가지가 아테네를 떠받쳤다. 민주주의의 복구와 지난 60년 동안, 심지어는 전쟁 동안에도 계속된 자부심, 곧 아테네는 인류가 기억하는 한 그렇게 짧은 시기에 다른 누구보다 우수한 예술과 문학을 생산해냈다는 자부심이었다.

아낙사고라스는 추방되었고 소크라테스는 사형당했지만, 철학에 주어진 자극은 다음 60년 동안 아테네를 자극해 뒷날 여러 세기 동안 유럽에서 번성할 사상 체계를 만들어냈다. 떠돌아다니는 궤변가들 대신 더 나은 교육을 베푸는 대학(아카데미)이 나타났다. 아테네는 '헬라스의 학교'가 되었다. 예술의 전통은 전쟁의 유혈과 혼란을 통해서도 망가지지 않았다. 머지않아 아펠레스와 프락시텔레스가 나타난다. 그리고 여러 세기에 걸쳐 훨씬 더 많은 그리스의 화가, 조각가, 건축가 들이 지중해 세계를 위해 그림을 그리고, 조각을 하고 건물을 지었다.

  아테네는 패배의 절망을 딛고 굳건한 힘으로 새로운 부와 문화와 힘을 만들어냈다. 도시 국가 아테네의 삶의 가을은 풍요로웠다.

Chapter 8

플라톤에서 알렉산드로스 대왕까지

전쟁 이후

소크라테스가 죽고 플라톤이 스물여덟 살이 된 기원전 399년부터 시작해보자. 아테네는 패배에서 일어서는 중이었다. 승리한 스파르타는 느슨해지고 있었다.

아테네는 상업과 산업을 복구하는 동안 스파르타는 노예들이 경작하는 정체된 농업 경제 체제를 유지했다. 아리스토텔레스는 이렇게 썼다. "일부 스파르타 사람들이 광대한 토지를 소유하고 나머지 사람들은 거의 아무것도 갖지 못했다. 거의 모든 토지가 소수 사람들의 손아귀에 있었다." 스파르타가 테바이를 지배하려 했을 때 에파미논다스가 (그리고 끈끈한 동성애로 묶인 '그리스 애인들' 300명이) 이끄는 테바이 군대가 레우크트라에서 스파르타군을 물리쳤다.(BC 371) 이와 함께 그리스에서 스파르타의 지배는 끝이 났다.

스파르타에 대한 두려움에서 벗어난 아테네는 상선 함대와 해군을 재건하고 지중해 제국을 다시 건설했다. 노예들이 일하는 라우리움의 광산들이 다시 열렸다. 은이 다량으로 채굴되어 상품보다 돈이 더 많이 만들어졌고, 임금보다 물가가 더 빨리 올랐는데 가난한 사람들이 이런 변화의 부담을 짊어졌다. 부의 축적은 가내 생산품을 싼 가격으로 사들여 고향이나 외국에 이문을 남기고 파는 방식으로 이루어졌다. 영리한 사람들은 부자가 되었다. 순진한 사람이나 혜택받지 못한 사람들은 부가 빠른 속도로 다른 사람에게 집중되는 것에 점점 더 분노했다. 은행이 늘어나고 서비스도 많아져 투자와 대출을 늘렸다. 신용 경제 체제가 발전했다. 부동산 경제에서 동산(금융) 경제로 바뀌면서 돈을 벌기 위한 심각한 경쟁이 생겨났다. 새로운 단어들도 생겨났다. 예를 들면 열렬한 부의 추구를 뜻하는 크레마티스티케chrematistike, 더 많은 이윤을 바라는 욕심이라는 뜻의 플레오넥시아pleonexia 그리고 신흥 부자라는 의미의 네오플루토이neoplutoi 같은 단어들이었다.

부의 한가운데서 빈곤이 늘어났다. 영리한 사람들에게 돈을 벌 기회를 준 다양성과 교역의 자유가, 순진한 사람들에게는 돈을 전보다 더 빨리 그리고 다양한 방식으로 잃어버릴 기회를 주었기 때문이다. 플라톤은 이렇게 말한다. "아테네는 두 도시가 되었다. 가난한 사람들의 도시와 부자들의 도시가 되어 서로 전쟁을 벌인다." 가난한 사람들은 법령 제정이나 혁명을 통해 부자들을 약탈할 음모를 꾸몄다. 그러자 부자들은 가난한 사람들에 대항해 방어 조직을 만들었다. 지식인들은 대체로 가난한 사람들 편에 섰다. 그중에는 플라톤처럼 부자도 섞여서 공산주의 사상을 드러냈다.

마침내 가난한 시민들이 의회를 장악하고 투표를 통해 부자들의 부를 국고에 환수하기 시작했다. 그 돈을 하층 계급 사이에서 재분배하기 위해서였다. 입법자들은 국고 수입을 위한 새로운 세원을 찾기 위해 묘안을 짜냈다. 이렇게 세금을 부과한 결과, 부와 수입이 전체적으로 자취를 감추어버렸다. 탈세는 어디서나 이루어졌으며, 세금 부과만큼이나 다양한 묘안이 나타났다. 세금을 걷기 위해 집을 기습하고 재물을 포위하고 사람을 감옥에 가두었다. 나이 든 부자 이소크라테스 같은 사람은 기원전 353년에 이렇게 불평하고 있다. "내가 어릴 때 사람들은 부유함을 아주 안전하고 찬양할 만한 것으로 여겨 거의 누구나 자신이 가진 것보다 더 부자로 보이고 싶어 했다. …… 지금은 부자라는 것이 가장 고약한 범죄이기라도 한 것처럼 누구나 자신이 부자라는 것을 감춘다." 중간 계층과 부유한 사람들은 민주주의가 질투심에 힘을 주는 것이라고 여겨 불신하기 시작했다. 가난한 사람들도 민주주의가 불평등한 부에 의해 바보가 되어버린 엉터리 평등이라고 여겨 불신하기 시작했다. 그리스는 계층 간의 전쟁이 점점 심해지면서 마케도니아의 필리포스 2세에게 기습당했을 때, 내부적으로 이미 분열되어 있었다. 그리스의 많은 부자들은 그가 온 것이 혁명에 대한 대안이라 여겨 환영했다.

사치가 커지고 지식이 해방되면서 도덕적 해이도 나타났다. 대부분의 사람들이 미신을 믿고 위안을 주는 헛소리에 매달렸다. 올림포스의 신들은 죽고, 새로운 신들이 탄생했다. 이집트와 아시아에서 외국의 신들이 수입되었다. 절반쯤 고립된 아테네의 신흥 부르주아지 계급은 전통적인 신앙을 거의 존중하지 않았다. 플라톤은 이렇게 적었다. "이제 인류의 일부는 신의 존재를 전혀 믿지 않는다. …… 합리적인 입법부가 양쪽 당파들의 맹세를 없애야 한다."

철학은 시민의 성실한 마음을 찾아내기 위해 있는 힘을 다하고, 지성을 함양해서 신의 계율과 사람들의 마음을 감독하는 신성神性에 대신하게 했다. 그러나 성적·사회적·정치적 도덕성은 계속해서 추락했다. 미혼 남자와 매춘부들이 함께 증가하고, 자유로운 결합이 합법적인 결혼을 대신했다. 기원전 4세기의 희극에서 한 인물은 이렇게 말한다. "첩이 아내보다 더 나은 것 아닌가? 한쪽은 법을 자기편으로 삼고 있다. 법은 그녀가 아무리 마음에 안 들어도 너는 그녀 편에 남아 있어야 한다고 강요한다. 다른 편은 남자를 잘 대우해서 그의 마음을 잡아야 한다는 사실을 알고 있다. 아니면 그가 다른 사람을 찾아낼 테니까." 피임이나 낙태 혹은 영아 살해를 동원한 가족계획이 유행이었다.

정치적 도덕성은 계속해서 낮은 수준에 머물러 있었다. 정부의 모든 단계에서 뇌물이 번창했다. 페르시아는 아무 어려움 없이 그리스 정치가들을 매수해서 그리스 국가들 사이의 전쟁을 촉진했다. 그리스인 장군이나 '야만인'(그리스인이 아닌) 장군을 가리지 않고, 그리스 용병들은 아무 쪽에나 자신을 팔았다. 알렉산드로스 대왕이 페르시아 군대와 마주했을 때, 페르시아 군대는 온통 그리스 사람들로 차고 넘쳤다. 한편, 연설가 혹은 변론가들이 점점 더 법률가 겸 정치적 중개자 노릇을 했다. 그들은 선거 운동을 계획하고 지휘하였으며, 사람들 마음에 드는 약속을 해서 기금을 모았다. 정치는 전보다 더욱 격렬해졌지만, 애국심은 약해지고 부정부패는 늘어만 갔다. 개인주의가 번창하면서 국가는 시들고 있었다.
   그사이 산악 지대 및 절반쯤 야만적인 마케도니아의 건강한 군주 국가가 그리스 정복을 심각하게 고려하고 있었다.

필리포스 2세와 데모스테네스

필리포스 2세는 섬세함과 교육적 요소를 지닌 군사 훈련과 원시적인 역동성을 뒤섞어, 역사가 자신에게 마련해준 역할을 준비했다.
   그는 체력과 의지력이 강하고, 스포츠에 뛰어나고 잘생긴 사람으로서, 문명인이 되려고 노력하는 강하고 훌륭한 짐승이었다. 아들 알렉산드로스 대왕처럼 그도 격한 성정에 아주 관대한 사람이었고, 전쟁을 몹시 사랑했으며 술은 그보다 더 사랑했다. 알렉산드로스와는 달리 유쾌하게 웃어대곤 했다. 그는 소년들을 좋아했지만, 여자는 더 좋아했고 그중 몇 명과 결혼했다. 한동안은 저 사납고 아름다운, 몰로스의 공주이며 알렉산드로스의 어머니인 올림피아스와 일부일처제를 지키며 살려고 애썼다. 그러나 머지않아 그의 생각은 이리저리 돌아다녔고, 올림피아스는 복수할 방도를 궁리했다.
   무엇보다도 그는 낮 동안 목숨을 걸고 함께 전쟁을 치르고 밤의 절반을 함께 술을 퍼마실 건장한 남자들을 좋아했다. 그는 알렉산드로스가 나오기 전까지는 용감한 사람 중에서도 가장 용감한 사람이었으며, 모든 전쟁터에 자신의 신체 일부를 남겼다. 그의 최고의 적인 데모스테네스는 이렇게 외쳤다. "대체 어떤 사나이인가!

권력과 지배를 위해 한쪽 눈을 잃고, 한쪽 어깨를 부러뜨리고, 팔 하나와 다리 하나가 마비된 사람이라니." 외교에서는 상냥했지만 배신도 능했다. 가벼운 심정으로 약속을 깨뜨리면서도, 언제나 또 다른 약속을 할 준비가 되어 있었다. 통치를 위해서는 어떤 도덕도 인정하지 않았으며, 살인에 비해 매수와 거짓말이 더 인간적인 대용품이라고 여겼다. 하지만 그는 승리에서 너그러웠으며, 패배한 그리스 사람들에게는 그들이 자신들끼리 주고받는 말보다 더 나은 말로 대우해주었다. 그를 만난 사람은 데모스테네스만 빼고 누구나 그를 좋아했으며, 그 시대의 가장 유능하고 가장 흥미로운 사람으로 여겼다. 그는 기마 부대를 훈련시켜 다양한 목표를 겨냥해 되풀이해서 공격하게 함으로써, 적을 혼란에 빠뜨렸다. 보병은 연속적인 방진方陣으로 배치하고, 50센티미터 길이의 창을 휘두르도록 훈련시켰다. 궁수 부대는 자신들이 속한 방진을 넘어 적에게 화살을 쏘아 보내도록 했다. 그리고 쇠뇌(투석기)[7]와 성벽을 부수는 대포로 무장한 포위 부대를 양성했다. 이런 무기들로 페르시아 군대를 아시아 쪽 그리스 도시들에서 몰아낼 계획이었다. 그러기 위해서는 우선 유럽 쪽 그리스 사람들을 자신의 지휘 아래 단결시켜야 했다.

그는 우선 마케도니아와 트라키아 해안에 자리 잡고 있으면서 아테네와 동맹을 맺은 도시들을 포위했다. 이 도시들은 아시아로 가는 길목만 가로막고 있는 것이 아니었다. 그들은 또한 황금 광산

---

7 여러 개의 화살이 잇달아 나가게 만든 활의 한 종류.

과 관세를 통제하고 있었다. 아테네가 다른 전쟁에 빠져 있는 틈을 타서, 그는 피드나와 포티데아를 점령했다.(BC 356) 아테네의 항의를 받자, 아테네의 문학과 예술을 찬양하는 말로 답변했다. 그러나 그가 아테네 사람들에게 자신의 지휘 아래로 들어오라고 말하자, 역사상 가장 유명한 웅변가의 정열적인 열변에 달구어진 아테네 사람들은 저항을 위해 일어났다.

데모스테네스

바티칸에 있는 데모스테네스 조각상은 깊은 근심에 사로잡힌 얼굴을 보여준다. 마치 필리포스 2세가 진격할 때마다 그의 이마에 깊은 주름이 하나씩 늘어난 것만 같다. 몸은 야위고 지쳐 있다. 절망적인 사건을 두고 최후의 호소를 했던 남자의 모습이다.

 아버지는 그에게 보통 정도의 재산을 남겼지만 유산 관리인이 그것을 다 써버리는 바람에 그는 변론가가 되어 소송 당사자들을 위한 연설문을 써서 자신의 힘으로 재산을 모았다. 플루타르코스에 따르면, 그는 이따금 양쪽 모두를 위해 연설문을 준비했다. 그는 말하기보다 글쓰기를 더 잘했다. 몸이 약하고 발음이 완벽하지 않았기 때문이다. 이런 약점을 극복하기 위해 입에 조약돌을 절반쯤 채우고 시끄러운 바다를 향해 연설했다. 아니면 오르막길을 달려 올라가면서 웅변을 연습했다. 여러 해 동안 노력한 끝에, 그는 아테네에서 가장 부유한 법률가의 한 사람이 되었다. 도덕성에서는 너그러운 융통성이 있었지만, 자신의 관점에서는 두려움이 없었다.

그는 아테네 사람들이 민족의 생존을 위해 필요한 전투 의지를 잃어버린 타락한 병역 기피자라고 질책했다. 그리스가 단결해야 한다는 필리포스 2세의 호소에 대해 그리스를 마케도니아에 종속시키려는 계책이라고 말했다. 그리고 그리스 사람들을 향해 마지막 한 사람만 남을 때까지 필리포스 2세에게 저항하자고 호소했다. 그의 경쟁자인 에스키네스는 필리포스 2세를 옹호했다. 두 사람은 모두 뇌물을 받았다고 고발당했다. 에스키네스는 필리포스 2세에게서, 그리고 데모스테네스는 페르시아 왕에게서 뇌물을 받았다고 한다.

마침내 필리포스 2세가 남쪽으로 내려오자, 데모스테네스의 웅변은 더욱 힘을 얻어 아테네 사람들은 가난한 사람들을 위한 구호금을 전쟁 준비금으로 바꾸었다. 기원전 338년, 그들은 북쪽으로 진군해 카이로네이아에서 필리포스 2세의 방진에 마주 섰다. 스파르타는 도움을 거부했지만, 테바이는 아테네를 원조하기 위해 '거룩한 군대'를 보냈다. 300명으로 이루어진 이 부대원은 모두 전쟁터에서 사망했다. 아테네 사람들도 용감하게 싸웠지만, 그들은 조직도 잘 되어 있지 않은 데다, 마치 하늘에서 쏟아져 내리는 듯한 창槍의 바다에 맞서 저항할 장비도 없었다. 그들은 도망치고 데모스테네스도 그들과 함께 도망쳤다.

필리포스 2세는 테바이에는 심한 벌을 내렸지만, 포로로 잡은 아테네인 2000명은 풀어주고 매력적인 아들 알렉산드로스를 보내 아테네가 받아들일 만한 조건으로 평화 협상을 맺도록 했다. 공동의 적인 페르시아군에 맞서는 그리스군의 총사령관으로 필리포스 2세

를 받아들이라는 제안이었다. 아테네는 동의하였고, 필리포스 2세
는 코린토스에서 아테네 국가들의 회의를 소집했다. 그리고 아시
아에 있는 그리스 도시들을 페르시아의 지배에서 해방시키기 위한
전체 계획을 만들었다. 그는 만장일치로 이 계획을 위한 사령관으
로 추대되었다. 그는 회원 국가들에 큰 자유를 주고 성스러운 전쟁
을 위한 준비를 했다.

그는 아내 올림피아스를 제외한 모든 적에게 승리를 거두었다.
올림피아스는 그의 바람기에 앙심을 품었다. 카이로네이아 전투가
있고 2년이 지난 다음 필리포스 2세의 장수 중 한 사람인 파우사니아
스가 올림피아스의 꾐에 넘어가 왕을 죽였다. 알렉산드로스가 왕좌
를 물려받았고 그는 스무 살의 나이로 세계를 정복할 준비를 했다.

예술

기원전 5세기에 극적인 천재의 분출이 있은 다음, 그리스 문학은 크
세노폰과 이소크라테스 같은 2급 문필가들의 손으로 넘어갔다. 크
세노폰은 《아나바시스(출정)》[8]로 현대의 젊은이를 그리스어로 안내
하고 있으며, 이소크라테스는 에세이를 창안한 팸플릿 작가였다.

미술은 계속 번창했다. 플리니우스(아저씨 플리니우스. 그의 조카
플리니우스도 유명하다)는 이렇게 썼다. "코스의 아펠레스는 자신의
앞과 뒤에 오는 모든 화가들을 능가했다." 아펠레스는 아주 뛰어났

---

8 고대 그리스어를 공부하는 사람들이 자주 읽는 중요한 텍스트의 하나.

던 것이 분명하다. 경쟁자들을 칭찬한다는 드문 행동을 감행할 수 있었기 때문이다. 경쟁자들 중 가장 위대한 프로토게네스가 가난하게 산다는 말을 듣고, 아펠레스는 그를 찾아 로도스 섬으로 갔다. 아펠레스가 예고도 없이 그의 작업장을 찾았을 때 프로토게네스는 마침 자리를 비운 상태였다. 나이 든 여제자가 아펠레스에게 선생님이 돌아오면 누가 다녀갔다고 말할지를 물었다. 아펠레스는 그냥 붓을 집어 들고 화판 위에 섬세한 윤곽을 단숨에 그렸다. 프로토게네스가 돌아왔을 때 제자는 돌아간 방문객의 이름을 말하지 못했다. 그러나 프로토게네스는 그림을 보더니 이렇게 소리쳤다. "아펠레스만이 이런 선을 그릴 수 있다." 그러고는 아펠레스의 그림 안에 더욱 섬세한 선을 그려 넣었다. 그리고 그 낯선 손님이 다시 오거든 이것을 보여주라고 제자에게 일렀다. 아펠레스는 다시 찾아왔다가 또다시 집을 비운 경쟁자의 기술에 경탄했다. 그런데도 두 선 사이에 세 번째 선을 아주 섬세하고 미묘하게 그려 넣었다. 프로토게네스가 돌아와 그것을 보더니 아펠레스가 자신보다 낫다고 인정했다. 그는 항구로 뛰어가 스승을 붙잡고 환영하여 맞아들였다.

  이 화판은 걸작으로 여겨져 세대를 이어 전수되다가 율리우스 카이사르가 사들였다. 하지만 그것은 팔라티노 언덕에 있는 그의 궁전을 파괴한 불길에 함께 타버렸다. 플리니우스가 덧붙인 바에 따르면, 아펠레스의 그림 하나는 여러 도시들의 보물에 맞먹는 값에 팔렸다고 한다. 이 걸작들 중에 전해지는 것은 하나도 없다.

  조각은 제작 시간이 더 걸리지만 더 오래 보존된다. 많은 점에서 이 힘든 예술도 이제 그 절정에 도달했다. 종교의 자극도 없고, 파르테논의 박공벽과 띠 장식도 없어졌지만, 그래도 여성의 우아함에서 새로운 영감을 받아들여 절대로 능가할 수 없는 사랑스러운 모습을 만들어냈다.

기원전 5세기는 알몸의 남자와 옷을 입은 여자를 모델로 삼았다. 그리고 그 유형을 이상화시켰다. 이 세기엔 전쟁터에서 지내는 남자의 삶을 감정 없는 산문처럼 주조하거나 끌로 새겼다. 기원전 4세기는 인간의 개성·감정·고통을 돌에 새겨보려 했다. 남성 조각상에서는 머리와 얼굴이 아주 중요했고 몸은 그보다 덜 중요했다. 성격 탐구가 나타나면서 형태 숭배를 대신하였고, 돌로 만든 초상화(조각)가 유행했다. 신체는 뻣뻣하고 반듯한 자세를 포기하고, 막대기나 나무에 편하게 기댔다. 생생한 명암의 작용이 나타나도록 표면이 입체적으로 다듬어졌다. 시키온의 리시스트라토스는 사실성을 열망한 나머지, 그리스 사람들 중에서는 처음으로 직접 얼굴에 대고 석고 틀을 떴다.

감각적인 아름다움의 표현은 프락시텔레스에서 거의 완벽함에 이르렀다. 온 세상은 그가 프리네(당대의 유명한 기생)에게 구애했으며, 그녀의 아름다움에 영원성을 부여했다는 것을 안다. 그의 아버지와 아들도 조각가였다. 따라서 그가 가문의 전통인 이 끈질긴 기술에서 절정이었다고 생각된다. 그는 청동과 대리석 두 가지 모두를 가지고 작업했다. 그리고 대단한 명성 덕분에, 열 개도 넘는 도시가 그의 기술을 얻기 위해 경쟁을 벌였다.

기원전 360년경, 코스는 그에게 〈아프로디테〉 상을 조각해달라고 주문하였다. 프리네를 모델로 작품을 만들었지만, 코스 사람들은 여신이 완전히 벌거벗은 것을 보고 분개하자, 프락시텔레스는 옷을 입은 〈아프로디테〉를 만들어 그들을 달래주었다. 그러자 크니도스 시가 벌거벗은 조각상을 사들였다. 비티니아의 왕 니코메데스가 엄청난 규모에 이른 이 도시의 빚을 갚아주는 대가로 그 조각상을 받겠다고 했지만, 크니도스는 불멸의 작품을 선택했다. 지중해 세계 도처에서 관광객들이 이 작품을 구경하려고 찾아왔다. 비평가들은 그것이 그리스에서 만들어진 가장 섬세한 조각상이라고 말했다. 떠도는 소문에 따르면, 남자들은 작품을 보면서 사랑의 불꽃을 느꼈다고 한다.

지리학자 파우사니아스는 자극적이고 간결한 문체로, 올림피아의 헤라 신전에 있는 조각상들 가운데 "프락시텔레스가 만든, 아기 디오니소스를 안고 있는 헤르메스 돌조각상"이 있었다고 전한다. 독일 발굴자들이 1877년 올림피아 헤라 신전을 발굴했을 때 그들은 이 조각상을 발견했다. 그것은 시간이 아주 멎기라도 한 것처럼 오랜 세월 쓰레기와 진흙 더미 속에 파묻혀 있었다. 묘사, 사진, 모조품은 작품의 질을 알려주지 않는다. 올림피아의 작은 박물관에 있는 작품 앞에 서서 남몰래 작품의 표면을 손가락으로 쓸어보아야만 대리석으로 만들어진 살의 부드러움과 살아 있는 듯한 질감을 느낄 수 있다. 귀족적인 맵시, 조용한 모습의 선명한 섬세함과 곱슬머리를 한 이 머리는 특별한 즐거움을 준다. 오른발은 완전하다. 조각 작품에서 발이 완전한 경우는 드물다. 고대 세계는 이 작품을 별것 아닌 것으로 여겼다. 이것으로 그 시대의 예술적 풍부함을 판단해보라.

프락시텔레스의 희귀한 작품에는 페이디아스의 힘이나 웅대함이 없다. 신들 대신 기생 프리네가 등장하고, 민족의 삶이라는 대규모 문제 대신 사적인 사랑이 나타난다. 그러나 어떤 조각가도 프락시텔레스의 확신과, 우아하고 부드러운 감상을 돌에 쉽게 새겨 넣은, 거의 초자연적인 능력과 기쁨과 감각적인 즐거움을 능가하지는 못한다.

이오니아 도시 국가인 할리카르나소스에 있는 대규모 영묘(마우솔레움)는 조각품과 건축물의 중간이다. 이 도시 국가의 통치자였던 마우솔로스의 아내 아르테미시아는 남편을 너무나 사랑했다. 그가 기원전 353년에 죽자, 그녀는 스코파스와 다른 예술가들을 데려다 이 무덤을 만들고 장식하게 했다. 지금은 대영 박물관에 있는 생동하는 띠 장식은 그리스 조각의 승리를 보여준다. 이 기념비는 서양 언어에 단어 하나를 보태주었다(영묘를 뜻하는 마우솔레움이라는 단어가 여기서 왔다). 그리고 고대인들에 의해 세계의 일곱 기적(7대 불가사의) 중 하나로 꼽혔다.

기원전 356년, 에페소스에 지어진 아르테미스 여신의 세 번째 신전도 일곱 기적에 포함된다. 50년 동안의 공사를 통해 세워진 이 신전은 고대 세계에서 가장 큰 신전이 되었다. 처녀 신은 그곳에서 그리스 사람들에 의해 아르테미스로 숭배되었고, 이어 로마 사람들에게는 디아나로, 기독교도에게는 성모 마리아로 숭배되었다. 역사는 신문과 마찬가지로, 이름과 날짜는 바뀌어도 사건은 언제나 똑같다.

플라톤

우리는 우리 정신의 청년기에 플라톤을 발견한다. 그리고 철학을 '소중한 즐거움'으로 여겨 좋아하고, 덕 있는 철학자들이 이끄는 유토피아를 상상했던, 잘생긴 젊은 청년을 생각한다. 나이 든 다음 우리는 예술가와 시인들을 통제하거나 추방할 것과, 독재자가 다스리는 정부를 제안한 사람, 사형의 형벌을 내걸고 국가 종교를 주장한 사람을 발견한다. 그는 어떻게 이런 변화를 겪었던가?

플라톤이 기원전 427년에 돈 많은 훌륭한 가문 태생이었음을 기억해보자. 그는 오랫동안 열렬한 소크라테스 추종자였다. 그리고 민주주의를 싫어한 스승의 생각을 후원했다. 민주주의 정부에 의해 소크라테스가 처형된 일은, 싫어하는 것을 넘어 경멸하게 만들었다. 그는 민주주의 정치가들이, 자유가 무정부 상태로 바뀔 때까지 민중의 변덕에 비위를 맞춘다고 여겼다. 태도, 도덕성, 예술 등에서 문명을 보호하는 옛날의 행동과 취향은 널리 퍼진 천박함에 의해 타락하고 말았다. 그는 상상의 소크라테스가 다음과 같은 말을 하게 만든다. 마치 오늘날을 묘사하는 것만 같다.

> 소크라테스: 이런 나라에서는 무정부 상태가 커져서 개인의 집에까지 퍼지게 된다. …… 아버지는 아들 수준으로 떨어지고, 아들은 아버지와 같은 위치에 서서 부모를 두려워하지도 않고 부끄러워하지도 않는다. …… 선생은 학생을 겁내서 그들에게 알랑거리고, 학생들은 선생을 멸시한다.
>
> 아데이만토스: 그렇다면 다음 단계는 무엇인가?

소크라테스: 어떤 일이 지나치게 커지면 흔히 반대 방향으로 반작용이 일어난다. …… 국가나 개인에게서 자유의 과도함은 오직 노예 상태로 넘어가는 일로 보인다. …… 가장 과격한 자유 형식에서 가장 나쁜 폭정 형태가 생겨난다.

《국가》 두 번째 책에서 플라톤은 공산주의적 유토피아를 생각하지만, 인간이 천성적으로 개인주의적이고, 욕심이 많고, 이따금 사람을 죽이기도 하므로 이것은 실용성이 없다고 선언했다. 그는 '두 번째로 좋은' 국가의 초상을 보여주었다. 그것은 모두에게 공개된 교육 체계를 만들고, 교육이라는 맷돌의 가장 힘든 시련을 거치고 살아남은 50세 이상의 '보호자'들에 의해 통치되는 국가다. 플라톤에 따르면 이들 보호자들은 재산을 가져서는 안 되고, 돈도 아내도 없이 소박한 삶과 높은 철학에 헌신해야 한다. 그들은 공산주의의 섬을 이루고, 사방을 둘러싼 자유로운 모험의 바다를 통치해야 한다. 우생학의 원칙에 따라 모든 짝짓기와 결혼을 감독한다. "남성과 여성 중에서 최고인 사람은 가능한 한 자주 최고의 상대와 맺어져야 한다. 열등한 사람은 열등한 사람끼리 결합한다. 그들은 한 종류의 결합에서 태어난 후손들을 양육하고, 다른 종류의 결합이 만든 후손은 양육하지 않는다. 이것만이 대중을 최고의 상태로 유지하는 유일한 방법이기 때문이다."

아이들은 국가에 의해 양육되고 동일한 교육 기회를 부여받는다. 계급은 대를 물리지 않는다. 소녀들은 소년들과 동일한 기회를 가져야 한다. 여자이기 때문에 거부되는 자리가 있어선 안 된다.

비현실적으로 보일지도 모르지만, 플라톤은 이렇게 결론짓는다. "철학자들이 왕이 되기 전까지, 혹은 이 세상의 왕들과 왕자들이 철학의 정신과 힘을 갖기 전까지는…… 도시들과 인간 종족은 사악함을 멈추지 않을 것이다."

그는 나이 들어서도 유토피아에 대한 열망을 잃지 않았지만, 아테네 민주주의가 지속적으로 느슨해지는 것을 막기 위해 마지막 대작인 《법》으로 반응했다. 그의 새로운 생각은, 외국의 사상에 방해를 받지 않는 내륙 깊숙이 자리 잡은 농촌 공동체였다. 5040명의 투표자가 있어야 한다. 이 숫자가 나누기 편하기 때문이다. 그들은 360명의 보호자를 뽑고, 이 보호자들은 경제와 법을 관리하고, 다시 26인의 야간 위원회가 경제적·문화적으로 중요한 모든 일에 법안을 만든다. 누구나 활동적인 농부가 되도록 격려를 받는다. 모든 복잡한 재정적 일은 피해야 한다. 경제적 유산은 엄격히 제한된다. 여성은 교육, 경제, 정치 분야에서 동등한 기회를 가져야 한다. 술과 공공의 오락은 사람들의 도덕성을 보호하기 위해 종교와 국가에 의해 통제되어야 한다. 가족과 학교에서 권위가 자유를 대신해야 한다. 부모와 선생과 법에 복종하는 것은 초자연적 신앙을 통해서만 확보될 수 있는 것이기 때문에, 어떤 신들을 섬겨야 하고, 어떻게 섬길 것인지는 국가가 결정해야 한다. 종교나 국가에 적대적인 사상이 퍼지는 것을 막기 위해, 문학과 학문과 예술은 검열을 받아야 한다. 국가 종교에 의문을 가진 사람은 감옥에 가두고 저항하면 사형에 처한다.

아테네의 가장 유명한 철학자가 자유에 대해 그토록 할 말이 적게 되었을 때, 철학은 새로운 종교를 위해 무르익은 것이고, 그리스는 새로운 왕을 위해 무르익었다.

아리스토텔레스

플라톤과는 더불어 논다면, 아리스토텔레스와는 더불어 일을 해야 한다.

플라톤의 인기 있는 대화편들은 살아남아 우리를 즐겁게 하고 기술에 관련된 그의 논문들은 시간의 흐름 속에 사라진 반면, 아리스토텔레스의 인기 있는 작품들은 사라지고 오로지 기술에 관련된 논문들만 남아 그 집중된 가르침의 대가로 힘든 주목을 요구하고 있다는 사실은 역사의 장난 중 하나다.

트라키아 지방 스타게이로스의 의사의 아들로 태어난 그는, 과학에 대한 광범위한 관심을 물려받았다. 아테네로 와서는 플라톤 아카데미에 등록했다. 아카데미 정문에는 이런 경고가 붙어 있었다. '기하학을 모르는 사람은 들어오지 마시오.' 플라톤이 죽은 다음 아리스토텔레스는 아카데미에서 함께 공부했던 헤르메이아스의 궁정으로 갔다. 헤르메이아스는 스스로 노예 신분에서 일어나 소아시아에 있는 아타르네우스와 아소스의 독재관이 된 인물이다.

아리스토텔레스가 헤르메이아스의 딸 피티아스와 결혼해 아소스에 정착하려 할 때, 헤르메이아스가 페르시아 사람에게 암살당했다. 아리스토텔레스는 피티아스와 함께 레스보스 섬으로 도망쳤다. 거기서 그녀는 딸을 낳고 죽었다. 뒷날 그는 헤타이라(그리스 기생)인 헤르필리스와 결혼했거나 아니면 어쨌든 동거했다. 하지만 마지막까지 피티아스에 대한 섬세한 애정을 지니고 있었다. 죽을 때 그는 자기 뼈를 그녀의 뼈 곁에 묻어달라고 요구했다. 그는 현재 남아 있는 책에서 느낄 수 있는 것처럼 감정 없는 책벌레는 아니었던 것이다.

기원전 343년, 필리포스 2세가 그에게 펠라로 와서 아들 알렉산드로스의 교육을 맡아달라고 초대했다. 당시 알렉산드로스는 열세 살의 거친 소년이었다. 아리스토텔레스는 4년 동안 이 일을 했다. 334년에 아리스토텔레스는 아테네로 돌아와서, 아마도 이제 왕이 된 알렉산드로스의 재정적 지원을 받아, 수사학(문학과 철학) 학교를 열었다. 그는 아테네 체육관들 중에서 가장 우아한 곳을 학교 건물로 택했다. 아폴론 리케우스(양치기들의 신 아폴론)에게 바친 여러 개의 건물로 이루어진 곳으로, 사방이 그늘진 정원과 우거진 산책로로 둘러싸여 있었다.

이 학교는 리케움(그리스어로는 리케이온)이라 불렸다. 그리고 아리스토텔레스가 학생들과 산책하면서 토론을 벌이기 좋아한 까닭에, 아리스토텔레스 일파와 그들의 철학은 '산책peripator'이라는 말에서 나온 소요학파Peripatetic라는 이름을 얻게 되었다. 그는 학생들을 모아 거의 모든 분야의 지식을 탐구하도록 했다. 외국인들의 관습, 그리스 도시 국가의 구성, 피티아 경기 및 아테네 디오니소스제祭의 그리스 출신 우승자들의 연대기, 동물의 기관과 습성, 식물의 특성과 분포, 학문과 철학의 역사 등이었다. 이러한 탐구는 그의 다양하고 수많은 논문을 위해(때로는 지나치게 대담한) 그가 인용한 자료 창고였다. 이들의 예를 뽑아보면 플라톤의 생생한 대화와 겨룰 수는 없지만, 그래도 지식과 사상, 왕의 친구에게 걸맞은 보수적인 지혜의 거대한 보물 창고를 만나게 된다.

과학 분야에서 그는 관찰, 보고서, 실험 등을 이용했으며 과학 탐구를 위한 그룹을 조직한 최초의 인물로 알려져 있다. 수많은 탁월한 발견과 함께 또한 수많은 빛나는 오류를 범했다. 예를 들면 여자들은 남자보다 치아의 수가 적다는 발견 같은 것이다. 그러나 그가 쓴 《동물의 역사》는 거의 진화 이론에 근접해 있으며, 《영혼에 관하여》는 영혼을 "섭취·성장·소멸을 하도록 해주는 유기체의 힘"으로 규정했다. 신을 제1원인으로 본 것, 아니면 어디에나 있는 기본 에너지로 파악한 것은, 세계란 움직이는 에너지라고 여기는 현대의 관점과 일치한다.

행동의 목적은 행복이지만, 행복의 비결은 미덕에 있다. 그리고 최고의 미덕은 지성이다. 이것은 현실·목표·수단에 대한 조심스러운 관찰이다. 통상적으로 '미덕'이란 두 극단 사이에 있는 황금의 중간(황금률)을 뜻한다. 정치란 한 사회를 구성하는 계층들 간의 타협의 기술이다. 모든 사람은 불평등하게 만들어졌다. 부자연스러운 평등이 강요되면 상류층은 즉각 반발할 것이다. 그리고 불평등이 부자연스러운 정도가 되면 하류층이 반항할 것이다. 그래서 아리스토텔레스는 '금권 정치'를 선호했다. 이것은 귀족 정치와 민주주의를 혼합한 형태다. 그에 따르면 재산 소유자들에게만 선거권이 주어지고, 수가 많은 중간층이 권력의 중심 및 균형의 축을 이루어야 한다.

어쨌든 단테는 아리스토텔레스를 "지식인들 중의 대가"라고 제대로 불렀다. 그리고 유럽은 1500년의 세월 동안 그를 '철학자'라고 정당하게 불렀다.

알렉산드로스 대왕

그의 유명한 학생 알렉산드로스는 마케도니아의 왕과 그리스 연합군의 총사령관이 된 지 몇 해 후에 선생에게 간청했다. 알렉산드로스는 아리스토텔레스에게 편지를 써 보냈다. "나로 말하자면 나의 권력과 지배의 크기보다, 훌륭한 것들에 대한 지식에서 다른 사람들을 능가했습니다." 플루타르코스는 이렇게 말한다. "그는 배움을 향한 격렬한 갈망과 열정을 가졌으며, 이것은 시간이 흐를수록 더욱 커졌다." 그러나 철학자의 가르침은 젊은 군주의 성격과 정책 형성에 아주 작은 영향을 미쳤을 뿐이다.

그는 그리스 사람들이 살고 있는 아시아 지역을 페르시아 지배에서 해방시킨다는 아버지의 계획을 중심으로 받아들였다. 그러나 승리할 때마다 계획이 자꾸만 커졌다. 그의 어머니는 그가 아킬레스의 후손이라고 주장했으며, 필리포스 2세의 부정을 보고 자기 아들의 진짜 아버지는 암몬 신이라는 소문을 흘렸다. 알렉산드로스는 자신이 이러한 영웅과 신의 후손이라는 말을 부정한 적이 없다. 그는 《일리아드》 구절들을 읽고 또 읽어서, 수백 구절을 완전히 마음으로 익혔다. 아킬레스에게 그의 이야기를 들려줄 호메로스라는 시인이 있었다는 것을 부러워했다. 또 잠과 생식 활동은 자기가 죽어야 할 존재임을 느끼게 해준다며, 잠에 시간을 내주기를 싫어했다.

육체적으로 그는 거의 신에 가까웠다. 모든 스포츠에 뛰어났으며, 장난삼아 사자를 사냥할 정도였다. 사자와 겨루고 나서는, 그가 마치 둘 중 누가 왕인지 결정하려는 듯 열심히 싸웠다고 남들이 말하는 것을 들으면 좋아했다. 다른 모든 기수들이 실패한 다음, 그가 거대한 말 부케팔로스를 길들인 이야기는 온 세상이 알고 있다. 그러자 필리포스 2세는 이렇게 말했다. "내 아들아, 마케도니아는 네게 너무 작구나. 너에게 더 잘 맞는 더 큰 제국을 찾아보아라." 여기 덧붙여, 알렉산드로스는 이전의 왕들보다 훨씬 잘생겼다.

이렇듯 완벽함과 권력을 갖춘 젊은이가 성숙한 판단력이나 교육 받은 정신을 발전시키기란 불가능한 일이었다. 스무 살의 나이에 벌써 왕관이 그의 머리에 씌워지고, 죽을 때까지 전쟁과 통치가 그의 마음을 빼앗았다. 그가 카이사르의 명료한 지성이나 나폴레옹의 빠른 이해력을 얻기도 전인 서른세 살에 죽음이 그를 찾아왔다. 그는 훌륭하게 말하는 법을 알았지만, 정치와 전쟁을 두루 겪으면서 수많은 오류에 빠졌다. 독단적 신앙을 넘어섰으나, 마지막까지 미신에 붙잡혔다. 그의 궁정에는 점성술사들이 우글거렸다. 그는 수많은 사람들을 다스릴 수 있었으나, 자신의 성정은 다스리지 못했다. 그리고 일상의 아첨에 밀려 판단이 흐려지곤 했다. 흥분과 영광의 도가니 속에 살았으며, 전쟁을 너무나 사랑했기에 정신의 평화를 거의 알지 못했다.

도덕적인 측면에서도 그는 일관성이나 성숙에 도달하지 못했다.

성적性的인 측면에서는 원칙에 따라서라기보다, 제가 지닌 선입견에 따라 거의 고결했다. 아내를 여러 명 얻었으나 거의 정치의 수단이었다. 여성에게 친절하였지만, 장군과 소년들을 더 좋아했다. 젊은 헤파이스티온을 미칠 듯이 사랑했고, 다른 남자들 같으면 사랑에 바쳤을 부드러움과 배려를 우정에 바쳤다. 그는 병사들을 염려함으로써 그들의 사랑을 받았다. 그들의 목숨을 위험에 빠뜨리기는 했으나 조심성 없이는 그렇게 하지 않았으며, 그들의 상처를 자신도 함께 아파했다. 그는 위반을 거듭 용서해주었고, 포로로 잡힌 장군들을 친구로 만들었다. 그가 관대한 사람이라는 명성이 퍼졌다. 많은 적군이 쉬운 타협을 확신하고, 그의 포로가 되었다. 많은 도시들이 그가 다가오면 저항하지도 않고 성문을 열어주었다. 그러나 그는 제 어머니의 아들이었다. 핏속에 암컷 호랑이의 사나움이 들어 있어서, 주기적인 잔인성의 발작에는 속수무책이었다.

그의 정복 이야기를 누구나 알고 있을 것이다. 3만 명의 병사를 거느리고 이수스 강가에서(BC 333) 페르시아 60만 대군과(그렇다고 한다) 맞닥뜨렸다. 예측되지 않은 기병의 기습을 통해 그들을 혼란에 빠뜨리자, 그들은 포기하고 다리우스 3세와 함께 도망쳤다. 페르시아 왕은 재산과 공주들을 뒤에 남긴 채였다. 알렉산드로스는 이어 다마스쿠스, 시돈, 티루스 등을 정복하고 예의 바르게 예루살렘의 항복을 받아냈으며, 시나이 사막을 가로질러 이집트로 가서 기원전 525년 이후로 줄곧 그곳을 통치해온 페르시아 사람들을 내쫓고 알렉산드리아 항구를 건설했다. 그리고 아시아로 돌아와 아르벨라 근처에서 다리우스 3세가 거느린 어마어마한 다국적군을 만났다. 처음에는 그들의 수를 보고 놀라 당황했으나, 병사들이 그를 안심시켰다. "걱정 마십시오, 폐하. …… 그들은 우리에게서 나는 염소 냄새를 견디지 못할 겁니다." 병사들의 용기, 기병대, 방진, 현명한 지휘 덕분에 그들은 이날도 승리했다. 다리우스는 다시 도망치다가 자신의 종졸從卒에게 살해당했다. 알렉산드로스는 바빌론을 정복하고, 수사로 행군해가서 그곳 정부가 모아놓은 보물을 찾아내어, 그중 일부를 부하들에게 나누어주었다.

승리감과 황금에 도취해 그는 내켜 하지 않는 군대를 이끌고 히말라야를 넘어 인도로 갔다. 인더스 강을 가로질러 가서 포루스 왕을 무릎 꿇린 뒤 갠지스 강까지 가겠다는 의도를 밝혔다. 그러나 병사들은 몸과 마음이 모두 지쳐 있었다. 그들은 가족과 그리스 문명에서 점점 멀어지고 있다는 것을 알고 있었다. 승리는 이제 따분한 일이었다. 알렉산드로스는 슬퍼하면서 그들의 뜻에 따랐다. 페르시아로 돌아오는 길은 나폴레옹이 모스크바에서 퇴각하는 것만큼이나 길고 재앙에 가득 찬 것이었다. 수사에 도착했을 때는 병사 1만 명이 열과 목마름으로 죽은 뒤였다.

이제 페르시아 사람들 사이에서 알렉산드로스는, 자신의 병사들이 자신들보다 더욱 문명화된 사람들을 정복했다는 것을 알게 되었다. 그는 정복한 사람과 정복당한 사람들을 결혼시키겠다는 생각을 품었다. 그래서 장수들과 병사들에게 페르시아 처녀를 아내로 맞아들일 것을 제안하였고 수천 명이 그렇게 했다. 그는 페르시아와 메소포타미아에 있는 땅들을 그리스 식민지로 만들었다. 이처럼 다양한 문명의 상호 작용은 중동 지역의 그리스화化를 진척시켰고, 반대로 동방의 종교가 유럽으로 흘러 들어오는 것을 촉진시켰다. 그렇게 해서 유대교(나중에는 기독교)가 에게 해를 건너 퍼져 나갔고, 예루살렘에서 생겨난 신앙이 유럽의 신앙이 되었다.

알렉산드로스는 계속 승리와 대륙을 꿈꾸었지만, 그의 병사들은 폭동을 일으키겠다고 위협했다. 마침내 그는 그들에게 고향으로 가라고 허락하면서, 다음과 같은 질책을 덧붙였다. "돌아가서 너희가 왕을 버렸으며, 그 왕을 우리가 정복한 외국인의 보호에 맡겨놓았다고 말하라." 어쩌면 믿을 수 없는 이야기겠지만, 어쨌든 이 말을 하고 그는 자기 방에 틀어박혀 아무도 만나려 하지 않았다. 반란의 지도자들은 후회의 감정에 사로잡혀 돌아와, 그의 방 앞에서 용서를 구하고, 자신들을 다시 왕의 군대로 받아들이지 않으면 물러가지 않겠노라고 고했다. 마침내 그가 밖으로 나오자 그들은 엎드려서 그에게 키스했다. 왕과 화해한 그들은 진영으로 돌아가 큰 소리로 감사의 노래를 불렀다.

그가 엑바타나에서 병사들과 함께 있을 때, 사랑하던 젊은 친구 헤파이스티온이 죽었다. 자신의 살과 피가 절반이나 찢겨나간 것처럼 알렉산드로스는 주체할 길 없는 슬픔에 빠졌다. 바빌론으로 돌아와서는 술에 빠져 지냈다. 어느 날 저녁 장수들과 술판을 벌이던 중에, 그는 술 시합을 제안했다. 프로마코스는 포도주 12리터를 한꺼번에 마시고 1탈란트(1만 2000달러)의 상금을 탔다. 그러곤 사흘 뒤에 죽었다. 그리고 얼마 지나지 않아 또 다른 연회에서 알렉산드로스는 6리터를 비웠다. 다음 날 밤 다시 엄청나게 술을 마셨다. 날씨가 갑자기 추워졌다. 그는 열병에 걸려 침대에 누웠다. 그리고 11일을 버티고 나서 죽었다. 기원전 323년, 서른두 살의 나이였다. 그의 장수들이 누구에게 제국을 넘기겠는가를 물었을 때, 그는 이렇게 대답했다. "가장 강한 사람에게."

그가 이렇게 인생의 절정기에 죽은 것은 좋은 일이었다. 나이가 더 들었더라면 분명 환멸이 그를 사로잡았을 것이기 때문이다. 만일 그가 오래 살았더라면, 그는 아마 패배와 고통을 통해 인생의 깊이에 도달했을지도 모른다. 그리고 처음 시작할 때처럼 전쟁보다 정치를 더 사랑하는 법을 배웠을지 모른다. 그러나 그는 너무나 많은 시도를 했다. 그렇게 엄청나게 커진 왕국을 유지하고 감시하려는 노력은 그의 빛나는 정신을 혼란스럽게 했을 것이다. 정력이란 천재의 절반일 뿐이다. 나머지 절반은 통제의 능력이다. 그리고 알렉산드로스는 온통 정력이었다.

이런 기대를 할 권리가 우리에겐 없지만, 그에게는 카이사르의 조용한 성숙이나 아우구스투스의 섬세한 지혜가 없다. 그를 보면 (나폴레옹을 보듯이) 경탄하게 된다. 그가 혼자 힘으로 세계의 절반에 맞섰기 때문이고, 또한 그는 한 개인의 영혼에 믿을 수 없을 정도의 힘이 잠재되어 있다는 생각으로 우리에게 용기를 주기 때문이다.

그의 미신과 잔인성에도 불구하고, 우리는 그에게 자연스러운 호감을 느낀다. 그가 적어도 관대하고 사랑을 아는 청년이었음을 우리가 알고, 믿을 수 없을 정도로 유능하고 용감했음을 알기 때문이다. 그는 자기 핏속에 흐르는, 미치게 만드는 야만의 유산에 맞서 싸웠다. 또한 모든 전쟁과 학살에도 불구하고 아테네의 빛을 더욱 큰 세계로 가져가겠다는 꿈을 지니고 있었다.

Chapter 9

로마 공화국

이 장章에서는 로마 공화국의 역사를 살펴보기 전에 먼저, 가족, 종교, 규율이 어떻게 로마인의 성격을 만들어냈는지 간단히 분석해보자. 그리고 계층과 세대 간의 갈등이 어떻게 로마 정부를 만들어냈는지, 또한 어떻게 로마가 지중해의 지배자가 되었는지 살펴보자.

우선 사람들을 살펴보자.

사람들

이곳에는 어떤 사람들이 살고 있었을까? 바로 토착 종족들이었다. 움브리아, 사비네, 라틴족으로, 로마와 그 주변에서 농사를 짓고 싸움을 벌였다. 이들은 중부 유럽에서 건너온 튼튼한 이주민으로, 알프스 산을 올라가 호수 지역인 마조레, 코모, 가르다에 퍼져 살다가 비옥한 포 강 골짜기로 흘러들었다. 일부는 소아시아에서 건너온 모험가들로, 원주민과 섞여 고대 토스카나의 기묘한 종족인에트루리아 사람이 되었다. 그리고 다양한 그리스 종족도 이탈리아라 불리는 마법 장화 속에 생동하는 정착지를 만들었다.

아리스토텔레스는 이렇게 말한다. "그 나라에서 가장 훌륭한 판관들의 보고에 따르면, 이탈로스가 오이노트리아의 왕이 되었을 때, 그곳 사람들이 자신들을 이탈리아 사람(이탈로스의 사람)이라 부르게 되었다." 오이노트리아는 이탈리아 장화의 발가락 부분으로, 포도가 풍부한 곳이어서, '포도주의 땅(오이노트리아)'으로 불렸다. 투키디데스에 따르면, 이탈로스는 시칠리아를 정복한 시쿨리 사람들의 왕이었다. 로마인들이 모든 헬레나 사람들을 가리켜, 북부 아티카에서 나폴리로 이주해온 그리스 사람들을 뜻하는 그래치라는 말로 부르듯이, 그리스 사람들도 포 강 이남의 반도 전체를 점차 이탈리아라는 이름으로 일컫게 되었다.

대부분의 주민들은 농업을 주업으로 삼았다. 소수의 사람만 도시 주민이었다. 노예들에 의한 경쟁은 자유노동자들의 임금을 깎아 내려 대부분의 도시민들은 빈민 생활을 했다. 일자리를 얻기 위해 경쟁해야 하는 자유민들 사이에서 저항은 드물었다. 그러나 노예 반란은 잦은 편이었다. '첫 번째 노예 전쟁'(BC 139)은 첫 번째가 아니었고, 스파르타쿠스는 반란을 일으켰다가 죽은(BC 71) 마지막 노예도 아니었다.

노예 이외에 범죄자들도 함께 동원되어 대규모 도로를 건설했다. 이 도로들은 무역을 촉진하고 군대와 사상의 움직임을 빠르게 해주고, 마지막에는 이탈리아를 하나로 만들어주었다. 기원전 312년, 아피우스 클라우디우스는 로마에서 카푸아로 가는 아피아 가도의 건설을 지시했다. 해가 지나면서 이 길은 점점 늘어나 대서양에 이르고 오늘날의 브린디시까지 닿게 되었다. 기원전 241년에는 아우렐리우스 코타가 아우렐리아 가도의 건설을 시작했다. 이것은 니스를 로마의 전초 기지로 만들어주었다.

문명의 원천이자 지주인 사회 질서는 가족·사제·학교·법률··국가의 여러 부분들에 의해 유지되었다. 초기 공화국 시대, 가족의 질서는 거의 절대적인 아버지의 권한에 기초하고 있었다. 아버지만이 법 앞에 권리가 있었다. 아내의 지참금도 남편의 것이 되었다. 아내가 범죄로 고발되면 남편의 판단과 형벌에 맡겼다. 남편은 아내가 바람을 피웠거나, 혹은 자기 포도주 창고의 열쇠를 훔쳤다는 이유로 그녀를 죽일 수도 있었다. 아이들에 대해서는 생사의 권한을 가졌고, 노예로 팔 수도 있었다. 노예에 대한 권한은 한계가 없었다.

이러한 가부장권은 시간이 흐르면서 여론, 관습, 씨족 회의, 안전과 법의 성숙에 의해 제한을 받았다. 그 밖의 아버지의 권한은 그가 죽기 전까지 계속되었다. 이러한 권한은 잦은 전쟁과 엄격한 규율의 필요성을 반영하는 것이다. 그러나 이것은 실제보다 문서에서 더욱 엄격했다. 실제에서는 이러한 권한이 부모와 자식 간에 존재하는 깊고도 자연스러운 사랑$_{pietas}$과 존경심을 가로막지 않았다. 로마 사람들의 무덤 조각상도 그리스나 우리의 그것처럼 사랑에 넘친다.

가족 위에는 보호자, 입법자, 도덕적 힘 등의 역할을 하는 신들이 있었다. 신들은 인간의 형태를 하고 있다고 상상되지 않았지만,

모든 일, 삶의 모든 국면과 시기를 지배하는 초자연적 힘을 지닌 영靈으로 생각되었다. 그래서 여신 베누스는 화덕에 있는 불의 모습으로 가족의 생활과 지속성을 상징했다. 불은 절대 죽어서는 안 되었고, 식사 때마다 약간의 음식을 받았다. 화덕 위에는 가족의 신들을 나타내는 작은 신상들이 놓였다. 건물과 경작지를 지배하는 수호신 라레스와 집안을 관장하고 가족의 재산을 지켜주는 가정 수호신 페나테스의 신상들이 선반, 창고, 헛간 등에 놓였다.

문지방 위쪽에는 보이지는 않지만 유능한 야누스 신이 있었다. 두 얼굴을 가진 이 신은 기만하는 존재가 아니라, 문을 드나드는 것을 감시하는 신이었다. 어린아이는, 어머니가 자신을 낳았지만, 어머니 속에는 새 생명을 잉태할 능력을 가진 유노 여신이 있다는 말을 들었다. 아버지 역시 아이를 낳을 힘을 가진 영을 자기 안에 지니고 있다. 아이 또한 자신의 정령 혹은 유노를 지녔다. 이 둘은 그의 수호 정령과 그의 영혼인데, 인간의 껍질 속에 들어간 신적인 핵심이다. 죽은 사람의 신인 마네스는 죽음 가면의 모습으로 벽에 걸려 있었다. 이 가면들은 아이들에게 조상의 길에서 벗어나지 말라고 경고한다. 그것은 버크가 혁명기의 프랑스 사람들에게 상기시켰듯이, 가족이란 지금 살아 있는 몇 명의 개인들로만 구성되는 것이 아니라, 전에 가족이었다가 지금은 죽은 조상들과 앞으로 올 후손들까지 포함하는 것이라고 알려주었다. 그러므로 지금 살아 있는 사람들은, 영적인 다수와 시간을 초월한 단합 속에서 가족의 일부를 구성하는 존재들이었다. 로마에서는 가족이 국가를 다스렸다.

아이가 집 밖으로 나오면, 다시 사방에 신들이 있었다. 땅도 신이었다. 때로는 텔루스 혹은 어머니 대지(테라 마테르)였다. 때로는 여자와 들판에 풍요의 자궁을 준, 선한 여신(보나 데아)으로 불렸다. 농장에는 모든 일의 과정이나 지점마다 도움을 주는 신이 있었다. 포모나는 과수원의 신, 사투르누스는 씨를 뿌리는 신, 케레스는 곡식의 신, 불카누스는 불을 만드는 신이었다. 다른 종교들은 하늘을 바라보았겠지만, 로마 사람들은 거기서도 신을 보았다. 그러나 로마 사람들의 가장 깊은 경건함과 가장 진지한 숭배는 생명의 어머니이자, 죽은 자들의 고향이며 솟아나는 씨앗 속에 감추어진 마법의 힘인 대지를 향했다.

이탈리아의 공기와 토양 자체도 신들이 북적거리는 곳이었다. 마이아는 계절의 신, 넵투누스는 물의 신, 실바누스는 숲의 신이었고, 나무에 거주하는 신들도 있었다. 또한 생식을 관장하는 신들도 있었다. 투투무스는 임신의 신이고, 루키나는 생리와 출산의 신이다. 프리아포스는 이탈리아에 일찌감치 자리 잡은 그리스 신이었다. 임신을 보장받기 위한 수단으로 소녀들과 기혼 부인들이 그의 남근 위에 올라앉곤 했다. 프리아포스 신상은 아무 문제 없이 수많은 정원들을 장식했다. 사람들은 다산多産이나 행운을 얻기 위해 그의 그림이나 신상을 몸에 지녔다.

모든 신들과 인간을 지배하는 신은 유피테르(주피터)였다. 번개의 모습으로 하늘과 태양의 신으로 나타날 때는 유피테르 토난스이고, 비의 신으로 나타날 때는 유피테르 플루비우스이다. 전쟁의 신 마르스도 똑같이 오래되었다. 이탈리아의 모든 종족은 달月에

이 신들의 이름을 붙였다. 이 주요 신들은 그리스에서 온 신들이었다. 아테나 여신은 미네르바가, 헤라는 유노가, 아프로디테는 베누스가, 불카누스는 헤파이스토스가, 아르테미스는 디아나가 되었다. 일찍이 어떤 종교도 이토록 많은 신을 가진 경우는 없었다. 페트로니우스는, 이탈리아의 어떤 도시에서는 사람보다 신이 더 많다고 불평할 정도였다.

  이 종교가 로마인의 도덕성에 도움을 주었을까? 어떤 점에서 보면 오히려 부도덕한 것으로 보인다. 그 의식들은 신들이 선의가 아니라 선물과 형식으로 보상해주었음을 알려준다. 기도하는 사람들은 언제나 물질적 혜택이나 전쟁의 승리를 기원했다. 그런데도 종교는 개인, 가족, 국가에서 질서와 힘을 위해 좋은 작용을 했다. 아이가 의심하는 법을 배우기도 전에, 신앙심은 규율, 의무, 예의 등을 그의 성격 안에 만들어 넣었다. 종교는 가족에게 신의 보장과 후원을 보내주었다. 또한 부모와 자식들에게 절대로 스러지지 않는 상호 존경심과 경건함을 불어넣었다. 공공 생활의 모든 국면을 종교적 엄숙함으로 덮어주고, 국가를 신들과 친근하게 융합시켜 신앙심과 애국심을 하나로 만들었다. 애국심은 역사상 알려진 다른 어떤 사회보다 더 강한 정열이 되었다. 종교는 가족과 힘을 합쳐 강철 같은 성격을 만들어냈으며, 덕분에 500년 동안 로마가 고대 세계를 통치할 수 있었다.

통치

로마는 그 길고 광범위한 체험에서 통치의 다양한 형식들을 시도했다. 아마도 전설적인 왕들에게 나타난 가족 간의 갈등, 성적인 분방함 등을 보고 로마 사람들은 군주제에 넌더리가 났던 것 같다. 마지막 왕인 타르퀴니우스 수페르부스 혹은 '교만의 왕'은 무모한 아들을 두었다. 그는 덕이 높은 루크레티아를 강탈했다. 리비우스와 셰익스피어가 그 이야기를 들려준다. 루크레티아는 자신이 불운하다고 선언하고 자살했다. 그녀가 속한 귀족 계층은 그녀를 위해 복수하려고 일어섰다. 그리고 타르퀴니우스 왕을 폐하고 공화국을 세웠다. 통치를 위해 두 명의 집정관을 뽑아, 최고 기구인 원로원 아래 두었다. 원로원은 나라를 건국한 아버지들의 후손임을 주장하는 귀족(파트레스, 아버지)들로 구성되었다.

우리의 헌법 제정자들이 그랬듯, 로마의 귀족들은 새로운 공화국을 민주주의로 만들려는 의도를 갖지는 않았다. 투표의 권한은 재산 소유자들에게만 한정적으로 주어졌다. 원래 '레스 푸블리카'란 '공공의 부富'를 의미했다. 옛날 씨족 혹은 가족의 수장들이 대략 300명으로 된 원로원을 이루었고, 명예롭게 임기를 마친 집정관과 호민관이 자동으로 원로원 의원에 임명됨으로써 새로 인원이 보충되었다. 이들 초기의 원로 의원들은 뒷날의 후손들처럼 편안하고 사치스러운 지배자들이 아니었다. 그들은 손수 도끼나 쟁기를 들었다. 단순한 음식으로 강건하게 살았으며, 집에서 짠 옷감을 몸에 걸쳤다. 평민들은 이들 원로원에 맞서 싸울 경우에도 그들을 존경했다. 그리고 그들을 '클라시쿠스', 곧 최고 계급의 사람들이라는 표현에 맞게 대했다.

부유함에서는 그들과 비슷하고 정치적 힘에서는 그들보다 훨씬 못 미치는 계층이 기사 계급으로, 문자 그대로는 '마구馬具' 계급이지만 실질적으로는 상인 계층을 뜻했다. '국민'이라는 단어는 이 두 상류 계급만을 뜻하는 것이었다. 그들 아래에는 노예와 평민이 있었다. 로마는 정복을 시작하면서 귀족과 기사, 심지어는 부유한 평민에 이르기까지 국민이 포로들을 노예로 샀다.

평민이란 귀족, 기사, 노예를 제외한 나머지 로마인을 가리키는 말이었다. 그들은 농부, 노동자, 무역인, 기술자, 선생, 은행가 등이었다. 일부는 부유하고 일부는 권력이 있었지만 대부분 가난했다. 모두들 로마의 법이 자신들에게 불공평하다고 느꼈다. 카이사르 이전 대부분의 로마 역사는 이들 평민 계층이 권력을 얻기 위한 싸움의 역사이다. 그들은, 채권자가 빚을 갚지 못하는 채무자를 개인 감옥에 가두고, 노예로 팔고, 심지어 죽이는 것을 허용한 가혹한 법에 맞서 끈질기게 싸웠다. 전쟁에서 얻은 땅을 선물로 주지 말고, 가난한 사람들에게 분배하거나 아니면 정상적인 가격으로 부자에게 팔라고 요구했다. 그들은 또한 치안관과 사제로 임명될 권리와, 정부의 최고 관리들 중에도 평민 계층의 대표자를 둘 권한을 요구했다. 원로원은 전쟁을 일으켜 이런 요구를 좌절시키려 하였지만, 원로원의 군대 징집령이 무시당하는 것을 보고 놀라고 말았다.

기원전 494년에 대단히 많은 수의 평민들이 로마에서 약 5킬로미터 떨어진, 아니오 강변에 있는 '성스러운 산'으로 나가 자신들의 요구가 받아들여지기 전에는 로마를 위해 싸우지도 일하지도 않을 것이라고 선언했다. 이런 내부의 반란과 때를 맞추어 외부의 공격이 있을까 두려워한 원로원은 빚을 탕감하거나 삭감해주기로 동의하고 평민을 보호해주는 두 명의 호민관을 두기로 했다. 이것은 계급 전쟁의 시작이었고, 그 전쟁은 결국 공화국을 붕괴시키고서야 끝이 났다.

평민의 상승 과정에 나타나는 그다음 단계는, 명확한 성문법에 대한 요구였다. 오랫동안 저항한 다음, 원로원은 기원전 454년에 세 명의 귀족을 그리스로 보내 솔론과 다른 입법자들의 법령을 탐구하여 보고하도록 했다. 그들이 돌아오자 100인 대장들의 모임, 즉 군대의 모임은 새로운 법령을 만들도록 열 명의 위원들을 뽑았다. 이 입법 위원회는 오래된 로마의 관습법을 동판에 새긴 12동판법(12표법)을 만들었다. 그리고 이 동판을 모두가 읽을 수 있도록 공공 광장에 전시했다. 이것은 최초로 문자로 기록된 법으로서, 로마가 문명에 기여한 가장 중요한 일의 하나이다.

민주주의를 향한 이런 발전에도 불구하고, 원로원의 권한은 여전히 최고의 것으로 남았다. 무보수이지만 관직을 얻고 유지하는 데 비용이 들었기 때문에, 가난한 사람은 처음부터 제외되었다. 부자 평민들은 귀족과 힘을 합쳐 과격한 움직임을 막았다. 기사 계층은 귀족의 정책에 동조했다. 그 정책이 자신들에게 공공의 일거리를 주었기 때문이다. 식민지 개척과 지방 개척, 세금을 거두는 일 따위였다. 원로원은 입법을 주도하였고, 관습은 법의 문자를 훨씬 넘어서는 권위를 원로원에 부여했다.

외국의 업무가 점점 더 중요해지면서, 그런 업무를 확고하고 능숙하게 다루는 일이 원로원의 특권과 권력을 더욱 키워주었다. 기원전 264년 지중해의 지배권을 놓고 카르타고와 1세기 동안의 전쟁이 시작되었을 때, 원로원은 모든 시련을 통해 국민을 승리로 이끌었다. 위험에 직면한 국민은 별 저항 없이 원로원의 지도력과 지배에 굴복했다.

정복

로마는 군국주의 세력이 되었다. 대단히 독립적이고 전쟁을 사랑하다시피 하는 열두 개의 이탈리아 국가들과 바다 사이에 끼어 있었기 때문이다. 로마는 군사력과 외교력으로 다른 국가들과 싸워 이기거나 아니면 사들여서, 그들 대부분을 통솔하게 되었다. 두 가지 문제가 남았다. 포 강 이북의 이탈리아는 여전히 갈리아 사람들에 의해 지배되고 있었고, 로마 사람들까지도 그곳을 갈리아 치살피나, 곧 '알프스 이남의 갈리아'라 불렀다. 그리고 로마 남쪽에는 나폴리와 파에스툼, 크로토나(크로토네), 시바리스, 타렌툼(타란토) 등이 있었다. 모두 그리스 기원과 문화를 자랑스럽게 여기고, 상업적인 부를 누리는 도시들이었다.

이 도시들은 로마가 승리하여 강성해질까 두려워, 에피루스의 똑똑하고 젊은 왕 피로스에게 원조를 요청했다. 피로스는 자신의 안전을 위해 이탈리아를 분열시키려는 희망을 품고, 아드리아 해를 건너와서 헤라클레아(BC 280)와 아스쿨룸(BC 279) 전투에서 로마군을 물리쳤다. 하지만 그 자신의 손실이 너무 커서 그는 "이런 승리를 한 번만 더 했다가는 우리가 망할 판이다"라는 결론을 내렸다. 그렇게 해서 '피로스의 승리'라는 말이 생겨났다. 그런데도 카르타고 침략자들이 시라쿠사를 포위했다는 말을 듣자, 그는 지친 군대를 이끌고 시칠리아 섬으로 가서 그곳에 있는 카르타고 사람들을 거의 모든 초소에서 몰아냈다. 그러나 그의 거만한 통치는 시칠리아에 사는 그리스 사람들의 마음에 거슬렸다. 그들은 통치자 없이 자유를 누릴 수 있다고 여겼다. 피로스는 이탈리아로 돌아가면서 이렇게 말했다. "카르타고 사람이나 로마 사람들이 이들을 정복해서 얻을 상이 대체 무엇인가!" 그는 베네벤툼(베네벤토, BC 275)에서 다시 강력해진 로마군과 접전해 결정적인 패배를 겪고, 에피루스로 돌아갔다. 3년 뒤, 그는 마흔여섯의 나이로 아르고스 전투에서 생을 마쳤다.

　로마는 이제 이탈리아 전역의 주인이 되었다. 그러나 좁은 바다 저편에 로마보다 더 오래되고 더 부유한 세력이 있었다. 중동과 스페인 사이를 부지런히 오가며 무역을 하던 페니키아 상인들은 아프리카 북부 해안에 중개 무역 기지들을 만들었다. 베르길리우스의 《아이네이스》 같은 전설에 따르면, 티루스 왕의 딸인 디도는 우티카 근처에서 카르트-하다시트 또는 '신도시'라는 이름의 셈족 정착지를 발견했다. 로마 사람들은 그것을 카르타고라고 불렀다. 카르타고에 정착한 페니키아 사람들은 아프리카 원주민을 고용하거나 노예로 삼아 대규모 농업을 일으키고, 상선을 제조하고, 티루스와 시돈 사이, 스페인과 영국 사이로 상품을 실어다가 무역을 했다. 기원전 3세기에 카르타고는 지중해 세계에서 가장 부유한 도시였다. 인구 25만 명으로, 절정기 아테네의 세수稅收보다 20배나 많은 세금을 거두어들였다. 궁전과 신전들은 2000년의 세월을 건너뛰어서도 영감을 줄 정도로 찬란했다. 플로베르의 《살람보》를 생각해보라. 인기 있는 의회와 상인이 지배하는 원로원에 의해 통치가 이루어졌다. 5단으로 노가 배열된 노예선 500척이 도시 국가 카르타고의 비밀스러운 자랑거리였다. 이 배들은 남서부 지중해를 지배했다. 이 배들이 시칠리아 섬으로 군대를 실어왔을 때, 로마 원로원은 카르타고를 파괴해야겠다는 결정을 내렸다.

학창 시절에 배웠던 내용을 여기서 되풀이할 필요는 없을 것이다. 로마와 카르타고가 기원전 264년에서 146년까지 전쟁을 치렀다는 것, 둘 중 어느 쪽이 시칠리아, 코르시카, 스페인을 점령하고, 지중해를 '우리 바다'로 부를 것인가를 놓고 벌어진 전쟁이라는 내용 말이다. 세 번에 걸친 카르타고 전쟁(포에니 전쟁)에서 많은 영웅들이 역사에 등장했다. 레굴루스, 하밀카르, 한니발, 하스두르발, 스키피오 아프리카누스 등이다. 하밀카르는 최후의 일전을 벌이기 위해 카르타고를 떠나기 전에, 아홉 살 된 아들 한니발을 바알-하멘 신의 제단 앞으로 데려갔다. 그리고 아들에게 장차 어느 날인가 조국을 위해 로마에 복수하겠노라 맹세하라고 했다. 한니발은 맹세했다.

그의 유명한 업적들은 로마가 포 강 이북 이탈리아의 지배권을 두고 갈리아 사람들과 간헐적인 갈등을 벌였기 때문에 가능했다. 로마는 서부에서의 안전을 확보하기 위해, 스페인에 있는 카르타고 사람들이 에브로 강 이남에 머무는 것에 동의하는 조약에 서명했다. 기원전 225년, 보병 5만과 기병 2만으로 이루어진 갈리아 군대가 로마를 파괴하기 위해, 알프스 남쪽에 자리 잡은 갈리아 거주지로부터 밀려들어왔다. 수도의 주민들은 너무나 두려웠고, 원로원은 원시적인 인신 제물 단계로 되돌아가서 살아 있는 갈리아 포로 두 명을 불태워 죽였다. 로마 군대는 텔라몬 근처에서 침략자를 맞아 적군 4만 명을 죽이고(이렇게 로마인들은 주장했다) 알프스 이남 갈리아 거주지를 정복했다. 이제 이탈리아의 주인이 된 로마는 카르타고와의 일전을 재개했다.

기원전 221년 스페인의 카르타고 군대는 한니발을 장군으로 뽑았다. 그는 스물여섯 살로 몸과 마음이 절정에 이르러 있었다. 페니키아와 그리스의 역사·언어·문학 등을 교육받았고, 진영과 전쟁에서 병사 훈련을 받았다. 그는 신체가 어려움을 견디고, 입맛은 곤궁을 견디고, 생각은 사실을, 혀는 침묵을 견디도록 자신을 훈련했다. 적군(로마)의 역사가인 리비우스에 따르면, 그는 "전쟁터에 맨 먼저 뛰어들고 맨 마지막에 떠나는" 사람이었다. 나이 든 병사들은 그의 지휘를 받으면서, 옛날의 하밀카르 장군이 다시 젊은 모습으로 돌아온 것 같아 그를 사랑했다. 신참내기 병사들은, 그가 군대가 필요로 하는 것을 공급하기 위해 잠시도 쉬지 않고 모든 고통과 이익을 병사들과 나누었기 때문에, 그를 좋아했다. 로마 사람들은 그가 자기 병사들의 목숨보다는, 오히려 두뇌를 이용해 전쟁에서 승리한다는 사실을 용서할 수 없었다.

그는 갈리아 사람들이 자기들 못지않게 로마를 미워하는 것이

기회임을 알아보았다. 바다를 통해 이탈리아로 침입할 수는 없었다. 로마 해군이 너무나 막강했기 때문이다. 그러나 갈리아를 거쳐 알프스를 넘어간다면, 그는 나폴레옹이 2000년 뒤에 선택하는 것과 거의 같은 길로 알프스를 넘는다. 알프스 이남에 있는 갈리아는 그를 환영하여 일부는 그와 합류하기도 했다. 그러나 스페인에서 이끌고 온 5만 명의 병사는 2만 6000명으로 줄어 있었다. 그는 로마군과 티치노 강 근처에서(BC 218), 그리고 다시 트란시메네(트라시메노) 호 근처에서(BC 217) 접전을 벌였다. 아프리카 코끼리와 사나운 누미디아 출신 기병들이 로마군을 질겁하게 만들었다. 한니발은 지친 군대를 이끌고 아펜니노 산맥을 넘어 아드리아 해로 나아갔다. 원로원은 퀸투스 파비우스 막시무스를 독재관으로 임명하고, 한니발 군대를 추격하여 싸우라고 명령했다. 파비우스는 싸우기보다 추격하는 편이 더 지혜롭다고 생각했다. 피루스처럼 그도 유럽 언어에 형용사 하나를 남겼다.[9] 원로원은 두 명의 사령관을 임명해 이 파비안 전법을 대체하였고, 그중 한 명인 카이우스 바로가 전쟁을 계속했다.

두 세력은 아풀리아의 칸나이에서 격돌했다.(BC 216) 로마는 보병이 8만, 기병이 6000명이었다. 한니발은 1만 9000명의 정예 부대와 신뢰할 수 없는 갈리아 병사 1만 6000명, 그리고 기병 1만이었다. 그는 바로가 이끄는 로마 군대를 기병 전투에 유리한 평원으로 유인했다. 갈리아 병사들이 도망치리라 예상하고 그들을 가운

---

[9] Fabian. '지연 전법으로 적을 지치게 하는', '점진적인'이라는 의미.

데 배치했던 것이다. 그들은 과연 도망쳤다. 로마 군대가 그들을 추격해 막다른 지형에 빠지자, 한니발은 자신도 이미 지쳐 있었지만 정예 부대에 로마군의 양 측면을 포위하라는 명령을 내리고 기병 부대가 적군의 기병을 뚫고 뒤에서 공격했다. 완전히 포위된 로마군은 거의 전멸하다시피 했다. 4만 4000명이 이 전투에서 죽었다. 그중에는 원로원 의원도 여덟 명이나 되었다. 한니발은 6000명을 잃었는데, 그중 4000명은 갈리아 사람이었다. 이것은 용병술의 탁월한 예로, 역사상 이를 능가하는 전투는 드물다. 이 전투로 로마 군대는 보병에 의지하는 일을 끝냈고, 또한 이것은 이후 2000년 동안이나 군사적 전술의 노선이 되었다.

하지만 이것은 당시 즉석에서는 결정적이었지만 궁극적으로는 아무 쓸모 없는 전투였다. 한동안 지중해 세계는 로마의 세력이 산산조각 났다고 여겼다. 열 개가 넘는 이탈리아 국가들이 한니발과 동맹을 맺었다. 시라쿠사는 카르타고 편에 선다고 선언했다. 로마가 그리스로 들어올 것을 두려워하던 마케도니아의 필리포스 5세는 로마에 선전 포고를 했다. 그러나 이런 승리 한가운데에서 한니발은 자신의 부대가 전투와 물자 결핍으로 고통을 당하고 있었기에, 그 상처를 치유할 시간이 필요하다는 사실을 알았다. 그는 카르타고 원로원에 증원 부대를 보내달라고 호소했으나 카르타고는 아주 미미한 반응을 보였다. 그사이 로마는 20만 대군을 모아 장비를 갖추었다.

기원전 208년, 한니발의 동생 하스두르발이 카르타고 군대를 이끌고 스페인에서 갈리아를 거쳐 알프스를 넘었다. 그는 메타우루스 강가에서 패배하면서 전사했고(BC 207), 로마 장군의 명령에 따라 그의 베인 머리가 한니발의 진영에 던져졌다. 로마 장군은 바로 푸블리우스 코르넬리우스 스키피오, 머지않아 스키피오 아프리카누스로 불리게 되는 사람이었다. 그는 이제 스페인 전역을 로마 지배로 만들고, 군대를 이끌고 아프리카로 넘어갔다. 포위를 당하고 혼란에 빠진 카르타고는, 한니발에게 와서 도와달라고 애원했다. 한니발은 카르타고로 돌아와 새로 군대를 모으고 수도에서 80킬로미터 떨어진 자마에서 스키피오 군대와 맞붙었다. 여기서 한니발이 패배하여, 제2차 카르타고 전쟁은 카르타고의 항복으로 끝이 났다(BC 202).

이제는 지중해 세계의 어떤 국가도 로마의 팽창을 막을 수 없었다. 로마는 거의 단숨에 마케도니아의 필리포스 5세에게 뜨거운 맛을 보여주었다. 기원전 200년에 티투스 퀸크티우스 플라미니누스가 이끄는 로마 군대는 아드리아 해를 건너 몇 년 동안 싸운 끝에 키노스케팔라이에서 필리포스 왕에게 승리를 거두었다.(BC 197) 이제 그리스 국가들은 로마라는 바퀴에 달린 하나의 살이 될 참이었다. 그러나 플라미니누스는 스키피오 부대의 자유로운 헬레니즘 분위기 속에 성장한 사람이었다. 그리스 역사·문학·철학·예술의 엄청난 유산에 대한 그의 존경심은 로마를 향한 그리스 도시 국가들의 존경심에 견줄 만했다. 그리스 국가들은 싸움을 멈추고 겸손하게 평화를 받아들였다. 이 로마 장군은 코린토스에서 한 시대를 시작하는 소집령을 내리고, 그리스 사람들을 향해 로마는 그들의 지배자가 아니라 그들의 보호자가 되려 한다고 선언했다. 그리스는 조공을 면제받고, 심지어 그리스에는 로마의 수비대도 두지 않을 것이며 스스로 통치할 것이다. 단 한 가지, 그리스 국가들이 자기들끼리의 내부 싸움을 중지한다는 것이 유일한 조건이었다. 플루타르코스에 따르면, 여기 모였던 사람들의 환호가 어찌나 컸던지 때마침 경기장 위로 날아가던 까마귀들이 놀라 떨어져 죽었다고 한다. 플라미니누스는 군대를 이끌고 이탈리아로 철수했다.

그리스 사람들은 자유를 위한 노래를 부르긴 했지만 너무나 오래 격심하게 갈라져 있었기에 평화를 견딜 수가 없었다. 다시 전쟁과 계급 투쟁이 시작되었다. 로마가 3차 카르타고 전쟁에 휘말려 있던 기원전 146년에 그리스 국가들로 이루어진 아카이아 동맹군이 로마에 맞선 해방 전쟁을 시작했다. 뭄미우스가 이끄는 로마 군대는 코린토스를 함락시킨 뒤, 남자는 거의 모두 죽이고 여자와 아이들은 노예로 팔고, 움직일 수 있는 예술품과 부를 로마로 옮겨왔다. 아테네와 스파르타는 앞으로도 자신들의 법대로 살도록 허락받았지만, 나머지 그리스 국가들은 로마 총독이 통치하는 식민지의 일부가 되었다.

오래된 문명과 새로운 문명 사이에 사람·물자·사상 등이 옮겨다닐 길들이 열렸다. 수많은 그리스 사람들이 이탈리아로 건너갔다. 그들은 자신들이 물려받은 유산의 단편들을 함께 가지고 왔다. 로마가 그리스를 군사적으로 정복한 데 이어, 천천히 그리스가 문화로 로마를 정복했다.

이렇게 통합된 고전 세계의 유산이 자라 로마의 도로들과 알프스를 넘어 북유럽으로 건너갔고, 여유가 생길 때의 당신과 나에게도 넘어와 있다.

루크레티우스

그리스 본토와 식민지에 흩어져 있던 도시 국가에서 500년 동안 축적된 문화·예술·철학·과학·종교적 신념과 종교적 의심 등도 고국으로 돌아오는 정복자들 덕분에 서서히 로마로 들어온 풍부한 유산의 일부였다.

이들 보물 중에는 데모크리토스의 유물론과 에피쿠로스의 윤리학을 전해 주는 사본 및 구전口傳 전통들도 있었다. 로마의 시인 티투스 루크레티우스 카루스는 대량 학살과 느린 시간을 뛰어넘어 살아남은 이런 전통에 열광해 그 자신도 라틴어로 즐겁고 명랑한 시를 썼다. 지적으로 아직 미숙한 민족을 위해 철학의 문제와 지상에서 건전한 즐거움의 원천을 표현했다.

그는 이 철학적 서사시에 '만물의 본성에 대하여'라는 제목을 붙였다. 호메로스가 사용한 6운각 시행을 사용해서 간결하고 풍부하고 강력한 운문을 썼다. 마치 아킬레스가 시를 쓴 것 같다. 그는 풍요의 여신이며 전쟁의 신을 정복한 베누스 여신을 열렬히 불러내면서 작품을 시작하고 있다.

아이네이아스 종족의 어머니, 남자와 신들의 즐거움, 오, 양분을 주시는 베누스여……. 모든 생명은 당신을 통해 잉태되고 태어나 태양을 바라봅니다. 당신 앞에서 그리고 당신이 다가오시면, 바람은 도망치고 하늘의 구름은 떠납니다. 기적을 행하는 대지는 당신을 향해 달콤한 꽃을 피워 올립니다. 바다의 파도는 당신을 위해 웃고, 평화로운 하늘은 넘치는 빛으로 세상을 비춥니다. 봄날이 얼굴을 내밀면 수태시키는 남풍이 모든 것을 싱싱한 녹색으로 만들고, 그러면 공중의 새들은 맨 먼저 당신과 당신의 오심을 노래합니다, 오, 신이여, 당신의 힘에 마음이 붙잡혀 들짐승도 즐거운 목초지에서 뛰어오르고, 달콤한 강물을 건너뜁니다. 당신의 매력에 사로잡혀 당신이 어디로 가시든 누구나 당신의 뒤를 따릅니다. 바다와 산, 흐르는 강물과 잎사귀, 많은 새들의 거처와 초록의 들판을 통해, 당신은 부드러운 사랑을 생명 있는 모든 것의 가슴에 불어넣어 제각기 후손을 퍼뜨리게 하십니다. 당신만이 사물의 본성을 지배하는 것이니, 당신이 없으면 그 무엇도 빛의 해변에 피어나지 않을 것이며, 즐겁거나 사랑스러운 것이 태어나지 않을 것이니……. 오, 여신이여, 나의 말에 죽지 않는 아름다움을 주소서. 야만적인 전쟁이 잠들고 조용해지도록 만드소서……. 마르스(전쟁의 신)가 당신의 거룩한 형식에 몸을 기대거든, 위에서부터 그를 포박하여 당신의 입술로 달콤한 감언이설을 퍼부어, 당신을 섬기는 로마인들을 위해 평화의 선물을 간청해주소서.

베누스는 루크레티우스가 섬기는 유일한 신이다. 나머지 로마의 신들은 그에게 쓸모가 없다. 그들은 존재할는지는 모르나 인간의 일에 영향력을 미치지 않는다. 그는 동물이나 사람을 제물로 바치는 이교 의식을 비난하며, 순풍을 위해 (아가멤논이) 제물로 바친 이피게네이아 이야기를 들려준다.

오, 비참한 인간 종족, 이와 같은 행동을 신의 탓으로 돌리다니, 그리고 그 쓰라린 분노를! …… 경건함이란 머리에 베일을 쓰고 돌을 바라보는 것이 아니오. …… 또한 신전 앞에…… 엎드리는 것이 아니며…… 제단에 짐승의 피를 뿌리는 것도 아니며…… 마음에 평화를 품고 모든 것을 바라보는 능력인 것을……. 태양의 광선으로 마음의 두려움과 어둠을 쫓아내는 것이 아니라, 자연의 모습과 법칙으로 쫓아내는 것이다.

루크레티우스는 "뮤즈의 달콤함과 접촉한" 데모크리토스의 거친 유물론을 자신의 기본 명제로 삼았다. "원자들과 공허 말고는 아무 것도 존재하지 않는다"는 명제인데, 이는 물질과 공간을 가리키는 말이다. 옛날에 모든 것은 형태가 없었지만, 원자들이 움직여 그 크기와 모양에 따라 분류되면서 미리 계획도 없이 공기, 불, 물, 흙이 만들어졌다. 이들 4대 원소로부터 태양과 달, 행성과 별이 나왔다. 무한한 공간 안에서 새로운 세계가 태어나고 낡은 세계는 소멸한다. 거대한 덩어리에서 태고의 안개 일부가 떨어져 나와 식어 지구가 되었다. 지진은 신들의 사나운 울부짖음이 아니라, 지하의 가스와 흐름이 확장된 것이다. 천둥과 번개는 신의 목소리나 호흡이 아니라, 구름이 뭉친 것이 충돌하면서 나오는 자연적인 결과다. 비는 유피테르의 선물이 아니라, 태양에 의해 지상에서 증발해 올라갔던 습기가 지상으로 돌아오는 것이다.

루크레티우스는 철저한 진보주의자였다.

　우리 몸 안에서 우리에게 사용하라고 생겨나는 것은 아무것도 없다. 생겨나는 것은 모두 그 자신의 쓸모를 만들어낸다. …… 원자들을 배열해 날카로운 지성과 조화를 이루도록 만드는 것이 원자의 계획은 아니다. …… 많은 원자들이 무한한 시간 속에 움직이면서 온갖 방식으로 온갖 배합을 이루어왔기 때문이다. …… 이렇게 해서 큰 사물들의 시작이 생겨나고…… 생명체의 번식이 일어났다. …… 지구가 만들려고 한 것들 중에서 많은 것은 괴물이었다. …… 어떤 것은 발이 없고, 어떤 것은 손이나 입, 얼굴이 없으며 사지가 동체에 붙은 것도 있다. …… 그것은 다 쓸모가 없었다. 자연은 그들에게 성장을 거부하였으며 그들은 먹이를 찾지 못하고, 또한 사랑의 길에 합류할 수가 없었다. …… 많은 종류의 동물들이 생식의 사슬을 만들 수 없어 절멸되었다. …… 자연이 (보호하는) 특질을 부여하지 않은 것들은 다른 존재들의 자비심에 맡겨졌고, 머지않아 파괴되었기 때문이다.

　영혼(아니마)이란 '생명의 호흡'이다. 이것이 신체 곳곳에 아주 섬세한 물질처럼 퍼져 각 부분을 움직이게 해준다. 그것은 몸과 더불어 성장하고 나이를 먹다가, 몸이 죽으면 그 원자들은 사방으로 흩어진다. 생명은 자유로이 간직하라고 우리에게 주어진 것이 아니라, 우리가 임시로 빌린 것이다. 우리는 할 수 있는 한, 그것을 잘 이용해야 한다. 우리의 힘을 다 쓰고 나면 우리는 잔칫상에서 일어나는 손님처럼 우아하게 감사를 표하며 생명의 식탁을 떠나야 한다.

죽음 자체는 두려운 것이 아니다. 오직 저승에 대한 우리의 두려움이 죽음을 두렵게 만든다. 그러나 저승은 없다. 지옥은 이승에서 고통을 받는 것으로, 그것은 무지, 정열, 호전적인 성격, 욕심에서 온다. 천국은 이승의 "현명한 사람들의 평화로운 신전"에 들어 있다.

미덕이란 신들을 두려워하는 것이나 즐거움을 조심스럽게 피하는 것이 아니다. 그것은 이성에 의해 인도된 능력과 감각이 함께 조화롭게 활동하는 것을 뜻한다. "인간의 진정한 부는 마음의 평화를 지니고 단순하게 사는 것이다." 결혼은 좋지만, 정열적인 사랑은 정신에서 명료함과 이성을 빼앗아간다. 이렇게 에로틱한 어리둥절함은 결혼이나 사회나 문명의 건강한 기초가 될 수 없다.

루크레티우스는 문명이 어떻게 발전했는지 고대의 일화를 멋지게 요약해서 들려준다. 사회를 조직한 결과, 인간은 자신보다 훨씬 강한 동물들을 이기고 살아남을 힘을 얻었다. 인간은 잎사귀와 나뭇가지의 마찰에서 불을 발견하고, 몸짓을 언어로 발전시키고, 새에게서 노래를 배웠다. 또한 동물을 길들여 이용하고, 결혼과 법으로 자신을 길들였다. 하늘을 관찰하고 시간을 측정하고 항해술을 익혔다. 역사는 국가와 문명이 일어나 번성하고, 시들고, 죽는 과정이다. 그러나 각 국가나 문명은 거꾸로 관습, 도덕, 법, 예술 등 문명의 유산을 전해준다. "달리면서 생명의 램프를 다음 사람에게 넘기는 달리기 선수처럼."

"모든 고대 문헌 중에서 가장 놀라운 이 작품"을 돌아보면 우리는 아마 가장 먼저 그 단점들을 보게 될지도 모른다. 내용이 뒤죽박죽이지만 실은 시인이 일찍 죽었기 때문에 교정이 이루어지지 못한 것이다. 태양, 달, 별의 개념은 우리 눈에 보이는 것보다 더 크지 않다. 죽은 원자가 어떻게 생명, 의식, 통찰력이 되는지 설명하기 어렵다. 그리고 통찰력, 위로, 신앙의 영감, 종교의 도덕적·사회적 기능에 대한 분명한 무감각 등이 여기 나타나 있다.

그러나 이런 결점들은 우주, 종교, 질병 등에 대해 합리적 해석을 하려는 그 용감한 시도와 비교하면 얼마나 작은 것인가. ("우리의 생명을 지탱해주는 사물의 많은 씨앗들이 있다. 다른 한편으로는 질병과 죽음을 만들어내는 씨앗들이 아주 많이 날아다니고 있음이 분명하다.") 자연은 물질이나 동작이 결코 늘거나 줄지 않는 자연법칙의 세계다. 모든 곳에서 '사물의 위엄'을 느끼는 이 훌륭한 상상력은 엠페도클레스의 비전, 데모크리토스의 과학, 에피쿠로스의 윤리학을 드높여 모든 시대를 통해 가장 훌륭한 시 문학 작품 일부를 만들어낸다.

동양과 서양의 끝없는 싸움, '부드러운 마음'과 위안을 주는 신앙 대 '거친 마음'과 유물론적 과학의 끝없는 싸움 속에서 루크레티우스는 거의 혼자 자기 시대의 갈등을 가장 멀리까지 밀고 나갔다. 물론 그는 철학자-시인들 가운데 가장 위대한 인물이다.

그에 이르러, 곧이어 나타나는 카툴루스, 키케로, 베르길리우스와 함께 라틴 문학은 성년이 되면서, 문자에서의 지도력이 그리스에서 로마로 넘어왔다.

Chapter 10

로마의 혁명

이제 기원전 133년에 티베리우스의 자유주의 입법과, 기원전 31년에 안토니우스와 클레오파트라가 악티움 해전에서 패배한 사건 사이에서 로마를 이끌어갔던 혁명의 원인, 인물, 위기를 생각해보기로 하자.

이 책을 읽는 당신은 깨어 있는 섬세한 정신의 소유자일 것으로 생각된다. 그렇다면 당신은 이 이야기에서 지난 100년 동안의 우리 역사와 비슷한 점을 많이 보게 될 것이다. 호라티우스는 이렇게 표현했다. "이것은 당신에 관한 이야기이다."

전조

몇 가지 인자들이 혁명의 바탕을 이루었다. 식민지에서 노예가 경작한 값싼 곡물이 들어오면서, 이탈리아 안에 있는 자영농이 파멸에 이르게 되었다. 곡물을 생산 가격 이하로 팔아야 했기 때문이다. 가족 농업 대신 노예 농장(라티푼디아, 노예들이 경작하는 대규모 농장으로 대개 원로원 의원이나 사업가들의 소유)이 들어서면서 자영농들은 도시의 난폭한 프롤레타리아가 되었다. 도시에서 그들은 원형 극장 경기를 공짜로 보고, 정부의 식량 구호를 받고, 또 돈을 가장 많이 내는 사람에게 자신의 투표권을 팔고, 마지막에는 가난해져서 서로 분간도 되지 않는 대중 속에 파묻혀버렸다. 도시 노동자들은 노예들과의 경쟁이 힘들어, 열심히 일하나 게으름을 부리나 벌이에 차이가 없을 정도였다.

로마가 지배한 제국 전체에 노예가 많았지만, 이탈리아에 가장 많았다. 전쟁에 패해 잡혀온 전쟁 포로에다 해적에게 붙잡힌 사람까지 있었다. 해적들은 노예 사업을 했다. 아니면 로마의 식민지 관리들은 인간 사냥꾼을 조직해, 보호해주는 친구가 없이 돌아다니는 사람을 붙잡아 노예로 만들어버리곤 했다. 노예 상인들은 매주 인간 전리품을 거래하기 위해 장터로 끌고 왔다. 델로스에서는 하루에 1만 명의 노예가 팔렸다. 기원전 177년에는 4만 명의 사르데냐 사람들이, 그리고 기원전 167년에는 15만 명의 에피루스 사람들이 로마 군대에 포로로 잡혀, 겨우 1달러의 가격에 팔렸다. 도시의 노예들은 주인과의 인간적인 교류를 통해 노예 생활을 편하게 할 수도 있었지만, 노예 농장에서는 주인을 만나는 경우가 드물었다. 노예 감독관의 보수는, 그가 노예의 노동으로 주인을 위해 얼마나 많은 돈을 벌어들였는가에 달려 있었다. 노예들은 채찍이나 노예 감옥(대규모 농장마다 갖추고 있는 지하 감옥)에 대한 두려움 말고는, 일을 할 만한 그 어떤 자극도 얻지 못했다. 여기저기서 노예들의 반란이 일어났다. 기원전 139년의 첫 번째 노예 전쟁과, 기원전 73년에서 기원전 71년 사이 스파르타쿠스가 지휘한 전쟁이 가장 널리 알려진 것이다. 이 유명한 폭동이 실패하면서, 포로 6000명이 로마에서 카푸아에 이르는 아피아 가도를 따라 십자가에 매달렸다. 이들의 시체는 여러 달이나 그곳에 매달린 채 썩어갔다. 주인들은 위안을 얻었을 테지만, 노예들은 그 일을 마음에 깊이 담아두었다.

로마와 로마가 다스리는 제국 전체에서 모든 문명과 거의 모든 세대에 자연스럽게 나타나는, 경제 능력의 불평등 및 상속을 통한 부의 집중이 점점 커졌다. 부의 집중 현상은 제국의 정복과 개척 등을 통해 역사상 유례가 없을 정도에 이르렀다. 이런 부의 집중은 사회 불안을 일으키고, 때로는 혁명을 불러온다. 우리는 이미 아테네에서 그런 경우를 한 번 보았다. 그때는 솔론이 사건을 평화롭게 해결했다.(BC 594) 이제 기원전 133년에 그와 비슷한 위기가 로마에 나타났다. 그러나 여기서는 정치적 해결에 실패하면서 약 100년에 걸친 계급 투쟁이 나타났으며, 로마 공화국은 수치스러운 종말을 맞게 된다.

코르넬리아의 보석

티베리우스(BC 162~133)는 거의 운명적으로 위대함을 타고난 인물이었다. 그는 두 번이나 집정관을 지낸 남자와, 스키피오 아프리카누스의 딸인 코르넬리아 사이에서 태어났다. 스키피오 아프리카누스는 자마에서 한니발을 물리친 로마의 장군이다. 코르넬리아의 남편은 열두 명의 아이를 남기고 죽었다. 그중 아홉 명이 어린 나이에 죽고, 딸 하나와 아들 둘만 살아남았다. 두 아들 티베리우스와 카이우스는 어머니의 위안이자 자랑이었다. 방문객이 그녀에게 어떤 보석을 가지고 있느냐고 물으면, 그녀는 두 아들을 보여주었다. "이 애들이 내 보석이에요."

문학과 정치적 지도력과 철학의 분위기에서 성장한 티베리우스와 카이우스 그라쿠스는 그리스의 사유와 로마 정부의 문제점을 배웠다. 이탈리아를 여행하면서 티베리우스는 농토에서 자유민이 소수뿐인 것을 보았다. 한때 이 땅을 경작하던 튼튼한 농부들이 로마를 미워하는 포로 노예들로 대체되었다면, 대체 로마는 무엇 하러 군대를 가진단 말인가? 자기 땅을 소유하고 경작하는 자영농 대신, 빈곤으로 괴로워하는 도시 프롤레타리아들을 데리고, 로마는 대체 어떻게 정치적 안정을 얻을 수가 있단 말인가? 가난한 시민에게 토지를 분배하는 것이야말로 반드시 필요한, 명백한 해결책으로 보였다.

기원전 133년에 호민관으로 선출된 티베리우스는 세 가지 제안을 통해 평민 의회를 준비했다. 첫째, 어떤 시민도 333에이커(약 130만 제곱미터), 또는 아들이 둘일 경우 667에이커(약 270만 제곱미터) 이상의 땅을 국가에서 사들이거나 빌릴 수 없다. 둘째, 이미 개인에게 팔렸거나 빌려준 그 이상의 토지는 판매 가격 또는 임대 가격에 그동안의 발전 수당을 덧붙인 값을 지불하고 국가가 환수한다. 셋째, 이렇게 환수한 토지는 20에이커(약 8만 제곱미터)씩 나누어 가난한 시민들에게 나누어준다. 그들은 토지를 받기 전에, 앞으로 이 토지를 절대로 팔지 않을 것이며, 해마다 세금을 지불한다는 것에 미리 동의해야 한다. 티베리우스는 가난한 평민들이 모인 이 회의에서, 계급의 이해에 호소하며 자신의 제안을 옹호했다.

들판의 짐승과 하늘의 새도 굴과 숨을 곳을 갖는 법인데, 이탈리아를 위해 싸우다 죽은 남자들은 오직 빛과 공기밖에 가진 것이 없습니다. 우리 장군들은 병사들에게 조상의 무덤과 성소聖所를 위해 싸우라고 격려합니다. 이런 호소는 무의미하고 잘못된 것입니다. 여러분은 아버지의 제단을 알지 못합니다. 여러분에겐 조상의 무덤이 없습니다. 여러분은 다른 사람의 부와 사치를 위해 싸우다 죽습니다. 여러분은 세계의 주인으로 불리지만, 자신의 땅이라 부를 단 한 조각 땅도 없습니다.

원로원은 이 제안을 사유 재산 압수로 여겨 거부하고, 독재권을 원한다는 이유로 티베리우스를 고발했다. 또 동료 호민관인 옥타비우스에게, 거부권을 행사해서 이 법안이 평민 의회에 상정되는 것을 막으라고 설득했다. 그러자 티베리우스는, 선거 구민의 소원에 어긋나는 행동을 하는 호민관은 즉시 그 직위를 내놓아야 한다는 동의안을 제출했다. 평민 의회는 그의 동의안을 통과시켰다. 옥타비우스는 티베리우스의 관리들에 의해 호민관 자리에서 강제로 쫓겨났다. 티베리우스의 제안은 투표를 통해 법이 되고, 평민 의회는 티베리우스의 안전을 걱정해 그를 집까지 호위했다.

하지만 평민 의회가 이미 오래전에 만들어놓은 호민관의 절대적 거부권을 그가 불법적으로 파기한 이 사건은, 오히려 적들에게 그를 몰아낼 공격의 구실을 주었다. 그들은 그가 기원전 132년도의 호민관에 다시 선출되기 위해 노력한 일로 한 번 더 법을 어겼으니, 1년 임기가 끝난 그를 탄핵하는 것이 자신들의 목적이라고 선언하였던 것이다. 선거 날이 오자, 티베리우스는 상복을 입고 무장한 호위병을 대동한 채, 로마의 포럼 광장에 나타났다. 패배는 곧 탄핵과 죽음을 뜻했다. 투표가 진행되는 동안, 양측에서 무력 충돌이 일어났다. 스키피오 나시카는, 티베리우스가 왕이 되려 한다고 소리치면서 원로원 의원들을 이끌었다. 그들은 곤봉으로 무장하고, 포럼 광장으로 밀려들었다. 티베리우스의 지지자들은 귀족의 의상을 보자 겁을 먹고 물러났다. 티베리우스는 머리를 맞고 죽었다. 그의 추종자 수백 명도 함께 죽었다. 동생 카이우스가 그를 매장할 허가를 요청했지만 거절당했고, 죽은 반역자들의 시체는 테베레 강에 던져졌다.

어머니 코르넬리아는 낙담했다. 살아 있는 아들 카이우스 말고는 위안을 구할 길이 없었다. 아들은 용기와 지성으로 스페인에서 군인으로 복무했다. 그는 행동의 고결함과 소박한 생활로 모든 계층의 사랑을 받았다. 기원전 124년 가을에 그는 의회에서 호민관으로 선출되었다. 그가 의회에 내놓은 제안은 다양한 계층 사람들의 지지를 얻기 위한 것이었다. 소작농을 위해서는 국가 토지의 재분배라는 계획을 다시 내놓았다. 중간 계층을 위해서는 나르보(나르본), 카푸아, 타렌툼(타란토), 카르타고에 새로운 식민지를 건설해 이들을 무역 중심지로 발전시키겠다고 약속했다. 도시의 대중에게는 곡물법을 내놓았다. 원하는 사람 모두에게 국가가 시장의 절반 가격에 곡식을 분배해주겠다는 약속이었다. 이것은 식량의 자급자족이라는 옛날 로마의 이상理想에는 충격적인 조치였으며, 로마 역사에서 아주 중대한 역할을 하는 법안이다. 이것은 공급 업자를 부유하게 해주고, 이탈리아의 모든 부분으로 연결되는 도로 건설 프로그램을 통해 실업을 줄여주었다. 카이사르 이전 로마에 주어진 가장 과격한 조치의 하나였다.

이렇게 다양한 계층의 지지에 힘입어 카이우스는 관습을 뒤엎고 두 번째로 호민관에 당선되었다.(BC 123) 그러나 그가 라티움(로마가 수도로 있는 작은 주)의 모든 자유민에게 완전한 참정권을, 이탈리아 전역의 모든 자유민에게 부분적인 참정권을 확대하려 하자, 그 특권에 놀란 의회가 반대했다. 1년 뒤 그는 전통을 무시하고 세 번째로 호민관에 출마했지만 패하고 말았다. 그의 추종자 중 일부는 많은 표가 위조되었다고 고발했다. 그는 폭력에 반대하며 은퇴해서 사적인 삶으로 돌아갔다.

카이우스가 일시적인 무능력 상태로 만든 원로원이 그 권한을 어느 정도 되찾았다. 기원전 121년, 원로원은 카르타고 식민지를 포기하는 법안을 내놓았다. 모든 사람은 이 조치가 공개적으로나 사적으로 그라쿠스 형제의 법안을 폐기하기 위한 첫 번째 행동이라고 해석했다. 카이우스의 지지자 일부는 무장하고 의회에 출두하였고, 그중 한 명이 카이우스 법안을 손질하겠다고 협박하는 보수주의자 한 사람을 베어서 쓰러뜨렸다. 다음 날 원로원 의원들은 완전 무장을 하고 각자 무장한 노예를 두 사람씩 대동하고 나타나, 아벤티노 언덕에 몰려가 있던 평민들을 공격했다. 카이우스는 이 소동을 진정시키고, 더 이상의 폭력을 피하기 위해 최선을 다하였으나 실패하자 테베레 강을 건너 도망쳤다. 잡힐 지경에 이르렀을 때, 그는 노예에게 자기를 죽이라고 명령했다. 노예는 이 말에 복종하고, 이어 자신도 자결했다. 친구 한 사람이 카이우스의 머리를 베어, 그것을 녹인 납으로 채운 뒤 원로원으로 가져갔다. 원로원은 이 머리를 가져오는 사람에게 머리 무게의 금을 주겠다고 현상금을 걸어놓은 상태였다. 카이우스의 추종자 중 250명은 싸우다 죽고, 300명은 원로원의 판결에 따라 사형당했다. 그와 동료들의 시체가 강물에 던져졌을 때, 그와 친분이 있던 도시의 폭도들은 아무런 항거도 하지 않았다. 그의 집을 약탈하느라 분주했을 뿐이다. 원로원은 코르넬리아에게 아들에 대한 애도를 금지했다.

행복한 사람, 술라

원로원 안의 민중파(평민파)는 천천히 재정비를 마치고, 카이우스 마리우스의 빛나는 지휘를 받아 '내전'을 시작했다. 그는 이따금 전쟁을 중지하고 자신의 전리품을 즐기기도 했다. 원로원 안에서 그에 맞서 일어선 세력은 귀족파로, 그 지도자는 루키우스 코르넬리우스 술라였다. 그는 역사상 가장 서술하기 곤란한 인물 중 한 사람이다.

술라는 기원전 138년에서 78년까지 살았으며 선입견이 없는 사람이었다. 그는 자신을 땡전 한 푼 없는 가난뱅이 귀족으로 만든 삶에 복수했다. 돈을 정복했을 때 양심의 가책도 거리낌도 없이 그것을 멋대로 이용했다. 그는 "밀가루에 오디(뽕나무 열매)를 뿌려놓은 것처럼" 붉은 반점이 뒤섞인 하얀 얼굴에 빛나는 푸른 눈을 지녔다. 그가 받은 교육은 외모와는 맞지 않았다. 그는 그리스와 로마 문학에 아주 밝았고, 식견 있는 예술품 수집가였다(보통 군사적 방법을 동원했다). 아리스토텔레스의 작품들을 가장 값비싼 전리품으로 여겨 그리스에서 로마로 가져왔다. 전쟁과 혁명 사이에서 틈이 날 때면, 후세를 속이기 위해 《회고록》을 집필했다. 유쾌한 동료이자 너그러운 친구였고, 술, 여자, 전쟁, 노래에 푹 빠져 지냈다. 살루스티우스는 말한다. "그는 멋대로 살았지만, 쾌락이 그의 의무를 방해하는 일은 없었다. 남편으로서의 품행이 좀 더 고결했을지도 모른다는 점만 빼면 말이다." 그는 자신의 길을 재빨리 만들어 나갔다. 무엇보다도 그의 가장 행복한 수단인 군대를 이용했다. 병사들을 동료로 대해주고, 그들의 일, 행군, 위험 등을 함께 나누었다. "그가 유일하게 신경 쓰는 것은 지혜와 용기에서 다른 사람이 자신을 능가하지 못하도록 막는 것이었다." 그는 신을 믿지 않았으나 미신적 습관은 많았다. 또 로마인 중에서 가장 현실적이고 무자비했다. 그의 상상력과 감정은 언제나 지성의 통제 아래 있었다. 그는 절반 사자, 절반 여우라는 말을 들었는데, 그의 안에 있는 여우가 사자보다 더 위험하다는 평이었다. 평생의 절반을 전쟁터에서 보내고, 삶의 마지막 1년은 내전으로 보냈으며, 그런데도 마지막까지 유머 감각을 유지하였고, 자신의 잔인성을 2행짜리 경구시로 우아하게 감싸고, 로마를 자신의 웃음으로 가득 채우고, 적을 10만 명쯤 만들고, 자신의 목표를 모두 달성했으며, 그러고도 침대에서 죽었다.

이런 남자는 화학적으로 보면, 고향에서는 혁명을 억누르고 해외에선 반란을 억누르는 데 필요한 특질들로 구성된 것처럼 보인다. 그가 이끄는 3만 5000명의 군대는 마리우스가 임시로 구성한 농부와 가난뱅이 정부를 재빨리 정복했다. 그러나 술라가 군대를 이끌고 이탈리아 밖으로 나간 다음(그리스의 미트리다테스 4세를 다시 로마에 충성하게 만들기 위해서) 마리우스는 또 다른 군대를 징집해 노예들에게 자유를 선포하고 로마를 점령했다. 전투에 취하고 여러 해 동안의 증오로 뜨겁게 달아오른 채, 승리자들은 수천 명을 죽이고 나서 귀족들의 머리를 창끝에 매달아 시내를 행군했다. 포로로 잡힌 술라의 친구들은 모두 죽임을 당했고, 그의 재산은 몰수당했으며, 그는 국민의 적으로 선포되었다. 그를 사령관 직위에서 쫓아내기 위해 1만 2000명의 군사를 거느린 발레리우스 플라쿠스가 동쪽으로 파견되었다. 4년 연속 집정관으로 선출된 루키우스 킨나는 공화국을 독재 체제로 바꾸었다.

아테네는 로마에 저항하기 위해 미트리다테스와 합세했다. 술라는 한때 찬란하던 도시를 다시 점령하고 어느 정도의 학살을 허용하더니 갑자기 학살을 중단시키고는, "죽은 자들을 위해 산 자들을 용서하겠다"고 말했다. 군대를 거느리고 미트리다테스를 찾아 헬레스폰트로 갔는데, 발레리우스 플라쿠스가 거느린 부대가 자기를 면직시키고 권리를 박탈하기 위해 아시아에 도착했다는 사실을 알왔다. 그는 자신이 미트리다테스에게 벌을 줄 시간을 달라고 설득했다. 핌브리아라는 사람이 플라쿠스를 죽이고 술라와 싸우려 했다. 술라는 미트리다테스와 강화를 맺고 핌브리아에 맞서 싸우러 나아갔다. 그러자 핌브리아의 군대가 술라 편으로 넘어오고, 핌브리아는 자살했다. 술라는 4만 군대를 거느리고 에게 해와 그리스, 아드리아 해를 건너 이탈리아 땅을 거쳐 로마의 성문에 당도했다.

혁명 정부는 찾을 수 있는 한 모든 귀족을 다 찾아내 죽이고 도시를 비웠다. 술라는 아무런 방해도 받지 않고 도시로 들어갔다. 머지않아 그는 5만 명의 정예군을 이끌고 10만 명의 반란군과 싸우기 위해 콜리네 문으로 나아갔다. 이것은 고대에서 가장 유혈이 낭자한 전투의 하나다. 여기서 술라가 이기고, 얌전해진 의회는 그를 독재관으로 임명했다. 학살, 추방, 재산 몰수 등이 로마에 퍼져 나갔다. 폭도들과 마리우스의 추종자들은 어디서나 죽임을 당했다. 술라는 연속으로 포고령을 내놓아 항구적인 귀족 통치를 세웠다. 오로지 군주국이나 귀족 정치만이 제국을 통치할 수 있다고 확신하였기 때문이다. 2년 동안 절대주의 통치를 한 다음 그는 모든 권력을 내놓고 물러났다.

그는 안전했다. 자신의 암살을 계획할지 모른다는 의심이 드는 사람은 거의 모조리 죽였기 때문이다. 그는 경호병을 쫓아버리고 아무런 거리낌 없이 포럼 광장을 산책했다. 그리고 어떤 시민이 감히 물어오면, 공적인 활동 시절의 이야기를 들려주곤 했다. 그러고 나서 마지막 몇 년을 쿠마에 있는 별장에서 보냈다. 전쟁, 권력, 영광에 지쳐, 아니 어쩌면 남자들에게 지쳐, 그는 가수, 무희, 배우와 여배우들에게 둘러싸여 지냈다. 《회고록》을 쓰면서 사냥이나 낚시를 하고 실컷 먹고 마셨다. 부하들은 그를 가리켜 '술라 펠릭스(행복한 사람 술라)'라고 불렀다. 그가 모든 전투에서 이기고 모든 쾌락을 맛보고 모든 권력을 누렸으며, 그러고도 두려움이나 후회 없이 살았기 때문이다.

그는 다섯 명의 여자와 결혼하고 네 번 이혼했다. 이들이 못하는 일은 애인과 즐겼다. 쉰여덟 살에 그는 결장에 궤양이 생겼는데, 상태가 심각해서 플루타르코스는 이렇게 표현한다. "썩은 살 속으로 이가 파고들었다. 많은 남자들이 이를 박멸하기 위해 밤낮으로 일했지만 이들은 더욱 번성해서 그의 옷, 욕조, 세면대에 우글거렸으며 음식은 이들 때문에 더러워지곤 했다." 그는 은퇴하고 겨우 1년 만에 장 출혈로 죽었다. 그는 부지런해서 자신의 비명碑銘을 미리 구술해놓았다. "내게 봉사한 어떤 친구에게도, 내게 못된 짓을 한 어떤 적에게도 내가 충분히 보상해주지 않은 경우란 없다."

도덕의 붕괴

술라가 죽고 1년도 되기 전에 경제적·정치적 절서를 복구하려는 그의 정책은 무산되고 말았다. 그는 로마의 쇠퇴의 원인이 아니라 그 증상을 치료했을 뿐이었다. 쇠퇴의 원인이란 경제적 혁명을 위한 수많은 씨앗들이었다. 시골 경작지에서 도시의 산업에 이르기까지, 경제적 생산과 도덕적 규율과 사회 질서의 단위인 가족에서 마을과 도시의 개인들, 즉 노동, 무역, 재정적으로 서로 경쟁하는 개인들에 이르기까지 모두의 안에 혁명의 씨앗이 들어 있었다. 그리고 산업계의 기계주의와 대중의 익명성 속에 흔들리는 도덕에도 혁명의 씨앗이 들어 있었다. 점차 상승하고 있던 사업가 계층은 공식적인 종교의 화려한 의식에는 관심이 없었다. 그들을 도운 사람들은 회의적인 원로원 의원들이었다. 카이사르는 '최고 사제'로 임명되었을 때 미소를 지었다. 부가 늘어나고 집중되면서 상류층은 에피쿠로스 식의 세속성에 빠져들었다. 예술은 종교적 주제에서 정치적 주제와 형식으로 넘어갔다. 문학은 유물론적 무신론을 설파했다. 루크레티우스의 철학적 서사시 《만물의 본성에 대하여》(BC 59)에서 그런 것을 볼 수 있다. 아니면 아주 정교한 문학 작품과 경쾌한 음란성이 결합되었다. 카툴루스(BC 60)에게서 볼 수 있는 요소다. 그는 청중을 붙잡기 위해, 자신의 시구詩句에 오물로 양념을 한다고 말했다. 과거 농업에 기반을 둔 정권에서 빈곤은 가족이나 개인의 문제였다. 사람들은 종교에서 위안을 구했다. 하지만 이제 도시에서 빈곤은 계급과 집단의 조건이 되고, 그것은 사회적 폭동으로 넘어가게 된다.

그렇게 계급 투쟁은 점점 더 가혹해지다가, 마침내 모든 도덕적 제약을 흔들었다. 귀족파는 혈통이 좋은 원로원의 지배를 귀하게 여겼다. 민중파는 가난한 사람에게 공짜로 땅을 주는 것과 민중 의회의 지배를 요구했다. 두 파당은 양심이나 숨김, 제약도 없이 위협과 매수를 사용했다. 후보자들이 손에 지갑을 들고 밖으로 나가, 적당한 가격을 지불하고 닥치는 대로 표를 사들일 각오가 되어 있음을 키케로는 묘사한다. 폼페이우스는 중간 정도 능력을 가진 친구 아프라니우스를 집정관에 당선시켰다. 각 종족 지도자들을 정원에 초대해, 각 종족 전체의 표를 사들일 돈을 지불했다. 선거를 위해 너무 많은 돈을 빌려 이자율이 월 8퍼센트, 연 96퍼센트로 올랐다.

주로 원로원 의원들이 선점하고 있던 법정도 선거만큼이나 부패했다. 맹세는 증언으로서의 가치를 잃었고, 거의 모든 판결을 돈을 주고 살 수 있었다. 렌툴루스 수라는 두 표를 더 얻어 무죄 판결을 받은 다음, 필요한 것보다 한 표를 더 매수하느라 불필요한 비용을 썼다고 탄식할 정도였다. 원로원 의원이기도 한 지방 총독, 장군, 세리, 고리대금업자, 중개상 등은 그와 같은 법정의 보호를 받으며 각 지방의 고혈을 쥐어짜서, 공짜로 얻은 부富만큼 로마에 해를 끼쳤다. 루쿨루스는 동방에서 들여온 수집품으로 그 유명한 식사 비용을 댔다. 폼페이우스는 국고를 위해선 1100만 달러를, 자신을 위해선 2100만 달러를 가지고 돌아왔다. 키케로는 1년 동안 실리시아를 통치하며 겨우 11만 달러밖에 모으지 못했다고, 자신이 정말 구제 불능으로 정직한 사람이라 여겼다. 고대 세계는 이만큼 강력한, 또 이만큼 부패한 정부를 다시 알지 못한다.

사업가들은 귀족 정치나 민주 정치가 거의 차이가 없다고 여겼다. 그들은 어차피 이 두 가지가 모두 금권 정치라고 확신했던 것 같다. 큰 부자인 아티쿠스는 양쪽 모두에 기부금을 냈다. 어차피 어느 쪽이든 자신의 지갑을 싫어하지는 않을 것임을 알고 있었기 때문이다.

지방에서는 폭동이 모의되고, 빈민가에서는 사람들이 굶어 죽어가는 동안, 귀족 원로 의원들과 사업계의 거물들은 경쟁적으로 사치스러운 과시를 했다. 원로원 의원들은 정오까지 침대에서 빈둥거렸다. 그들의 자식들 중 일부는 매춘부 같은 옷을 입고 걸었으며, 보석으로 몸을 치장하고 향수를 뿌렸다. 그리고 그리스 사람들의 양성애를 흉내 냈다. 조금이라도 내로라하는 남자들은 모두 적어도 궁전 하나, 또 휴양지에 별장 하나씩 있었다. 그곳에서 목욕을 하고, 일부일처제에는 집행 유예를 선언했다. 궁전에는 세분화된 노예들이 떼 지어 있었다. 시종, 심부름꾼, 램프 불을 켜는 노예, 비서, 악사, 의사, 철학자, 요리사 등이었다. 식사는 이제 로마 상류층의 가장 중요한 일거리였다. 메트로도루스는 이렇게 말했다. "모든 좋은 것은 위장과 관계가 있다."

요리에 뒤이어 섹스가 있었다. 남자들과 여자들의 경쟁이 점점 치열해지고 있는데도 창녀들이 아주 많았다. 간통은 예사였고, 남편이 아내와 이혼하는 만큼이나 아내도 남편과 자주 이혼했다. 충실한 부부도 많았지만, 결혼은 점점 더 정치적인 것이 되었다. 그래서 카이사르는 딸 율리아를 폼페이우스에게 삼두 정치 동맹의 물품으로 내주었다.

자녀에 대한 사랑은 컸으나, 교육받은 로마인들 사이에는 자녀가 부족했다. 그들은 오래전부터 피임 기술을 익히고 있었다. 카이사르는 토종 혈통이 이민 가족에 밀려 침몰하지나 않을까 걱정했다. 도시마다 이민 가정의 수와 크기가 늘어나고 있었다. 그는 통치 기간 동안 여성들에게 아이를 많이 낳을 경우 국가가 보상해주겠다고 약속했지만, 그래도 아이들은 오로지 가난한 사람만이 누리는 즐거움이었다. 그사이 더 많은 여성들이 문화적 표현을 추구했다. 그리스어를 배우고 철학을 공부하고, 시를 쓰고 강의하고 문학 살롱을 열었다.

사치하는 계층 아래서 대중의 빈곤은 계속되었다. 그것은 기원전 71년 스파르타쿠스에 의해 노예 반란으로 터져나왔다. 그리고 기원전 65년에는 루키우스 카틸리나가 지휘하는 평민의 궐기로 나타났다. 바로 다음 세대에 글을 쓴 살루스티우스에 따르면 카틸리나는 자신의 추종자들에게 공개적으로 계급 전쟁을 연설했다.

국가가 몇몇 강력한 사람들의 지배 아래 들어갔습니다. …… 모든 영향력, 지위, 부가 이제 그들의 손안에 있습니다. 우리에게는 위험, 패배, 고발, 빈곤만 남았습니다. …… 우리에게는 목숨 말고 무엇이 더 있습니까? …… 다른 사람의 노리개가 된 다음 부서져서 수치스러운 목숨을 잃어버리기보다는, 장렬하게 죽는 편이 더 낫지 않습니까?

그가 혁명의 이질적인 요소들을 통합하기 위해 제안한 계획은 아주 단순했다. 그것은 '새로 기록하기'였다. 즉 모든 빚을 깨끗이 탕감한다는 내용이었다. 당시의 뛰어난 웅변가이며 철학 에세이 저술가인 키케로는 분노한 《연설》에서 카틸리나를 공격했다. 우리 가운데 일부는 대학 시절 이 연설문을 라틴어 산문의 모델로 공부했다. 기원전 64년 카틸리나가 키케로에 맞서 집정관 직에 도전해 불같은 선거전을 펼쳤기 때문에, 많은 상류층 시민들은 겁을 먹고 이탈리아를 떠날 준비를 했다. 하지만 키케로가 승리하자 카틸리나는 전쟁을 선택하고, 빈민 3000명을 조직했다. 그들 모두 전쟁 중에 전사하였고, 카틸리나는 죽기까지 싸웠다. 여러 해가 지난 뒤에도 그의 추종자들은 그의 무덤에 꽃을 가져다 놓았다. 카이사르는 남몰래 그를 도왔다는 비난을 받았으며, 겨우 암살을 모면했다. 1년 뒤 카이사르가 크라수스, 폼페이우스와 더불어 삼두 정치 시대를 시작하면서 그의 혁명이 시작되었다.

카이사르

카이우스 율리우스 카이사르(시저)는 자신의 혈통을 아이네이아스를 거쳐 유피테르(주피터)의 딸인 베누스 여신까지 추적했다. 그리고 전쟁과 사랑을 통해 이런 혈통에 알맞게 살았다. 율리우스 씨족은 원래 가난했지만, 명성이나 권력이 없지는 않았다. 이 집안은 기원전 489년, 482년, 473년, 157년에 로마의 집정관을 배출했다. 카이사르는 기원전 100년에 태어났다. 태어날 때 그의 이름이 붙은 수술(카이사르 절개술, 제왕 절개)을 받았다고 한다.

수에토니우스[10]는 이렇게 말한다. "카이사르는 놀라울 정도로 유순하고 무엇이든 잘 배웠다." 그는 연설과 저술이라는 위험한 재능을 발전시켰다. 아시아에서는 마르쿠스 테르무스의 군사 보좌관으로 임명되어 목숨을 구했다. 비티니아의 통치자인 니코메데스가

---

10 69년 이전에 태어나 122년 이후에 사망했다. 로마의 전기 작가이다. 작품으로 카이사르에서 도미티아누스까지 열두 명 황제의 전기를 다룬 《황제전》과 《명사전名土傳》 등이 있다.

그를 너무나 사랑했기에, 키케로는 그가 "왕에게 처녀성을 잃었다"고 비꼬았다. 기원전 84년에 로마로 돌아와 아버지의 뜻을 따라 코수티아와 결혼했다. 아버지가 죽자 그녀와 이혼하고, 킨나의 딸 코르넬리아와 결혼했다. 킨나는 마리우스의 혁명을 이어받은 인물이다. 권력을 잡았을 때 술라는, 카이사르에게 코르넬리아와 이혼하라고 명령했다. 카이사르가 이를 거절하자 술라는, 카이사르가 물려받은 세습 재산과 코르넬리아의 지참금을 몰수하고, 그를 죽음의 명단에 넣었다. 카이사르는 도망치던 중에 해적들에게 잡혔으나, 탈출해서 로도스로 가서 수사학과 철학을 배웠다.

로마로 돌아온 그는 자신의 에너지를 둘로 나누어 정치와 사랑에 헌신했다. 그는 잘생겼지만, 머리가 자꾸 빠져서 고민이었다. 코르넬리아가 죽은 다음에는 술라의 손녀인 폼페이아와 결혼했다. 이것은 순전히 정략적인 결혼이었기에, 당시 유행하던 대로 그는 거침없이 애인을 만들었다. 그 수가 많고 또 남녀를 가리지 않았기에, 쿠리오는 그를 가리켜 "모든 여자의 남편이며 모든 남자의 아내"라고 불렀다. 귀족들은 그를 이중으로 미워했다. 그가 정치적으로는 자신들의 특권을 망가뜨리고, 사적으로는 자신들의 아내를 유혹했기 때문이다. 우리는 카이사르가 처음에는 무자비한 선동가이며 거침없는 난봉꾼이다가, 책임감에 의해 천천히 역사상 가장 신중한 정치가의 한 사람으로 변했다는 점을 생각해야 한다. 그의 결점을 보고 좋아하더라도, 그가 위대한 사람이었다는 점을 잊어서는 안 된다. 그가 여자들을 유혹하고 교도관들을 매수하고 책들을 썼다는 사실을 확인함으로써, 우리 자신이 그와 대등하다고 여길 수는 없다.

기원전 68년, 서른두 살의 나이로 그는 스페인의 재무 감사관으로 선출되었다. 그는 폭도 진압을 위한 원정 부대를 지휘하고, 또한 자신도 넉넉하게 약탈해서 그 돈으로 빚의 일부를 갚았다. 기원전 65년에 공공건물, 도로, 공중위생 등을 담당하는 조영관造營官으로 임명되자, 그는 자신의 돈을(아니면 부자 친구 크라수스의 돈을) 써서 포룸 광장을 새 건물들로 치장하고, 경기를 열어 대중의 비위를 맞추었다. 술라는 카피톨리누스 언덕에 있던 마리우스의 기념비들을 없앴다. 과격 혁명가 마리우스의 모습과 그의 승리를 보여주는 그림들과, 그가 가져온 약탈품이었다. 카이사르는 이것을 다시 복구함으로써 자신이 민중파 노선임을 분명히 밝혔다.

보수주의자들은 그를 제거해야 할 인물로 낙인찍었다. 기원전 64년 살인 사건을 심문하는 최고 사법관이 되자, 그는 술라가 내린 몰수와 추방령을 집행하고도 아직 살아남아 있던 사람들을 법정으로 불러내, 그들 일부에게 추방이나 사형 언도를 내렸다. 1년 뒤 원로원에서 그는, 카틸리나 반란에 동참한 지휘관들의 처형에 반대하는 표를 던졌다. 그가 집정관에 출마하기로 결정하자, 원로원 의원들은 한 명만 빼고 모두가 그에게 반대했다. 그는 상업 계층에 가장 인기 있던 폼페이우스를 끌어들여 크라수스와 함께 첫 번째 삼두 정치를 만들어냄으로써(BC 60) 원로원 의원들을 낙담시켰다. 삼두 정치 체제에서 세 사람은, 셋 중 누구 하나라도 싫어하는 법안에는 무조건 반대하기로 맹세했다. 폼페이우스의 후원과 크라수스의 돈으로 카이사르는 기원전 59년에 집정관으로 선출되었다.

그의 임기는 그라쿠스 형제의 법안을 되살려내기 위한 싸움으로 소모되었다. 그는 정부의 토지를, 귀향 병사들과 세 명 이상의 아이를 가진 가난한 시민 2만 명에게 할당해주자고 제안하였다. 이 논쟁을 공론으로 만들기 위해서, 그는 서기들을 고용해 원로원 의원들의 활동과 다른 정치적 활동들을 포룸 광장의 건물에 새겨놓도록 했다. '매일의 활동'에 대한 보고였다. 벽에 새겨진 이런 글들은 저널리스트 심부름꾼들을 통해 로마의 여러 구역들과 다른 도시로 전파되었다. 이는 어떤 의미에서 역사상 알려진 최초의 신문 같은 것이었다. 입법 활동에 영향을 주기 위해 처음으로 '언론'이 활동한 것이다

이러한 일들과 또 다른 인기 있는 조치들을 취하면서 집정관 임기를 마친 카이사르는, 신변 안전을 염두에 두고, 자기 자신을 5년 임기로 알프스 이남 및 나르본 지역의 갈리아 총독으로 임명했다. 이것은 합법적으로 이탈리아에 주둔한 유일한 군대의 지휘권을 가진 자리였다. 임지로 떠나기에 앞서 그는, 푸블리우스 클로디우스 폴케르와의 간통을 의심하여 세 번째 아내 폼페이아와 이혼했다. 그런 일이 있었는데도 그는, 기원전 58년에 클로디우스가 호민관에 뽑히는 데 결정적인 도움을 주었다. 그는 클로디우스에 대해 그 어떤 도덕적인 비난도 하지 않았다. 그렇다면 어째서 폼페이아와 이혼했느냐는 질문을 받고는, "내 아내가 혐의를 벗어나야 하기 때문"이라고 대답했다. 그는 가비니우스 피소가 집정관에 선출되도록 도움을 주고, 피소의 딸 칼푸르니아를 네 번째 아내로 맞아들인 뒤 갈리아를 정복하기 위해 출정했다.

그는 처음엔 그럴 의도가 없었던 것 같다. 갈리아 사람들은 그에게, 라인 강을 따라 여러 지점에서 갈리아로 침략해오는 게르만 사람들과 싸우는 데 힘을 보태달라고 간청하였고, 카이사르는 동의했다. 그리고 오탕 근처에서 스위스를 넘어온 게르만 대군을 물리쳤다. 북쪽으로 올라가 아리오비스투스가 지휘하는 게르만 대군에 승리를 거두고, 그들을 라인 강 저편으로 쫓아 보냈다. 갈리아 사람들은 그에게 감사하고, 어떤 보상을 원하는지 제안하라고 요청하자 그는 모든 갈리아 사람들이 로마 제국에 속할 것과, 아울러 로마의 보호를 받을 것을 제안했다. 갈리아 사람들은 이 제안을 거부하고 그의 군단에 맞서 용감하게 싸웠으나 소용이 없었다. 그는 살아남아 《갈리아 전기》를 썼다. 약 500년 뒤에 어떤 게르만-프랑크 사람이 이 땅에 게르만 이름을 지어주었지만, 그래도 갈리아는 카이사르를 통해, 부조리하지만 아름다운 라틴어를 쓰는 라틴 땅이 되었다. 로마 병사들이 쓰던 거친 라틴어가 변해 라신(프랑스 고전주의 작가)과 아나톨 프랑스(프랑스의 작가)가 쓰는 음악적인 프랑스 말이 되었다. 최악의 것이 타락해서 최선의 것이 된 것이다.

카이사르가 자신도 모르게 갈리아를 고전 문명의 상속자이며 전달자로 만드는 동안, 로마 공화국은 부패와 잔인성 속에 서서히 죽어가고 있었다. 기원전 53년에 열린 평민 의회에서 최초의 찬반 표결은 1000만 세스테르티우스[11]의 매표 비용이 들어갔다. 돈으로 안 되면 살인이 동원되었다. 그도 아니면 한 사람의 과거를 샅샅이 수

---

11 고대 로마의 화폐 단위.

집해 협박 공갈로 굴복시켰다. 도시에서는 범죄가 창궐하고, 도로에서는 강도가 출몰했지만 그것을 통제할 궁정 병력은 없었다. 부자들은 검투사 무리를 고용해 자신들을 보호하거나 민회에서 자신들을 후원하도록 했다. 돈을 받고 투표하려는 사람은 시민이건 아니건 가리지 않고 누구라도 투표인 명부에 올랐다. 때로는 투표자들 중 일부만 투표한 것으로 기록되었다. 그리고 잘못 투표한 사람은 거의 목숨을 잃을 정도로 두들겨 맞았다. 그러고 나서 그들의 집이 불탔다. 이런 소동이 있은 다음 키케로는 이렇게 썼다. "테베레 강은 시민들의 시체로 가득 찼다. 공공 하수구도 시체로 가득 채워졌다. 노예들은 스펀지를 들고 포룸에서 흘러나오는 핏자국을 닦아내야 했다." 미남 클로디우스와 티투스 밀로는 이런 방식의 민주주의에서 가장 뛰어난 전문가들이었다. 이들은 정치적 목적을 위해 각자 조직폭력배를 두었는데, 이들이 힘을 겨루지 않고 그냥 지나가는 날이 거의 없다시피 했다. 어제는 클로디우스가 거리에서 키케로를 기습한다, 오늘은 그의 전사戰士들이 밀로의 집에 불을 지른다는 식이었다. 마지막에 클로디우스는 밀로의 조직폭력배에게 잡혀 살해당했다. 그의 음모를 자세히 알지 못하는 프롤레타리아 계층은 그의 시체를 원로원 건물로 운반하고 건물을 무너뜨려 그의 장례식용 장작으로 썼다. 폼페이우스는 병사들을 데려다가 폭도를 해산시켰다. 그는 원로원에 그 대가를 요구하였고, '동료 없는 단독 집정관'으로 임명해준다는 약속을 받았다. 이것은 젊은 카토가 독재관이라는 말보다 더 멋진 말이라며 그에게 권한 표현이었다. 수도에서 부와 질서에 관계된 사람들은 모두 폼페이우스의 독재에 굴복했다. 그동안 가난한 사람들은 카이사르를 희망으로 삼아 그가 돌아오기만 기다렸다.

혁명의 세기는 속 좁고 이기적인 귀족 정치를 몰아냈지만, 어떤 다른 통치 방식도 그 자리를 대신하지 못했다. 실업, 매수, 빵과 소동이 평민 의회를 망가뜨려, 형태가 일그러진 채 정열에만 이끌리는 폭도의 무리로 바꾸었다. 평민 의회는 스스로를 통치할 능력도 없었으니, 제국을 통치할 능력은 더욱 없었다. 민주주의는 플라톤이 표현한 대로 붕괴되었다. 즉 자유는 방종이 되고, 혼란 상태는 자유의 종말이 오기를 구걸했다.

공화국이 죽었고 독재 정치는 피할 길이 없다는 점에 대해 카이사르는 폼페이우스와 의견이 같았다. 하지만 그는 현재의 고약한 상태를 그대로 고착시키지 않고, 민주주의를 타락하게 만든 남용, 불공평, 빈곤 등에서 교훈을 얻어 점진적인 지도 체제를 세우기를 희망했다. 그는 이제 쉰네 살이었고, 10년 동안의 갈리아 전쟁을 치르면서 힘이 빠져 있었다. 그는 화해를 위해 최선을 다했다. 자신과 폼페이우스 두 사람 다 권력을 내놓아야 한다고 원로원에 제안하였으나 폼페이우스는 거절했다. 오랫동안 협상한 끝에, 원로원은 폼페이우스에게 "국가에 해로운 것이 들어오지 않도록 감시할" 권한을 주었다. 이것은 독재 정치 및 군사법을 가리키는 로마식 표현이었다. 카이사르는 원래의 버릇과 달리 망설였다.

마침내 그는 자신이 좋아하는 제13군단을 소집하고, 그들에게 상황을 설명했다. 그의 첫마디 말이 벌써 그들의 마음을 얻었는데, "동료 병사 여러분!"이라는 말이었다. 게으르고 부패한 귀족 정치가 로마에 질서, 정의, 번영을 주지 못할 것이다. 그대들은 나를 따르겠는가? 그러자 단 한 명도 거절하지 않았다. 그가 그들에게 지불해줄 돈이 없다고 말하자, 그들은 자신들이 저축한 돈을 내주었다. 기원전 49년 1월 10일에, 그는 1개 군단을 거느리고 알프스 이남 갈리아의 남쪽 경계선을 이루는 작은 루비콘 강을 건넜다. 그는 "주사위는 던져졌다"라고 말했다고 전해진다. 그가 행군해가는 도로변의 도시들이 하나씩 그에게 문을 열어주었다. 어떤 도시들은 떼를 이루어 그를 환영했다. 키케로는 이렇게 썼다. "도시들은 그를 신처럼 환영했다." 폼페이우스는 카이사르의 군대보다 훨씬 많은 군사를 거느리고 있었는데도 불구하고, 로마를 떠나 이탈리아 바깥으로 도망쳤다. 카이사르는 그를 추격하여 기원전 48년 8월 9일, 테살리아의 파르살루스에서 두 배나 많은 수의 적군을 물리쳤다. 로마 역사에서 가장 잔혹한 전투 중 하나였다. 카이사르는 부하들에게 젊은 원로원 의원 마르쿠스 유니우스 브루투스의 목숨을 구하라고 명령했다. 폼페이우스는 도망쳐서 이집트로 갔다. 그곳에서 프톨레마이오스 12세의 대리인이 그를 칼로 찔러 죽였다. 카이사르가 그곳에 도착하자, 살인자들이 그에게 폼페이우스의 머리를 내주었다. 그는 두려움에 고개를 돌리고, 남자들이 수많은 길을 통해 결국은 동일한 종말에 이른다는 것을 알려주는 또 하나의 증거를 보며 눈물을 흘렸다.

 그는 이집트에서 많은 매력적인 것들을 찾아냈다. 국고는 가득 차 있었는데, 그가 부탁만 하면 그의 것이었다. 프톨레마이오스의 누이 클레오파트라는 아름답고 열정적이었다. 그는 그곳에 오래 머물렀고, 그녀는 그의 아들을 낳았다. 그 아들은 카이사리온이라는 이름을 받았다. 기원전 47년 10월에 그는 로마에 도착했다. 그와 함께 클레오파트라, 그녀의 남편이자 동생인 프톨레마이오스, 그리고 카이사리온도 따라왔다. 카이사르의 아내 칼푸르니아는 이런 일을 로마 정치의 정상적인 일상으로 받아들였다. 일부 살아남은 귀족들은 그가 스스로 왕이 되려고 계획하고 있으며, 제국의 수도를 알렉산드리아로 옮기려 한다고 속삭였다. 그러나 그의 군단이 두려워 원로원은 그에게 토지며 관직들을 잔뜩 수여하였고, 기원전 44년에는 그를 '종신 독재관'에 임명했다. 이 직위는 실제로 5개월 동안 지속되었다.

이 5개월 동안 카이사르는 로마를 도시와 국가로 다시 일으켜 세우기 위해 노력했다. 그는 원로원 의원의 수를 600명에서 900명으로 늘려 그들의 세력을 줄였다. 이렇게 수가 늘어난 결과, 논쟁이 더 생겨나고 결정을 늦추었다. 덕분에 카이사르는 자유롭게 통치할 수 있었다. 평민 의회는 그를 호민관으로 선출했다. 이 직위는 그를 함부로 건드릴 수 없게 만들어주었다. 그는 모든 중요한 관직 임명을 통제한 채 가장 중요한 입법을 주도했다.

그는 그라쿠스 형제의 개혁을 이어받아, 퇴역 군인과 가난한 사람들에게 토지를 나누어주었다. 8만 명의 시민을 밖으로 내보내 카르타고, 코린토스, 그리고 전쟁으로 인구가 줄어든 다른 지역을 식민지로 개척하게 함으로써, 늘어나는 인구 부담을 줄였다. 실업자에게 일자리를 마련해주기 위해 상당액을 할당하여 이탈리아, 스페인, 갈리아, 그리스 등지의 많은 도시에 건설 계획을 추진했다.

또 가난한 사람을 위한 복지 정책을 시행하면서, 재정이 새는 것을 줄이고, 국가의 곡물 구호를 받기에 적합한지 판정하기 위해 재산 상태를 검사할 것을 요구했다. 그러자 구호 신청자의 수가 32만 명에서 15만 명으로 줄었다. 그는 빚을 줄이고 과도한 이자율을 막는 법안과 파산법을 만들어, 극단적인 지불 불능의 경우를 줄였다. 본질적으로 오늘날의 파산법과 같다.

사제들의 달력이 계절과의 연관성을 잃어버린 것을 보고, 알렉산드리아의 천문학자인 소시게네스에게 이집트 모델을 따라 달력을 만들게 했다. 이른바 '율리우스' 달력으로 1년을 365일로 하고, 4년에 한 번씩 2월에 하루를 더하는 방식이었다. 키케로는 카이사르가 땅을 통치하는 것으론 만족하지 못하고 이제는 별까지 통제하려 한다고 불평하였지만, 원로원은 개혁을 환영했다. 그리고 새로운 달력에서 3월을 한 해의 시작으로 잡아, 다섯 번째 달에 독재자 카이사르의 성姓인 율리우스라는 이름을 붙였다.[12]

그러나 이 위대한 정치가는 허영심을 이기지 못했다. 승리했을 때 머리에 썼던 월계관을 대머리를 감추기 위해 매일 썼다. 또 카피톨리누스 언덕에 로마 고대 왕들의 조각상 옆에 자신의 조각상을 세우라고 명령했다. 그리고 이 조각상에 친구들이 왕관을 씌워 주었는데, 이 왕관을 제거한 호민관들을 파면시켰다. 기원전 44년 2월 18일 루페르칼리아 축제일에, 술에 취한 집정관 안토니우스가 카이사르의 머리에 세 번이나 왕관을 씌우려고 하자 카이사르는

---

[12] 영어로 7월을 가리키는 July는 여기서 온 것이다.

세 번 다 거절했다. 사람들 사이에서 불만의 속삭임이 일어났기 때문이었을까?

특권을 뺏긴 귀족들은 자신들이 과거에 저항한 일을 용서해준 것만으로 감정이 누그러지지 않았다. 용서받은 것을 용서하기란 어려운 일이다. 루페르칼리아 축제가 끝난 직후 가이우스 카시우스는(플루타르코스의 서술에 따르면 "창백하고 야윈" 병색 짙은 사람이었다) 마르쿠스 브루투스에게 카이사르 암살을 제안했다. 카시우스는 이미 이 계획에 동참할 사람 몇 명을 구해둔 상태였다. 그들은 브루투스가 합류하면 그 일을 하겠다고 동의했다. 미덕으로 칭송이 자자한 브루투스의 명성이 자신들의 행동 동기를 영광스럽게 해줄 것이기 때문이다.

브루투스는 자신이, 464년 전에 로마에서 왕들을 쫓아낸 루키우스 유니우스 브루투스의 후손이라고 믿었다. 역사가 아피아노스는, 카이사르가 한때 브루투스의 어머니 세르빌리아의 애인이었다고 말한다. 플루타르코스는 카이사르가 브루투스를 자신의 아들로 여겼다고 보고한다. 브루투스는 이 일에 대해 곰곰이 생각해본 다음, 한 친구에게 "우리 조상들은, 비록 자신의 친아버지라 하더라도 전제 군주를 참아서는 안 된다고 생각한다"는 편지를 써 보냈다고 한다. 브루투스가 카시우스에게 동의하자 암살을 음모한 사람들은 계획을 세웠다. 앞을 내다보지 못하고 감상에 빠진 순간에, 브루투스는 안토니우스를 죽이지 말라고 고집했다.

3월 14일 저녁, 카이사르는 사람들이 자신의 집에 모인 자리에서 "가장 좋은 죽음이란 무엇이냐?"라는 질문을 대화의 주제로 제안하며 그 자신은 "갑작스러운 죽음"이라는 대답을 내놓았다. 다음 날 아침 아내는 꿈에서 그가 피로 뒤덮인 모습을 보았다고 말하면서, 원로원에 가지 말라고 그에게 애원했다. 그런데도 그가 원로원 회의가 소집된 장소인 폼페이 극장으로 가는 길에 점쟁이 하나를 만났는데, 점쟁이가 "3월의 15일을 조심하세요" 하고 속삭였다. 카이사르는 15일은 이미 시작되었고 만사가 순조롭다고 대답했다. 이 말에 대해 스푸린나가 대답했다. "하지만 아직 끝난 것은 아닙니다." 카이사르가 극장에 들어가서 자기 자리를 잡았을 때, '해방자'들이 지체하지 않고 그에게 덤벼들었다. 수에토니우스는 "어떤 역사가들은 마르쿠스 브루투스가 그에게 덤벼들었을 때 카이사르가 그리스 말로 '너도 함께냐, 내 아들아?'라고 말했다고 적어놓았다"고 말한다. 아피아노스에 따르면, 브루투스의 무기를 몸에 느낀 카이사르가 저항을 중단했다. 고대 세계가 배출한 가장 완벽한 사람에게, 소원 하나가 이루어진 순간이었다.

  기술적으로 보면 로마 공화정은 경련성 발작으로 되살아났다. 안토니우스가 평민에게 호소한 일은, 공화정에 또 다른 기회를 준 것처럼 보였다. 그러나 실제로 남은 일이라곤 폐허를 다스릴 권한을 놓고 브루투스에 맞서 안토니우스가 전투를 한 것이었다. 이어 권력의 고삐를 누가 쥐느냐를 놓고, 카이사르의 양아들이며 후계자인 가이우스 옥타비아누스가 안토니우스와 전투를 벌였다. 안토니우스와 클레오파트라가 기원전 31년 악티움 해전에서 패하고 이집트에서 함께 자살하고 난 다음, 옥타비아누스, 곧 뒷날의 아우구스투스가 군주 통치 방식을 확립하고(BC 27) 이를 유지했다. 그는 군주를 가리켜 '황제(principatus, 원로원 제1의원)'라고 불렀다. 그렇게 해서 정치에 대해 플라톤이 말한 것들이 완전한 순환을 겪었다. 즉 독재관 통치에서 왕조, 이어서 귀족 정치, 이어서 공화제, 이어서 독재관, 이어서 왕조······.

로마는 그 후 2세기 동안 점점 약해지는 강도로 서양의 중심이자 동시에 역사의 영광과 잔혹성의 정상에 계속 남아 있게 된다.

Chapter 11

로마 제국

아우구스투스 시대의 통치

율리우스 카이사르의 조카 손자이자 양아들이며 후계자인 가이우스 옥타비아누스(아우구스투스)는 악티움 해전에서(BC 31) 안토니우스와 클레오파트라를 물리치고 기원전 29년에 로마로 돌아왔다. 이집트에 대한 지배권을 확립하고, 이집트의 국고를 조사하고, 또한 전쟁과 혁명과 무정부 상태로 인해 거의 떨어져 나가 있던 동부의 로마 속국들 사이에 질서와 조공을 복구시킨 다음이었다.

수도는 부유한 구원자인 그를 맞아들여 사흘 동안이나 계속되는 개선 의식을 베풀어 영접했다. 그는 자신을 따라 출정했던 군인들에게 넉넉한 보상금을 지급하고, 정직하게 은퇴한 퇴역 군인들에게는 경작할 땅을 분배해주었다. 또한 재산 소유자들에게는 세금 잔여분을 모두 면제해주고, 그들이 국가에 진 채무 기록부를 태워 없앴다. 그는 물려받은 재산과 자신이 축적한 재산으로 빈민들을 위한 곡물 구호 비용을 스스로 감당했다. 마찬가지로 개인 재산을 들여 실업을 줄이고 로마를 아름답게 가꾸기 위한 공공사업을 일으키고, 국고 결손액을 보충하고 '천재지변'으로 인해 고통받는 속국(속주)의 고통을 줄이기 위해 엄청난 액수를 해외로 보냈다.

그는 이렇듯 항거하기 힘든 선행을 수없이 베풀었다. 또한 변화에 단계를 두고, 예의를 다함으로써 변화를 쉽게 만드는 타고난 재능을 발휘했다. 복구된 원로원은 그에게 '원로원 제1의원'이라는 직함을 주었다. 그것은 '원로원 회의에서 맨 먼저 이름 불리는 사람'을 뜻했지만, 머지않아 '왕'의 위엄을 얻었다. 기원전 27년 옥타비아누스는 모든 관직과 권력에서 은퇴한 뒤 사생활로 돌아갔다. 원로원은 그에게 계속 통치해줄 것을 청하였고, 그는 동의했다. 원로원은 그의 직함을 종신제로 확정했다. 이어 그에게 종교적 직함인 '아우구스투스'라는 명칭을 부여했다. 그것은 '신을 위해 증대시키는 사람' 혹은 '공급자'라는 의미였다. 이 명칭이 역사에 그의 이름으로 남았다.

로마와 이탈리아 사람들은 이렇게 위장된 군주제를 경험에서 나온 겸손함으로 받아들였다. 그들은 더 이상 자유를 위해 무장하지 않았으며, 안전·질서·평화를 간절히 원했다. 놀이와 빵을 보증한다면, 누가 통치해도 상관없었다. 그들은 부정부패로 고통을 당하고 폭력으로 얼룩진 평민 의회가 제국을 통치할 수 없다는 것을 막연하게나마 이해하고 있었다. 이제 무질서 상태의 지중해 세계 전체가 옥타비아누스의 발아래 놓여 진정한 통치를 기다렸다.

그는 공화정의 용어와 형식을 그대로 유지함으로써, 공화제의 죽음을 받아들이기 쉽게 만들었다. 그는 원로원의 의장 자리만을 차지하였으나 실제로는 그가 추진한 것이 아니거나 그의 동의를 얻지 못한 것은 원로원에 의제로 올라가지도 못했다. 그는 평민 의회가 열리는 것을 승인했다. 그리고 집정관 자리에 열세 번이나 입후보하고 나머지 사람들처럼 투표해달라며 호소하고 다녔다. 관습에 대한 양보였다. 5세기까지도 집정관과 호민관들은 계속 투표로 선출되었다. 하지만 그들의 기능은 행정적인 것이라기보다는 관리직이었다. 그리고 그들은 자신들의 권한을 왕에게 양도했다. 정치적인 부패는 계속되었지만, 각 후보가 뇌물을 받지 않도록 각기 재정 보증인을 내세우게 함으로써 그 규모를 줄였다. 그러나 아우구스투스는 치명적인 선례를 남겼다. 공공질서와 자신의 통치권을 안전하게 하기 위해 도시 안에 3개 보병대를, 도시 근처에 6개 보병대를 자신의 휘하에 두었던 것이다. 이들 9개 보병대는 근위대를 이루었고, 이들이 41년에 클라우디우스를 권좌에 내세움으로써 정부는 이들에게 종속되었다.

그토록 많은 권위로 무장하고, 또한 당시 부상하던 상업 계층에서 찾아낸 관리들의 도움을 받아, 아우구스투스는 경제와 국가를 위해 생산적인 질서를 복구했다. 그는 가난한 사람들 사이에 토지 소유자를 늘리고, 책임감 있는 농부들에게는 이자 없이 돈을 빌려주었으며, 새로운 광산·도로·항로 등을 개척하고, 산적과 해적을 통제하였으며, 로마에 물을 대줄 수로를 보호하고 넓혔다. 곡물을 싼 가격으로 공급하고, 흥미진진한 복권과 화려한 경기를 벌여 가난한 사람들의 마음을 진정시켰다. 또한 잘 정비된 법으로 모든 계층을 보호했다. 그 밖에는 굶주림과 탐욕과 경쟁과 자유로운 기업

열의가 생산과 분배와 재정을 자극했다. 공공의 돈과 개인의 돈으로, 또한 마르쿠스 아그리파의 천재성의 도움을 받아, 그는 엄청난 규모의 공공사업을 벌였는데, 그것이 실업을 완화시켜주었다. 또한 그 자신은 벽돌로 된 도시 로마를 떠맡아 대리석의 도시를 남겼다는, 뒷날의 호언장담을 정당화시켜주는 일이기도 했다.

아우구스투스는 부富를 복구하기가 도덕을 개혁하기보다 더 쉽다는 것을 깨달았다. 교육받은 계층 사이에서 고대 신앙이 몰락하면서, 결혼과 자녀 양육을 위한 초자연계의 후원자들이 사라졌다. 농업에서 도시로의 변화는, 자녀를 줄이고 자유와 값비싼 장난감을 더 많이 만들어주었다. 여자들은 어머니로 존경받기보다는 성적으로 탐나는 대상이 되고 싶어 했다. 그 결과, 많은 로마 토박이들이 결혼을 기피하거나, 아니면 피임, 낙태, 영아 살해 등을 통해 가족의 수를 제한했다. 아우구스투스는 이런 현상을 부모의 권위와 사회적 질서, 로마인의 성격이 타락한 탓이라고 여겼다. 그는 검열관이자 호민관으로서의 권력을 동원해 평민 의회를 소집하여, 국가가 결혼을 통제하는 법안을 통과시켰다. 그리고 여자들이 간통을 저지르면 추방하고, 또한 그녀 재산의 3분의 1과 지참금 절반을 몰수하는 벌을 주었다. 그러나 아내는 남편을 간통죄로 고소할 수 없었다. 그래서 남편은 아무런 벌도 받지 않고 등록된 매춘부들과 사귈 수 있었다.

또 다른 법은 결혼을 의무로 만들었다. 독신 생활에 벌금을 물리고, 자녀를 낳고 양육하는 일에는 사회적, 경제적 보상을 해주었다. 타키투스 이후의 역사가들은 이 법이 실패했다고 기록했다. 남자와 여자들은 이와 같은 법을 피하는 길을 찾아냈다. 성적인 부도덕성은 계속되었으며, 오히려 더욱더 공개적인 형태를 띠게 되었다. 오비디우스의 《사랑Amores》에서 그것은 전문가가 제자에게 전수하는 섬세한 예술이 되었다. 로마 토박이들은 그 수와 활력이 줄기 시작한 데 반해 가족과 종교에 더욱 충실한 이민자들은 수와 권력이 점차 늘어났다.

아우구스투스는 제국을 위한 법과 안정의 구조를 만들어낸다는 부분에서는 훨씬 더 성공했다. 그것은 200년을 견딜 구조였다. 그는 다른 로마 장군들처럼 정복을 통해 제국을 확장하는 일로 시작했다. 에티오피아와 아랍을 흡수하기 위한 원정대를 보냈으나 실패했다. 그리고 갈리아 지방을 침입한 게르만 사람들에게 벌을 주기 위해 양아들인 드루수스와 티베리우스에게 엘베 강에 이르기까지 게르만을 정복하라고 명령했다. 그러나 기원후 9년에 게르만 사람들이 로마의 3개 군단을 함정에 빠뜨려 그들을 포위하고, 마지막 한 사람까지 죽였다. 아우구스투스는 티베리우스에게 복수할 것을 명령했다가, 이어 로마 전방 부대를 라인 강으로 후퇴시키라고 명령했다.

제국을 최대 크기로 확장한(브리튼과 스페인을 거쳐 흑해와 유프라테스에 이르는) 그는 이제 정복을 중지할 것을 명하고, 전쟁 대신 입법 활동을 했다. 그는 "알렉산드로스 대왕이, 제국을 얻기보다 이미 얻은 제국에 질서를 부여하는 일이 더욱 큰일이라고 생각하지 않았다"는 점을 놀랍게 여겼다. 로마 지배에 의한 평화Pax Romana가 시작되었다.

시인의 시대

로마의 평화 시대에 제국의 모든 부문은 상품과 사상을 수출하고, 가장 최근의 유행과 신앙을 수입할 수 있었다. 이제 그리스, 중동, 이집트 등 풍부하고 다양한 문화의 창조자이자 소지자가 된 헬레니즘 세계는 자기들의 시 문학과 산문, 오래된 신앙과 새로운 회의, 그리고 과학과 철학, 예술을 로마에 쏟아 부을 수 있었다. 로마는 지적으론 여전히 새로운 종교, 시적 열광, 건축 형태 등을 받아들일 열의가 있었다.

만토바 출신의 소심한 젊은이는(그가 너무나 소심해서 어떤 사람들은 그의 이름 '버질(Virgil, 베르길리우스)'을 '처녀Virgin'로 바꾸어 부르기도 했다) 시라쿠사 출신 테오크리토스가 그리스어로 쓴 전원시에 자극을 받아, 즐겁고 멜로디가 풍부한 6운각 〈에클로가에(전원시)〉를 썼다. 부유한 박애주의자 마에케나스는 그에게 칠현금에 맞추어 전원의 취향과 즐거움을 담은 축가를 더 많이 만들라고 권했다. 옥타비아누스가 안토니우스와 클레오파트라에 맞서 힘든 승리를 거두고 돌아왔을 때, 마에케나스는 그를 유혹해, 4일 동안에 걸쳐 2000행에 이르는 베르길리우스의 〈농경시〉를 듣게 했다. 이 노래는 로마인을 다시 토지로 돌려보내려는 젊은 정복자의 소망과 잘 맞아떨어졌다. 그는 시인에게 황제다운 보상을 해주었다. 그래서 베르길리우스는 그후 10년 동안 은둔지로 물러나 살 수 있었다. 그곳에서 서사시 《아이네이드》를 썼다. 그것은 호메로스의 《일리아드》가 아킬레스와 트로이아를 위해 했던 것과 같은 일을, 아이네이아스와 로마를 위해 하도록 만든 작품이었다. 꼼꼼한 이 작가는 쉰

하나의 나이(BC 19)에 이 걸작을 미처 완성하지 못하고 죽었다.

《아이네이드》는 논리적 구조가 부족하다. 그러나 논리란 본래 시와 조화를 이루는 경우가 드물다. 이 작품에는 《일리아드》의 힘찬 흐름이 없고, 《오디세이아》의 남성적인 사유가 빠져 있다. 그러나 풍부한 선율로 "광대한 바다 이곳저곳을 떠다니며" 온갖 에피소드를 들려주는, 진짜 지중해 세계이다. 키츠의 가장 섬세한 송가를 예견케 하고, 또 그에 겨룰 만한 구절 하나를 예로 들어보자.

나이팅게일이 어린것을 잃고 포플러 그늘 아래서 탄식하는구나, 거친 농부가 새끼 새를 보고 그 어린 것을 둥지에서 채갔으니. 어미 새는 작은 가지에 앉아 밤새 가여운 노래를 불러 구슬픈 아픔으로 숲을 가득 채운다.

물론 여기에는 카르타고의 여왕 디도의 이야기도 있다. 아이네아스의 강한 팔에 정열적으로 안기는 그녀의 모습, 그가 로마를 세워야 한다는 운명을 내세워 그녀를 떠나는 장면, 그리고 절망한 그녀가 화장용 장작더미 속에 산 채로 뛰어드는 모습 등. 호라티우스는 《아이네이드》를 《일리아드》와 동급으로 여겼다. 중세는 베르길리우스를(페이터의 산문에 나오는 플라톤처럼) 그리스도가 나타나기 전에 "천성적으로 기독교도가 된 영혼"으로 여겼다. 단테는 《신곡》에서 지옥, 연옥, 천국을 순회하는 자기 여행의 안내자로 베르길리우스를 선택했다. 퍼셀[13]은 디도를 음악으로 만들었다. 볼테르는 《아이네이드》를 고대가 남긴 가장 섬세한 문학적 기념비라고 불렀다.

질투로 치자면 사랑보다 조금 못한 문학의 세계에서 가장 유쾌한 그림 하나는, 베르길리우스가 호라티우스를 마에케나스에게 소개한 일이다. 세속의 남자인 마에케나스는 섬세하게 만들어진 호라티우스의 시에서, 베르길리우스의 성격과 시행에 나타난 소박함을 보충하는 복잡성을 즐겼다. 기원전 34년에 마에케나스는 호라티우스에게 로마에서 북쪽으로 약 70킬로미터 떨어진 사비네 골짜기에 훤히 트인 집과, 수입을 만들어낼 농장을 마련해주었다. 이제 마음껏 말할 수 있게 된 호라티우스는, 구어체의 6운각 시행을 이용해 로마에서 흔히 볼 수 있는 전형적인 인물들을 풍자했다. 신랄한 하인, 자만심 강한 작가, 따분한 수다꾼, 자리를 노리는 철학자, 요령 좋은 동양인, 상인, 매춘부, 아내에게 지친 나머지 역시 남편에게 사랑받지 못하는 여자들의 꽁무니를 따라다니는 남자 등이다. 여기서 살아 숨 쉬는 로마의 모습을 느낄 수 있다.

스물네 개의 방과 세 개의 수영장이 있는 편안한 집에서 호라티우스는 "사업상의 관심과는 거리가 먼 채…… 자신의 황소를 몰아 물려받은 농지를 가꾸는" 농부를 이상화했다. 그는 자신의 꿈을 실현하기 위해 진짜의 혹은 상상의 애인들에게 바치는 송가 또는 그들에 관한 송가를 썼다. 여기에 나오는 애인들은 열세 명이나 된다. 자신의 기술을 자신한 그는 젊은 작가들을 위해 좋은 글을 위한 규칙을 만들었는데, 이것은 뒷날 '시론詩論'이라는 이름을 얻었다. 명료함, 직접성 그리고 쓸모와 즐거움을 뒤섞을 것 등이 강조

---

13 Henry Purcell(1659~1695). 영국의 작곡가. 작은 오페라 〈디도와 아이네아스〉를 작곡했다.

되어 있다. 예술은 예술가와 수용자의 감정을 전제로 한다. "나를 울게 하려면 당신 자신이 먼저 슬픔을 느껴야 한다." 그러나 예술은 감정만이 아니다. 그것은 훈련된 형식으로 나타나는 감정이다. "평온함 속에 기억된 감정"인 것이다. 여기서 고전 양식이 낭만주의 양식에 도전장을 내밀고 있다.

형식을 얻기 위해 밤낮으로 그리스 문학을 연구하라. 새롭거나 너무 낡아서 쓰이지 않게 되었거나, 아니면 1피트 반(약 46센티미터)이나 되는 긴 낱말sesquipedalian은 피하라. 당신의 작품이 이 모든 것을 견디고 살아남거든 그것을 8년 동안 감추어두어라. 그러고 난 다음에도 그것이 당신을 즐겁게 하거든 그때 출판하라. 하지만 이것이 나중에 성숙해진 당신을 부끄럽게 할 수도 있다는 점을 기억하라. 희곡을 쓸 경우에는 세 개의 통일성을 지켜라. 줄거리, 시간, 장소의 통일성이다. 삶과 철학을 연구하라. 연구와 이해가 없는 완전한 양식은 너무 약해서 사용할 수 없는 공허한 빈 그릇과 같다.

호라티우스는 자신의 작품과 그것이 살아남으리라는 것을 의심하지 않았다. "나는 청동보다 더 오래 견디고, 피라미드 꼭대기보다 더 높은 기념비를 세웠다. …… 나는 완전히 죽지 않으리라." 그는 기원전 8년에 재산은 아우구스투스에게, 몸은 대지에 넘기고, 마에케나스의 무덤 곁에서 안식처를 찾았다.

이 시대 세 번째 시인이 아우구스투스 시대를 영광스럽게 만들었다. 혹은 (아우구스투스의 생각에 따르면) 고약하게 시대를 망신시켰다. 푸블리우스 오비디우스 나소는, 아우구스투스가 성적性的 자유에 반대하는 법안을 만든 것을 못마땅하게 여기는 쾌락주의 로마인들의 모델이자 계관 시인이었다. 그는 자신들이 해방된 로마 여성들의 매력을 탐색하는 동안, 이국 땅에서 죽음을 찾아 헤매는 전사들을 비웃었다. 부유한 중산층인 그의 아버지는 법학을 공부하라고 그를 수도로 보냈는데, 아들이 시인이 되려 한다는 것을 알고 충격을 받았다. 오비디우스는 결국 성격에 맞지 않는 판사가 되었지만, 도중에 난잡한 성생활을 예찬하는 시집을 한 권 썼다.

심각하게 탐구적인 애정 행각을 보낸 뒤에 그는 《사랑의 기술Ars amatoria》(BC 2)이라는 안내서를 썼다. 하지만 현명하게도 독자들에게 이 교훈을 오직 창녀와 노예들에게만 사용하라고 권했다. 이 책들과 뒤에 나온 책들이 너무 잘 팔려 오비디우스는 명성과 오만의 절정에 이르렀다. "내가 이렇듯 온 세상에서 칭송을 받는 동안에는, 엉터리 법률가 한두 명이 나에 대해 이러쿵저러쿵해도 아무 상관이 없다." 그는 이 엉터리 법률가들 중 한 명이 아우구스투스 황제라는 사실을 알지 못했다. 아우구스투스는 기원전 13년에 이미 통과시킨 율리우스 법안의 효과를 높일 방도를 궁리하고 있었다.

오비디우스는 번영을 누리고, 세 번이나 결혼하고, 파비아와 새로운 행복을 찾고 마침내 바람의 열기를 식혔다. 기원후 7년에 그는 가장 오래 남은 작품 《변신 이야기》를 썼다. 이것은 물건, 동물, 사람, 신들에게 나타난 변신의 사례를 생동적이고 유려한 6운각 시행으로 표현한 작품이다. 거의 오늘날에 이르기까지 수많은 시, 그림, 조각상 등이 바로 이 보물 상자에서 주제를 얻었다. 마지막에 자신만만한 이 작가는 자신의 불멸성을 선언했다. "나는 모든 시대를 통하여 살아남으리라." 기원후 8년에 황제가 쉰한 살의 그를 저

흑해 연안의 루마니아 해안에 자리 잡은 춥고 안개 낀 도시 토미(오늘날의 콘스탄차)로 귀양을 보냈을 때였다면, 이런 예언은 내놓지 못했을 것이다.

시인은 아내나 친구들에게 자주 시를 써서 보냈다. 이들은 뒷날 모여서 '비가Tristia'라는 이름을 얻었다. 이 우울한 항구에서 그는 이탈리아의 다정한 여성들과 즐거운 하늘을 생각하며 가슴이 찢어졌다. 형식과 표현이 여전히 아름다운 그의 시구들은, 전에는 보이지 않던 감정의 깊이를 드러낸다. 그는 겸손하게 용서를 구했지만 답변은 오지 않았고, 기원후 17년 망명지에서 죽었다. 그래도 그의 내면에는 소중하고 사랑스러운 것이 남아 있었다. 세 번째 아내는 그가 죽은 뒤 홀로 남았지만, 마지막까지 그에게 정절을 지켰기 때문이다.

죽을 운명을 지닌 왕자

요크에서 바알베크와 카디스에 이르는 광대한 영토에서 자신의 말이 곧 법이 되었던 남자는 평생 겸손하고 단순한 삶을 살았다. 그는 부의 사치와 관직의 보수를 멀리하고, 집안 여자들이 짠 단순한 옷을 걸치고 예전에 웅변가 호르텐시우스의 궁전이던 곳의 작은 방에서 잠을 잤다.

아우구스투스는 겉치레가 없는 사람이어서 어떤 갈리아 사람이 그를 죽이러 왔지만 그가 황제일 리 없다고 생각했을 정도였다. 평생 동안 그는 거의 형벌 같은 질병에 시달렸다. 버짐, 관절염, 티푸스, 카타르, 신장 결석, 불면증 등이었다. 때로는 전투가 있을 때도 말을 탈 기력이 없어 들것에 실려 전쟁터로 나간 적도 있었다. 많은 의사들의 치료를 받은 그는 스스로 의사가 되어 유황 목욕과 거친 빵, 치즈, 생선, 과일 등의 식이 요법을 행했다. 서른다섯 살에 이미 늙었으나 일흔여섯 살까지 살았다.

 그의 성격은 상황의 변덕에 따라 다르게 발전할 수 있는 상반된 요소들을 포함하고 있다. 젊은 시절에는 가족 운이 좋고 카이사르의 사랑을 받으며, 시대의 성적인 방종에 동참했다. 그러고 나서 카이사르가 암살당했을 때는 안토니우스의 편을 들어 브루투스에게 맞섰다. 그러나 안토니우스의 무모한 야심과, 옥타비우스의 누이인 아내 옥타비아를 함부로 대하는 것을 보고 잔혹한 적으로 돌변했다. 서른세 살에 로마의 통치자가 되었을 때, 그의 미덕이 아주 넉넉하게 꽃피어났다. 권력은 그를 망치기보다는 오히려 겸손하게 만들었다. 그는 지나치게 많은 권력을 쥐었지만, 거드름을 피우지 않았다. 농담과 위트에 미소를 지었으며 시인들은 그에 대해 풍자문을 만들어냈다. 국내의 최고 법정에서 그는 지혜와 자비심으로 판결을 내렸다. 마지막 몇 년 동안 이어진 불운은 그를 격분케 하고, 또 강인하게 만들었다. 우리 마음이 그에 대해 저 살해당한 카이사르와 패배한 안토니우스를 볼 때 느끼는 것과 같은 감정을 느끼기 전에 먼저 그의 신체의 허약함과 노년의 근심들을 생각해야 한다.

 그의 실패와 비극은 거의 가족 내부의 문제들이었다. 딸 율리아는 아름다움과 생기로 그의 말년을 즐겁게 해줄 사람처럼 보였다.

하지만 그녀의 뜨거운 열정과 불안정한 변덕은 결혼, 자녀 양육, 도덕에 대한 아버지의 법안과는 거의 맞지 않았다. 열네 살에 결혼해서 열여섯 살에 과부가 된 그녀는 지나치게 분방한 자유를 누렸기에, 아버지는 서둘러 자신이 아끼는 마르쿠스 아그리파와 결혼시켰다. 아그리파는 당시 마흔 살이었다. 율리아와 아그리파 사이에선 다섯 명의 아이가 태어났다. 그러나 그가 죽자(BC 12) 그녀는 연속적인 애정 행각을 벌여, 이 일은 '율리우스 법'의 지배를 받던 로마에서 추문이자 즐거움이 되었다. 아버지의 양자인 티베리우스와 강제로 결혼한 다음에도 그녀의 연애 사건은 계속되었다. 티베리우스는 로도스 섬으로 도망쳐 철학과 점성술을 공부했다. 그의 친구들은 아우구스투스에게 다음의 사실을 상기시켰다. 황제 자신이 제정한 법에 따르면, 간통한 여자는 그 남편이 관청에 고발해야 하고, 남편이 거절하면 아버지가 고발하도록 되어 있다고 말이다. 기원전 2년 아우구스투스는 딸을 판다테리아 섬으로 귀양 보내라는 칙령을 내렸다. 캄파니아 해안에서 멀리 떨어진 불모의 바위섬이었다. 티베리우스를 포함한 많은 사람들이 아우구스투스에게 율리아를 용서해달라고 간청했지만 그는 거절했고, 율리아는 6년 동안의 귀양살이 끝에 죽었다. 그사이 그녀의 딸로서 이름이 같은 율리아도 어머니의 도덕성을 흉내 냈다. 아우구스투스는 마침내 손녀도 아드리아 해에 있는 섬으로 귀양 보냈다. 찢어지는 가슴을 안고 늙은 통치자는 죽음을 갈망했다.

죽음은 일흔여섯 살이 되는 해에 조용히 찾아왔다. 임종의 침상에 모여든 친구들을 향해, 로마 정치가들 중에서 가장 위대한 이 인물은 로마 희극의 마지막에 자주 사용되곤 하던 말을 중얼거렸다. "나는 내 맡은 역할을 다하였으니, 여러분이 손뼉을 쳐서 박수로 나를 무대에서 쫓아내주시오." 그는 아내를 끌어안고 이렇게 말했다. "우리의 오랜 결혼 생활을 기억하시오. 리비아, 안녕히." 이렇게 간단한 작별 인사와 함께 그는 세상을 하직했다.

며칠 뒤 그의 시체는 로마 원로원 의원들의 어깨에 들려 로마 시내를 가로질러 마르스 들판으로 운반되었다. 그곳에서 지체 높은 집안의 자녀들이 죽은 사람을 위한 애도의 시를 노래하는 동안 화장되었다.

Chapter 12

네로와 아우렐리우스

네로

아우구스투스가 죽은 14년부터 476년 로마 최초의 '야만인' 통치자인 오도아케르가 등장할 때까지, 로마 제국은 외부의 시련과 내부의 타락을 모두 견디고 살아남았다.

티베리우스는 아우구스투스의 양자 자격으로 그의 권한을 계승하여 가족 문제들이 그를 까다롭게 만들고 절대 권력이 그의 정신을 어둡게 하기 전까지, 아주 훌륭히 통치했다. 칼리굴라는 인기 있는 자선 활동으로 통치를 시작했으나, 곧 잔인성에 빠져들어 암살당했다. 클라우디우스는 철학, 역사, 자서전 등의 책을 썼을 뿐 아니라, 통치도 아주 훌륭하게 해서 로마를 깜짝 놀라게 했다. 그러나 수에토니우스에 따르면, 그는 "여자를 향한 열정에서 절제를 몰랐다"고 한다.

우리는 그의 네 번째 아내인 메살리나가 자신의 간통을 참아준 대가로 그에게 첩을 데려다 주었다는 믿기 어려운 이야기를 듣는다. 병사 몇이 그녀를 죽인 다음, 클라우디우스는 아그리피나와 결혼했다. 당시 그녀는 이미 네로의 어머니였다. 그녀는 클라우디우스에게 네로를 아들로 받아들이라고 설득한 뒤 황제에게 독이 있는 버섯을 먹였다. 클라우디우스가 죽자 열일곱 살의 네로가 왕좌를 물려받았다.(AD 54)

네로는 로마에 불을 지르라는 명령을 내렸다는 잘못된 정보 때문에, 또 자신의 극장에서 예술적 기교를 선보였다고 해서, 로마 황제들 가운데 가장 유명한 인물이 되었다. 그런데도 위대한 트라야누스 황제는 네로 황제의 처음 5년의 통치 기간을 로마 제국의 역사에서 가장 위대한 시대로 꼽았다. 네로는 자신이 아직 젊다는 점을 인정하고, 군대의 지휘권을 뺀 거의 모든 권한을 원로원에 양보했다.

그는 세네카의 안내를 받아들였다. 이 철학자가 〈온화함에 대하여〉라는 논문에서 거듭 강조하고 있는 자비심으로 통치하겠노라고 약속했다. 그러나 자신의 어머니가 자신에게서 왕권을 뺏고, 또 다른 아들 브리타니쿠스를 내세우려는 음모를 꾸미고 있다는 소식을 듣고, 형제를 독살하였다(그렇다고 한다). 어쨌든 제국은 처음 5년 동안 번창했다. 부정부패는 통제되었고, 관리들의 업무 능력은 향상되었으며, 흑해에서는 해적들이 소탕되었고, 파르티아(고대 이란의 왕국)와는 50년 동안의 평화 조약을 맺었다.

세네카가 이 5년을 주도했던 인물이다. 네로를 국사에서 멀리 떼어놓기 위해 그는 젊은이의 도덕성이 느슨해지는 것을 허용했다. 그 결과 젊은이는 값비싼 연회, 방탕한 젊은이들, 매춘부를 좋아하는 성향을 갖게 되었다. 그는 온화한 아내 옥타비아를 쫓아내고, 포파이아 사비나와 결혼했는데, 그녀는 하루의 절반을 치장으로 보내고, 나머지 절반은 욕망을 자극하는 일로 보냈다. 네로의 어머니가 그녀를 반대하자, 포파이아는 어머니를 사형시키라고 남편을 졸랐다. 벌거벗은 어머니의 시체를 보고 그는 이렇게 말했다. "내게 이렇게 아름다운 어머니가 있는 줄 몰랐었네."

스물두 살의 청년이 시·연극·음악·미술·체육에 대해 그토록 놀라운 정열을 가졌다는 이야기는 믿기 어려울 정도다. 그는 이 모든 것을 아주 열성적으로 연습하였고, 그중 몇몇 분야에서는 아주 탁월했다. 예술가와 시인들을 주변에 모으고, 그들의 작품과 자신의 작품을 비교했다. 64년 그는 나폴리에서 하프 연주자로 음악회를 열었다. 1년 뒤에는 로마의 폼페이 극장에서 하프 연주자 겸 가수로 등장하기도 했다. 알렉산드리아와 안티오키아가 과학적 설계에 따라 재건되었다는 소식을 듣고는, 로마가 멋대로 커졌기에 궁전들이 빈민가와 뒤섞였다고 탄식했다. 그는 로마를 재건하여 네로의 도시(네로폴리스)로 이름을 고치겠다는 꿈을 꾸었다.

64년 7월 18일, 막시무스 곡마단에 불이 나서 빠른 속도로 퍼져 시내가 9일 동안이나 불탔다. 로마의 3분의 2가 불에 타서 무너져 내렸다. 네로는 약 53킬로미터 떨어진 안티움(오늘날의 안치오)에 머물고 있다가 화재 소식을 들었다. 그는 서둘러 수도로 돌아와 화재를 진압하고, 불이 더 퍼지지 않게 하려고 있는 힘을 다했다. 그리고 열성적으로 구호 사업을 조직했다. 마르스 들판에 천막촌을 세우고, 주변 지역에서 곡식을 실어다가 집을 잃은 사람들에게 공급했다. 그런데도 그는 불을 지르고(방화) 탑에서 불길을 바라보며 불타는 트로이아를 노래하는 서사시를 읊었다는 잘못된 비난을 받았다. 타키투스에 따르면, 네로는 당시 규모가 크지 않던 기독교 그룹을 방화범으로 고발했다. 사도 베드로와 사도 바울로가 약 3년 전에 그곳에 있었기 때문이다. 강력한 반제국주의 역사가인 타키투스는, 네로가 그들 중 상당수를 "더할 나위 없는 잔혹성으로 사형에 처했다"고 말한다. 그 사이 네로는 자신의 꿈에 따라 도시를 재건하기 시작했다.

1년 뒤 그는 자신을 몰아내기 위한 음모 소식을 들었다. 일부 죄수들이 세네카와 시인 루카누스를 음모에 연루시켰다. 네로는 그들에게 자살할 것을 명령하고, 그들은 복종했다. 그는 권력의 절정에 선 것처럼 보였다. 66년에 그는 자신이 안전하다 믿고, 이탈리아를 떠나 그리스에서 열리는 경기에 출전할 수 있을 것이라고 생각했다. 올림피아에서 그는 사두마차를 몰다가 마차에서 내동댕이쳐져 심각한 부상을 입었지만, 말 네 필이 모는 두 바퀴 전차에 다시 몸을 싣고 경주를 계속했다. 그는 경주가 끝나기 전에 너무 지쳐 기권했지만, 승리의 관을 받았다. 이어 그리스는 앞으로 로마에 조공을 바치지 않아도 된다는 면제령을 내렸다. 그는 피티아 경기, 네메아 경기, 에스토니아 경기 등에 가수, 하프 연주자, 배우, 체육 선수 등의 자격으로 출전하여 상을 탔으며, 자신과 겨루어 이긴 선수들에게 로마 시민권을 부여했다.

이런 정복 한가운데서 그는 유대가 반란을 일으켰고, 거의 모든 서방이 자신에 맞서 반기를 들었다는 소식을 접했다. 68년 리옹의 총독인 빈덱스와, 스페인의 로마군 지휘관인 갈바 장군이 반란에 가담했다. 네로는 근위대가 자신을 지켜줄까 하고 바라보았다. 그러나 근위대는 갈바 편을 들었고, 원로원은 갈바를 황제로 선언했다. 네로는 좋아하는 친구들에게 하소연했으나 아무도 그를 돕기 위해 나서지 않았다. 그는 오스티아로 향하는 도로를 따라 도망쳤다. 충실한 선원이 탄 배를 찾을까 하는 희망을 가졌지만, 원로원 병사들이 그를 덮쳐 둘러쌌다. 그는 단검으로 자신의 목을 찌르려 했다. 그의 손이 떨렸다. 노예에서 풀려난 자유민이 그를 도와 칼날을 그의 몸에 찔러 넣었다. 그는 죽으면서 이렇게 탄식했다. "나와 더불어 어떤 예술가가 죽는 것인가!"

쇠퇴

기원전 149년, 검열관 카토의 죽음이 스토아 로마의 절정을 이루었듯이, 네로의 죽음은 쾌락주의 로마의 절정을 이루었다.

 카토가 죽은 직후 로마가 그리스(BC 146)와 헬레니즘 동양을 정복한 일은, 그보다 200년 전에 알렉산드로스 대왕이 열었던 경제적·문화적 길을 서쪽으로 확장한 일이었다. 이 길을 통해 동방의 종교들이 로마로 쏟아져 들어와, 스토아 철학을 향한 로마의 열정을 쾌락주의적인 손쉬움으로 바꾸어놓기 시작했다. 로마의 정복은 북에서 온 야만족에 의해서가 아니라, 동쪽에서 온 개명한 사람들에 의해 시작되었다. 그리스, 시리아, 유대, 이집트, 파르티아, 에티오피아에서 온 사람들이었다. 유베날리스는 오론테스 강(시리아에 있는 강)이 로마의 테베레 강으로 흘러 들어온다며 불평했고, 자부심 강한 원로원 의원 타키투스는 로마를 "세계의 오물 구덩이"라고 불렀다.

새로 온 사람들 속에는 수많은 장점들이 있었다. 유대인의 가족 생활은 그들에게 힘을 주는 하나의 기둥이고, 소수의 기독교 집단은 그 경건함과 단정함으로 로마인을 놀라게 했다. 그러나 새로 온 사람들은 원래의 환경과 계율에서 멀어지면서 도덕적으로 타락하였고, 그들이 원래 지닌 관습은 이방의 관습과 뒤섞였다. 관습들이 서로 다르다는 것, 다양한 혈통, 신앙, 목적, 방식의 큰 소용돌이 속에 종족의 단일성과 활력이 뒤섞인 것 등이 밖에서 들여온 로마의 부富와 힘을 합쳐 로마의 도덕 생활을 느슨하게 만들었다. 그러면서 오비디우스, 호라티우스, 마르티알리스의 무모한 쾌락주의, 네로의 오락과 범죄, 로마 황후들의 부정행위로 나타나게 된 것이다. 하지만 그보다 더 놀라운 일은 2세기에 아우구스투스 이후 로마 역사에서 가장 금욕적이고 헌신적인 통치자들이 갑자기 등장했다는 사실이다.

철학자 왕들

에드워드 기번의 판단을 들어보기로 하자. "누구든 세계 역사에서 인류의 조건이 가장 행복하고 번성했던 시대를 꼽으라는 요청을 받는다면, 아마도 지체 없이 네르바 황제의 등극(96)에서 아우렐리우스 황제의 죽음(180)까지의 시대를 꼽을 것이다. 이 황제들의 통치 기간은 아마도 국민의 행복이 통치의 확고한 목적이 되었던, 역사상 유일한 시대일 것이다."

에르네스트 르낭도 이 판단에 동의했다. 황제의 입양 원칙은 "세계 역사상 가장 훌륭하고 위대한 통치자들의 연속"을 로마에 마련해주었다. 이 원칙은 아우구스투스에 의해 시작되었다가 네로가 죽은 다음 파기되었다. 네르바 황제가 트라야누스를 후계자로 입양했을 때(98), 이것은 다시 복구되었다. 원로원은 이러한 입양을 통해 이미 행정적·군사적 능력을 입증한 인물이 받아들여질 것이라 가정하고 이 원칙을 수용했다. 이 원칙은 네르바, 트라야누스, 하드리아누스, 안토니누스 피우스에게 아들이 없었기 때문에, 그리고 자신들이 선택한 사람을 충분히 살피고 훈련할 시간이 있었기 때문에 아주 훌륭하게 작동되었다.

마르쿠스 코체이우스 네르바가 예순여섯 살이 되었을 때, 원로원은 그를 '황제(원로원 제1의원)'로 인정했다. 그는 가난한 사람들에게 땅을 분배하고, 많은 세금을 무효로 만들고, 유대인들에게 부과된 공물을 면제해주고, 왕실과 행정을 경제적으로 운영해서 국가의 재정을 강화시켰다. 죽기 석 달 전에 그는 후계자로 마르쿠스 울피우스 트라야누스를 입양했다.

트라야누스는 제국을 너무나도 사랑해서 제국을 위해 점점 더 많은 것을 소원했다. 그는 성숙한 삶의 시기 대부분을 제국을 방어하고 넓히는 데 바쳤다. 다키아(오늘날의 루마니아)를 정복해서 제국에 흡수했다. 점점 커지는 '야만인'들을 막기 위한 방책으로 다뉴브 강을 통제할 필요가 있었기 때문이다. 그는 다키아에 라틴어를 주고, 대신 그곳의 황금 광산을 취했다. 부자가 된 그는 베로나에 웅장한 원형 극장을 건설하고, 로마에 거대한 트라야누스 광장을 세웠다. 그곳에는 트라야누스 개선문, 그의 승리들을 기념하는 나선형 조각이 새겨진 기둥이 세워졌다. 이들은 뒷날 나폴레옹의 개선문에 영감을 주었다.

113년에 그는 다시 군단을 거느리고 파르티아를 정복해 인디아로 가는 상업 도로를 열 속셈으로 출정했다. 아르메니아, 아시리아, 메소포타미아, 파르티아를 속주로 만들고, 승리의 행군을 계속해 홍해에 이르렀다. 그리고 중풍 발작을 일으켜 고생하다가 117년에 살리누스에서 죽었다. 황제의 권한은 조카인 푸블리우스 아일리우스 하드리아누스에게 넘어갔다.

하드리아누스는 트라야누스와 마찬가지로 스페인에서 태어났다. 그러나 나머지 점에서는 그와 완전히 달랐다. 그는 전쟁을 싫어하고 개와 말, 사냥, 문학, 철학, 예술을 좋아했다. 아르메니아, 아시리아, 메소포타미아, 파르티아 등지에 자주권을 돌려주었다. 로마로 돌아와서 정부를 재조직하고, 그 각각의 부분을 감시했다. 그리고 (로마에서 많은 것을 배운 나폴레옹도 그랬듯이) 각 분야에 대해 상세한 지식을 갖추어, 각 분야 행정 담당자들을 깜짝 놀라게 했다.

그는 모든 분야에 '재정의 방어자'를 세워 부정부패나 재정 결손을 막았다. 제국의 최고 법정 판관으로서는, 공정하고 훌륭한 판결을 내린다는 명성을 얻었다. 부자에 맞서 가난한 사람의 편을, 강자에 맞서 약자의 편을 들어주었다. 그의 치하에서 제국은 그의 이전이나 이후 그 어느 때보다 훌륭하게 통치되었다.

쉬지 않고 새로운 발상으로 넘치는 하드리아누스는, 속주屬州들이 로마에 바친 부富의 일부를 다시 속주에 돌려주었다. 갈리아에서 그는 '천재지변'의 기습을 받은 지역을 원조해주었다. 게르만 경계 지역에서는 항상 위험한 '야만인'들에 대항하여 방어선을 강화했다. 로마인들은 제국 바깥에 사는 사람은 누구든 야만인이라고 불렀다. 라인 강을 따라 하류로 내려가 북해에 이르자, 하드리아누스는 로마의 속주인 브리타니아로 들어가서(122) 여러 은총을 베풀어 그곳 사람들의 마음을 진정시키고, 브리타니아 북부에 있는 정복되지 않고 예측할 수 없는 스콧 사람들을 방어하기 위해 '하드리아누스 장벽'을 세웠다.

로마에서 겨울을 보낸 다음 북아프리카로 가서 그곳의 번성하는 도시들을 정비했다. 124년에는 그리스 문명의 영향을 받은 중동 지역으로 갔다. 멈추는 곳마다 불평과 탄원을 귀담아듣고, 사원, 극장, 목욕탕 등을 건설할 비용을 대주었다. 125년과 128년 겨울을 아테네에서 보내며 철학자 및 학자들과 행복한 교류를 갖고, 아주 지혜롭게 도시를 정비해서, 이 오래된 정신의 도시는 역사상 어느 때보다 깨끗하고 아름답고 더욱 번성하게 되었다. 130년에는 이집트로 여행하며 알렉산드리아에서 신학적 혹은 학문적 강령의 바람을 맞고, 아내 사비나와 잘생기고 헌신적인 남자 친구 안티누스와 함께 나일 강을 따라 거슬러 올라갔다. 이 여행에서 젊은 안티누스가 물에 빠져 죽었다. 하드리아누스는 깊은 슬픔에 잠겨 로마로 돌아왔다.

이곳에서 그는 수도의 발전을 위해 헌신했다. 아그리파가 기원전 27년에 건설한 판테온[14]은 80년과 110년의 화재로 거의 파손되었다. 하드리아누스는 건축가와 기술자들에게 만신전을 원형 사원으로 다시 짓도록 했다. 이 사원은 지름 132피트(약 40미터)의 원형 사원인데, 안쪽에 있는 기둥들이 그 무게를 지탱하고, 둥근 천장 가운데 뚫린 지름 26피트(7.8미터)의 눈天窓을 통해 들어오는 넉넉한 빛이 유일한 조명이다. 이 우아한 둥근 천장 건축술은 로마의 산피에트로 성당과 미국의 수도 워싱턴까지 이어지고 있다.

135년 유대 지방의 반란은 그를 몹시 분노하게 만들었다. 그는 이 일로 인해 자신이 통치하는 동안 계속된 평화가 깨졌음을 탄식했다. 그해에 오래 계속되는 질병에 걸렸고, 이 병은 그의 건강을 해치고 마음을 어둡게 하여 때로는 잔인성까지 드러내게 만들었다. 제위 계승을 위한 싸움을 일찌감치 끝내기 위해, 그는 친구 루키우스 베루스를 입양하여 후계자로 삼았다. 베루스는 곧 죽었다. 하드리아누스는 성실성과 지혜로 평판이 높은 티투스 아우렐리우스 안토니누스를 후계자로 삼고, 그에게 두 젊은이를 입양해 궁정에서 훈련시키라고 충고했다. 젊은이들 중 한 명은 안토니누스보다 먼저 죽었다. 다른 한 명이 마르쿠스 아우렐리우스 황제였다. 하드리아누스는 138년에 죽었다. 그의 나이 예순여섯이었지만 21년 동안 통치하면서, 자신의 활동과 예견으로 제국에 3대에 걸친 위대한 황제를 마련해주었다. 모두가 역사상 가장 너그러운 사람

---

[14] Pantheon. 모든 신을 모신 만신전.

들이었다.

티투스 아우렐리우스 안토니누스는 원로원에 의해 피우스[15]라는 이름으로 불렸다. 그가 옛날 로마 공화국 시절 귀하게 여기던 미덕을 갖춘 사람이었기 때문이다. 즉 자식으로서의 헌신, 애국심, 친구들에 대한 성실함, 시간과 지갑의 너그러움을 고루 갖추었다. 그는 자신의 넉넉한 개인 재산을 국고에 퍼붓는 일로 통치를 시작했다. 밀린 세금을 없애주고, 축제를 위한 돈을 내고, 부족한 기름과 곡식, 포도주 등을 사서 세금 없이 분배하고 자신의 수입과 지출에 대한 공개적인 회계를 내놓았다. 간통한 남자와 여자에게 내리는 형벌을 동일하게 만들고, 잔인한 주인에게서 노예를 빼앗았다. 국가 재정을 들여 특히 가난한 사람의 교육을 확대했으며, 공인된 교사와 철학자들에게는 원로원급의 특전을 주었다.

그가 통치하는 동안 이집트와 다키아를 제외한 모든 속주들이 번창했다. 속주들은 사회 질서와 내부의 평화를 마련해준 제국의 일부가 된 것을 다행스럽게 여겼다. 속주 출신의 작가들, 그러니까 스트라보, 필로, 플루타르코스, 아피아노스, 에픽테토스는 '로마의 평화'를 찬양했다. 아피안은 로마의 속국이 되겠다고 간청하였으나 허락을 받지 못한 외국 사절들을 보았다고 전하고 있다. 그 이전에 어떤 군주 국가도 사람들에게 그토록 자유를 준 경우가 없었다. 혹은 백성의 권리를 그토록 존중한 경우도 없었다. 르낭은 이렇게 썼다. "세계의 이상理想이 성취된 것으로 보였다. 지혜가 통치를 하고,

---

15 Pius. '양심 바른', '성실한', '경건한' 등의 뜻을 가진 형용사.

23년 동안 로마 세계는 자애로운 아버지의 지배를 받았다."

안토니누스는 일흔네 살에 중병에 걸리자 양아들 마르쿠스를 침대 곁으로 불러 제국의 통치권을 넘겨주었다. 그날의 장교에게는 '마음의 평정'이라는 암호를 주었다. 그리고 나서 잠자기 위해 돌아눕더니 그대로 죽었다.(161) 모든 계급의 사람과 모든 도시들이 그의 추억을 기리느라 경쟁을 벌였다.

르낭의 말을 빌리면, 안토니누스는 "마르쿠스 아우렐리우스를 후계자로 지명하지 않았더라면, 경쟁자 없이 최고의 통치자라는 평판을 얻었을 것"이다. 마르쿠스는 전임자의 모든 미덕을 물려받은 것 같았다. 게다가 그는 "좋은 조부모, 좋은 양친, 좋은 자매들, 좋은 친척들"을 가졌다. 시간이 이런 행복에 균형을 맞추어 주었으니, 정절과 도덕성이 의심스러운 아내를 맞아들인 것이다. 그는 그런 아내를 존중하였으며, 또한 치명적일 정도로 질이 떨어지는 아들을 몹시 사랑했다. 저술 활동을 통해, 논리와 점성술을 멀리하고, 미신에서 벗어나고, 자연과 조화를 이루어 단순하게 살 수 있음을 감사했다.

그는 열두 살의 나이에 이미 남루한 철학자의 모습을 하고 있었다. 마루에 짚을 깔고 잠을 자면서, 제발 침상을 이용하라는 어머니의 간청을 오랫동안 거부했다. 어른이 되기도 전에 이미 스토아 철학자였던 것이다. 그는 다음의 일들에 감사하고 있다. "내가 젊음의 꽃을 유지했던 것을, 시간이 되기도 전에 남자가 되는 부담을 떠맡지 않고 오히려 필요 이상으로 연기할 수 있었던 것을……. 그리고 내가 축복을 필요로 하지 않았던 것을." 그리고 형제인 세베루스가 자신에게 '국가의 이념'을 가르쳐준 것을 감사한다. 그가 "모두에게 동일한 법이 주어진 국가…… 동일한 권리, 연설의 자유가 있으며, 또한 무엇보다도 통치받는 사람의 자유를 존중하는 통치의 이념"을 가르쳐주었다고 했다. 스토아 이념을 갖춘 군주 국가라는 이상理想이 2대에 걸쳐 통치자의 마음을 사로잡았다. 그는 법보다는 모범으로 통치하기로 결심했다. 자신에게 일절 사치를 허용하지 않았으며, 모든 행정 업무를 스스로 떠맡았고, 누구든 자기에게 쉽게 접근하도록 해주었다. 머지않아 제국 전체가 그를 환영했다. 철학자가 왕이 되어야 한다는 플라톤의 이념이 현실이 되었던 것이다.

그가 철학자로 이름을 날리는 것을 보고 용기를 얻은 야만인들이 로마의 경계선으로 다시 공격을 시도했다. 167년 다뉴브 강 북부에 사는 종족들이 강을 건너 전쟁과 질병으로 쇠진한 로마 군단을 기습 공격했다. 마르쿠스는 책을 옆으로 밀쳐놓고 정치가, 검투사, 산적, 노예 등을 포함하는 새로운 군대를 조직하고 훈련시켜, 규율이 있는 강인한 군대로 만들었다. 이 부대를 이끌고 전략과 기술을 이용해 힘든 전투를 벌여 승리를 거두었다. 그러고 나서 로마로 돌아와 후계 문제에 부딪치게 되었다. 그는 아들 코모두스에게 철학과 통치술을 가르치려 하였지만 젊은이는 공부에서 도망쳐 검투사들에게 달려갔다. 머지않아 그는 잔인한 행동과 거친 말투로는 이들을 능가하게 되었다.

그사이 토박이 로마 사람들은 피임과 편안함으로 인해 그 수와 활력을 잃고, 야만인들은 다산多産과 힘든 생활로 인해 수가 불어났다. 168년에서 176년 사이 7년 동안 제국은 번갈아가며 공격을 받았다. 카티(고대 게르만 일족), 마르코만니(역시 게르만 일족) 사람, 마우리(무어) 사람, 사르마티아(동부 유럽) 사람, 콰디(게르만 일족) 사람, 야지게(사르마티아 종족의 유목민) 사람 등이었다. 일부는 그리스에 침입해 아테네 14마일(약 22.5킬로미터) 지점까지 들어왔다. 다른 사람들은 로마 속령 스페인을 침입하였고, 또 일부는 알프스를 넘어와 베네치아와 베로나를 위협하면서 부유한 북부 이탈리아 평원을 황폐하게 만들었다.

이 시기 마르쿠스는 이따금 고통스러운 위장병에 시달렸다. 어떤 처방도 듣지 않았고 심지어는 갈레노스[16]의 약도 듣지 않았다. 수척하게 여위고 수염도 다듬지 않고 눈은 근심과 불면으로 지친 채, 고독한 통치자는 국내의 통치를 뒤에 남겨두고 마음에 맞지 않는 전쟁을 수행하러 떠나곤 했다.

다뉴브 강을 따라 전투를 벌이고 있을 때, 이따금 전투가 멎는 틈을 이용해 마르쿠스 아우렐리우스는 《명상록》으로 알려진 작은 책을 그리스어로 집필했다. 원래는 '그 자신에게'라는 제목이었다. 삶에서 맨 처음의 것과 맨 마지막의 것들에 대해 얻은 결론들을 요약하고 있다. 그는 공식적인 로마의 신앙을 잃어버렸고, 동방에서 온 새로운 어떤 신앙도 받아들이지 않았다. 그러나 자연에서 질서의 표지와 형태들을 너무나도 많이 보았기에, 어떤 신비로운 지적 존재가 우주에 개입하고 있음을 의심하지 않았다. 모든 것은 보편

---

[16] 고대 로마의 의사, 해부학자.

적 이성에 의해 결정된다고 그는 느꼈다. 그것은 우주 전체에 내재된 논리다. 각각의 부분은 자신의 소박한 운명을 즐거운 마음으로 받아들여야 한다. '마음의 평정'(안토니누스의 표어)이란 "보편적 자연(본성)에 의해 네게 할당된 것을 자발적으로 받아들이는 일"이다. 모든 것은 "나와 조화를 이루고, 그대 우주(전체)와 조화를 이룬다. 그대(전체)에 적합한 그 어느 것도 내게 너무 빠르거나 너무 늦은 것은 없다."

그는 이 세상에 나쁜 사람들도 있다는 사실을 마지못해 인정했다. 그들을 대하는 방식은 그들 또한 인간임을 기억하는 것이다. 그들은 상황의 운명에 의해 만들어진, 어쩔 수 없는 자신의 결점의 희생자들이다. "어떤 사람이 네게 나쁜 일을 했다면, 그 자신이 해를 입는다. …… 그를 용서하라." 이것이 실천할 수 없는 철학으로 보이는가? 오히려 그 반대다. 이 세상에서 훌륭한 기질이란, 그것이 진지하기만 하다면, 아무것도 그것을 이길 수가 없다. 정말 선한 사람은 불행에 면역력이 있다. 어떤 재앙이 덮쳐도, 그의 영혼은 그대로이기 때문이다. 철학은 논리나 배움이 아니라 이해와 받아들임이다.

죽음에 대해서도, 그것을 자연스럽고 필연적인 일로 받아들여라.

육신이 변형되고 해체되면, 죽을 운명을 지닌 또 다른 육신을 위한 공간이 마련된다. 그렇듯 생명이 변형되고 해체된 다음, 영혼도 공중으로 떠나…… 우주에 있는 배아 상태의 지성知性 속으로 들어간다. 그렇게 해서 새로운 영혼을 위한 공간이 마련된다. …… 너는 부분으로 존재했다. 이제 너는 여기서 떠나 너를 만든 그것 속으로 돌아간다. …… 이 또한 자연이 바라는 바이니…… 그렇다면 이 작은 시공時空을 통과해 편안하게 자연으로 돌아가라. 그리고 만족하면서 너의 여행을 끝내라. 올리브 열매가 익으면, 떨어져서 자신을 만들어낸 자연을 축복하고, 저를 키워준 나무에 감사하는 것처럼.

그는 무덤 저편에 행복을 향한 희망 없이, 그리고 자신을 계승할 아들에 대한 확신도 없이 죽음을 바라보았다. 6년 동안이나 북부에서 전투를 계속하여 승리하고 176년에 로마로 돌아왔을 때는 제국의 구원자로 환영받았다. 그는 자신의 승리가 오로지 일시적인 것이라는 걸 알고 있었다. 2년 뒤, 다시 게르만 침입의 물결을 통제하려고 길을 나섰다. 그리고 이 전투 도중에 죽었다.(180) 아들에 대한 사랑으로 입양의 원칙을 받아들이지 않은 채였다.
　코모두스는 로마 제국의 긴 추락을 시작한 인물이다. 그사이에 두려운 기독교도들이 대중 속에 몸을 숨긴 채, 그리스도가 승리할 날을 끈질기게 기다리고 있었다.

Chapter 13

인간 그리스도

역사적 출전

예수는 정말 존재했나? 신약 성서의 처음 세 복음서는 단순히 신화를 옮긴 것일까? 18세기 초 볼링브록 백작은 예수가 실존 인물이 아닐지도 모른다는 가능성을 제기해 볼테르를 깜짝 놀라게 만들었다. 볼네는 1791년 그의 유명한 《제국의 폐허》에서 이 질문을 다시 끄집어냈다. 나폴레옹이 1808년에 독일 학자 빌란트를 만났을 때, 그는 정치나 전쟁의 문제가 아니라 그리스도가 역사적으로 존재했다고 믿는지 물었다. 1840년 독일 역사가 페르디난트 크리스티안 바우어는 그리스도를 오시리스, 디오니소스, 미트라와 같은 급의 신화로 그리기 위한 논쟁 문서를 정열적으로 연달아 펴내기 시작했다.

오늘날 정평이 있는 어떤 학자가 아직도 이런 견해를 가지고 있는지 나는 모른다. 마태오, 마르코, 루가 등이 전해주는 이야기에서, 교회의 인가 없이 민중이 이교도 신들의 이야기를 (동방 박사 세 사람 같은) 덧붙였다는 사실이 일반적으로 인정되고 있기는 하다. 오늘날 65년에서 70년 사이에 나온 것으로 여기는 〈마르코의 복음서〉(〈마가복음〉)는 예수의 제자들 중 일부가 아직 살아서 그의 진술을 부정할 수도 있는 시기에 통용되었을 것으로 보인다. 그리고 사도 바울로가 십자가에 못 박힌 설교자의 존재를 의심했다면 기독교를 설교하지 않았을 것이다. 당시 사도들은 이 설교자를 위해 목숨을 바쳤다. 단지 몇 사람이 겨우 몇 년 동안에 걸쳐 예수처럼 강력하고 호소력 있는 인물을 만들어냈다면, 그것이야말로 복음서에 기록되어 있는 내용보다 오히려 더 믿을 수 없는 일일 것이다. 수위 높은 비평의 200년이 지난 다음 그리스도의 생애, 성격, 가르침의 윤곽이 상당히 명료해졌다. 그리고 서양 남성의 파노라마에서 가장 매력적인 인물이 드러났다.

인간의 아들

우리는 우선 예수 탄생의 장소와 시대를 느끼려고 해보아야 한다. 자신들을 흡수한 로마 제국에 대해 그의 나라와 민족이 가졌던 관계, 정복당한 민족의 고통 그리고 종교, 법, 문학, 철학 등의 자랑스러운 유산, 해방을 향한 정열적인 희망, 자유와 정의와 영광의 왕국이 도래하리라는 그들의 꿈을 느껴야 한다. 이런 요소들 모두가 함께 민감하고 이해심 깊은 정신에 작용해서 목수 아들을 형성했고, 그를 십자가로 이끌어갔다.

역사의 유머 덕분에 그는 '기원전(그리스도 이전)' 3년 또는 4년에 태어났다. 〈마태오의 복음서〉에 따르면(〈마태오의 복음서〉 2장 15절) 예수는 위대한 헤로데 왕이 죽기 전에 태어났는데, 왕은 기원전 4년에 죽었다. 예수는 유대아 지방 베들레헴 사람이거나 갈릴래아(갈릴리) 지방 나자렛 사람이다. 〈마태오의 복음서〉는 다윗 왕의 계보에서 시작해 '마리아의 남편 요셉'까지 그의 조상을 나열하고 있다. 이것은 다윗의 후손이 나타나 이스라엘을 구원하고 그 영광을 회복할 것이라는 유대인의 믿음에 딱 들어맞는다. 그러나 마태오는 이렇게 덧붙였다. "마리아는 요셉과 약혼을 하고 같이 살기 전에 잉태한 것이 드러났다. 그 잉태는 성령으로 말미암은 것이었다."(〈마태오의 복음서〉 1장 18절) 〈루가의 복음서〉는 이 기적을 확장시켜 위대한 문학으로 만들었다. "천사는 마리아의 집으로 들어가 '은총을 가득히 받은 이여, 기뻐하여라, 주께서 너와 함께 계신다.'" 이 소식을 들은 그녀의 사촌 엘리사벳은 이렇게 덧붙였다. "여자들 가운데 가장 복 되시며 태중의 아드님 또한 복 되십니다." 이것은 가장 사랑스러운 가톨릭 기도문의 하나가 되었다. 마리아는 장엄한 〈마리아 송가〉로 이에 화답하였고, 이 송가는 많은 위대한 음악에 영감을 주었다. "내 영혼이 주님을 찬양하며 내 구세주 하느님을 생각하는 기쁨에 이 마음 설렙니다. 주께서 여종의 비천한 신세를 돌보셨습니다. 이제부터는 온 백성이 나를 복되다 하리니 전능하신 분께서 나에게 큰일을 해주신 덕분입니다."(〈루가의 복음서〉 1장 46~48절)

지금도 나는 중세 시대가 성모를 위해 지은 사랑스러운 찬송가들을 생각하며, 또한 내가 젊은 시절 불렀던 즐거운 성모 찬가들을 기억한다. 성모는 나의 첫사랑이었다. 성모를 상상하고 숭배하며, 또 성모의 영광을 위해 수많은 교회를 건설했다는 것은 결점을 보완하는 인류의 한 가지 특성이다. 어쨌든 오늘날의 영혼이 되어버린 부조리한 운동 경기에 대해서는 할 말이 그렇게 많지 않다.

예수는 아마도 대가족의 한 사람이었던 듯하다. 이웃 사람들이 "그 형제들은 야고보, 요셉, 시몬, 유다"(〈마태오의 복음서〉 13장 55절)라고 말하고 있기 때문이다. 아마도 그는 아버지의 목수 일을 같이했을 것으로 보이지만, 그러나 분명 주변 지역 자연의 아름다움에도 마음을 뺏겼을 것이다. 뒷날 그가 감성을 지닌 채 꽃의 우아함과 색깔을 언급하고, 나무가 열매 맺지 못함을 말하고 있기 때문이다.

회당에서 학자들과 논쟁을 벌인 이야기는 못 믿을 이야기가 아니다. 그는 기민하고 호기심 많은 정신을 지녔으며, 중동 지방에서 열두 살 소년은 이미 성숙기에 접어들기 때문이다. 그는 회당(시나고그)의 집회에 참석하여 분명한 즐거움으로 경전을 들었다. 예언서들과 〈시편〉은 그에게 깊은 영향을 미치고, 그의 기억 깊숙이 자리 잡았다. 아마도 다니엘, 에녹의 책도 읽었을 것이다. 그의 뒷날의 가르침이 메시야, 최후의 심판, 그리고 하느님의 왕국 등 그들의 사상을 드러내고 있기 때문이다.

그가 호흡한 대기는 종교적 흥분으로 긴장된 것이었다. 수많은 유대인들이 이스라엘의 구원자를 초조하게 기다렸다. 마법, 악령, 천사들, '사로잡힌 자들'과 악마 쫓기, 기적, 예언, 그리고 점, 점성술 등이 어디서나 인정받았다. 마법사들, 즉 기적을 행하는 사람들이 이리저리 도시들을 찾아다녔다. 모든 선량한 팔레스타인 유대인들은 해마다 유월절 명절을 지내기 위해 예루살렘으로 갔다. 예수는 아마도 에세네파의 가르침과, 절반쯤은 수도사 같은 그들의 생활에 대해서도 들었을 것으로 보인다. 어쩌면 힌두 왕 아소카의 불교 선교사들이 팔레스타인에 왔을지도 모른다. 그러나 그에게 종교적 열정을 불러일으킨 경험은 어머니 마리아의 사촌인 엘리사벳의 아들 요한의 설교였다.

마태오와 마르코는, 요한이 낙타 털옷을 입고 죽은 메뚜기와 들꿀을 먹고 살면서, 요단 강가에 서서 사람들에게 회개하라고 외치며, 영혼의 거듭남을 위해 회개한 사람들에게 세례를 주었다고 서술한다. 그는 죄인들에게 최후의 심판을 예비하라 경고하고, 하느님의 왕국이 곧 찾아올 것을 선포하며 모든 유대아가 회개하고 죄를 깨끗이 씻으면, 메시야와 그 왕국이 나타날 것이라고 요한은 설교했다.

세례 요한이 감옥에 갇히자, 예수가 그가 하던 일을 맡아 하느님 나라가 찾아올 것을 설교하기 시작했다. 루가에 따르면 그는 "갈릴래아로 돌아왔다. 그리고 여러 회당에서 가르쳤다. 주님의 성령이 나에게 내리셨다. 주께서 나에게 기름을 부으시어 가난한 이들에게 복음을 전하게 하셨다. 주께서 나를 보내시어 묶인 사람들에게는 해방을 알려주고 눈먼 사람들은 보게 하고, 억눌린 사람들에게는 자유를 주었다."(《이사야》 58장 6절 참조) 루가는 이렇게 덧붙인다. "회당에 모였던 사람들의 눈이 모두 예수에게 쏠렸다. …… 사람들은 모두 예수를 칭찬하였고 그가 하시는 은총의 말씀에 탄복하였다."
 그 말씀은 언제나 유쾌한 것만은 아니었다. 예수는 사람들 사이에서 만들어지던 엄격한 논리 일부를 받아들여 선포하고, 죄인들은 "꺼지지 않는 지옥의 불"에 던져진다고 말했다. "지옥에서는 그들을 파먹는 구더기도 죽지 않고, 불도 꺼지지 않는다"고 했다.(〈마르코의 복음서〉 9장 43~48절) 그리고 〈마태오의 복음서〉에서는 다음과 같이 말한다. "사람의 아들(곧 그리스도)이 천사들을 보낼 터인데, 그들은 죄짓게 하는 자들과 악행을 일삼는 자들을 모조리 자기 나라에서 추려내서 불구덩이에 처넣을 것이다. 그러면 거기서 그들은 가슴을 치며 통곡할 것이다. 그때에 의인들은 아버지의 나라에서 해와 같이 빛날 것이다."(〈마태오의 복음서〉 13장 41~43절)
 그는 가난한 사람이 하늘나라에서 지옥에 빠진 부자의 혀에 물 한 방울도 떨어뜨려줄 수 없다는 말을 하고도, 아무런 항의를 받지 않았다.(〈루가의 복음서〉 16장 25절) 폭력과 간음, 탐욕에 물든 세상을 향한 설교에서 어느 정도의 가혹함과 두려움은 꼭 필요한 것이라고 생각했던 것 같다. 더욱 특징적인 면모는 보수적인 장로들인 바리사이派 사람들이 그에게 간음한 여자를 벌주어야 하는가를 물었을 때 드러난다. 그는 이렇게 말했다. "너희 중에 누구든지 죄 없는 사람이 먼저 저 여자를 돌로 쳐라."(〈요한의 복음서〉 8장 7절)
 우리는 그가 가장 사랑에 넘친 사람이었다는 이야기를 듣는다. 많은 여자들이 그에게서 동정 어린 부드러움을 보았다. 그것은 확고한 헌신을 만들어냈다. 회개한 죄인을 받아들이는 그의 태도에 감동받은 창녀가, 그의 앞에 무릎을 꿇고 그의 발에 기름을 붓고 그 발 위에 눈물이 떨어지자 자신의 머리카락으로 그것을 닦아냈다. 옆에 있던 사람들이 항의하자 그는 이렇게 대답했다. "이 여자는 이토록 극진한 사랑을 보였으니 그만큼 많은 죄를 용서받았다." (《루가의 복음서》 7장 37~38절, 47절)

나는 그가 행했다고 하는 대부분의 기적들이 암시에 의한 자연적인 결과였을 것이라고 생각한다. 감수성이 예민한 영혼에 미친 강하고 확고한 정신의 영향이라고 말이다. 비슷한 현상은 루르드(프랑스의 성지)에서도 관찰된다. 그에 대한 믿음이 그들에게 강장제가 된 것이다. 신앙을 가지고 그를 건드릴 때, 약한 사람들은 힘을 얻고 병든 사람들은 나았다. 신념을 가진 강인한 여자나 남자의 생각과 의지 속에 들어 있는 힘에 대해 우리는 그 어떤 한계도 둘 수 없다.

기쁜 소식(복음)

예수가 사람들에게 준 복음은 무엇이었던가? 그의 출발점은 세례자 요한의 복음이었다. 그것은 다시 시간을 거슬러 다니엘과 에녹의 예언으로 돌아간다. 그러니까 "역사는 비약하지 않는다". 예수는 하늘나라가 코앞에 다가왔다고 말했다. 하느님은 지상에서 사악함의 통치를 곧 끝낼 것이다. 사람의 아들(예수는 자신을 이렇게 불렀다)은 "하늘의 구름을 타고" 와서, 살아 있는 사람과 죽은 사람을 심판할 것이다. 회개의 시간이 다 끝나가고 있다. 회개하고 올바르게 살고 하느님을 사랑하고, 하느님의 심부름꾼을 믿는 사람들은 하느님 나라에 들어갈 것이고, 마침내 모든 악과 고통과 죽음에서 벗어난 세상에서 권력과 영광을 누릴 것이다.

예수는 이런 이념들을 명백하게 정의 내리지 않았다. 많은 어려운 점들이 아직도 그의 개념을 모호하게 만든다. '나라'라는 말은 무얼 뜻했던 것일까? 초자연적인 하늘일까? 아마도 아닐 것이다. 사도들과 초기 기독교도들은 모두 지상의 왕국을 기대했기 때문이다. 이것은 그리스도가 물려받은 유대의 전통이었다. 그리고 그는 자기를 따르는 사람들에게 주기도문을 가르쳤다. "나라가 오게 하소서. 당신의 뜻이 하늘에서 이루어진 것처럼 땅에서도 이루어질 것입니다." 오직 이런 희망이 실패한 다음에야 비로소 〈요한의 복음서〉는 예수가 이렇게 말한 것으로 기록하고 있다. "내 왕국은 이 세상의 것이 아니다."(〈요한의 복음서〉 18장 36절) 그렇다면 그것은 영적인 상태를 뜻한 것이었을까, 아니면 물질적인 유토피아일까? 때때로 그는 하느님 나라를 순수하고 죄 없는 사람들이 얻을 수 있는 영혼의 상태로 묘사했다. "하느님 나라는 바로 너희 가운데 있다."(〈루가의 복음서〉 17장 20절) 또 다른 곳에서는 그것을 사도들이 통치자가 되는 행복한 미래의 사회로 그리기도 했다. 그곳에서는 그리스도를 위해 고통을 받은 사람들이 백배의 상을 받을 것이라 했다.(〈마태오의 복음서〉 19장 29절)

많은 사람들이 이 하느님 나라를 공산주의 유토피아로 해석하고, 그리스도를 사회주의 혁명가로 보았다. 복음서는 이런 견해에 대해 어느 정도 증거를 제공한다. 그리스도는 부유한 사람들에게 배고픔과 불행을 약속하고, 가난한 사람들에게는 여덟 가지 복으로 위안을 해주었다. 율법을 지키는 것 말고 또 무엇을 해야 할지를 묻는 부유한 젊은이에게 예수는 이렇게 대답했다. "가서 너의 재산을 다 팔아 가난한 사람들에게 나누어주어라. …… 그리고 나를 따라오너라."(〈마태오의 복음서〉 19장 21절) 사도들은 하느님 나라란, 부자와 가난한 사람 사이에 존재하는 관계를 혁명적으로 뒤집는 일이라고 해석했던 것으로 보인다. 그들과 초기 기독교도들이 "모든 것을 공동 소유"하는 공동체 생활을 한 것을 앞으로 보게 될 것이다.(〈사도행전〉 2장 44~45절)

그러나 보수주의자도 자신의 의도를 위해 신약 성서를 인용할 수 있다. 그리스도는 로마의 대리인 노릇을 하는 마태오를 친구로 삼았다. 그리고 정부에 대해서는 한마디도 비판하지 않았으며, 유대인의 해방 운동에 이렇다 할 동참을 하지 않았고, 정치적 혁명의 기미가 별로 없는 순종적인 너그러움을 권고했다. 바리사이 사람들에게는 "카이사르의 것은 카이사르에게 돌리고, 하느님의 것은 하느님에게 돌려라"고 충고했다. 그는 어떤 종(노예)이, 주인이 자기에게 맡긴 10미나(600달러)를 투자하여 10미나를 더 만든 것을 칭찬했다. 그리고 1미나를 받았으나 주인이 돌아올 때까지 아무 일도 하지 않고 안전하게 보관한 종을 질책했다. 그리고 주인의 입을 빌려 이렇게 말했다. "누구든지 있는 사람은 더 받겠고, 없는 사람은 있는 것마저 빼앗길 것이다."(〈루가의 복음서〉 19장 26절) 이 말은 세계사를 요약한 것은 아니라 하더라도, 시장 경제를 아주 훌륭하게 요약해놓은 말이다.

그는 현존하는 경제 질서를 공격하지 않았다. 반대로 "폭행을 써서 하늘나라를 빼앗으려" 하는 열렬한 사람들을 질책했다.(《마태오의 복음서》 11장 12절) 그가 생각한 혁명은 훨씬 더 깊은 종류의 혁명이었다. 그런 혁명이 없다면 모든 개혁은 오로지 표피적이고 일시적인 것에 지나지 않을 것이다. 사람들의 마음에서 이기적인 욕심, 잔인성, 정욕 등을 없앨 수만 있다면, 유토피아는 저절로 다가올 것이다. 이것이 모든 혁명 가운데 가장 깊은 혁명이 될 것이고, 이런 혁명에 견주어보면 다른 혁명은 단순히 계급 간의 쿠데타에 지나지 않을 것이므로. 그리스도는 영적인 의미에서 보면 역사상 가장 위대한 혁명가였다.

그의 업적은 새로운 국가를 만들어낸 것이 아니라, 새로운 도덕성의 윤곽을 드러냈다는 점에 있었다. 그의 윤리 법전은 하느님의 나라가 일찍 다가올 것이라 예언하고, 사람들을 그 나라에 들어갈 수 있게 만드는 것이었다. 그래서 여덟 가지 복은 겸손, 온화함, 평화를 전례 없이 드높이고 있다. 다른 뺨도 내밀라는 충고, 경제적 공급, 부, 통치 등에 대한 무관심, 결혼보다 독신 생활을 더 높이 여기는 태도, 가족과의 유대를 포기하라는 명령……. 이런 그의 생각은 가족생활이나 사회적 질서를 위한 규칙이 아니다. 그것은 하느님의 선택을 받아 눈앞에 닥친 하느님의 나라에 들어갈 수 있도록, 남자와 여자를 수도원 생활 방식에 맞추기 위한 것이다. 그 나라에는 법도, 결혼도, 성관계도, 부富도, 전쟁도 없다.

이러한 도덕적 이상은 새로운 것이었던가? 그것을 배열한 방식 말고 달리 새로운 것은 없다. 그리스도 설교의 핵심 주제는 다가오는 심판과 왕국에 대한 것으로, 이미 유대인들 사이에서는 100년이나 된 것이었다. 모세의 율법이 이미 박애 사상을 포함하고 있다. 〈레위기〉에는 다음과 같은 기록이 있다. "네 이웃을 네 몸처럼 아껴라. 너에게 몸 붙여 사는 외국인을 네 나라 사람처럼 대접하고 네 몸처럼 아껴라."(〈레위기〉 19장 17~18절, 34절) 예언자들은 모든 예식보다 올바른 생활을 더 높이 여겼다. 이사야와 호세아는 이미 야훼를 군사적인 주에서 사랑의 하느님으로 변화시켰다. 힐렐[17]은 공자와 마찬가지로 황금률을 만들어냈다. 우리는 예수가 자기 민족의 풍부한 도덕적 가르침을 물려받고 이용했다 해서 예수에게 반대할 필요는 없다.

오랫동안 그는 자기 자신을 순수하게 유대인으로 생각했다. 예언자들의 사상을 나누어 갖고, 그들의 사업을 계승하고 그들처럼 오로지 유대인들을 향해서만 설교했다. 자신의 복음을 전파하라고 제자들을 파견할 때, 그는 오로지 유대 도시만 선택했다. "이방인들이 사는 곳으로 가지 말라."(〈마태오의 복음서〉 1장 5절) 그렇게 되면 모세 율법에 문제가 일어날 것이기 때문이다. "나는 모세의 율법을 없애러 온 것이 아니라 오히려 완성하러 왔다."(〈마태오의 복음서〉 5장 17절) 또한 자신이 낫게 한 나병 환자에게 "사제에게 가서 네 몸을 보이고, 모세가 정해준 대로 예물을 드려라"고 말했다(〈마태오의 복음서〉 8장 4절) 그런데도 그는 법을 일부 변경시켰다. 성과 이혼의 문제에서는 법을 강화시켰지만 동시에 더 빨리 용서해주는 방향으로 완화시켰다. 그리고 바리사이 사람들에게 안식일이 사람

---

17 기원전 1세기 후반의 유대 성인.

을 위해 만들어졌지, 사람이 안식일을 위해 만들어진 것이 아니라고 말했다. 음식과 청결의 계율을 느슨하게 하고 일부 단식을 없앴다. 그리고 일부러 드러내 보이는 기도, 꾸며낸 선행, 화려한 장례 등을 비난했다.

에세네파를 제외한 모든 유대인 종파들이 그의 혁신에 반대했다. 특히 그가 죄를 용서하고, 하느님의 이름으로 말하는 주제넘은 태도에 분개했다. 그들은 그가 의심스러운 도덕성을 가진 여자들과 친밀한 관계를 갖는 것을 보고 경악했다. 회당의 사제들과 의원들은 그의 추종자가 늘어나는 것을 보고, 로마에 반기를 드는 위장 폭도로 여겼다. 그들은 사회 질서를 유지해야 한다는 자신들의 임무를 소홀히 했다고 로마 행정 장관에게 질책을 받지는 않을까 두려웠다. 예수는 가차 없이 그들을 비난했다.

　율법학자들과 바리사이파 사람들아, 너희 같은 위선자들은 화를 입을 것이다. …… 너희는 눈먼 인도자들…… 어리석고 눈먼 자들아. …… 너희는 회칠한 무덤 같다! 너희들은 겉으로는 옳은 사람처럼 보이지만 속은 위선과 불법으로 가득 차 있다. …… 너희는 예언자를 죽인 사람들의 후손…… 이 뱀 같은 자들아, 독사의 족속들아! 너희가 지옥의 형벌을 어떻게 피하랴? …… 세리와 창녀들이 너희보다 먼저 하느님의 나라에 들어가고 있다.(〈마태오의 복음서〉 23장 1~34절, 21장 31절)

사도들이 예수가 메시야이며, 이스라엘을 로마의 속박에서 풀어주고, 지상에 하느님의 왕국을 세울 것이라고 공개적으로 선언했을 때, 최종적인 위기가 나타났다. 죽기 전 마지막 월요일에 예수는 자신의 복음을 수도에서 전파하기 위해 예루살렘으로 들어갔다. "수많은 제자들이" 다음과 같은 말로 예수를 맞아들였다. "주의 이름으로 오시는 임금이여, 찬미받으소서."(〈루가의 복음서〉 19장 37절) 일부 바리사이 사람들이 그에게 이런 말을 철회하라고 요구하자 그는 이렇게 대답했다. "그들이 침묵하면 돌들이 소리 지를 것이다." 〈요한의 복음서〉는 군중이 예수를 환영하면서 "이스라엘의 왕"이라면서 만세를 불렀다고 기록하고 있다. 그의 제자들은 아마도 그가 로마의 지배에서 유대를 해방시킬 정치적 메시야로 여겼던 것 같다.

이 대단한 환영이야말로 그리스도에게 혁명가의 죽음을 불러온 원인이 되었을 것이다.

죽음과 영광스러운 변모

유월절 축제일이 다가왔다. 다수의 유대인들이 예루살렘으로 가서 회당에 제물을 바치는 시기였다. 성전 바깥의 마당은 비둘기와, 제물로 바칠 다른 동물들을 파는 행상들로 시끄러웠다. 그리고 지역적으로 통용되는 돈을 우상을 숭배하는 로마의 동전으로 바꾸어주는 환전상들도 있었다.

예루살렘에 들어간 다음 날, 회당을 방문한 예수는 이곳 노점상들의 소란과 상업주의에 충격을 받았다. 강력한 적을 만들 만한 의

분을 터뜨리면서, 예수와 그 제자들은 환전상과 비둘기 상인들의 탁자를 뒤집어엎고, 그들의 동전을 바닥에 쏟고 채찍을 휘둘러 상인들을 성전 마당에서 쫓아냈다.

그로부터 며칠 동안 예수는 아무런 방해도 받지 않고 회당에서 사람들을 가르쳤다. 그러나 밤이면 체포나 암살이 두려워 예루살렘을 떠나 올리브 산에 머물렀다. 정부 관계자들, 즉 시민이나 성직자, 로마 사람과 유대인이 그를 지켜보고 있었다. 전에 그가 대규모 추종자를 확보하지 못했을 때, 그들은 그를 무시했다. 하지만 예루살렘에서 열광적인 환영을 받는 것을 보고, 유대인 지도자들은 유월절로 인해 모여든 애국적인 군중에게 나타난 이런 흥분이 로마에 대항하여, 시기도 맞지 않는 공허한 폭동으로 확산될까 걱정했다. 그렇게 되면 유대 지방의 자치권과 종교적 자유는 억압을 받을 것이다. 대사제 가야파는 의회 겸 법원인 산헤드린에 회의를 소집하고 "한 사람이 온 백성을 대신해서 죽는 편이 더 낫다"(〈요한의 복음서〉 18장 14절)는 의견을 발표했다. 다수의 사람들이 그의 편을 들었고, 의회는 예수의 체포를 명령했다.

이런 소식은 아마도 예수에게 전달되었던 것으로 보인다. 30년 유대력 니산의 달 14일(우리 달력으로는 4월 3일)에, 예수와 그 제자들은 예루살렘에 있는 친구의 집에서 유월절 만찬을 가졌다. 그들은 스승이 어떤 기적적인 힘을 발휘해서 자기 자신을 구원하리라 기대하고 있었다. 하지만 그는 오히려 자기 운명을 받아들였다. 유대의 의식에 따라 그는 포도주에 축복하고(신약 성서에 쓰인 그리스 말로는 에우카리스티사이) 제자들에게 마시라고 주었다. 그들은 유대 의식에 따라 〈할렐〉 성가를 불렀다. 〈요한의 복음서〉에 따르면 예수는 제자들에게 이제는 아주 잠시만 함께 있게 될 것이라고 말했다. "나는 너희에게 새 계명을 주겠다. 서로 사랑하여라. …… 너희는 걱정하지 말라. 하느님을 믿고 또 나를 믿어라. 내 아버지 집에는 있을 곳이 많다. …… 나는 너희가 있을 곳을 마련하려 간다."

그날 밤 한 무리가 예루살렘 바깥 게세마니 동산에 숨었다. 그곳 회당의 파견대가 그들을 찾아내 예수를 체포했다. 그는 처음에 이전의 대사제였던 안나스의 집으로 끌려갔다가, 이어 가야파의 집으로 갔다. 그곳에서 아마 의회가 소집되었을 것이다. 여러 증인들이 예수에게 불리한 증언을 했다. 특히 성전을 파괴하겠다는 그의 위협을 증언했다. 가야파가 그에게 "하느님의 아들 그리스도(메시야)"인가를 묻자 예수는 "그렇다(내가 그다)"고 대답했다 한다.(〈마르코의 복음서〉 14장 61절; 〈마태오의 복음서〉 26장 63절) 이튿날 아침 소집된 의회는 그가 불경죄(당시 가장 큰 범죄)를 저질렀다고 보고 그를 로마 총독 앞으로 데려가기로 결정했다.

본디오 빌라도는 이 온화한 태도의 설교자가 정말로 국가에 위협이 된다고 여겼을 것 같지는 않다. "네가 유대인의 왕인가?" 그가 물었다. 마태오에 따르면 예수는 "그것은 네 말이다"라고 대답했다. 〈요한의 복음서〉는 예수가 이 말에 이어 "나는 오직 진리를 증언하려고 태어났다"고 말했다. "진리가 무엇인가?" 하고 총독이 물었다. 복잡하고 시니컬한 로마의 문화와 유대인의 충직한 이상주의 사이에 놓인 깊은 차이를 보여주는 질문이었다. 빌라도는 못마땅해하면서 그에게 사형을 선고했다.

십자가형은 유대의 형벌이 아니라 로마의 처형 방식이었다. 보통은 먼저 채찍질을 하고 나서 십자가에 처형하는데, 채찍질은 아주 철저히 이루어져서 몸이 퉁퉁 붓고 피투성이가 되었다. 로마 병사들이 그리스도의 머리에 가시관을 씌웠다. '유대인의 왕'을 표시하기 위해서였다. 그리고 그의 십자가 위에는 아람어, 그리스어, 라틴어로 '유대인의 왕 나자렛 예수'라고 써놓았다.

그리스도가 혁명가였든 아니든, 그는 로마에 의해 명백하게 혁명가로서 처형당했다. 타키투스는 이것을 이렇게 이해했다.(《연대기》 15.44) 빌라도 총독의 관청 뜰에 모일 만큼의 적은 군중이 그리스도를 처형하라고 외쳤다. 이제 그가 골고다 언덕에 올라갈 때, 루가의 표현을 빌리자면 "수많은 사람들이 그를 뒤따랐는데" 그중에는 슬픔으로 가슴을 치는 여자들도 있었다. 분명히 이 처형은 유대인 민중의 인정을 받지는 못했다.

십자가는 "세 번째 시간에", 그러니까 아침 9시경에 세워졌다. 마르코는 강도 두 사람도 십자가형을 받았다고 보고한다. 그들은 예수를 모욕했다. 루가는 둘 중 하나가 그에게 기도를 드렸다고 한다. 사도들 중에서는 요한만 그 자리에 있었다. 그와 함께 세 명의 마리아가 있었다. 그리스도의 어머니, 그의 누이, 마리아 막달레나였다. 그리고 "멀리서 이 광경을 지켜보는" 여자들도 있었다. 로마의 관습에 따라 병사들은 죽어가는 남자의 옷을 찢었다. 그리스도는 옷을 한 점밖에 걸치지 않았으므로, 그들은 그것을 차지하기 위해 제비를 뽑았다. 이 자리에 〈시편〉 22장 18절의 구절을 집어넣을 수 있을 것 같다. "그들은 겉옷은 저희끼리 나눠 가지고, 속옷을 놓고는 제비를 뽑습니다." 이 시편은 이런 말로 시작된다. "나의 하느님, 나의 하느님, 어찌하여 나를 버리십니까?" 마르코와 마태오는 죽어가는 그리스도에게 이토록 절망적인 인간의 말을 주었다. 빌라도 앞에서 그를 떠받치던 저 위대한 믿음이 이 쓰라린 순간에 시들어, 가슴을 찢는 의심이 되었던 것일까?

그리스도의 목마름을 가엾게 여긴 한 병사가 해면을 신 포도주에 적셔 그의 입에 가져다 대주자 예수는 이것을 마시고 "다 이루었다"고 말했다고 한다. "아홉 번째 시간에", 즉 오후 3시에 그는 큰 소리를 토해내고는 숨을 거두었다. 〈루가의 복음서〉는 이렇게 덧붙인다. "구경을 하러 나왔던 군중도 이 모든 광경을 보고는 가슴을 치며 집으로 돌아갔다." 친절하고 영향력 있는 유대인 두 사람이 빌라도의 승낙을 받고, 시체를 십자가에서 내려 무덤에 안치했다.

그와 함께 처형당했던 강도 두 사람은 아직 살아 있었다. 일부 사형수들은 죽을 때까지 사흘이나 고통을 받았다. 이런 고통을 빨리 끝내기 위해, 병사들은 그리스도와 함께 처형당한 사람들의 다리를 부러뜨렸다. 그러면 몸무게가 손에만 실려 심장이 빨리 멎기 때문이다. 빌라도는 한 사람이 십자가에 매달린 지 겨우 여섯 시간 만에 죽었다는 소식에 놀라움을 표했다. 그는 책임을 맡은 100인 대장이 그리스도의 죽음을 확인해주었기 때문에, 그리스도의 몸을 십자가에서 내리는 일을 허락해주었다.

장례를 치르고 이틀이 지난 다음, 마리아 막달레나는 "야고보(사도)의 어머니 마리아"와 함께 무덤으로 갔다가 무덤이 비어 있는 것을 보았다. 그들은 두려웠지만 기쁜 마음으로 달려나가 이 소식을 제자들에게 전했다. 도중에 한 남자를 만났는데 그들은 그를 예수라고 생각했다. 그의 앞에서 머리를 굽히고 그의 발을 안았다. 같은 날 그리스도는 엠마오로 가는 두 사도에게도 나타나서, 그들과 이야기를 하고 식사를 했다. 한참 동안이나 그들은 그를 알아보지 못했다. 그러다가 뒤늦게 그를 알아보았다. "그가 빵을 들어 감사의 기도를 드린 다음…… 그들은 눈이 열려 예수를 알아보았는데, 예수의 모습은 이미 사라져서 보이지 않았다."(〈루가의 복음서〉 24장 13~32절)

사도들은 다시 갈릴래아로 돌아갔다. 그로부터 머지않아 그들은 예수를 보고 그 앞에서 절을 하였지만 몇 사람은 의심을 품었다. 마리아 막달레나에게 나타난 이후 40일 만에 그리스도는 그 모습 그대로 승천했다. 유대인들에게는 성인聖人이 몸과 생명을 그대로 지니고 하늘로 올라간다는 생각은 친숙한 것이었다. 모세, 에녹, 엘리야, 이사야 등도 이미 그랬다. 주는 내려올 때처럼 신비롭게 갔지만, 사도들 대부분은 그가 십자가에 처형당한 다음, 실제로 자기들과 함께 살았다고 굳게 믿었던 것 같다.

〈루가의 복음서〉는 이렇게 말한다. "그들은 기쁨에 넘쳐 예루살렘으로 돌아가서 날마다 성전에서 하느님을 찬미하며 지냈다."(〈루가의 복음서〉 24장 52절)

Chapter 14

기독교의 성장

유대인 지도자들은, 기독교가 작고 해롭지 않은 동안은 참아주었지만, '나자렛파'가 겨우 몇 년 만에 120명에서 8000명으로 늘어나자 경계심을 품었다.

베드로와 다른 사람들은 체포되어 의회의 심문을 받았다. 일부는 매를 맞았지만 모두 풀려났다. 1년 뒤에(AD 30?) 사도의 한 사람인 스테파노는 "모세와 하느님에 대해 불경한 언사"를 썼다는 죄로 고소를 당했다. 그가 아주 격한 말로 자신을 변호하였기에, 분노한 사제들은 그를 돌로 쳐서 죽이도록 했다. 베드로는 41년에 다시 체포되었지만 도망쳤다.

65년에 유대인은 로마에 맞서 반란을 일으켰다. 기독교도 유대인들은 정치에 관심이 없어서, 요단 강 동쪽에 있는 펠라에 은둔하여 지냈다. 유대인들은 기독교도들이 비겁한 배신자라고 비난했다. 기독교도들은 70년에 예루살렘 회당이 파괴되는 것을 보고, 예수의 예언 하나가 실현되었다고 기뻐했다. 이렇듯 유대인과 기독교도 사이의 증오가 양쪽의 신앙을 타오르게 만들고, 그들의 가장 경건한 문헌에 기록되었다.

베드로는 시리아에서 새로운 종교를 전파하고 서쪽으로 떠나 로마에 이르렀다. 그곳에서 그는 베드로의 자리(로마 교황)를 세우고, 첫 번째 교황이 되었다. 그리고 기원후 6년 네로 황제 치하에서 박해받고, 십자가에 처형당했다. 가톨릭 전통에 따르면, 저 유명한 산피에트로 성당은 베드로가 죽은 자리에 세워졌고, 그의 유골 위에 대제단이 있다고 한다.

베드로가 교회를 세웠다면, 바울로는 신앙을 세웠다. 그는 소아시아에 있는 로마 식민지 실리시아에 속한 헬레니즘 도시 타르소스에서 태어났다. 그의 아버지는 그에게 사울이라는 이름을 지어주고, 두 가지 특권, 곧 지도적인 바리사이파와 로마 시민권을 남겨주었다. 유대인으로서의 교육을 받기 위해 예루살렘에 간 바울로는(로마 사람들은 그를 바울로(파올로, 파울루스)라고 불렀다) 의회가 스데파노(스테파노, 스데반)를 박해할 때 의회 편을 들었다. 이어서 다마스쿠스에 있는 기독교 공동체를 박멸하기 위해 그곳으로 떠났다. 당신도 그 이야기를 알 것이다. 가는 길에 그는 갑작스러운 발작을 일으켰다. 아마도 사막의 태양이 내는 열기와 광채 때문이었을 것이다. 그는 눈이 멀어 땅에 쓰러져서, "사울아, 네가 왜 나를 박해하느냐?"고 묻는 목소리를 들었다. 사람들이 그를 다마스쿠스로 데려갔는데, 그는 사흘 동안이나 눈이 보이지 않았다. "먹지도 않고 마시지도 않았다." 그때 최근에 개종한 사람 하나가 그에게 왔다.

그에게 손을 얹고 이렇게 말하였다. "사울 형제, 나는 주님의 심부름으로 왔습니다. 그분은 당신이 여기 오는 길에 나타났던 예수님이십니다. 그분이 나를 보내시며 당신의 눈을 뜨게 하고 성령을 가득히 받게 하라고 분부하셨습니다." 그러자 곧 사울의 눈에서 비늘 같은 것이 떨어지면서 다시 보게 되었다. 그는 그 자리에서 일어나 세례를 받은 다음, 음식을 먹고 기운을 회복하였다.(《사도행전》 9장 17~20절)

그렇게 해서 사도들 중에서 가장 유명한 바울로의 역사적 전도가 시작되었다. 다른 개종자인 바르나바와 함께 바울로는 북부 도시들에서 새로운 신앙을 전파했다. 안티오키아에서 그들의 복음은 유대인 공동체와 일부 비유대인 사이에 잘 받아들여졌다. 유대인이 아닌 이방인들은 기독교의 전파에 중요한 질문 하나를 던졌다. "개종한 사람은 누구나 613개 조항에 이르는 모세의 율법을 지켜야 하는가? 그리고 할례를 받아야 하는가?" 하는 질문이었다. 바울로와 바르나바는 굳이 율법을 고집하지 않았다. 하지만 그들은 곧 그리스도의 모범을 망가뜨린다는 비난을 받았다. 그들은 예루살렘으로 돌아와 이 문제를 놓고 사도들과 격렬한 논쟁을 벌였다. 베드로는 바울로와 같은 의견이었다. 그 자신도 할례 받지 않은 이방인들을 개종자로 받아들였기 때문이다. 대부분의 사도들은, 할례가 아브라함이 하느님과 맺은 계약의 일부라고 여겨, 여기에 반대했다. 바울로는 이 계약에서 이방인 개종자들을 빼버린다면, 기독교는 유대교의 한 분파에 지나지 않게 될 것이고, 100년이 지나면 시들고 말 것이라고 대답했다. 사도들은 이에 굴복하였다. 바울로는

'이방인을 향한 사도' 자격으로 전도 여행을 계속하며 에베소(에페수스)에서 아테네와 로마까지 복음을 전파했다. 위대한 종교의 운명은 한순간 이 한 사람, 바울로에게 달려 있었다.

바울로는 로마에서 십자가에 못 박혀 죽었다. 아마도 베드로가 죽은 것과 같은 해인 64년이었을 것이다. 그들의 노력으로, 그리고 복음을 전파하는 수많은 사람들의 노력으로, 그리스도 교회는 형태를 갖추고 역사적 과업을 시작했다. 점차 죽어가는 로마 제국 및 야만인 침입자들에게, 어디에나 존재하는 하느님을 바탕으로 한 살아 있는 믿음과, 자신을 지탱할 희망과 도덕적 계율을 전해주는 일이었다.

가톨릭교회

우리 시대도 마찬가지지만, 당시 기존 종교에 대한 존경심이 약화되면서 수많은 초자연적 믿음과 제의祭儀 형태가 생겨났다. 이들 중에는 다양한 기독교 종파들도 섞여 있었다. 그리고 다양한 기독교 종파들 중에서 사도 베드로와 바울로의 신앙이 살아남아 예수의 가르침을 전파하는 능력이 가장 뛰어나다는 사실이 입증되었다. 300년이 될 때까지 중동 지역에서 기독교도는 인구의 4분의 1을 차지하게 되었다. 로마에서 기독교도의 수는 10만 명에 이르렀다. 그들의 엄격한 신학이 이 집단의 도덕성을 뒷받침해주었고, 이런 도덕성은 세속 철학자들의 관심과 칭찬을 받았다. 그래서 젊은 플리니우스(조카 플리니우스를 말함)는 트라야누스 황제에게, 기독교도들은 평화롭고 모범적인 삶을 산다고 보고했다.(플리니우스,《편지》10.997) 그리고 교육받은 의사 갈레노스는, 그들이 "자기 규율이 아주 발달하고, 도덕적 탁월함을 얻으려는 열망에서도 진보된" 사람들이라고 묘사했다. 잔혹한 박해의 300년이 지난 다음 311년에, 갈레리우스 황제는 그런 박해가 아무 소용 없음을 깨닫고 관용의 칙서를 발행했다. 기독교를 합법적인 종교로 인정하고, 또한 기독교도들도 "우리의 온화한 관용"에 맞게 행동하라는 요구였다.

312년 콘스탄티누스 황제는 로마 황제 자리를 요구하는 경쟁자와 싸우기 위해 갈리아에서 토리노로 출정할 때, 불타는 십자가 주위에 그리스어로 '이번 정복으로'라는 글자가 장식된 것이 하늘에 나타난 것을 보았다(전설에 따르면 그렇다). 다음 날 그는 기독교를 받아들이겠노라 선언하고, 결정적 전투에서 승리를 거두었다. 그는 동쪽으로 행군하여 적을 격퇴하고, 비잔티움(뒤에 콘스탄티노플로 이름을 고침)을 동로마 제국의 수도로 만들었다. 이 도시는 머지않아 로마를 대신해서 정치권력의 중심지로 부상했다.

그 이후 차츰 야만인 침입자들이 세속의 정치권력을 흔들어놓았고, 서유럽에서 사회 질서의 보호와 감독이 각 도시의 세속의 관리에게서 기독교 지도자들에게로 넘어갔다. 로마 주교(교황)의 영도를 받는 주교, 수도원장, 사제가 그들이었다. 그리고 국가가 아니라 교회가 문명의 원천이며 보호자가 되었다. 이른바 '야만인들'은 상당수가 이미 기독교를 받아들였으며, 황제보다는 교황의 말을 더 잘 따랐다.

서유럽 사람들은 잉글랜드의 앨프레드 대왕, 프랑스의 샤를마뉴

대제, 그리고 독일의 오토 대제와 하인리히 왕 등과 같은 전사戰士 왕들 아래 정착했다. 그러나 이들 통치자들은 권력의 버팀목이자 확증으로서 교황의 인정을 받게 되었다. 그들은 교황에게 파문당하면, 언제라도 권력을 잃어버릴 가능성이 있었다. 시간이 흐르면서 교황의 영향력은 점점 더 커지고, 왕들은 교황을 도덕의 모든 문제에서 최고의 권위로 인정하게 되었다. 말하자면 모든 중요한 문제에서 교황이 최고 권위에 있었다. 그래서 하인리히 4세 황제는 카노사로 가서(1077) 참회하고, 교황 그레고리오 7세(세속 이름은 힐데브란트)에게 용서와 권리 회복을 청했다.

이 '기독교 공화국' 혹은 초강력 교황 국가는 교황 인노첸시오 3세 때 절정에 이르렀다. 18년간의 재임 기간(1198~1216) 동안, 그는 노르웨이의 스베레를 빼고는, 라틴 유럽의 모든 군주들이 신앙·도덕·정의의 문제에서 교황의 주권을 인정하도록 만들었다. 이것은 각국 국민들에게 왕에 대한 복종의 맹세를 해지해줄 권한을 포함했다. 포르투갈, 헝가리, 세르비아, 불가리아, 아르메니아 그리고 존 왕 치하의 잉글랜드와 같은 일부 국가들은 스스로 교황국의 봉토임을 인정했다. 1204년에 십자군 원정대가 콘스탄티노플을 정복하면서 그리스 정교가 로마 교황청에 굴복하자, 인노첸시오는 이제 '이음새 없는 그리스도의 의복'을 자랑할 수 있었다. 로마에 간 비잔틴 방문객은 교황이 베드로의 후계자일 뿐 아니라, 콘스탄티누스 황제의 후계자로 묘사했다.

어두운 측면

칼에 대한 말씀의 승리, 그리고 기독교의 부분들에 대한 중앙의 승리는 십자군 전쟁의 실패와 종교 재판의 공포에 의해 더러워졌다. 교황 우르바노 2세가 1098년에 소집한 십자군 원정은 동유럽과 서유럽이 기독교의 상업과 신앙을 위해 중동 지역을 이슬람의 손에서 탈환하려는 낭만적인 노력이었다. 여러 차례에 걸친 이러한 원정들은 신앙의 목표를 달성하지 못했다. 중동이 회교 지역으로 남았기 때문이다. 그리고 상업적 목적도 이루지 못했다. 회교도들이 이룩한 부·과학·예술·학문은 패배한 십자군 원정대의 마음에 의심을 만들어냈고, 그것은 수많은 이단의 형태로 기독교 정교 신앙을 괴롭혔다.

다른 통치자들도 그렇듯이, 인노첸시오 3세는 이단을 배신이라고 여겼다. 전체의 질서와 평화에서 부분이 이탈하려는 분열적인 행동이라고 본 것이다. 특히 발칸 반도에서 프랑스로 들어온 새로운 신앙을 가장 위험한 것으로 여겼다. 이 신앙은 몽펠리에, 나르본, 마르세유, 툴루즈, 오를레앙 등지에서, 심지어는 훨씬 더 북쪽 지역인 수아송과 랭스에서도 강력한 소수 신앙 집단을 이루었다. 프랑스 남부에 자리 잡은 이들 순결파(Catharist 혹은 Albigensians)는 세계를 정신과 선善을 나타내는 신과, 물질과 악을 나타내는 악마로 나누었다. 그들은 모든 육체는 악마의 것이고, 성관계는 불결한 것이라고 여겼다. 그리스도의 산상 설교를 자신들의 윤리로 받아들이고, 전쟁이나 폭력의 사용을 일절 거부하였을 뿐 아니라 지옥과 연옥을 부인하고, 모든 사람이 구원받을 것이라고 선포했다.

그들은 가톨릭교회가 곧 그리스도 교회라는 사실을 거부했다. 성 베드로는 로마에 간 적이 없으며 교황청을 세우지도 않았다, 교황들은 사도들의 후계자가 아니라 황제들의 후계자다. 그리스도는 머리 누일 자리도 없었는데 교황은 궁전에서 산다, 이들 귀족과 같은 대주교들과 주교들, 세속적인 사제와 뚱뚱하게 살찐 수도사들은 옛날 바리사이파 사람들이 되살아난 것이며 로마 교회는 바빌론의 창녀이고 교황은 반反그리스도라고 주장했다.

얼마 동안 순결파 신자들은 과장을 통해 논쟁하는 극단주의자들로 여겨져 관대한 대우를 받았다. 1167년 그들은 자신들의 성직자 회의를 열었다. 몇몇 나라에서 대표들이 참석하여 이 회의에서 그들은 자신들의 교리·계율·행정에 대해 논의하고 규칙을 정했으며, 아무런 방해도 받지 않고 해산했다. 일부 귀족은 랑그도크 지방에서 기독교를 약화시키는 것이 바람직하다고 여겼다. 교회는 부자였고, 귀족들이 상대적으로 가난하였는데 일부 귀족이 기독교의 재산을 차지하기 시작했다.

1198년에 교황이 된 인노첸시오 3세는 이런 발전을 보고, 교회와 국가에 대한 위협이라고 느꼈다. 그는 교회를 비판하는 것에 대해서는 어느 정도 참아주었지만, 자신이 수장으로 있고, 또 그의 생각으로는 폭력, 사회적 무질서, 불충에 대해 주요한 방어 체제가 되는 이 거대한 조직이 그 근간을 공격당하고, 물질적 바탕을 뺏기고, 허풍스러운 풍자로 모욕을 받는 것에 대해 가만히 있을 수는 없다고 느꼈다. 부모 노릇을 금지하고, 자살을 옹호하는 원칙 위에 대체 어떤 사회 질서가 세워질 수 있단 말인가? 결혼 제도 말고 대체 어떤 방식으로 성관계와 자녀 양육이 소모적인 무질서에서 구제될 수 있단 말인가? 기독교 중심부에서 이 순결파가 퍼져나가고 있는데, 팔레스타인의 이교도에 대항한 십자군 전쟁이 대체 무슨 의미가 있는가?

그는 재임한 지 두 달 만에 가스코뉴 지방 오슈의 대주교에게 편지를 써 보냈다.

성 베드로 님의 작은 배는 수많은 폭풍우에 밀려 바다 가운데 이리저리 표류하고 있다. 그러나 무엇보다도 내 마음을 아프게 하는 것은 전보다도 더 많이…… 단순한 사람들의 영혼을 잘못 인도하는, 악마적인 거짓 신앙의 하수인들이 아무런 방해도 받지 않고 활개 치고 있다는 사실이다. 미신과 잘못된 생각을 가지고 그들은 성서의 의미를 그르치면서 가톨릭교회의 단일성을 파괴하려 하고 있다. …… 이 페스트 같은 거짓 신앙이 가스코뉴 지방에서 자라고 있으니 그대와 동료 주교들이 모든 힘을 동원하여 그것을 막기를 바라는 바이다. …… 그대가 사용할 수 있는 모든 수단을 다하여 이들 이단자들을 파괴하고 그들에 의해 오염된 모든 자들을 교구에서 쫓아내라고 엄명을 내린다. …… 필요하다면 군주들과 백성들이 칼을 들고 그들을 억압하도록 하라.

이 칙령은 정교 통치자들과 성직자들의 환영을 받았다. 툴루즈의 레몽 6세는 이단자들에 대해 설득 작전을 펴는 데는 동의했지만, 그들에 대항한 전투에 동참하는 일은 거부했다. 인노첸시오는 그를 파문했다. 레몽은 복종을 약속하고 사면을 받았지만, 다시 게으름을 부렸다. 교황의 사절에게 순결파를 자기 땅에서 쫓아내라는 명령을 받은 기사 한 사람이 이렇게 물었다. "우리가 어떻게 그럴 수 있나요? 우리는 이 사람들과 함께 자랐고, 그들 중에는 우리 친척도 있으며, 그들이 올바르게 사는 것을 우리가 보고 있는데요."

 6년을 기다린 다음, 인노첸시오는 시토 수도사들의 수장인 아르노에게 프랑스 전역을 통해 종교 재판을 열 절대 권한을 주었다. 아르노는 왕과 귀족들에게 이 새로운 십자군 전쟁에 동참하라고 요구할 권한을 갖게 되었다. 이 또한 부적합한 것으로 여겨지자, 교황은 레몽 백작에게 속한 모든 땅에 대해, 그것을 차지하는 기독교도에게 그 땅을 주겠다는 칙령을 내렸다. 그리고 순결파와 그 보호자들에 맞서 십자군 전쟁을 수행하기 위해, 유럽 전역에서 신앙심이 깊은 사람들에게 소환령을 내렸다. 여기 참가한 모든 사람들에게 그들이 과거에 어떤 죄를 저질렀든, 그 형벌을 면제해주었다. 수천 명이 이 성전聖戰에 나가기 위해 몰려들었다. 이 십자군 전사들이 베지에에 접근했을 때, 그들은 주교가 작성한 명단에 있는 모든 이단자들을 내준다면 전쟁의 공포를 면할 것이라고 제안했다. 베지에 시의 지도자들은 이 제안을 거부했다. 아이들을 잡아먹는 지경에 이르기까지 포위를 견딜 것이라고 말했다. 그러자 십자군은 성벽을 부수어 도시를 장악하고, 남자, 여자, 어린아이에 이르기까지 무차별적으로 2만 명을 잔혹하게 살해했다.

 이들 십자군 전사들 중에서 가장 잔혹한 사람은 시몽 드 몽포르였다. 이 무모하던 시대 대부분의 남자들이 그렇듯, 그도 순결성으로 이름이 높았으며, 팔레스타인에서 교회를 위해 명예롭게 봉사하던 사람이었다. 그는 교황의 사절에게 설득되어 4500명의 군대를 거느리고, 도시들을 연달아 습격하여 모든 저항을 이기고 주민들에게 가톨릭 신앙에 순종하기로 맹세할 것인지 아니면 이단자로 죽임을 당할 것인지 선택하라고 했다. 수천 명은 순종을 맹세하고, 수백 명은 죽음을 택했다. 4년 동안 시몽은 이 전투를 계속하면서, 툴루즈를 제외한 레몽의 영토 대부분을 황폐하게 만들었다. 1215년에는 툴루즈도 항복했다. 레몽은 몽펠리에 고위 성직자 회의에서 폐위되고, 시몽이 그의 직함과 영토 대부분을 물려받았다. 1227년에 이단자 박해를 맹세한 레몽 7세가 교황 그레고리오 9세와 평화 조약을 맺었다. 이로써 순결파 전쟁은 끝이 났다. 정통 교회가 승리하면서 관용은 끝나고, 종교 재판이 유럽 전역으로 퍼졌다.

종교 재판 당국은 이단자에게 죽음을 선언한 성서의 구절을 쉽게 찾아낼 수 있었다. 예를 들면 〈신명기〉 13장 1~9절, 〈출애굽기〉 22장 18절, 〈요한의 복음서〉 15장 6절 등이다. 거의 모든 기독교도는 교회가 하느님의 아들에 의해 설립되었다는 신앙을 고백했다. 이런 가정하에 보자면, 가톨릭 신앙에 대한 공격은 하느님에 대한 공격이 된다. 반항하는 이단자는, 그리스도가 하신 일을 물거품으로 만들려는 사탄의 종으로 여길 수밖에 없었다. 그리고 이단을 관용하는 어떤 개인이나 정부도 악마 루시퍼에게 봉사하는 셈이 된다. 유럽의 도덕적·정치적 정부로 자처하고 있던 교회는, 국가가 국가 배신자를 보듯 이단을 보았다. 즉 사회 질서의 기초에 대한 공격이라고 여긴 것이다. 억압에 대한 가장 엄격한 계율은 1220년에서 1239년 프리드리히 2세가 제정한 법이었다. 교회의 저주를 받은 이단자들은 '세속의 권력'에 맡겨져 화형을 당했다. 그들이 신앙을 철회하면, 형벌이 완화되어 평생을 구금 상태로 살아야 했다. 그들의 재산은 압수되고, 상속자들은 재산을 상속받지 못하며, 그 자식들은 부모의 죄를 보상하기 위해 다른 이단자를 고변하는 경우를 빼고는, 봉급을 받거나 명예로운 어떤 자리도 가질 수 없었다. 이단자의 집은 파괴되고 두 번 다시 재건되어서는 안 되었다. 성인聖人 왕이었던 루이 9세는 프랑스 법에 이와 비슷한 조항을 넣었다. 1231년 교황 그레고리오 9세는, 황제 프리드리히 2세의 1224년 법안을 교회법 안에 받아들였다. 이후 교회와 국가는 회개의 마음이 없는 이단은 배신행위이며, 죽음의 형벌을 받아야 한다는 점에 의견을 같이했다.

국가와 교회는, 그들 생각에 사람들이 도덕적·정치적 무정부 상태에 빠지는 것을 막아주는, 법과 도덕의 복합적인 구조를 무너뜨리려는 이단자들에 대한 무시무시한 공격에서 서로 힘을 합쳤다. 위기에 몰린 정부는 거의 모두 종교 재판 관청으로 변했다. 그리고 국가에 위험하다고 생각되는 의견이나 행동에 대해 종교 재판과 동일한 형벌을 내렸다.

자유는 안전이 만들어내는 사치품이다.

중세의 노래들

중세는 자주 즐겁고, 때로는 나름 대단히 탁월한 문학 작품을 지닌 채 천년 전환기를 장식했다. 11세기 프랑스에서, 그 후로 독일과 스페인에서 번창한 음유 시인들은 독특한 존재였다. 그들은 귀족처럼 옷을 입고, 칼과 펜을 휘두르고, 귀부인과의 섬세하고 미묘한 간통을 꿈꾸는 사람들이었다. 귀부인들은 (고작해야) 손등에 키스를 허락하는 정도였다.

아마도 이 시대의 시 문학에 자극을 준 것은 이런 접근 불가능성이었을 것이다. 성취된 욕망을 낭만적으로 그려내기란 어려운 일이니 말이다. 방해가 없으면 문학도 없다. 음유 시인들은 새벽의 사랑 노래와 저녁의 사랑 노래에 뛰어났다. 그들은 낮엔 유혹하고, 밤엔 비탄에 빠졌다.

독일 지역 음유 시인들은 연가 시인Minnesinger들이었다. 발터 폰 데어 포겔바이데(포겔바이데란 새의 목초지라는 뜻이다)는, 유명한 발라드 〈보리수 아래서Unter den Linden〉를 만들었다. 나무를 로맨스를 위한 우산으로 여겼다. 12세기 말과 13세기 초에 기사 문학은 성배聖杯 찾기를 주제로 삼았다. 이것은 예수가 최후의 만찬 때 사용했다는 성스러운 잔을 말하는 것으로, 아리마태아의 요셉이 십자가에 못 박힌 그리스도에게서 흘러내리는 피 몇 방울을 이 잔에 받았다고 한다. 이런 전설을 둘러싸고 〈파르치팔〉 이야기가 생겨났다. 그중 유명한 것이 볼프람 폰 에셴바흐가 노래한 것이다. 고트프리트 폰 슈트라스부르크는 작곡가 리하르트 바그너에게 또 다른 오페라 대본을 공급해준 사람이다. 유려한 도이치어 시구로 쓰인 〈트리스탄과 이졸데〉 이야기가 그것이다. 그사이 아이슬란드와 스칸디나비아는 끝도 없는 북유럽 신화 이야기들을 풀어내고 있었다.

방랑하는 학자인 나 같은 사람에게는 "방랑하는 학자들"[18]이 더 흥미롭다. 그들은 반항 노래나 시끌벅적한 술판 노래를 부르면서 대학들을 떠돌아다녔다. 자신이 어떻게 하늘나라를 경험하는지를 설명하는, 사랑에 빠진 사람의 극히 섬세하고도 음흉한 시 한 편을 보자.

> 그녀가 앞뒤 없이
> 사랑과 나에게 자신을 온전히 맡겼을 때
> 먼 하늘 그녀의 즐거운 별에서
> 아름다움이 웃음을 터뜨렸지.
> 너무 큰 열망이 나를 사로잡았어.
> 나를 사로잡은 이 거대한
> 기쁨을 담을 만큼 내 마음 크지 못해,
> 그녀 품에서 내 사랑은
> 나를 다른 사람으로 만들었어.
> 그녀 입술에 모인 꿀이 모두
> 단 한 번의 키스로 흘러나왔네.
> 그 부드러운 젖가슴을 향해서도

---

18 카르미나 부라나 Carmina Burana. 10세기에서 13세기에 걸쳐 방랑하는 학자들이 쓴 시들을 모은 것. 대개 라틴어로 쓰였지만, 일부는 도이치어로 쓰인 것도 있다. 그중 일부가 칼 오르프 작곡으로 널리 알려져 영화나 광고에 자주 등장한다.

자유가 주어질 것을 꿈꾸고 또 꿈꾸네.
그러면 나는 또 다른 신이 되어 하늘로 가서
신들 사이에 있게 되지.
그래, 그래. 다시 내 이 손을
그녀 젖가슴 위에 얹을 수 있다면
신들과 사람들을 평화롭게 통치하련만.

이들 방랑하는 학자들은 어디를 가든 동일한 언어를 만날 것을 확신할 수 있었으니, 곧 라틴어였다. 그러나 중세의 가장 핵심적인 사건, 동시에 중세의 종말을 알리는 사건의 하나는, 바로 단테가 지옥과 연옥과 천국으로 가는 여행길을 이야기하면서, 라틴어가 아니라 이탈리아어를 택했다는 점이다. 이탈리아어가 가장 아름다운 언어라고 믿어도 좋을 것이다. 그리고 이 언어가 리미니의 프란체스카 이야기를 들려주거나, 마지막 편의 시작 부분에서 성모 마리아를 향해 말할 때면 특히 그렇다.

처녀 어머니, 그대 아드님의 따님이여,
그 어떤 존재보다 겸손하고 높으신 분—.[19]

그러나 지옥 문 위에 쓰인 글귀를 보았을 때 시인이 생각한 것보다 더 위대한 구절을 어디서 찾아보랴. "여기 들어서는 그대들이

---

19 Vergine Madre, figlia del tuo Figlio,
  Umile ed alta piùche creatura—(Dante, "Inferno" 5. 121f)

여, 모든 희망을 버려라!(Lasciate ogni speranza, voi ch'entrate!)"
단테의 《신곡》은 모든 기독교 문학에서 가장 이상하고 가장 무시무시하고, 때로는 가장 아름다운 작품이다.

아벨라르와 엘로이즈

엘로이즈는 부모가 불확실한 고아 소녀로, 파리 대성당(노트르담은 1세기 뒤에나 지어졌다)의 참사 회원이던 풀베르의 조카딸이었다. 그는 그녀를 교육과 도서관으로 유명한 수녀원에 보냈다. 그녀가 라틴어를 프랑스어만큼이나 유창하게 할 수 있고, 히브리어도 공부하고 있다는 말을 듣고, 그는 조카딸이 자랑스러워 그녀를 성당 근처 자신의 구역으로 데려와 살게 했다. 철학과 당시의 다른 학문을 가르치기 위해, 그는 파리의 모든 학자들 중에서 모범이 되는 인물을 골랐다.

피에르 아벨라르는 1079년경 브르타뉴에서 부유한 농부의 장남으로 태어났다. 공부를 아주 잘했던 그는 철학자라 불리는 사람들의 말을 듣기 좋아했다. 그들은 오로지 이성만으로 종교적 신앙의 문제들을 입증해야 한다고 주장했다. 상속권을 포기하고, 그는 원하는 곳으로 철학을 공부하기 위해 떠났다.

그가 가진 의문이 그를 파리의 대성당 학교로 데려갔다. 그곳에서는 샹포의 기욤이 (아벨라르의 말을 빌리자면) 실재론을 강의하고 있었다. 실재론이란 남자·군중·돌·여자·책 등과 같은 보편적 단어나 분류를 나타내는 단어들이 객관적 실재성을 갖고 있으며, 각 개념의 실질적인 개체들이 실재하는 것처럼, 그런 개체의 실재성에 덧붙은 실재 존재라는 의미였다. 그러니까 '남자'는 '소크라테스'처럼 실재하는 존재인 것이다. 군중은 군중 속에 들어 있는 각 개인과 똑같이 실재하는 것이며, 따라서 나름의 논리와 특성을 지닌다고 보았다. 아벨라르는 그것을 부인했다. 아니, 우리 정신의 바깥에 특수한 개별적인 남자, 특수한 개별적인 물건 말고 다른 것은 존재하지 않는다. 모든 보편적 개념들은 분류와 사유를 위한 도구로 만들어진 것들이라고 보았다.

아벨라르는 자신의 학파를 조직했다. 처음에는 믈룅에서, 다음에는 파리 바깥에 위치한 주느비에브 산에서였다. 그의 능변과 빛나는 재능, 지식에 대한 즐거움은 그가 집에 하숙시킬 수 있는 것보다 더 많은 학생들을 그곳으로 불러들였다. 그들은 스스로를 '현대 학파'라고 불렀다. 아벨라르의 명성은 이미 프랑스를 넘어 국제적인 것이 되었다. 그러다 풀베르가 엘로이즈를 가르칠 선생으로 그를 초빙했다.

1117년이었다. 그는 서른여덟 살, 그녀는 열일곱 살이었다. 그는 그녀를 본 첫인상이 육체적인 이끌림이었음을 인정하고 있다. 그러나 엘로이즈의 섬세함을 통해 그 자신의 표현을 빌리자면 "달콤하기가 가장 향기로운 향료를 능가하는 부드러움"으로 변했다. 그녀는 거의 어린아이 같은 신뢰로 그에게 몸을 맡겼던 것으로 보인다. 머지않아 그녀는 임신했다.

그는 그녀를 브르타뉴에 있는 누이의 집으로 보내고, 풀베르에게는 그녀와 결혼하겠다고 제안하여 안심시켰다. 다만, 결혼 사실을 비밀에 부친다는 조건을 달았다. 엘로이즈는 오랫동안 그와 결혼하기를 거부했는데, 결혼하면 그가 성직 활동을 할 수 없기 때문이다. 그녀가 남편과 아이를 포기하고, 수녀원에 들어가지 않는 한에는 그랬다. 아벨라르의 자전적인 글 〈불행한 이야기〉를 믿어도 된다면, "그녀는 '나의 아내'라고 불리기보다는 '나의 정부情婦'라고 불리는 편이 훨씬 더 좋다"고 말했다.

그러다가 마침내 그녀가 결혼에 동의하였고, 그녀와 아벨라르와 풀베르는 이 결혼을 비밀에 부치기로 합의했다. 그러나 풀베르는 추문을 가라앉히기 위해, 그들이 합법적으로 결혼했다고 밝혔다. 아벨라르는 그녀를 수녀원으로 보내면서, 수녀의 옷은 입되 맹세는 하지 말라고 일렀다.

풀베르는 깡패들을 동원해 아벨라르를 거세했다. 거세된 일이 그에게 불명예가 되지는 않았지만, 그래도 그는 사제직을 맡을 수 없게 되었다. 수도사를 포함한 파리 전체가 그를 동정했다. 학생들이 그를 위로하기 위해 몰려들었다. 그러나 아벨라르는 자신이 파멸했음을 깨달았다. 그는 엘로이즈에게 수녀의 의상을 입고 맹세도 하라고 말한 뒤, 자신도 수도사의 맹세를 했다. 다시 학생들을 가르칠 수 있게 되자, 그는 제자들과 함께 트루아 근처에 천막과 작은 교회를 짓고 은둔했다. 그리고 그곳을 '위로해주시는 성령'이라고 불렀다. 제자들의 충실한 애정이 고독과 절망 한가운데 빠진 그의 생애 안으로 성령의 위안처럼 찾아왔다는 사실을 말하려 하는 것 같다.

천천히 건강과 용기를 되찾으면서 아벨라르는 이제 중세 철학에서 가장 중요한 책들을 쓰는 일에 자신을 바쳤다. 위대한 《변증법》에서 그는 당시 부활하고 있던 서유럽의 정신을 위해, 이성의 역할을 다시 공식화했다. 《철학자, 유대인, 기독교도 사이의 대화》에서는, 세 사람 각자가 나머지 두 사람의 입장에서 보면, 약점을 드러내도록 만들고 있다. 그리고 《예와 아니오》에는 157개의 질문을 던지고 각각의 질문에 대해 긍정의 답변을 위한 이유와, 부정의 답변을 위한 이유를 제시했다. 그는 서문에서 이렇게 말하고 있다. "지혜를 향한 첫 번째 열쇠는 자주 부지런히 질문하는 것이다. …… 의심을 통해 우리는 탐구에 이르고, 탐구를 통해 진리에 도달하기 때문이다." 《기독교 신학》에서는, 오직 기독교도만 구원받을 수 있다는 주장을 비이성적인 것이라 여겨 거부했다. 신은 모든 사람에게 사랑을 주신다고 그는 주장했다. 이단은 폭력이 아니라 이성에 의해 억제되어야 한다고 했다.

1140년 가톨릭 신앙에 열광적인 성 베르나르가 상스에서 모인 주교 회의(종교 재판) 때 아벨라르의 견해 중에서 몇 가지를 비난했다. 이미 나이가 들었고 고통으로 몸이 약해져 있었지만, 철학자는 이 사건을 교황에게 가져가기 위해 로마로 길을 나섰다. 부르고뉴에 있는 클뤼니 수도원에 도착해서 그곳의 수도원장인 피에르의 영접을 받았다. 그리고 인노첸시오 2세가 이미 상스 주교회의 판결을 인정하고, 그에게는 항구적인 침묵과 수도원 유폐라는 형벌을 부과했다는 소식을 들었다.

신체적·영적으로 피로에 지친 아벨라르는 클뤼니 수도원의 어둠 속에 숨어버렸다. 그는 경건함과 침묵과 기도로 동료 수도사들에게 교훈을 주었다. 엘로이즈에게는 편지를 써 보냈다. 그들은 다시 만나지 못했다. 편지에서 그는 자신의 신앙이 교회의 가르침 안에 있다고 확인했다. 그는 그녀를 위해 중세 문학에서 가장 아름다운 송가를 만들었다.

그는 얼마 안 가 병이 들었고 친절한 수도원장은 그를 샬롱 근처에 있는 작은 수도원 성 마르셀로 보냈다. 그는 그곳에서 1142년 4월 21일 예순셋의 나이로 죽었다. 그리고 이곳 예배당에 매장되었다. 그러나 이제 '위로해주시는 성령' 수도원의 원장이 된 엘로이즈는, 아벨라르가 이 수도원에 묻히기를 원했다고 피에르 수도원장에게 알렸다. 선량한 수도원장은 손수 아벨라르의 시신을 그곳으로 운반해 왔다. 그리고 아벨라르가 자기 시대의 소크라테스, 플라톤, 아리스토텔레스와 같은 사람이라고 말해서, 그녀를 위로하려고 애썼다. 그는 기독교도의 온화함이 가득 담긴 편지를 그녀에게 남겼다.

하느님 안에서 친애하고 존경하는 자매님, 당신과 맺어졌던 사람, 이제 더 낫고도 강하신 하느님의 사랑에 의해 육신의 결합이 끝난 사람…… 주님이 그를 지켜주십니다. 당신 대신, 아니면 또 다른 당신이 되어 주님의 따뜻한 품 안에 지켜주십니다. 주님이 오시는 날…… 주님의 영광으로 그를 당신에게 돌려주기 위해.

그녀는 1164년 그와 같은 나이가 되어 그와 비슷한 명성을 얻은 다음, 애인의 뒤를 따라갔다. 그녀는 '위로해주시는 성령'의 뜰 안에, 그의 곁에 묻혔다. 이 작은 교회는 프랑스 혁명 때 파괴되었고, 묘지는 훼손되고, 아마도 이리저리 흩어졌을 것이다. 그러나 아벨라르와 엘로이즈의 유해라 여겨지는 것은, 1817년 파리의 페르 라셰즈 공동묘지 구역으로 이장되었다. 오늘날에도 이곳에서는 여름이면 남자와 여자들이 꽃을 가지고 와서 묘지를 장식하는 것을 볼 수 있다.

중세의 업적

무엇보다도 중세 유럽의 변모는 론 강, 라인 강, 다뉴브 강 북부의 숲, 정글, 늪지대가 새롭고도 지속적인 문명의 토대로 바뀌었다는 점이다. 남자들과 여자들은 길을 내고, 운하를 만들고, 우물과 광산을 파고, 거주지를 짓고 자신과 가축들을 길들이고, 마을과 도시들을 세우고, 법과 의회를 발전시키고, 부모의 권위와 학교와 종교를 통해 젊은이를 교육시켰다.

중세 사람들은 종교에 모든 것을 걸었다. 로마 문명이 신들의 죽음, 혹은 그에 대한 사람들의 혼란으로 인해 붕괴되었다고 생각했다. 아니면 적어도 그렇게 들었다. 아주 어린 시절부터 반사회적 행동과, 욕망의 힘과 지속성에 대해 배웠다. 중세 사람들은 어른이 되면 신학적 믿음, 도덕적 계율, 사제의 훈계 그리고 신학적인 공포를 환영했다. 이런 것이 어느 정도는 젊은이의 자부심과 경망스러움을 억제하고, 또한 어른들의 범죄와, 국가의 전쟁과, 범죄를 억제한다고 여겼기 때문이다.

또 교회가 야만인을 가르쳐 문명인으로 만든다고 여겨 좋아했다. 또한 교회는 순결과 기사도를 북돋우고, 일부 전사들을 신사로 바꾸었다. 중세 사람들은 수도사들의 게으름에 분노하고, 수녀들의 헌신에 감사하였으며, 교회의 자선 사업을 높이 평가했다. 대성당을 자랑스럽게 여기고, 밝은 창을 향해 미소 짓고, 괴물 꼴을 한 홈통 주둥이를 보고 함께 웃었다. 위로 올라가는 건물의 버팀벽을 보고, 흐르다 말고 고정된 분수로 여겼을지도 모르겠다. 그들은 가톨릭교회에 속하는 것을 자랑스럽게 생각했다. 교황들은 국가를 통제하고, 왕들에게도 벌을 내렸다.

시간이 흐르면서 교회가 널리 퍼지고 부유해지면서 강해졌다. 또한 세속적 영향력을 높인 탓에, 파괴적인 개인주의·정치적 술수·회의적 지성 탓에 약해졌다. 교회는 화려함과 영향력을 놓고 대성당들과 힘을 겨루는 대학의 발전에 역동적으로 참여했다. 교회는 대부분의 교사들을 공급하고 훈련시켰으며, 종교의 의상으로 그들의 권위를 높였다. 그러나 이들 선생들은 점차 믿음과 종교적 경력보다는 지식과 세속적 출세를 추구하게 되었다. 고전 문서들을 함께 탐구하고 보존하고 편집하던 성직자와 속인들은 고전 문학과 철학의 매력과 깊이를 발견하고, 그리스도에 대한 것보다 더 큰 열성으로 플라톤을 이야기하기 시작했다.

중세의 영혼은 자라나는 세포처럼 두 가지 역사적 유기체로 발전했다. 남부 유럽에서는 고전적·에피쿠로스적·이교적 르네상스이고, 북부 유럽에서는 초기 기독교적·스토아적·청교도적 종교 개혁이다. 중세의 영혼은 이제 두 개의 강력한 문화가 되었다. 그들을 통해 문명을 보존하고 전달하는 중세의 역사적 업적은 완성되었다.

그 죽음이 곧 그 완성이었다.

Chapter 15

르네상스 1
레오나르도 다빈치를 중심으로

페트라르카와 보카치오

1327년 수난의 금요일에 당시 교황청이 있던 아비뇽의 한 교회에서, 프란체스코 페트라르카는 라우라 디 사데를 보았다. 그녀가 정숙한 탓에 그녀의 섬세한 아름다움이 더욱 크게 느껴졌다. 그는 그녀의 거룩함 이외에 다른 어떤 거룩함도 생각하지 않았다.

그녀는 시인의 숭배를 냉정한 태도로 받아들이고, 그의 정열에 대해 온갖 거절의 표시를 다 보였다. 다음 26년 동안 그는 그때까지 언어가 알았던 가장 정교한 음악으로 그녀를 향한 207편의 시를 썼다. 들어보라.

In qual parte del ciel, in quale idea
Era l'essempio, onde Natura tolse
Quel bel viso leggiadro, in ch'ella volse
Mostrar qua giú quanto lassú potea?

Qual ninfa in fonti, in solve mai qual dea,

D'pro si fino a l'aura sciolse?

Quando un cor tante in sé vertuti accolse?

Benché la somma è di mia morte rea.

Per divina bellezza indarno mira

Chi gli occhi de costei già mai non vide

Come soavemente ella gli gira,

Non sa come Amor sana, a come ancide,

Chi non sa come dolce ella sospira,

E come dolce parla, e dolce ride.

누가 이 멜로디를 번역하겠는가? 이탈리아와 스페인어에서 모음은 자음을 정복한다. 영어와 도이치어에서 모음은 자음에 의해 정복당한다. 그런데도 조지프 오슬랜더의 번역은 대단히 훌륭하다.

In what bright realm, what sphere of radiant thought,

Did Nature find the model whence she drew

That delicate dazzling image where we view

Here on this earth what she in heaven wrought?

What fountain—haunting nymph, what dryad sought

In groves, such golden tresses ever threw

Upon the gust? What heart such virtues knew?—

Though her chief virtue with my death is fraught

He looks in vain for heavenly beauty, he
Who never looked upon her perfect eyes,
The vivid blue eyes burning brilliantly—
He does not know how Love yields and denies;
He only knows who knows how sweetly she
Can talk and laugh, the sweetness of her sighs.[20]

페트라르카의 시들, 여성·자연·문학·예술에 나타난 아름다움에 대한 그의 민감성은, 이탈리아의 기본 정서에 목소리를 만들어주었다. 고전 문헌에 대한 그의 정열적인 탐색과 번역은 서유럽 전역을 통하여 시인들과 고위 성직자들 사이에서 높은 인기를 얻었다.

1341년 4월 8일, 로마에서 젊은이와 원로원 의원들로 이루어진 화려한 행렬이 페트라르카를 둘러싸고 카피톨리누스 언덕의 계단을 올라갔다. 그 언덕에서 그의 머리에 월계관이 씌워졌다. 이날 이후로 왕들과 교황들은 그를 유럽 문학의 왕자로 여겨 자신들의 궁정에 기꺼이 맞아들였다. 보카치오는 그를 '위대한 고대인들'과

---

20 자연이 하늘에서 만들어낸 것을 / 우리가 이 땅에서 보는 / 저 섬세하고 눈부신 모습의 모델을 자연은 어떤 밝은 왕국에서, / 그 어떤 빛나는 사상의 영역에서 구했을까? / 샘에 사는 저 요정, 저 나무 요정은 숲에서 / 무엇을 찾는 것일까, 금발 머리 바람결에 / 날리면서? 어떤 심정이 일찍이 저런 미덕을 알았던가?- / 비록 그녀의 최고의 미덕이 내 죽음을 품은 것이라 해도 / 그녀의 완벽한 눈을 들여다보지 못한 사람은 / 천상의 아름다움을 보지 못한 것, / 생생한 푸른 눈이 빛을 내며 타오르는 그 모습을- / 그런 사람은 사랑이 어떻게 굴복하는지 어떻게 거부하는지 알지 못하리. / 그녀가 얼마나 달콤하게 말하고 웃는지를/ 아는 사람만이 그녀가 짓는 한숨의 달콤함을 아네.

같은 반열에 놓았고, 이탈리아는 베르길리우스가 다시 태어났다고 선포했다.

보카치오는 당시 스물여덟 살이었다. 그는 피렌체의 상인이던 아버지와 자유로운 원칙에 따라 사는 프랑스 아가씨의 결합이 만들어낸 예상치 못한 결과(사생아)로 파리에서 태어났다. 이렇게 계획되지 않은 탄생이라는 점과, 절반은 갈리아 혈통이라는 것이 그의 성격과 양식에 영향을 주었을 것이다.

페트라르카가 황홀경을 경험하고 4년이 지난 1331년, 보카치오는 나폴리 교회 예배에서 사랑에 빠졌다. 이 숙녀는 매혹적인 경건함과 금발로 유명한 마리아 다키노였다. 그는 그녀를 피아메타(작은 불꽃)라 부르고 그녀의 불꽃 속에서 자신을 태우기를 열망했다. 그는 5년 동안이나 그녀에게 시와 산문들을 바쳤다. 그녀는 다른 지갑들이 바닥날 때까지 그를 기다리게 한 다음, 그를 받아들여 그의 지갑을 바닥나게 만들었다. 보카치오는 나폴리를 떠나 피렌체에 정착했다.

1348년 그곳에 대규모 흑사병이 돌면서, 1만 명 인구의 절반이 죽었다. 보카치오의 《데카메론》은 이런 죽음에 대한 끔찍한 묘사로 시작된다. 피렌체의 거의 모든 집안은 가족이 차례로 죽어나가는 꼴을 지켜보아야 했다. 병에 걸린 사람은 집을 떠나 길거리에서 이름 없이 죽어갔다. 보카치오는 《데카메론》에서 이 병을 피해 도망갈 궁리를 세웠다. 친척이거나 이웃인 일곱 명의 젊은 숙녀가 교회에서 만나, 하인을 데리고 함께 피렌체를 떠나, 병이 잦아질 때까지 시골 별장에 머물기로 합의한다. 지루함을 달랠 즐거운 방안으로, 그들은 남자 친구 세 명에게도 자신들과 함께 가자고 초대한다. 그들 열 명은 널찍한 시골의 성에 머무르며 시간을 보내기 위해, 각자가 하루에 하나씩 이야기를 하기로 정했다. 그들이 열흘을 함께 머물렀기에, 이야기가 100개가 되었다. 보카치오는 이 이야기 모음을 '데카메론'이라 이름 붙였다. 그리스어로는 '열흘'이라는 의미였다. 이들 100개의 이야기 중 일부는 상당히 음탕하다. 기운 넘치는 마세토가 수녀원 전체를 책임지는 이야기 같은 것이 한 예다. 일부는 참을성 있는 그리셀다 이야기처럼, 미덕 있는 사랑의 이야기다. 그리고 일부는 철학적 중요성을 가진다. 똑같이 소중한 세 개의 반지 이야기가 그것인데, 여기서 반지들은 유대교, 기독교, 회교 신앙을 상징한다. 보카치오는 기독교 도덕률 안에서조차, 문자 그대로의 기독교 신앙을 잃어가고 있는 중간 계층을 반영하고 있다.

그래서 르네상스는 발생 초기부터 이미, 죽은 다음 천국의 불확실한 즐거움 대신 이 세상에서의 즐거움과 모험을 선택하고 있음을 알 수 있다. 르네상스는 고대의 문학만 복원시킨 것이 아니라, 그 쾌락주의적 자유로움도 똑같이 복원시켰다. 1000년 동안이나 초자연적인 신앙에 기초한 도덕적 규율의 시간을 보낸 다음, 부분적으로는 이교적인 방식으로 감각이 자유롭게 되었다.

메디치 집안이 통솔한 피렌체(1378~1492)

경제적 기반

그러나 르네상스를 만들어내기 위해서는 고대의 부활 이상의 것이 필요했다. 무엇보다 돈이 필요했다. 냄새나는 부르주아의 돈 말이다. 능숙한 재산 관리와 싸구려 노동력이 만들어낸 이윤, 동쪽으로의 모험적인 여행과 알프스 산을 넘는 험한 여행 끝에 물건을 싸게 사다가 비싸게 팔아 남긴 이윤, 조심스러운 계산·투자·대출로 만든 이윤, 이자와 배당금이 쌓여 만든 돈. 그래서 육체의 즐거움을 누리고, 관직과 애인을 사고도 돈이 넉넉하게 남게 되어서야 비로소 미켈란젤로나 티치아노 같은 사람의 힘을 빌려 부富를 아름다움으로 바꾸고, 예술의 숨결로 행운을 향기롭게 만들었던 것이다.

돈은 문명의 뿌리다. 상인들과 은행가들의 기금과 교회의 기금이 필사본들을 사들일 돈을 지불했고, 이 필사본들이 고대를 부활시켰다. 그러나 르네상스의 정신과 감각을 자유롭게 만든 중요한 힘은 그런 사본들이 아니었다. 그것은 중산층의 힘이 커지면서 나타난 세속주의 덕분이었다. 또한 대학과 지식과 철학의 성장 덕분이었으며, 역사와 법을 연구해서 정신이 현실적으로 예민해진 덕분이었다. 더 폭넓은 세상과의 만남을 통해 정신이 확장된 덕분이었다. 전해 내려오는 신앙의 교리를 의심하고, 성직자가 속인과 똑같이 쾌락주의적인 것을 보며, 교육받은 이탈리아인들은 지적·윤리적 금기(터부)에서 벗어났다. 자유로워진 감각은 자연·여자·남자·예술에 드러난 아름다움에서 노골적인 즐거움을 얻었다. 새로 얻은 자유는 놀라운 1세기 동안(1434~1534) 그들을 창조적으로 만들고 나서 도덕적 혼란, 통합되지 않는 개인주의, 그리고 민족의 굴종으로 그들을 파멸시켰다. 르네상스는 두 가지 규율(중세와 종교 개혁) 사이의 막간극이었다.

어째서 이런 봄의 깨어남을 북부 이탈리아가 가장 먼저 경험하게 되었던가? 그곳에서 고대 로마의 샘은 완전히 고갈된 적이 없었다. 도시들은 고대의 구조와 기억을 간직하고 있었고, 이제 고대 로마의 법을 새롭게 만들었다.

고대의 고전 예술은 로마, 베로나, 만토바, 파도바 등지에 살아 있었다. 로마에 아그리파가 세운 판테온은 지은 지 1400년이나 지났는데도 아직 경배의 장소라는 기능을 그대로 유지하고 있었다. 포룸 광장에서는 키케로와 카이사르가 카틸리나의 운명을 놓고 논쟁을 벌이는 소리가 들리는 듯했다. 라틴어는 아직도 살아서 통용되는 말이었다. 이탈리아어는 라틴어를 더욱 유려하게 변조시킨 것에 지나지 않았다. 이교의 신들, 신화, 제식祭式 등이 사람들의 기억 속에, 아니면 기독교의 의식 속에 남아 있었다. 이탈리아는 고대 문명과 무역이 이루어지던 지중해를 지휘하면서, 그곳을 가로지르는 위치에 자리 잡고 있었다.

북부 이탈리아는 당시 플랑드르 지방을 제외하면, 유럽의 다른 어떤 지역보다 더 도시와 산업이 발달한 곳이었다. 북부 이탈리아는 한 번도 완전히 봉건 국가가 된 적이 없었지만, 대신 그 귀족들이 도시와 상인 계층에 복종하게 되었다. 이곳은 이탈리아의 나머지 부분과 알프스 이북 유럽의 교역 통로였고, 서유럽과 레반트 해역(동부 지중해의 섬과 연안 제국)의 연결 통로였다. 북부 이탈리아의 상업과 산업은 이 지역을 가장 부유한 기독교 지역으로 만들었다. 모험적인 무역 상인들은 프랑스의 연시年市에서 가장 멀리 떨어진 흑해의 항구들에 이르기까지 어디든 갔다. 그리스, 아랍, 유대, 이집트, 페르시아, 힌두, 중국 사람들과의 무역에 익숙해진 그들은 자기들 신앙 교리의 날카로움을 잃어버렸다. 그것은 교육받은 이탈리아 계층에 신앙에 대한 무관심을 가져왔는데, 이러한 무관심은 이방의 종교와 폭넓은 교류를 하면서 19세기 유럽에 두 번째로 나타났던 것과 동일한 종류의 무관심이었다.

덕분에 이탈리아는 부와 예술과 사유에서, 나머지 유럽보다 1세기는 앞섰다. 르네상스는 16세기에 이탈리아에서 시들고 나서야 비로소 프랑스, 독일 지역, 네덜란드, 잉글랜드, 스페인 등지에서 꽃피었다. 르네상스란 시간상의 시대가 아니라, 생활과 사유의 방식이다. 그것은 상업·전쟁·사상의 통로를 통해 이탈리아에서 유럽으로 퍼져나갔다.

르네상스는 이탈리아에서 맨 먼저 탄생한 것과 아주 동일한 이유로, 피렌체에서 맨 먼저 탄생했다. 조직화된 산업, 상업의 확장, 은행가들의 활동 등을 통해 꽃의 도시 피렌체는 14세기에 이탈리아 반도에서, 베네치아를 제외하고 가장 부유한 도시였다. 이 시대 베네치아가 거의 모든 에너지를 쾌락과 부의 추구를 위해 사용하고 있었다면, 피렌체 사람들은 아마도 소란스러운 얼치기 민주주의의 자극을 통해, 사상과 재치와 모든 종류의 기술을 대단히 예리하게 발달시켰다. 그런 요소들은 이 도시를 이탈리아의 문화 중심지로 만들었다. 당파 싸움은 삶과 사유의 기질을 더욱 달구었다. 경쟁자 집안들은 권력을 추구할 때처럼, 예술에 대한 후원에서도 경쟁을 벌였다.

여기에 다행스러운 자극이 덧붙었다. 코시모 데 메디치는 자신과 친척들의 재산 및 궁전을 제공해, 피렌체 공의회(1439)에 찾아온 사절들을 맞아들였다. 동방 정교와 가톨릭교회의 통합을 논의하기 위해 공의회에 찾아온 그리스의 고위 성직자와 학자들은 그리스 문학에 대해 그 어떤 피렌체 사람보다 훨씬 뛰어난 지식을 가지고 있었다. 그들 중 일부는 피렌체에서 강연을 하였고, 도시의 엘리트들은 그들의 강연을 듣기 위해 몰려들었다. 콘스탄티노플이 터키에 정복당했을 때(1453), 많은 그리스 사람들이 고향을 떠나 피렌체를 제2의 고향으로 삼았다. 그곳에서 그들은 14년 전과 똑같은 환대를 받았다. 이들 중 일부는 고대 텍스트의 필사본들을 지니고 왔다. 이렇게 다양한 영향들이 합치면서, 르네상스는 피렌체에서 형태를 잡아가기 시작했고, 그러면서 피렌체는 이탈리아의 아테네가 되었다.

피렌체의 이런 문화적인 탁월함 뒤에는, 이 도시의 산업·상업·재정이 버티고 있었다. 인구의 약 4분의 1은 산업계에 종사하고 있었다. 1300년 무렵 피렌체에는 두 개의 방직 공장에 약 3만 명의 남녀가 고용되어 있었다. 대규모 투자, 물자 및 기계의 공급, 체계적인 노동 분화, 자금 공급자들에 의한 생산 통제 등이 이루어졌다.

이런 산업 혁명을 재정적으로 지원하기 위해, 피렌체에는 여덟 개의 은행가 집안이 있었다. 이들은 현대 은행이 하는 거의 모든 기능을 수행했다. 신용장을 발급하고 개인, 사업가, 정부에 꼭 필요한 자금을 대출해주었다. 예를 들면 피렌체는 잉글랜드의 에드워드 3세에게 136만 5000플로린을 빌려주었다. 그리고 예금자들의 저축을 이용해 어음을 현금으로 바꾸고, 평화를 유지하고, 전쟁에 재정 지원을 했다. 13세기에서 15세기까지, 피렌체는 유럽의 금융 중심지였다. 그곳에서 환율이 결정되었다. 1345년 피렌체는 5퍼센트 이자를 지불하는 양도성 공채를 발행하고, 만기에는 황금으로 상환했다. 1400년에 피렌체 정부의 세수稅收는 엘리자베스 1세 시대 영국의 전체 세수를 능가하는 규모였다.

은행가, 상인, 제조 업자, 직업을 가진 남자들과 숙련공들은 피렌체와 피렌체의 지배를 받는 지역에서, 그리고 일반적으로 서유럽 지역에서 21개의 수공업 조합을 이루었다. 이들은 이탈리아에서는 '아르티'라고 불렸다. '예술'이라는 말은 기술이 필요한 모든 직종에 적용되었고, 아직은 미적인 의미를 지니지 않은 상태였다.

공인된 수공업 조합에 속한 사람만 투표권을 가졌다. 21개의 수공업 조합 밑에는 투표권이 없는 노동자들의 조합이 72개가 있었다. 그들보다 아래의 일당 노동자들은 조직을 만드는 것이 금지되었다. 이들보다 더 아래에는 그리 많지 않은 노예들이 있었다. 피렌체의 공식적인 통치 기구는 '시뇨리아' 혹은 '시 의회'가 으뜸을 이루었다. 시 의원은 수공업 조합의 지도자들 중에서 제비뽑기로 선출되었다. 그들은 수공업 조합의 조합원 중에서 뽑힌 '평의회'의 감시를 받았다. 그러나 실제로는 이들 투표자들보다 더욱 교묘하고 강하게 돈을 영향력으로 바꿀 수 있는 은행가가 통치를 맡았다. 피렌체의 황금시대에 이런 대표적인 은행가가 코시모 데 메디치였다.

코시모 데 메디치

이 이름은 수수께끼다. 그 조상 중에 의사medicos는 없기 때문이다. 1428년 서른아홉 살의 나이로 그는 토스카나에서 가장 많은 재산의 상속자가 되었다. 은행과 넓은 농장, 몇 개의 비단 공장과 모직 공장 등을 물려받고, 러시아, 시리아, 스코틀랜드, 스페인 등과 무역을 할 수 있는 권한도 물려받았다. 그는 추기경이나 술탄들과도 가까운 사이였다. 공공사업과 자선 사업에 엄청난 기부를 했으므로, 민중은 피렌체의 정치에서 그의 간접적인 독재를 말없이 받아들였다.

역사도 그를 승인해준다. 그가 넉넉한 돈을 투자해서 많은 학자, 예술가, 시인, 철학자를 후원했기 때문이다. 그는 재산 일부를 들여 고전 텍스트를 수집했다. 니콜로 데 니콜리가 고대의 필사본들을 사들이느라 파산한 뒤로, 코시모는 장부에 기재하지도 않고 메디치 은행에서 그가 죽을 때까지 그에게 돈을 대주었다.

코시모는 45명의 필사가들을 고용해, 사들일 수 없는 필사본들을 베끼게 했다. 자신의 "소중한 것precious minims"(월트 휘트먼의 말)들을 산 마르코 수도원과 근처 피에졸레에 있는 수도원이나 자신의 도서관에 보관하면서, 이들 소장품을 선생과 학생들에게 돈도 받지 않고 개방했다.

그는 피렌체에 플라톤 연구를 위한 플라톤 아카데미를 세웠다.(1445) 그리고 마르실리오 피치노가 반평생을 다 바쳐 플라톤 작품을 번역하고 주석 붙이는 일을 할 수 있도록 해주었다. 스콜라 철학은 400년의 전성기를 보낸 다음, 서양에서 지배권을 잃어버렸다. 마음을 명랑하게 하는 플라톤의 정신이 기운을 북돋우는 효모처럼, 새로 일어서는 유럽 사상의 몸 안으로 들어왔다.

우리는 여기서 르네상스 역사에 나타난 지적 탐색과 예술적 광채를 설명하려는 것이 아니다. 그러나 피렌체의 전성기에 나타난 그것을 잠시 언급하지 않을 수 없다. 필리포 브루넬레스키는, 산타마리아 델 피오레, 즉 꽃의 성모 대성당(피렌체 대성당)의 벽 위에 133피트(약 39.9미터) 높이의 둥근 지붕을 얹었다. 그것은 토스카나 지방 언덕 한복판에 장미꽃 화단처럼 자리 잡은, 붉은 지붕 도시 피렌체의 파노라마를 압도한다. 같은 해에 로렌초 기베르티는 청동 조각문을 만들었다. 이것은 피렌체 세례당을 르네상스의 지속적인 광채의 하나로 만들었다.

기베르티의 제자 도나텔로는, 이 문들이 선의 우아함에서 지나치게 여성적이라고 여겼다. 그의 정신은 남성적이고 대담하게 혁신적이었다. 1430년에 그는 코시모를 위해 청동의 〈다윗〉 상을 만들었다. 이 작품이 미켈란젤로의 마음을 흔들어 그 또한 〈다윗〉 상을 만들었다. 도나텔로의 〈다윗〉은 르네상스 조각에서 처음으로 등장한 나체 조각상이었다. 이 야심 많은 조각가는 파도바의 산 안토니오 광장에서 6년 동안이나 작업한 끝에 근대 최초의 중요한 기마상을 만들었다. 이것은 '가타멜라타(달콤한 고양이)'라는 별명으로 불리는, 베네치아 용병 대장을 기념한 기념비다. 코시모는 도나텔로를 피렌체로 불러들여 그에게 거듭 주문을 했다.

도나텔로는 걸작들을 만들어낸 것만이 아니었다. 그는 코시모를 설득하여 고대 조각상의 유품들을 사들인 뒤, 젊은 예술가들이 공부할 수 있도록, 메디치 가문의 정원에 배치하게 했다. 후원자와 예술가는 함께 늙어갔다. 코시모가 이 조각가를 잘 보살펴주어 도나텔로는 돈 걱정을 거의 하지 않았다. 그는 (바사리에 따르면) 작업장 천장에 매달린 바구니에 돈을 보관해두고, 조수들과 친구들에게 자신에게 물어보지 말고 필요에 따라 돈을 꺼내가라고 했다. 그는 단순하고 만족스럽게 여든 살까지 살았다. 피렌체의 모든 예술가들과, 거의 모든 시민들도 그의 장례 행렬을 따랐으며 그는 자신이 원한대로 산 로렌초 교회의 지하 묘지에 코시모와 나란히 묻혔다.(1466)

로렌초

코시모는 1464년에 죽었다. 그의 아들 피에로는 아버지의 부와 권위, 취향을 그대로 물려받았고 일 고토소(통풍 환자)라는 별명을 얻었다. 그는 5년 동안 불행한 통치를 한 다음 1469년에 죽었다. 그의 권력은 아들 로렌초, 미래의 일 마니피코(빛나는 사람)에게 넘어갔다.

코시모는 최선을 다해 이 영특한 젊은이에게 사람과 돈을 관리하는 법을 가르쳤다. 로렌초는 그리스어와 철학을 배웠고, 철학자, 정치가, 예술가, 인문주의자, 장군 들의 대화를 들으면서 열두 가지 학문을 익혔다. 그는 지식인 숙녀들에게 바치는 열정적인 소네트를 썼다. 아버지 피에로는 결혼이 연애에 대한 훌륭한 치유책이라 여겨, 아들을 설득해 클라리스 오르시니와 결혼하도록 만들었다. 그렇게 해서 메디치 가문은 로마에서 가장 강력한 두 가문 중 한 가문과 혼인으로 결속되었다. 이들의 아들 둘이 장차 교황 레오 10세와 클레멘스 7세가 된다.

피에로가 죽고 이틀이 지났을 때, 시민 대표가 로렌초에게 와서 국정의 책임을 맡아달라고 청했다. 상황이 그를 설득했다. 메디치 가문의 재정은 피렌체 시의 재정과 밀접하게 얽혀 있어, 집안의 적이나 경쟁자가 정치권력을 잡게 되면 파멸을 두려워하지 않을 수 없었다. 자신이 국정을 맡는 데 대한 비난을 잠재우기 위해 그는 경험 많은 시민으로 이루어진 자문 회의balia를 만들어 중요한 문제에서 조언을 받겠다고 약속했다.

그는 통치하는 동안, 항상 이 자문 회의와 상의하며 아주 훌륭한 판단력을 보였기에, 그의 지도력에 대한 의문은 없었다. 그는 코시모와 피에로가 했던 것처럼 통치했지만 그냥 한 사람의 시민으로 (1490년까지) 남았다. 그러나 자기 집안의 지지자들이 압도적 다수를 이룬 자문 회의에 여러 가지 정책들을 권고했다.

도시의 번영이 계속되었기 때문에, 시민들은 그것을 받아들였다. 밀라노의 공작 갈레아초 마리아 스포르차가 1471년 피렌체를 방문했을 때 그는 도시가 보여주는 부의 표지들에 깜짝 놀랐다. 그리고 코시모와 피에로와 로렌초가 메디치 궁전과 정원들에 모아놓은 예술품을 보곤 더 놀랐다. 그곳에는 이미 조각상, 꽃병, 보석, 그림, 장식이 된 필사본, 건축물 잔해와 모델들의 박물관이 있었다. 갈레아초는 이탈리아 전국에서 본 것보다 이 한 군데서 더 많은 아름다운 그림을 보았노라고 했다.

이런 일반적인 번영 한가운데서 자유는 줄었지만, 옛날의 당파들은 평화를 유지했고, 범죄가 줄고 질서가 잡혔다. 당시의 한 사람은 이렇게 썼다. "이곳에는 강도도 없으며, 밤의 소요도 없고 암살도 없다. 누구나 밤이든 낮이든 지극히 안전하게 일을 볼 수 있다." 사려 깊은 역사가 귀치아르디니는 이렇게 말했다. "피렌체가 전제 군주를 가져야 한다면 이보다 더 즐거운 군주를 찾아낼 수는 없었을 것이다." 상인들은 자유보다 번영을 좋아했고, 재산이 없는 계층은 고용을 보장하는 공공사업으로 조용해졌으며, 각종 시합들이 엘리트층을 유혹하고 경마는 부유한 시민 계층을 사로잡았다. 축제 행렬은 시민들을 즐겁게 해주었다.

사육제 기간에 피렌체 사람들은 유쾌한, 혹은 두려운 가면을 쓰고 풍자적인, 혹은 에로틱한 노래를 부르며 거리를 행진하는 것이 관례였다. 로렌초는 이런 즐거움을 좋아하기는 했지만, 그래도 이런 행사가 무질서로 빠지려는 경향이 있다고 해서 믿지 않았다. 마지막에는 축제 행사에 정부가 승인과 질서를 부여함으로써 그것을 통제했다. 그의 통치 아래 축제 행렬은 피렌체 생활의 가장 인기 있는 특색이 되었다. 그는 지도적인 예술가들을 고용해, 마차와 깃발과 의상을 고안하고 그림을 그리게 했다. 그와 그의 친구들은 마차에서 부를 노래를 작곡했는데, 이 노래들은 사육제 기간의 도덕적 해이 상태를 보여준다.

로렌초의 행렬 중에서 가장 유명한 것은 '바쿠스의 승리'이다.

화려한 의상을 입은 젊은이들의 기마대가 뒤를 따르는 가운데, 사랑스러운 소녀들을 실은 행렬이 베키오 다리를 건너 대성당 앞 널찍한 광장에 이르는 동안 다성多聲 화음을 이룬 합창대가 심벌즈와 류트의 반주에 맞추어 로렌초가 직접 작곡한 시를 노래했다. 그러나 대성당에는 어울리지 않는 노래였다.

1. Quanto e bella giovinezza,
   Che si fuge tutta via!
   Chi vuol esser lieto sia!
   Di doman non c'e certezza.

1. 청춘은 아름다워라.
   그러나 쉽게 날아가버리네!
   젊은이들과 아가씨들아, 지금 즐겨라.
   내일은 아무것도 확실치 않으니.

2. 바쿠스와 명랑한 아리아드네, 참된 연인들!
   시간은 흘러가지만
   그들은 새로운 즐거움을 서로 찾아낸다네.

3. 그들과 그들의 요정들과 패거리들은
   언제나 축제일.
   젊은이들과 아가씨들아, 지금 즐겨라.

내일은 아무것도 확실치 않으니…….

14. 젊은 숙녀들과 젊은 연인들아!
바쿠스 만세, 욕망 만세!
춤추고 놀자, 노래를 부르자.
달콤한 사랑이 너의 가슴에 불을 붙여라.

15. 장래는 어찌 되든
젊은이들과 아가씨들아, 지금 즐겨라.
내일은 아무것도 확실치 않으니.

이런 시들과 축제 행렬들은 로렌초가 피렌체 젊은이들을 망쳤다는 비난에 대해 어슴푸레한 근거가 된다. 아마도 그들은 그가 없어도 '망가졌을' 것이다. 베네치아, 페라라, 밀라노의 도덕은 피렌체보다 나을 게 없었다. 메디치 은행가들이 통치하던 피렌체의 도덕이 뒷날 메디치 교황들이 통치하던 로마보다는 그래도 나은 편이었다.

로렌초의 미적인 감각성은 그의 도덕성이 견디기에는 지나치게 날카로웠다. 문학은 그의 가장 중요한 관심사의 하나였고, 그의 작곡들은 그 시대 최고의 작품들과 겨룰 만한 것이었다. 시 문학에서 그보다 뛰어났던 유일한 인물 폴리치아노가 라틴어와 이탈리아어 사이에서 결정을 내리지 못하고 망설이고 있을 때, 로렌초의 시들은, 단테가 정립하였으나 인문주의자들이 폐기시켰던 이탈리아어를 복구했다. 그는 라틴 고전 작가들의 사랑 노래보다 페트라르카의 소네트를 더 좋아했다. 그는 라틴 시들을 아무 문제 없이 원문으로 읽을 수 있었고 페트라르카의 《칸초니에레》를 기리기 위해 몇 개의 소네트를 작곡하기도 했다. 그러나 그는 시에 대한 사랑을 지나치게 진지하게 받아들이지는 않았다. 그는 자신의 몸을 단련케 하고 마음에 평화를 주는 목가적 장면들을 진지한 성실성으로 묘사했다. 그의 가장 훌륭한 시들은 시골의 숲과 강, 나무들과 짐승의 떼와 목동들을 노래한 것들이다. 때때로 삼행시terza rima로 농부들의 단순한 언어를 기운찬 시구로 표현한 유머러스한 작품들을 썼다. 때로는 라블레 식의 자유로움으로 풍자적인 익살극도 썼다. 그런 다음 자녀들을 위한 종교극도 썼고, 정직한 경건성의 음조를 띤 찬가들도 있다. 하지만 그의 가장 특징적인 시들은 사육제의 노래(축제의 노래)이다. 축제의 시기와 분위기에서 맞추어 부르기 위한 노래들로 쾌락을 정당화하고, 처녀들의 신중함을 무례하다고 표현한 시들이다. 한 국가를 다스리고, 재산을 관리하고, 마상 시합에 나가고, 탁월한 시들을 쓰고, 예리한 감각으로 예술가와 작가들을 후원하고, 학자 및 철학자들과 쉽게 섞이고, 농부와 어릿광대들과도 잘 어울리고, 축제 행렬에서 함께 행진하고, 외설적인 노래들을 부르고, 부드러운 찬가들을 부르고, 애인들과 놀아나고, 교황을 낳고, 유럽 전역을 통해 자기 시대 이탈리아의 가장 위대하고 가장 고귀한 사람이라고 찬양받던 이 사람의 모습보다 이탈리아 르네상스의 도덕성과 매너, 복합성과 다양성을 더 잘 보여주는 것은 없다.

폴리치아노의 시대

로렌초의 도움과 모범에 용기를 얻은 피렌체의 문인들은 차츰 이탈리아어로 작품을 쓰게 되었다. 그들은 천천히 토스카나 문어를 형성했고, 그것은 반도 전체의 기준이며 모델이 되었다. 애국적인 바르키는 토스카나 문어가 "이탈리아의 모든 언어 중에서뿐 아니라 오늘날 알려진 모든 언어 중에서 가장 달콤하고 가장 풍부하고 가장 세련된 언어"라고 말했다.

그러나 이탈리아 문학을 되살리면서, 로렌초는 그리스와 로마 고전 작가들의 작품을 피렌체 학자들이 사용할 수 있도록 수집한 할아버지의 기획을 열렬히 진행해나갔다. 그는 폴리치아노와 조반니 라스카리스를 이탈리아 여러 도시들과 외국으로 보내 사본들을 사들이도록 했다. 아토스 산에 위치한 어떤 수도원에서 라스카리스가 200권의 책을 가져왔는데, 그중 80권은 당시 서유럽에 알려지지 않은 책들이었다. 폴리치아노에 따르면 로렌초는 전 재산을 들여, 심지어는 가구를 저당 잡히면서까지 책을 구하려고 애썼다. 그는 살 수 없는 사본들을 베끼기 위해 서기들을 고용했고, 그 대신에 또 다른 수집가들, 예를 들면 헝가리의 마티아스 코르비누스 왕이나 우르비노의 페데리고 공작 같은 사람들이 서기를 보내 메디치 도서관에 있는 사본을 베끼는 것을 허용했다. 로렌초가 죽자 이 수집품들은 코시모의 수집품과 함께 산 마르코 수도원에 보관되었다. 1495년에 모두 합쳐서 1039권에 이르렀고, 그중 460권이 그리스어로 되어 있었다. 미켈란젤로는 뒷날 이 책들을 위한 훌륭한 건축물을 설계하였고, 후세 사람들은 이 도서관에 로렌초의 이름을 붙여주었다. 바로 로렌초 도서관(비블리오테카 라우렌치아나) 이 그것이다. 베르나르도 첸니니가 피렌체에서 인쇄소를 차렸을 때(1471), 로렌초는 친구인 폴리치아노나 우르비노의 페데리고 공작처럼 이 새로운 기술을 경멸하지 않았다. 그는 즉석에서 활자의 혁명적인 가능성을 알아보았던 것 같다. 그래서 학자들을 고용해, 가능한 한 정확하게 고전 작가 작품이 인쇄될 수 있도록 여러 텍스트들을 정밀히 검토하게 했다. 이에 용기를 얻은 바르톨로메오 디 리브리는 신중한 학자 데메트리우스 카트콘딜레스의 도움을 받아 호메로스 초판본(1488)을 간행했다. 조반니 라스카리스는 에우리피데스(1494), 그리스 명시 선집(1494), 루키아노스(1496)의 초판본을 냈다. 크리스토포로 란디노는 호라티우스(1482), 베르길리우스, 플리니우스 1세, 단테의 작품을 펴냈다. 단테의 언어와 암시들은 당시에도 설명이 필요했다. 피렌체가 이런 학문적인 노동의 대가로 크리스토포로에게 화려한 집을 선물했다는 말을 들으면, 이 시대의 정신을 느낄 수 있을 것이다.

메디치와 다른 피렌체 집안들이 너그러운 후원을 해준다는 명성에 이끌려 학자들은 피렌체로 몰려들었고, 이 도시를 문학 수업의 중심지로 만들었다. 이런 경쟁의 지적인 유산을 발전시키고 물려주기 위해, 로렌초는 오래된 피사 대학교와 피렌체에 있는 플라톤 아카데미를 복구하고, 더 크게 만들었다. 플라톤 아카데미는 공식적인 대학이 아니라 플라톤에 관심을 가진 사람들의 모임이었다. 이들은 일정하지 않은 간격을 두고, 로렌초의 시내 궁전이나 카레지에 있는 피치노의 별장에 모여, 함께 식사하고 플라톤의 대화편

하나를 몽땅 혹은 일부를 낭송하고, 그 철학을 토론했다. 플라톤의 생일이자 기일로 여기는 11월 7일이 되면, 아카데미는 거의 종교적인 엄숙함으로 그날을 기념했다. 플라톤의 흉상이라고 여긴 흉상에는 화관을 씌우고, 신상 앞에 하듯이 그 흉상 앞에 불을 밝혔다.

플라톤 아카데미의 토론에 참석한 사람들 중에는 폴리치아노, 피코 델라 미란돌라, 미켈란젤로, 마르실리오 피치노 등이 있었다. 마르실리오는 코시모의 부탁을 충실히 수행해 거의 전 생애 동안 플라톤 작품을 라틴어로 번역하고, 그것을 연구하고 가르치며, 또 플라톤주의에 대한 글을 쓰면서 보냈다. 젊은 시절 잘생긴 얼굴 덕택에 피렌체 처녀들은 그를 탐내는 눈길로 바라보았지만, 그는 여자보다는 책에 더 관심이 많았다. 한동안 그는 종교적 신앙을 잃고 플라톤 사상을 더 우수한 것으로 여겼다. 그는 학생들을 "그리스도 안에서 사랑하는 사람"이라고 말하는 대신 "플라톤 안에서 사랑하는 사람"이라 부르기도 했다. "그는 플라톤의 흉상 앞에 촛불을 켜놓고 그를 성인으로 숭배했다." 그에게 기독교는 많은 종교 중 하나에 지나지 않았다. 이들 여러 종교는 알레고리적인 교리와 상징적인 의식 뒤에 진리의 요소들을 감추고 있다고 여겼다. 성 아우구스티누스의 글과, 심각한 병에서 회복된 데 대한 감사의 심정에서, 마르실리오는 다시 기독교 신앙으로 돌아왔다. 마흔 살의 나이에 그는 사제가 되었지만, 여전히 열렬한 플라톤주의자였다. 소크라테스와 플라톤은 예언자들의 유일신 사상만큼이나 고귀한 유일신 사상을 내놓았다고 그는 말했다. 그들도 자신들의 방식으로 신의 계시를 받았으며, 이성의 지배를 받는 모든 사람들이 다 그렇다고 했다. 로렌초와 대부분의 인문주의자들은 그의 안내를 받아 기독교 신앙을 다른 신앙으로 대체하지 않고, 철학자가 받아들일 수 있는 용어들을 이용해 기독교를 새로 해석했다. 한두 세대 동안(1447~1534) 교회는 이런 시도를 너그러운 미소로 지켜보았다.

플라톤 아카데미에서 로렌초 다음으로 가장 흥미로운 인물은 조반니 피코 델라 미란돌라 백작이다. 그는 자신이 태어난 도시(미란돌라, 모데나 근처에 위치)를 자신의 이름으로 유명하게 만들었다. 볼로냐와 파리 대학교에서 공부하고, 유럽의 거의 모든 궁정에서 영예로운 영접을 받았다. 마지막에 로렌초는 그를 설득해서 피렌체를 고향으로 삼게 만들었다. 그의 열렬한 정신은 문학, 철학, 건축, 음악을 차례로 탐구하고 이 모든 분야에서 두드러진 탁월성을 보였다. 폴리치아노는 그를 보고 내면에 자연이 주는 모든 선물을 모아놓은 전형적인 인물이라고 서술했다. "키가 크고 섬세한 모습에 얼굴에는 신성神性의 어떤 요소가 빛나고 있다." 관통하는 듯한 번득임과 지치지 않는 탐구열, 기적 같은 기억력, 종교적인 박식함, 여러 언어에 능통한 인물로, 여성들과 철학자들의 사랑을 받았다. 성품이 사랑스럽고 잘생기고 지성의 모든 자질이 탁월했다. 그의 정신은 모든 철학과 모든 신앙에 대해 열려 있었다. 그는 어떤 체계도 어떤 사람도 거부할 이유를 알지 못했다. 생애 마지막 몇 년 동안 점성술을 거부하기는 하였지만, 신비주의와 마법을 플라톤과 그리스도만큼이나 기꺼이 받아들였다. 그는 야만적으로 어리석은 말을 했다고 해서 대부분의 인문주의자들이 거부했던 스콜라 철학자들에 대해서도 잘 알고 있어서, 좋은 말을 했다. 아랍과 유대 사상에 대해서도 경탄했고, 그의 스승과 존경하는 친구들 중에는 유대인도 몇 명 있었다. 그는 히브리 밀교 카발라를 연구하고, 그것을 순진하게 고대의 사상으로 받아들였으며, 그 안에서 그리스도의 신성을 위한 완벽한 증거를 찾아냈다고 선언했다. 그의 봉건적 직함에는 콘코르디아(Concordia, 평화의 여신)의 백작이라는 것도 있었다. 그는 서방의 모든 위대한 종교들(유대교, 기독교, 회교)을 화해시키고 이들을 다시 플라톤과, 플라톤을 아리스토텔레스와 화해시키는 일을 고귀한 의무로 여겼다. 모든 사람이 그에게 아첨했지만, 그는 짧은 생애의 마지막까지 매력적인 온건성을 지켰다. 오직 배움의 정확성과 인간 이성의 힘에 대한 순진한 믿음의 영역에서만 과격성을 띠었다.

그는 스물네 살의 나이로(1468) 로마에 가서 900개의 제안 목록을 출간해 사제들과 전문가들을 깜짝 놀라게 만들었다. 이 제안들은 논리학, 형이상학, 신학, 윤리학, 수학, 물리학, 마법, 카발라를 포함하고 있었다. 게다가 가장 큰 죄라 하더라도 유한한 것이므로 영원한 형벌을 받을 수는 없다는, 너그러운 이교 사상까지 포함한 것이었다. 피코는 이 제안들 모두 혹은 일부를 놓고 어떤 사람에 대항해서도 공개적인 논쟁을 통해 방어할 각오가 되어 있다고 선언한 뒤, 어떤 나라에서든 자신이 그리로 가기를 원하는 도전자가 있으면 여행 경비를 지불하라고 제안했다. 이 철학적 논쟁의 제안에 붙이는 서문으로, 그는 유명한 글을 썼다. 뒷날 '인간 존엄성에 관하여'라는 제목이 붙는 글로, 젊음의 열정으로 인문주의자들이 (대부분의 중세의 견해에 반대해서) 인간 종족에 대해 가진 높은 견해를 표현하고 있다. 여기서 피코는 이렇게 쓰고 있다. "인간이 소우주라는 사실은 학교에서 듣는 진부한 소리다. 인간의 몸은 땅의 원소들과, 천상의 정신과, 식물의 혼과, 하등 동물의 감각과, 이성과, 천사의 정신과, 신과 닮음이 뒤섞인 것이다." 그리고 나서 피코는 신이 아담에게 들려주는 말로, 인간의 제한 없는 능력에 대한 신의 증언을 말하고 있다. "나는 너를 천상의 존재도 지상의 존재도 아닌 것으로 만들었다. 네가 너 자신을 만들어가는 존재가 되고 스스로 극복하는 존재가 되도록 하기 위해서다. 너는 짐승으로 떨어질 수도 있고 신과 비슷한 존재로 다시 태어날 수도 있다." 여기에다 피코는 젊은 르네상스의 높은 정신에서 다음과 같은 말을 덧붙인다.

인간이 자기가 되고자 하는 것이 될 수 있다는…… 이것은 신의 최고의 선물이요, 인간이 받은 최고의 놀라운 축복이다. 짐승은 어미의 몸에서 나올 때 제가 가져야 할 모든 것을 가지고 태어난다. 최고의 정신(천사들)은 시작부터 영원히 지속되도록 만들어진 존재다. 하느님 아버지는 인간에게만 탄생의 순간부터 모든 가능성과 모든 삶의 씨앗을 주셨다.

아무도 피코의 잡다한 도전을 받아들이려 하지 않았다. 그러나 교황 인노첸시오 8세는 이 제안들 중 세 개를 이단으로 규정했다. 이것은 전체에서 작은 일부에 지나지 않았기 때문에 피코는 은사를 기대했던 것 같다. 실제로 인노첸시오는 이 일을 계속 밀어붙이지 않았다. 그러나 피코는 조심스럽게 답변하고 파리로 갔다. 그곳의 대학이 그에게 보호를 제안하였기 때문이다. 1493년 알렉산데르 6세는, 타고난 싹싹함으로 피코에게 모두 용서받았다는 사실을 알려주었다. 피코는 피렌체로 돌아와, 사보나롤라의 열렬한 추종자가 되었다. 그는 학문의 추구를 포기하고 다섯 권짜리 사랑의 시를 불태운 뒤 재산은 가난한 소녀들의 결혼 지참금으로 나누어주고, 자신은 절반은 수도사와 같은 생활을 했다. 그는 도미니크 수도사가 될까 생각했지만, 마음을 정하기도 전에 죽었다. 서른한 살의 젊은 나이였다. 그의 영향력은 그의 짧은 생애를 뛰어넘어 살아남았다. 그리고 로이힐린에게 영향을 미쳐 독일에서 피코 생애의 정열의 하나였던 히브리 연구가 계속되었다.

로렌초의 죽음

로렌초는 쾌락의 복음을 설파한 사람이었지만, 죽기 전에 이미 자신이 오래 살지 못하리라는 것을 여러 번이나 감지했다.

그의 아내는 1488년에 죽었다. 그는 아내에게 정절을 지키지는 않았지만, 그녀를 잃은 것을 진심으로 애도하고, 그녀의 도움이 없어진 것을 아쉬워했다. 그녀는 많은 아이들을 낳았는데, 그중 일곱이 살아남았다. 그는 부지런히 아이들의 교육을 감독하고, 말년에는 피렌체와 자기 집안이 더 행복해질 수 있는 방식으로 그들을 결혼시키려고 애썼다.

로렌초는 피렌체 정부의 일에 활발하게 관여하는 일에서 물러나, 점차 공식적인 일과 사적인 사업을 아들 피에로에게 넘겨주었다. 그리고 시골의 평화와 친구들과의 대화에서 위안을 찾았다. 그는 전형적인 편지에서 다음과 같이 스스로를 변명했다.

평온한 마음과 여가를 품위 있게 즐기는 것보다 더 소망스러운 것이 무엇이겠는가? 이것은 모든 선량한 사람이 원하는 것이지만, 위대한 사람만이 얻을 수 있는 일이다. 공적인 일들 한가운데서도 우리는 쉴 날이 오기를 고대할 수는 있을 것이다. 그러나 휴식도 나라의 일에서 나의 관심을 완전히 떼어놓지는 못한다. 내가 걸어야 했던 그 길이 힘들고 위험으로 가득 차 있으며 배신으로 둘러싸인 굴곡 많은 길이었음을 부인할 수 없다. 그러나 내가 나라의 복지에 기여함으로써 우리나라의 번영이 다른 어떤 나라의 번영과도 겨룰 수 있게 되었다는 사실로 나는 자신을 위로한다. 또한 집안의 이익과 발전에도 무심하지 않았으니, 언제나 할아버지 코시모의 모범을 따르려고 노력했다. 그분은 공적인 일과 사적인 일을 똑같은 조심성으로 보살폈다. 나의 생각들을 성취하였으니, 이제 나는 여가의 즐거움을 누리고, 다른 시민들의 명성을 함께 얻고, 고향의 영광을 기뻐해도 좋을 것이라 생각한다.

그러나 이렇게 친숙하지 않은 평화를 누릴 시간이 그에게는 많지 않았다. 그는 카레지에 있는 별장으로 옮기자마자(1492년 3월 21일) 위통이 심해졌다. 의사들이 귀한 약을 만들어주었으나 병세가 빠르게 악화되었고, 그는 죽음을 맞게 되었다. 자신이 필사본을 수집한 것들을 제자리에 배치해서 학생들이 이용할 수 있도록 하는 일을 마치지 못하고 죽어야 한다는 걱정을 피코와 폴리치아노에게 털어놓았다. 종말이 다가오자 그는 사제를 불렀다. 그리고 마지막 힘을 다해 침대에서 벗어나 무릎을 꿇고 최후의 성사를 받겠노라 고집했다. 그는 자유의 파괴자이며 젊은이들을 망친 사람이라고 자신을 비난하던 타협할 줄 모르는 설교자를 기억하고, 죽기 전에 그 남자의 용서를 얻기를 원했다. 친구를 급히 보내 사보나롤라에게 이리로 와서 자신의 고해를 받고, 더욱 소중한 사면을 베풀어달라고 간청했다. 사보나롤라가 왔다. 폴리치아노에 의하면, 그는 죄를 사하기 위해 세 가지 조건을 내걸었다고 한다. 로렌초가 하느님의 자비심에 대한 확실한 신앙을 가질 것, 만약 병이 나으면 삶의 방식을 바꾸겠다고 약속할 것, 죽음을 의연하게 맞을 것 등이었다. 로렌초는 여기 동의했고, 죄를 면제받았다. 초기 사보나롤라의 전기 작가인 G. F. 피코(인문주의자 피코가 아님)에 따르면, 세 번째 조건은 로렌초가 "피렌체에 자유를 회복시키겠다"고 약속해야 한다는 것이었다. 피코의 말에 따르면 로렌초는 이 요구에 대해 아무런 반응도 하지 않았고, 사제는 그의 죄를 용서해주지 않았다고 한다. 1492년 4월 9일에 로렌초는 마흔세 살의 나이로 죽었다.

그의 때 이른 죽음 소식이 피렌체에 전해지자 도시 전체가 슬퍼했고, 심지어는 로렌초의 적들까지도 그의 손길이 없어진 지금, 피렌체의 사회 질서 혹은 이탈리아의 평화가 어떻게 유지될까 걱정했다. 유럽은 그가 위대한 정치가였음을 인정하고, 그 시대의 특징적인 성격이 그에게서 구현되었다고 여겼다. 그는 폭력을 싫어했다는 점을 빼고는 모든 점에서 '르네상스의 인물'이었다. 천천히 얻은 미덕이었지만 정치에서의 신중함, 단순하지만 설득력 있는 논쟁에서의 언변, 행동할 때의 결단력과 용기 등은 겨우 몇 사람을 빼곤 모든 피렌체 사람들에게 그의 가문이 피렌체의 자유를 파괴했다는 사실을 잊게 만들었다. 그리고 그 사실을 잊지 않고 있는 사람들도, 피렌체의 자유란 인구의 3분의 1만 투표권을 가진 '민주주의' 체제에서, 부유한 가문들이 착취의 우선권을 차지하기 위해 폭력과 속임수로 경쟁을 벌이는 자유였음을 기억했다. 로렌초는 자신의 권력을 국가에 온건하고 유리하게 행사했는데 개인적인 이익을 무시한다고 할 정도였다. 그는 성적인 문란함에 책임이 있었고, 피렌체 젊은이들에게 나쁜 선례를 남겼다. 그러나 문학에서는 좋은 선례를 남겼고, 이탈리아어를 문학의 기준으로 회복시켰으며, 시 문학 분야에서 자신이 후원하는 시인들과 우열을 다투었다. 날카로운 심미안으로 예술을 후원하였고, 그것은 유럽 전체의 기준이 되었다. 모든 '폭군' 중에서 그는 가장 신사적이고 가장 훌륭한 사람이었다. 나폴리의 페르디난트 왕은 이렇게 말했다. "이 사람은 자신의 영광을 위해서는 충분히 오래 살았지만 이탈리아를 위해서는 너무 짧게 살았다." 그가 죽은 이후 피렌체는 차츰 쇠퇴했고 이탈리아에는 평화가 없었다.

레오나르도 다빈치

르네상스에서 가장 매혹적인 인물은 1452년 4월 15일에 피렌체에서 약 95킬로미터 떨어진 빈치 마을 근처에서 태어났다. 농부의 딸인 그의 어머니 카타리나는 그의 아버지에게 결혼해달라고 조르지 않았다. 그녀를 유혹한 피에로 단토니오는 어느 정도 재산이 있는 피렌체의 법률가였다. 레오나르도가 태어나던 해, 피에로는 자기와 같은 계층에 속하는 여자와 결혼했다. 카타리나는 농부 남편을 맞아들였다. 그녀는 사랑스러운 아들을 피에로와 그 아내에게 양보했다. 그래서 레오나르도는 어머니의 사랑 없이 절반쯤 귀족적인 안락함 속에서 양육되었다. 아마도 이런 어린 시절의 환경에서, 그는 아름다운 의상에 대한 취향과 여자에 대한 혐오감을 얻었을 것이다.

그는 이웃 학교에 다니면서 수학, 음악, 그림을 좋아했고, 노래와 류트 연주로 아버지를 즐겁게 해주었다. 그러나 레오나르도는 무엇보다도 손으로 말의 편자를 구부릴 수 있는 힘으로 유명했다. 아주 훌륭한 검객이었고, 말타기와 말을 다루는 데 대단히 뛰어났다. 모든 동물 중에서 말이 가장 고귀하고 아름답다고 여겨 사랑했다. 스케치와 그림 그리기, 글씨 쓰기를 모두 왼손으로 했던 것 같다. 그래서 사람들이 읽을 수 없게 하려는 욕망보다는 왼손잡이였기에 글씨를 오른쪽에서 왼쪽으로 거꾸로 썼다. 스케치를 잘하기 위해 그는 자연에 있는 모든 사물을 호기심, 끈기, 조심성을 가지고 탐구했다. 그의 마음을 깊이 사로잡은 과학과 예술은 그렇게 동일한 기원을 가진 것이었으니, 곧 세밀한 관찰이었다. 그가 열다섯 살이 되었을 때 아버지는 그를 피렌체의 화가 베로키오의 작업장으로 데려가서, 이 재능 많은 예술가에게 아들을 수습생으로 받아들여달라고 청했다. 교육받은 사람은 누구나 바사리[21]가 전해주는 이야기를 안다. 레오나르도가 베로키오의 그림 〈그리스도의 세례〉

중에서 왼편에 있는 천사를 그렸다는 것, 스승은 이 천사의 아름다움에 압도당해 그림을 포기하고 조각에 전념했다는 이야기 말이다. 아마 포기에 대한 이야기는 죽은 다음 만들어진 전설일 것이다. 베로키오는 이 작품 이후에도 그림을 몇 개 더 그렸다. 아마도 이 수습생 시절에 레오나르도는 오늘날 루브르에 소장되어 있는 〈수태를 알림(천사가 성모 마리아에게 수태를 알림)〉을 그렸을 것이다. 이 그림에는 어색한 모습의 천사와 깜짝 놀란 소녀가 그려져 있다. 그는 아마도 베로키오에게서 우아함은 배우지 못했던 모양이다.

1472년 그는 성 루가 조합의 회원이 되었다. 이 상인 조합은 주로 약사·의사·화가 들의 조합이었는데, 산타 마리아 누오바(새 성모) 병원이 본부였다. 레오나르도는 이 병원에서 신체의 내부와 외부의 해부 구조를 탐구할 기회를 몇 번 가졌던 것 같다. 스물네 번째 생일이 되기 일주일 전에 레오나르도와 세 명의 다른 청년들이 동성애 관계를 가졌다는 이유로, 피렌체 당국의 법원에 소환되었다. 심문 결과는 알려져 있지 않다. 1476년 6월 7일, 다시 심문이 있었다. 레오나르도는 잠깐 구속되었다가 곧 풀려났고, 이 고발은 입증되지 않았으므로 취소되었다. 의문의 여지 없이 그는 동성애자였다. 자신의 작업실을 장만하자마자, 그는 잘생긴 청년들을 끌어들였다. 이 도시 저 도시로 떠돌 때 그들 중 몇 명을 항상 데리고 다녔다. 그리고 그가 남긴 기록에서 한두 명을 향해서는 '가장 사

---

21 Giorgio Vasari. 르네상스 미술가들의 전기를 썼다.

랑하는' 혹은 '가장 소중한'이라는 호칭을 쓰고 있다. 이들 젊은이들과의 관계가 어떤 것이었는지 우리는 모른다. 그의 기록에 남은 몇 구절들은 그가 어떤 형태의 성적인 결합을 싫어했다는 인상을 준다. 당시 이탈리아에 동성애가 그토록 널리 퍼져 있었는데, 오직 자신과 몇몇 친구들만 그렇게 심문을 받은 것에 대해 레오나르도가 의심스럽게 생각한 것은 합당한 일이었던 것 같다. 그는 자신을 가두었던 일에 대해 죽을 때까지 피렌체를 용서하지 않았다.

그는 이 일에 대해 도시가 생각한 것보다 훨씬 더 심각하게 생각했던 것 같다. 이 소송 사건이 있고 1년이 지난 다음, 그는 메디치 정원에 있는 작업장을 받아들이기로 했다. 1478년에는 피렌체 정부가 그에게 베키오 광장에 있는 성 베르나르도 교회의 제단을 위한 그림을 주문했다. 어떤 이유에서인지 그는 이것을 이행하지 않았다. 기를란다요가 그것을 맡았다. 그리고 필리피노 리피가 완성했다. 그런데도 정부는 그에게, 그리고 보티첼리에게 또 다른 주문을 했다. 로렌초 데 메디치와 줄리아노 데 메디치에 맞선 파치 가문의 음모로 교수형을 당한 두 남자의 초상화를 실물 크기로 그려달라는 주문이었다. 인체의 기형과 고통에 대해 거의 기묘한 관심을 가졌던 레오나르도는 이 끔찍한 작업에 어느 정도 열광을 느꼈던 것 같다.

그러나 실은 그는 모든 것에 관심이 있었다. 인체의 모든 자세와 행동, 젊은이와 늙은이의 모든 얼굴 표정, 동물과 식물의 모든 기관과 움직임, 들판에서 밀이 물결치는 모양에서부터 공중을 나는 새들의 움직임에 이르기까지. 그리고 산들이 침식되고 높아지는 것, 물과 바람의 흐름과 소용돌이, 날씨의 변화, 기압의 변화, 하늘의 무진장한 만화경……. 이 모든 것이 그에게는 끝없이 놀라운 것으로 보였다. 그것이 아무리 되풀이되어도 그 경이로움과 신비로움은 조금도 줄어들지 않았다. 그는 수천 페이지의 공책을 그들에 관한 관찰과 수많은 형태들의 스케치로 채웠다. 산 스코페토 수도원의 수도사들이 그에게 교회를 위한 그림 한 점을 주문했을 때 (1481) 그는 그 많은 인물들을 위해 아주 많은 스케치를 하였고, 세부에 너무 몰두한 탓에 작품을 완성하지 못했다. 곧 〈동방 박사의 경배〉이다.

그런데도 이것은 그의 가장 위대한 그림 중 하나다. 원래 그가 가진 계획은 철저히 기하학적인 원근법의 모형이었다. 전체 공간을 점점 작은 정사각형 형태들로 분할하는 것이었다. 레오나르도 속에 숨어 있는 수학자가 언제나 그의 속에 숨은 화가와 경쟁을 벌였다. 그리고 자주 협조하기도 했다. 그러나 그의 속에 숨은 화가는 이미 완전히 성숙해 있었다. 이 작품에서 성모 마리아는 이미 레오나르도의 작품에 마지막까지 남게 되는 자세와 형태를 갖추고 있다. 젊은 화가로서는 특기할 만한 능력으로, 그는 동방 박사들에게 노인의 성품과 표현을 부여하고 있다. 왼편에 있는 '철학자'는 말 그대로 절반쯤 회의적인 명상에 잠긴 사람을 그린 갈색의 습작이다. 마치 화가가 머지않아 그리스도 이야기를 못마땅해하면서 믿지 못하는 정신으로, 그러면서도 깊은 신앙심으로 바라볼 것을 알려주는 듯하다. 이 모습들 주위로 약 50명의 인물들이 모여들어 있다. 모든 종류의 남자와 여자들이 서둘러 이 마구간으로 찾아와 삶의 의미와 세계의 빛을 탐욕스럽게 구하고, 마침내 탄생의 흐름 속에서 답을 찾은 것만 같다.

　이 미완성 걸작은 시간에 의해 상당히 지워진 모습으로 피렌체의 우피치 미술관에 걸려 있다. 스코페토 수도원의 주문을 완성한 사람은 필리피노 리피였다. 레오나르도는 그림을 시작하면서 너무 풍부한 상상을 하였고, 세부적인 것들에 실험적으로 빠져들면서 자기를 잊었다. 원래의 주제를 넘어 인간, 동물, 식물, 건축 형태, 바위, 산, 강, 구름, 나무 들의 끝없는 모습을 신비스러운 명암으로 바라보았다. 그림의 기술적인 완성보다는 그 철학에 빨려들어갔고, 의미를 드러내느라 바빠 이 인물들에게 색을 주는 일처럼 덜 중요한 작업은 다른 사람들 손에 넘긴 것이다. 오랜 시간을 들여 몸과 마음을 다 바쳐 노동을 하고 나서, 그는 자신의 손과 물질이 구체화시킨 꿈의 불완전함에 절망해서 떠나갔다. 이것은 몇 가지 예외를 빼고는, 마지막까지 레오나르도의 성격과 운명으로 남을 특징이었다.

　어쩌면 그는 구성, 색채 혹은 도안의 기술적 문제를 해결하려는 생각으로 모든 예술 작품을 시작했다가, 해결책이 발견되는 순간 작품에 대한 흥미를 잃었던 것인지도 모른다. 그의 말에 따르면, 미술은 구상과 도안의 문제이지 실질적인 실천의 문제가 아니었다. 실행은 그보다 못한 정신의 작업이었다. 아니면 그는 자신의 끈질긴, 마지막에는 끈질기지 못한 손길이 실현할 수 없을 정도의 섬세함, 중요성, 완성도를 생각했다가 절망에 빠져 노력을 포기했다. 그는 너무 빨리 한 가지 일이나 주제에서 다른 것으로 넘어갔다. 그는 너무 많은 일들에 관심이 있었다. 그에게는 하나의 통합하는 목표, 주도하는 이념이 없었다. 이 '보편인universal man'은 빛나는 부분들을 이어 붙여놓은 사람이었다. 그는 너무 많은 능력들을 지녔기에 그들을 단 하나의 목표에 집중시킬 수 없었던 것이다.

그는 5000페이지에 달하는 글을 썼지만, 단 한 권도 완성하지 못했다. 양으로만 따지면 화가라기보다 오히려 저술가였다. 그는 훌륭한 저술가가 되겠다는 소망을 품었다. 그리고 되풀이되는 물에 대한 서술처럼, 몇 번 시도를 하기도 했다. 그는 폭풍과 전쟁의 생생한 이야기들을 썼다. 분명히 자신의 기록들을 출판할 의도를 품고, 여러 번이나 기록들을 정리했다. 우리가 아는 한 살아서 단 한 권도 출판하지 못했지만, 몇몇 친구들은 정선된 원고를 볼 수 있었다. 플라비오 비온도, 제롬 카르단(지롤라모 카르다노), 첼리니는 자신들의 글에서 그의 원고를 언급하고 있다. 그는 또한 과학과 예술에 대한 글도 썼다. 자신의 시간을 이 두 가지 일에 거의 균등하게 배분했다. 그의 원고 중에서 가장 중요한 것은 1651년에야 출간된 《회화론》이다. 현대의 편집을 거쳤는데도 이 글은 여전히 배치가 보잘것없고, 반복이 심해 조각들을 모아 느슨하게 붙여놓은 형태이다. 레오나르도는, 그리기는 그리기를 통해서만 배울 수 있다고 생각하는 사람들을 예상했다. 그는 심오한 이론 지식이 도움이 된다고 생각한다. 그리고 자신의 비판자들에 대해서는 "데메트리우스가 말한 대로 그들의 입에서 나오는 바람보다는, 오히려 그들의 아랫도리에서 나오는 가스를 더욱 고려하게 되는 사람들"이라고 비웃었다. 그의 기본 원칙은, 미술을 공부하는 학생은 다른 예술가들의 작품을 그대로 베끼기보다는 자연을 탐구해야 한다는 것이었다. "오, 화가여, 보라. 그대가 들판에 나가거든 여러 사물에 주의를 돌리고, 차례로 하나씩 자세히 바라보고, 별 가치가 없는 것들 중에서 여러 가지를 골라내라." 물론 화가는 해부학, 원근법, 명암의 배치 따위를 탐구해야 한다. 윤곽선을 예리하게 강조하면, 그림은 나무토막처럼 보인다. "인물이 언제나 그 머리를 가슴과 같은 방향으로 향하게 하지 마라." 레오나르도 자신의 작품에 나타나는 우아함의 한 가지 비밀이 이것이다. 마지막에 그는 이렇게 말한다. "인물이 마음속에 간직하고 있는 것이 무엇인지를 충분히 보여줄 수 있게 만들어라." 그는 〈모나리자〉를 그릴 때 이 원칙을 잊었던 것일까? 아니면 여주인공의 눈과 입술에서 그 영혼을 읽어내는 우리의 능력을 과대평가한 것일까?

그는 밀라노를 통치하던 로도비코 공작의 초상화를 그렸다. 그리고 그의 아름다운 신부 베아트리체 데스테와 그 아이들, 그리고 로도비코의 애인인 체칠리아 가플레라니와 루크레치아 크리벨리의 초상화를 그렸다. 이 그림들은 모두 사라졌다. 루브르에 있는 〈아름다운 철물 제조상 아내〉가 루크레치아의 초상화가 아니라면 그렇다. 바사리는 이 가족의 초상화가 "기가 막히게 아름답다"고 말하고 있으며, 루크레치아의 초상화는 어떤 시인에게 영감을 주어, 이 여성의 아름다움과 화가의 기술을 열렬히 찬양하도록 만들었다.

아마도 체칠리아는 〈바위 동굴 속의 성모〉(1483)의 모델이었을 것이다. 이 그림은 성모 수도회의 주문을 받아 제작된 것으로, 성

프란체스코 교회 제단화의 중심을 이룬다. 원래의 그림은 뒷날 프랑수아 1세가 프랑스로 가져가 현재 루브르에 있다. 그 앞에 서면 우리는 부드러운 모성의 얼굴을 보게 된다. 이 모습은 레오나르도가 후기 작품에서 열 번 이상 되풀이하여 사용한다. 천사는 베로키오의 〈그리스도의 세례〉에 있는 천사의 모습을 연상시킨다. 두 어린아이는 아주 탁월한 모습으로 그려졌다. 불쑥 튀어나와 위에 걸린 바위들은 레오나르도만이 생각할 수 있는 성모의 거처였다. 시간이 흐르면서 색채는 어두워졌지만, 아마도 화가는 어두컴컴한 효과를 의도했던 것 같다. 그래서 그의 그림은 이탈리아 사람들이 '자욱한'이라고 부르는 몽롱한 분위기로 채워져 있다. 이것은 레오나르도의 가장 위대한 그림 중 하나다. 오직 〈최후의 만찬〉〈모나리자〉〈성 안나와 성모와 아기 예수〉만이 이 그림을 능가하는 걸작이다.

〈최후의 만찬〉과 〈모나리자〉는 세계에서 가장 유명한 그림이다. 해마다, 매일, 매 시간 순례자들이, 레오나르도의 가장 야심만만한 작품을 담고 있는, 원래 식당이었던 방으로 몰려든다. 이 단순한 직사각형 방은 로도비코 공작이 좋아한 교회(산타 마리아 델레 그라치아)에 소속된 도미니크 수도사들이 식사하던 장소였다. 레오나르도가 밀라노에 도착한 직후에, 로도비코는 이 식당에서 가장 안쪽에 있는 벽면에 최후의 만찬 장면을 그려달라고 주문했다. 그가 계속 작업을 미적거렸기 때문에, 공작과 수도사들이 안달이 나 있는 3년 동안(1495~1498) 레오나르도는 이었다 끊었다 하면서 작업을 계속했다. 수도원장은 (바사리의 말을 믿어도 된다면) 공작에게 가서 레오나르도의 게으름을 불평하며, 그가 어째서 때로는 몇 시간씩 붓질 한 번 안 하고 그림 앞에 가만히 앉아 있는지 모르겠다고 말했다. 레오나르도는 공작에게 이유를 설명하는 데 전혀 문제가 없었지만, 공작은 수도원장에게 이것을 설명하는 데 어려움을 겪었다. 예술가의 가장 중요한 일은 실행이 아니라 구상에 있고, (바사리가 덧붙인 말에 따르면) "천재적인 사람들은 일을 가장 적게 할 때 가장 많이 일한다". 이번 일에는 두 가지 특별한 어려움이 있다고 레오나르도는 공작에게 설명했다. 하느님의 아들에 어울리는 모습을 구상하는 것과, 유다의 모습을 찾아내는 일이다. 그러면서 자기는 너무나 자주 보는 수도원장의 얼굴을 어쩌면 유다의 모델로 사용하게 될지도 모르겠노라고 슬쩍 덧붙였다. 레오나르도는 밀라노 지역을 샅샅이 돌아다니면서, 사도들의 모습에 도움이 될 만한 얼굴과 머리들을 찾고 있었다. 이런 탐색을 수없이 하면서, 그는 여러 모습들을 선택해서 이 그림 안에 융해시켜 넣어, 이 걸작의 기적을 만든 개성 뚜렷한 머리들을 그토록 놀랍게 표현했다. 이따금 그는 거리에서, 혹은 작업장을 갑자기 떠나서, 이 식당 건물로 날듯이 달려와 그림에 붓질을 몇 번 하고는 떠나곤 했다.

이 주제는 탁월했지만, 화가의 관점에서 보면 위험성이 많았다. 단순한 방에 남자들의 모습과 평범한 식탁이 전부였다. 아주 흐릿한 경치나 원경만이 끼어들 여지가 있었다. 남성의 강함을 두드러지게 보여줄 여성의 우아함은 없었다. 인물에 삶의 동작이나 감정을 불어넣어줄 그 어떤 생생한 움직임도 끼워 넣을 수 없었다. 레오나르도는 그리스도 뒤편에 세 개의 창문을 도입하고 그를 통해 풍경을 끌어들였다. 동작을 대신해서 그는, 그리스도가 사도들 중 한 사람이 자신을 배신하리라는 예언을 방금 했고, 그래서 사도들이 각자 두려움이나 공포 혹은 놀라움을 드러내며 "나입니까?" 하고 묻는 긴장된 장면을 선택했다. 성찬식이 선택될 수 있었을지도 모르지만, 그랬다면 열세 개의 얼굴은 모두 움직이지 않은 채 판에 박은 듯한 진지함으로 얼어붙어 있었을 것이다. 그에 반해 여기서는 과격한 신체의 행동 이상의 것이 있다. 정신이 탐색하면서 자신을 드러내고 있는 것이다. 한 예술가가 하나의 그림 안에 그렇게 많은 영혼을 드러낸 경우는 두 번 다시 없었다. 레오나르도는 이들 사도들을 위해 수도 없이 습작 스케치를 했다. 이들 중 일부, 즉 큰 야고보, 빌립보, 유다는 오직 렘브란트나 미켈란젤로하고만 견줄 수 있는 섬세함과 힘찬 필치로 되어 있다. 그리스도의 모습을 구상하려 했을 때 레오나르도는 사도들이 이미 자신의 영감을 다 써버렸음을 알았다. 로마초(1557년에 쓴 것)에 따르면, 레오나르도의 오랜 친구인 체날레는 그에게 그리스도의 얼굴을 미완성으로 내버려 두라고 충고했다. "진실을 말하자면 큰 야고보나 작은 야고보의 얼굴보다 더 사랑에 넘치고 부드러운 얼굴을 생각하기란 불가능하다. 그러니 당신의 불운을 받아들이고, 그리스도는 미완성으로 남겨두어라. 그렇지 않고 그것을 완성하여 그 얼굴을 사도들과 비교하게 되면, 주님은 그들의 구원자나 스승이 될 수 없을 것이다." 레오나르도는 이 충고를 받아들였다. 그가 아니면 제자 한 사람이 그리스도의 머리를 위해 유명한 스케치를 했다(현재 브레라 미술관). 그러나 이것은 여성적인 슬픔과 체념의 모습을 띠고 있어서 침착하게 게세마니에 들어선 영웅적인 모습은 보이지 않는다. 아마도 레오나르도는 합당한 경건성이 없었던 것 같다. 그의 감수성, 깊이, 기술에 경건성이 합쳐졌다면 이 그림은 좀 더 완전해졌을지도 모른다.

예술가이면서 사상가이기도 했기에, 레오나르도는 프레스코 벽화를 사색에 대한 적으로 여겨 피했다. 갓 발라서 축축한 벽에 그리는 그림은, 벽면이 마르기 전에 빨리 완성되어야 한다. 레오나르도는 템페라 물감을 젤라틴 성분과 섞은 물감으로 마른 벽면에 그리는 것을 더 좋아했다. 이런 방법이 그에게 깊은 생각과 실험을 허용해주었기 때문이다. 그러나 이 물감은 벽면에 단단히 달라붙지 않았다. 레오나르도가 살아 있을 때 이미 식당의 습기로, 또 비가 많이 내릴 때는 이따금 식당에 물이 차기도 해서 그림은 조각이 떨어지고 망가지기 시작했다. 바사리가 그림을 보았을 때(1536) 이미 윤곽이 흐릿했다. 완성된 지 60년이 지나서 로마초가 보았을 때는, 이미 수선할 수 없을 정도로 망가졌다. 수도사들은 나중에 사도들의 다리를 가로질러 부엌으로 들어가는 문을 내서 이런 붕괴를 재촉했다.(1656) 전 세계로 퍼져나간 이 그림의 판화 복제는 망가진 원래의 그림에서 복제한 것이 아니라, 레오나르도의 제자인 마르코 도지오노가 만든 불완전한 모작을 복제한 것이다. 오늘날 우리는 전체의 구도와 일반적인 윤곽을 연구할 수는 있지만, 명암이나 미묘함은 탐구할 수 없다. 그러나 레오나르도가 그림을 떠났을 때 작품이 어떤 결함을 가졌든 간에, 일부 사람들은 그것이 르네상스 시대가 그때까지 만들어낸 가장 위대한 그림이라는 것을 한눈에 알아보았다.

  1503~1506년의 기간 동안 레오나르도는 이따금 〈모나리자〉를 작업하곤 했다. 그것은 1512년 시 의원이 된 프란체스코 델 조콘다의 세 번째 아내 엘리자베타의 초상화였다.

  아마도 1499년에 매장된 프란체스코의 아이가 엘리자베타의 아이였던 것 같다. 아이를 잃어버린 것이 아마도 라 조콘다의 미소 뒤에 숨어 있는 심각한 모습을 만들어내는 데 일조했을 것이다. 레오나르도는 이 3년 동안 그녀를 작업장으로 여러 번이나 오게 했다. 그는 이 초상화에 자신이 지닌 모든 비밀과 뉘앙스를 다 쏟아 부어, 그녀를 부드럽게 빛과 어둠 속에 세우고, 나무와 물, 산과 하늘이 있는 상상적인 원경으로 그녀의 주변을 둘러쌌다. 벨벳과 새틴 의상을 주름지게 만들었는데, 주름 하나하나가 모두 걸작이다. 정열적인 세심함으로 입술을 형성하고 움직이는 섬세한 근육들을 탐구하고, 악사들을 불러 그녀를 위해 연주하게 해서, 떠나간 자식을 기억하는 어머니의 괴로운 부드러움을 그녀의 모습 위에 일깨운 것, 이런 것들이 그가 그림과 철학이 합쳐진 이 그림에 부여한 정신에 대한 암시가 될 것이다. 수많은 방해, 쉬지 않고 다른 곳으로 이끌리는 관심사, 〈안기아리 전투〉와 동시에 진행되었다는 사정도 그의 구상의 통일성과 예사롭지 않은 끈질긴 열성을 깨뜨리지는 못했다.

  이것은 수없이 많은 종이를 인쇄 잉크의 바다로 띄워 보낸 그 얼굴이다. 특별히 아름다운 얼굴은 아니다. 코가 약간 더 짧았더라면 더 많은 종이를 띄워 보냈을지도 모른다. 유화나 대리석으로 만들어진 많은 처녀들은(코레조에서 볼 수 있는) 상대적으로 모나리자를 평범한 아름다움으로 만들었다. 여러 세기를 통해 그녀에게 행운을 만들어준 것은 바로 그녀의 미소이다. 눈 속에 방금 나타난 생기와 입술의 양끝이 유쾌하게 살짝 올라간 모습.

그녀는 대체 무엇을 보고 그렇게 미소 짓고 있는 것일까? 자신을 즐겁게 하려고 연주하는 악사들의 노력을 향해서일까? 아니면 수없이 많은 날들을 애쓰고도, 끝내지 못하는 화가의 부지런함을 향한 것일까? 아니면 모나리자가 미소 짓는 것이 아니라, 모든 여성이 남성을 향해 이렇게 말하고 있는 것일까? "정열에 빠진 가엾은 애인들아! 자연은 맹목적으로 당신들의 신경이 우리의 육체를 향하여 부조리한 갈망으로 타오르게 하고, 당신들의 두뇌가 우리의 매력을 아주 분별없이 이상화하도록 만들어주고 있으니……. 그래야 당신들은 부모가 되는 것이겠지! 이보다 더 웃기는 일이 있을까? 하지만 우리도 덫에 걸리기는 마찬가지. 우리 여자들은 당신들의 그런 열정보다 더 호된 대가를 치르는 것이니. 그래도 사랑스러운 바보들이여, 욕망의 대상이 되는 것은 여전히 기쁜 일이고, 사랑을 받을 때면 삶이 되살아난다."

아니면 모나리자가 보여주는 것은 레오나르도 자신의 미소였던 것일까? 여성의 손길의 부드러운 접촉을 부르지 않는 도착된 영혼의 미소. 사랑이나 천재의 운명을 외설스러운 해체라고만 여겼던 영혼, 남자의 건망증 속에 잠겨 사그라드는 희미한 명성이었던 것일까?

마침내 작업이 끝났을 때, 레오나르도는 자신이 그린 모든 초상화 중에서 가장 많이 완성된 이 작품이 아직도 미완성이라고 주장하며 이 그림을 내주지 않고 자신이 보관했다. 어쩌면 남편은 아내가 자신의 손님들을 향해 그렇게 미소 짓는 것을 좋아하지 않았을지도 모른다. 여러 해가 지난 다음 프랑수아 1세는 이 그림을 4000크라운(5만 달러)에 사서 퐁텐블로에 있는 궁전에 걸어놓았다. 오늘날, 이 그림은 세월과 복원 작업 때문에 원래의 섬세함이 퇴색된 채, 루브르 미술관의 위풍당당한 살롱 카레에 전시되고 있다. 매일 수많은 숭배자들을 맞으며 모나리자의 미소가 희미해질 때와 확인될 때를 기다리고 있다.

발명가

우리로서는 이해하기 어려운 일이지만 (그를 고용했던) 로도비코나 체사레 보르자에게 레오나르도는 무엇보다 기술자였다. 그가 밀라노 공작을 위해 계획한 축제 행렬은 정교한 자동 기계를 포함하고 있다. 바사리는 이렇게 말한다. "매일 그는 쉽게 산을 옮기고, 산에 구멍을 내서 이쪽에서 저쪽으로 넘어갈 수 있는 방식과 설계도들을 만들었다. 지레, 기중기, 크랭크 등의 도움을 받아 무거운 무게를 들어 올리고 끌어갈 방도들을 고안했다. 항구를 청소하는 방법, 혹은 대단히 깊은 곳에서 물을 퍼올리는 방법 등을 궁리했다." 그는 나사못에 홈을 파주는 기계를 만들었다. 마찰이 없는 롤러 베어링 브레이크를 고안하고, 최초의 기관총을 만들고, 사정거리를 높이기 위해 톱니바퀴 기어가 달린 박격포를 고안했다. 복식 벨트가 달린 추진기, 3단 변속 장치, 조정이 가능한 멍키 렌치, 구르는 금속 기계, 인쇄를 위한 활판, 사다리를 올릴 때 쓰는 자동으로 잠기는 웜 기어 등을 만들었다. 또 지하 항해술을 계획했지만, 그것을 설명하기는 거부했다. 증기 엔진에 대한 알렉산드리아의 헤론Heron의 아이디어를 되살려, 총 속에 들어간 증기 압력이 무쇠 볼트를 1킬로미터 이상 날아가게 한다는 것을 보여주었다. 물레가 회전하면서 실을 고르게 분배하는 장치를 고안하였고, 또한 손을 한 번 놀릴 때마다 열렸다가 닫히는 가위도 만들었다. 그는 자주 이런 자신의 환상에 빠져 멍청해져서 예를 들면 스키를 부풀려 물 위를 걷는 장치나, 아니면 몇 가지 악기들을 동시에 연주하는 물방아 따위를 제안했다. 낙하산에 대해서는 다음과 같이 묘사했다. "지름 12팔꿈치[22](46~56센티미터), 깊이 12팔꿈치 크기에, 모든 구멍을 완전히 막은 아마포 천막을 가지고 있다면, 어떤 높이에서도 상처를 입지 않고 뛰어내릴 수 있다."

그는 일생의 절반가량을 인간의 비행에 대해 생각했다. 톨스토이처럼 그는, 새들이 많은 점에서 인간보다 우수하다고 부러워했다. 새들의 날개와 꼬리 작동법을 탐구하고, 그들이 떠오를 때, 활주하고 회전하고 내려앉을 때의 역학을 상세히 연구했다. 그의 예리한 눈길은 이런 동작들을 열정적인 호기심으로 살펴보고, 매끄러운 펜은 그것을 스케치하고 기록했다. 그는 새들이 공기의 흐름과 압력을 이용하는 방법을 관찰했다. 인간이 발동작으로 빠르게 날개를 쳐서, 자신을 공중에 띄워 올릴 수도 있게 고안된 나선형

---

[22] 팔꿈치에서 가운뎃손가락 끝까지의 길이.

기계의 드로잉을 여러 번이나 만들었다. 짧은 에세이 〈비행에 관하여〉에서는 풀을 먹인 강한 아마포, 가죽 이음매, 생사生絲 끈으로 날틀을 만들었다고 기록했다. 그는 이 기계를 '새'라고 이름 붙인 뒤, 그것을 날리기 위한 상세한 설명을 기록했다.

그가 정말 비행을 시도했을까? 그의 공책 기록 중 하나인 《아틀란티코 코덱스》에는 다음과 같은 기록이 나온다. "내일 1496년 1월 2일 아침에 나는 가죽끈으로 묶고 시도할 생각이다." 이것이 무슨 뜻인지 우리는 모른다. 물리학자 제롬 카르단(1501~1576)의 아버지 파치오 카르다노는 아들에게, 레오나르도가 손수 비행을 시도한 적이 있다고 이야기했다. 일부 사람들은 레오나르도의 조수인 안토니오가 1510년에 다리를 부러뜨린 것이, 레오나르도의 기계로 비행을 시도하다가 일어난 사고 때문이라고 생각했다. 정확한 것을 우리는 모른다.

레오나르도는 잘못된 생각을 좇고 있었다. 인간의 비행은 활강을 빼고는 새를 흉내 내서 이루어지는 것이 아니다. 내연 기관이 추진기(프로펠러)를 돌리고, 추진기는 공기를 아래가 아니라 뒤로 밀어내서 비행할 수 있게 되었다. 앞으로 나가는 속도가 위로 떠오르게 해주는 것이다. 그러나 지식을 향한 정열이야말로 인간의 가장 고귀한 특성이다. 전쟁과 범죄에 충격을 받고, 능력의 이기심과 빈곤의 영속성에 낙담하고, 수많은 민족들과 세대들이 미신과 경박한 믿음을 가지고 삶의 짧음과 품위 없음을 잊기 위해 겉만 꾸미는 것에 마음이 슬퍼질 때, 인류의 정신과 마음속에 3000년 동안이나 비행의 꿈이 간직되어 있음을 보게 되면, 어딘지 구원받은 느낌이 든다. 다이달로스와 이카로스의 이야기에서 레오나르도의 실패한 암중모색과, 다른 수많은 시도들을 거쳐 마침내 우리 시대의 빛나면서도 비극적인 승리에 이르기까지 계속된 비행의 꿈 말이다.

과학자

드로잉과 나란히, 일부는 같은 페이지에, 일부는 남자나 여자, 풍경이나 기계를 그린 스케치를 가로질러 그가 흘려 쓴 기록들이 나타난다. 거기에는 만족을 모르는 이 정신이 자연법칙과 작용에 대해 고심한 흔적들이 나타나 있다. 미술가의 일에서 과학자의 일이 만들어져 나왔다. 그림은 레오나르도에게 해부학, 비율과 원근법, 빛의 구성과 반사, 물감과 오일의 화학을 탐구하도록 만들었다. 이런 탐색들에서 그는 좀 더 친밀한 식물과 동물의 구조와 기능의 탐색으로 나아갔다. 그리고 이런 문제들로부터 보편적이고 불변하는 자연법에 대한 철학적 개념에 이르렀다. 자주 그의 안에 들어 있던 예술가의 요소가 과학자의 요소를 들여다보았다. 과학적인 드로잉이 아름다움의 대상이 되거나, 아니면 우아한 아라베스크 무늬로 끝을 맺는 경우도 많았다. 그는 거의 모든 과학 분야를 건드렸다. 사유의 가장 순수한 형태인 수학에 열광적으로 몰두하여 기하학적 형태들에서 분명한 아름다움을 느끼고, 〈최후의 만찬〉을 위한 습작 페이지에 그런 형태들을 그려놓기도 했다. 그는 과학의 기본 원칙 하나를 생동감 있게 표현했다. "수학이나 수학에 기초한 그 어떤 요소를 적용할 수 없을 경우 확실성이란 없다." 그리고 그는 당당하게 플라톤의 말을 흉내 냈다. "수학자가 아닌 사람은 내 작품의 어떤 부분도 읽지 말 것."

식물에 관한 테오프라스토스의 위대한 텍스트를 읽고 그는 '자연사' 쪽으로 마음이 끌렸다. 잎이 줄기 주변으로 배치되는 체계를 검토하고 그 법칙을 공식公式으로 만들었다. 나무줄기의 단면에 나타나는 테두리(나무 테)들이 나무가 자란 햇수를 나타낸다는 것과, 그 넓이가 그해의 습기를 나타낸다는 사실을 관찰했다. 또 어떤 동물들이 그냥 그 자리에 있거나 사람을 건드리기만 해도, 일부 병이 낫는다는 시대의 믿음 일부를 공유한 듯하다. 그는 이렇게 미신에 빠져든 것에 대해, 기록된 역사상 선례가 없는 철저함으로 말의 해부를 탐구해서 보충했다. 이 주제에 대해 특별한 논문을 준비했지만, 프랑스가 밀라노를 정복했을 때 사라졌다. 그는 사람과 동물의 팔다리를 나란히 배치해 탐구함으로써, 현대 비교 해부학을 거의 처음으로 시작했다. 갈레노스의 낡은 권위를 배제하고, 진짜 몸을 이용해서 작업했는데 인체 해부를 말語이 아니라, 이 분야에서 이루어진 이전의 모든 것을 능가하는 드로잉으로 설명했다. 이 주제로 책을 쓸 계획을 가졌고, 이를 위해 수많은 삽화와 기록들을 남겼다. "30구 이상의 인체를 절개하였다"고 주장했으며, 태아·심장·폐·골격·근육·내장·눈·두개골·두뇌·여성의 핵심적인 기관에 대한 드로잉들은 이런 주장이 옳다는 것을 뒷받침하고 있다. 그는 특이한 드로잉과 기록들을 통해 최초로 자궁을 과학적으로 묘사한 사람이며, 또한 태아를 둘러싼 세 개의 막을 서술했다. 또 오늘날 하이모어 뼈로 알려진, 턱을 받치는 뼈의 공동空洞을 그려낸 최초의 사람이었다. 죽은 황소의 심장 판막에 밀랍을 부어넣어 심실의 정확한 모습을 얻어냈다. 그리고 최초로 조정대(우심실의 사슬)의 특징을 밝혀냈다. 혈관의 연결망에 열광하기도 했다. 혈액 순환을 신성한 것으로 여겼지만, 그 작동 원리를 파악하지는 못했다. 그는 이렇게 썼다. "심장은 다른 근육들보다 훨씬 더 강하다. …… 심장이 열릴 때 돌아오는 혈액은 판막을 닫는 혈액과는 다른 것이다." 그는 혈관, 신경, 신체의 근육을 대단히 정교하게 관찰했다. 그리고 노년은 동맥 경화증 탓이라고 여기고, 동맥 경화증은 운동 결핍이 원인이라고 생각했다. 예술가에게 도움이 되는 인체의 《적절한 비율에 대하여》라는 책을 쓰기 시작했고, 그의 생각 일부는 친구인 파치올리의 《신적인 비율》에 편입되었다. 그는 탄생부터 죽기까지 사람의 육체적 삶을 분석하고, 정신적 삶을 조사할 계획을 가졌다. "오, 내가 인간의 신체를 묘사한 것과 동일한 열정으로 인간 습관의 심리학을 설명하는 것을 신께서 허용해주시기를!"

이 많은 영역에 대한 탐구에서 레오나르도는 이따금 철학의 영역으로 들어섰다. "오, 놀라운 필연성이여! 최고의 이성을 가지고 그대는 모든 효과가 그 원인에서 나온 직접적인 결과이게 하는구나. 모든 자연의 활동은 취소할 수 없는 법칙으로, 가능한 한 가장 빠른 과정으로 그대에게 복종한다." 이것은 19세기 과학의 자랑스러운 울림을 보여준다. 그리고 레오나르도는 신학적 사유 일부를 버렸다. 바사리는 《예술가의 전기》 제1판에서 그가 "기독교도보다는 철학자가 되는 편이 낫다고 여겨 어떤 종교도 따르지 않는 이단적인 특성"을 가진 사람이라고 썼다. 그러나 바사리는 뒷날의 판본에서는 이 구절을 없앴다. 당시 많은 기독교도들처럼 레오나르도는 이따금 성직자를 공격했다. 그들을 바리사이파 사람들이라 부르고, 가짜 기적으로 단순한 사람들을 속인다고 비난하고, 그들이 이 세상의 주화를 받고 내주는 하늘의 약속 증서를 '가짜 주화'라며 비웃었다. 한번은 수난의 금요일에, "오늘 온 세상은 동양에서 한 남자가 죽었다고 슬퍼하고 있다"고 적었다. 그는 죽은 성인聖人들이 기도하는 사람들의 소리를 들을 수 없다고 생각한 듯하다. "태양 숭배보다 인간 숭배를 더욱 칭찬하는 사람들을 비난하기에 쓸모 있는 언어 능력을 내가 가졌다면 얼마나 좋으랴. …… 인간을 신으로 숭배하기를 소원하는 사람들은 중대한 오류를 범했다." 그는 르네상스의 어떤 화가보다 더 자유롭게 그리스도의 초상화를 다루었다. 후광을 빼고, 성모가 자기 어머니의 무릎에 걸터앉게 하고, 아기 예수는 상징적인 양에 올라타려 애쓰게 만들었다. 그는 물질에서 정신을 보았고, 영혼을 믿기는 하였지만 그래도 영혼은 오로지 물질을 통해서, 또 변경시킬 수 없는 법칙과 조화를 이루어야만 활동할 수 있다고 생각했다. 어떤 구절에서는 겸손과 열렬함으로 신에게 말하고 있지만, 다른 곳에서는 신을 자연, 자연의 법칙, '필연성'과 동일시했다. 마지막까지 신비적인 범신론이 그의 신앙이었다.

그는 1517년 이후로는 별로 그림을 그리지 않았던 것으로 보인다. 이 해에 중풍 발작을 일으켜 오른쪽 반신이 마비되었기 때문이다. 왼손으로 그림을 그렸지만 섬세한 작업을 위해서는 두 손이 다 필요했다. 한동안은 아름다운 몸과 얼굴을 가졌다는 명성이 반세기를 건너 바사리에게 전해질 정도였지만, 이제는 그 젊은 모습의 부서진 파편에 지나지 않았다. 한때 당당하던 자신감은 시들고, 영혼의 평온함은 붕괴의 고통에 항복하고, 삶을 향한 그의 사랑은 종교적 희망에 자리를 내주었다. 그는 단순한 유언을 했으나, 자신의 장례식을 위해 교회의 모든 성사聖事를 요구했다. 한번은 이렇게 적었다. "하루를 잘 보내면 그 잠이 달다. 그렇듯이 인생을 잘 보내면 그 죽음이 달다." 바사리는 1519년 5월 2일에 레오나르도가 프랑수아 1세 왕의 품에서 숨을 거두는 이야기를 감동적으로 들려준다 (레오나르도는 1516년에 '왕실 화가, 기술자, 건축가' 자격으로 프랑수아 왕이 통치하던 프랑스로 갔다). 그러나 아마도 실제로는 프랑수아 왕은 그 시간에 다른 곳에 있었던 것 같다. 시체는 앙부아즈에 있는 성 플로랑틴 교회 수도원에 묻혔다.

우리는 그를 어떻게 평가해야 할까? 우리 중에 누가 이토록 다양한 세계를 가진 남자를 판단하는 데 필요한 다양한 지식과 기술을 가지고 있을까? 여러 방향을 향한 그의 정신이 우리를 홀려 그가 실제 이룩한 것을 과장하도록 만들곤 한다. 그가 실천보다는 착상이 훨씬 더 많았기 때문이다. 그는 자기 시대 가장 위대한 과학자, 엔지니어, 화가, 조각가, 사상가가 아니었다. 그냥 이 모든 것을 합친 사람이었고, 각 분야에서 최고 거장들과 경쟁했다. 분명 당시 의학 분야에는 해부학에 대해 그보다 더 많이 알았던 사람이 있었을 것이다. 밀라노 공국의 엔지니어링 분야에서 가장 위대한 작업들은 레오나르도 이전에 이루어졌다. 라파엘로와 티치아노는 레오나르도의 그림들 중에서 남아 있는 것보다 더욱 인상적인 그림들을 남겼다. 미켈란젤로는 위대한 조각가였다. 마키아벨리와 귀치

아르디니는 심오한 정신이었다. 그러나 레오나르도의 말馬 연구는 당시 해부학에서 이루어진 것 중에서 아마도 최고였을 것이다. 밀라노 공작 로도비코와 체사레 보르자는 이탈리아 전역에서 그를 자신들의 엔지니어로 선택했다. 라파엘로나 티치아노나 미켈란젤로의 그림 중에서 〈최후의 만찬〉과 겨룰 만한 것은 없다. 어떤 화가도 뉘앙스의 섬세함이나 감정과 사상과 생각에 잠긴 부드러움을 표현하는 미묘한 초상화 분야에서 레오나르도와 겨룰 수 없다. 그 시대의 어떤 조각상도 레오나르도가 만든 석고 모형 〈스포르차〉만큼 높이 평가된 것은 없었다. 어떤 드로잉도 〈성 안나와 성모와 아기 예수〉를 능가하지 못한다. 르네상스 철학에서 어떤 것도 자연법에 대한 레오나르도의 생각을 넘어서지 못했다.

그는 '르네상스의 인간'이 아니었다. 그토록 강하고 격하던 시대를 대표하기에는 말과 행동이 지나치게 신사적이고 내성적이고 섬세했다. 그리고 '보편인'도 아니었다. 그의 다양성 안에는 정치가나 행정가의 자질이 나타나지 않기 때문이다. 그러나 이 모든 한계와 불완전함에도 불구하고, 그는 르네상스 그리고 아마도 모든 시대에 걸쳐 '가장 풍요로운 사람'이었다. 그의 업적을 생각해보면, 우리는 원천으로부터 한 사람이 왔다는 것, 그가 인류의 가능성에 대해 우리의 믿음을 새롭게 해주었다는 사실에 경탄하게 된다.

Chapter 16

르네상스 2
로마

방랑하는 교황청(1309~1417)

1309년에 교황청은 로마를 통치할 수 없는 곳이라 하여 포기하고 아비뇽을 근거지로 삼았다. 모든 기독교도의 괴로움이었지만, 그곳에서 교황은 프랑스 왕의 포로가 되었다.

1377년 교황청은 로마와 아비뇽에 자리 잡은 두 개의 적대적인 진영으로 나뉘었다. 그동안 지중해를 가로질러 아프리카와 아시아에서는 씩씩하고 전쟁을 좋아하는 회교도들이 세력을 확장하고 기독교의 생명을 위협했다. 교황청의 분열은 1414년에 성직자들과 왕들과 학자들이 콘스탄츠에 모일 때까지 계속되었다. 이곳에서 3년 동안이나 논쟁을 벌이고 타협한 끝에 오도네 콜론나 추기경을 교황으로 선출했다. 그는 마르티노 5세가 되었다. 그는 재빨리 공의회에 대한 교황의 우위를 확보하고, 빠른 속도로 교황청 재정을 보충했다. 그러한 행동은 알프스 이북 지역의 가톨릭교도들의 불만을 샀다. 1430년 로마에 머물던 독일 사절은 1517년에 일어날 종교 개혁의 경종을 미리 울리고 있다.

탐욕이 로마 교황궁을 지배하면서 매일 새로운 장치들을 찾아냅니다. …… 교회의 일을 한다는 핑계로 독일에서 돈을 갈취하기 위한 장치들입니다. …… 그래서 많은 울부짖음과 불만이 있습니다. 교황청과 관련된 많은 의문들이 일어날 것입니다. 아니면 이렇듯 난폭한 강제 징수를 면하기 위해, 이탈리아 사람들은 복종의 계율을 전면적으로 거부할 것입니다. 이 마지막 노선은 많은 국가들에 의해 수용될 것입니다.

새로 생겨나는 종교 개혁 세력과 이미 성숙한 르네상스 사이에서, 로마 가톨릭교회의 수입과 정신의 통제권을 놓고 절반쯤 감추어진 경쟁이 계속되었다. 마르티노 교황은 교황청 국무 추기경 자리에 뛰어난 인문주의자의 한 사람인 포조 브라치올리니를 임명했었다. 마르티노의 뒤를 이은 교황 에우제니오 4세(1431~1447)는 르네상스 편이었다. 그는 이 싸움에서 언제나 르네상스 편에 섰다. 콜론나 일파가 주동이 된 로마의 민중 폭동으로 로마에서 쫓겨난 그는 교황청 사람들을 이끌고 페라라로 도망쳐 그곳에서 새로운 공의회를 소집했다.

전쟁사상 가장 획기적인 사건 하나가 그의 편이 되어주었다. 돌진하는 터키군이 콘스탄티노플에 접근하면서 회교를 전파하자, 동방 교회 지도자들은 오래된 수도 콘스탄티노플을 떠나 이탈리아로 와서 가톨릭 지도자들에게 그리스 정교와 로마 가톨릭의 통합을 논의하자고 제안했다. 에우제니오는 페라라에서 그들을 맞아들여 그들과 협의하기 위해 로마 가톨릭 공의회를 소집했다. 여덟 달 동안 신학자들은 각자의 신앙을 놓고 논쟁을 벌였다. 페라라에 페스트가 나타나자, 코시모 데 메디치는 신학자들에게 피렌체로 와서 회의를 하라고 초대했다. 그들은 피렌체로 왔고, 에우제니오 교황도 그들과 함께 왔다. 코시모와 그의 친구들은 이 성직자들을 영접해 부양하고, 그들이 가져온 고전 텍스트를 사들였다. 에우제니오는 플라비오 비온도와 레오나르도 브루니, 그 밖의 다른 인문주의자들을 교황청 사무국으로 받아들였다. 이들은 그리스어로 그리스 사람들과 협상을 벌일 수 있었다. 고향을 잃은 그리스 신학자들은 그리스 정교와 로마 가톨릭의 교회와 신앙을 하나로 합치기로 동의하였으나, 동방 교회 사제들과 민중은 이 합의를 거부했다. 터키군은 콘스탄티노플을 점령했다. 동방 교회와 서방 교회의 대분열은 지속되었다. 그러나 고전 분야 전문가들을 확보한 에우제니오 교황은 르네상스를 로마로 끌어들였다.

학자 교황들

에우제니오가 피렌체에서 경탄했던 열렬한 학생들 중에는 토마조 파렌투첼리라는 사람이 있었다. 이 젊은 학자는 가진 돈을 모두 털어 책을 사고, 그것도 모자라 돈을 빌리기까지 하면서 세계의 모든 위대한 책들을 하나의 도서관에 모아놓으려는 열망을 가지고 있었다.

1443년 에우제니오는 그를 대주교에 임명하였고, 1446년에는 추기경이 되었다. 그는 1447년 교황 선출 회의에서 교황으로 선출되자 이렇게 외쳤다. "자부심 강한 사람은 혼란을 느낄 일이지만, 성직자의 하인이 교황이 되리라고 누가 생각했겠는가?" 그냥 평범한 청년이 교황이 될 수 있다는 것은 가톨릭교회의 민주적 측면의 하나였다. 이탈리아의 인문주의자들은 기뻐했다. 그들 중 한 사람은 플라톤의 생각이 실현되었다고 말했다. 즉 철학자가 왕이 된 것이다.

이렇게 교황이 된 니콜라오 5세는 세 가지 목표를 가지고 있었다. 좋은 교황이 되는 것, 로마를 재건하는 것, 고전 문학·학문·예술을 복구하는 것이었다. 그는 교황청(교황국)의 모든 수입을 다 쏟아 부어 사람들을 아테네, 콘스탄티노플, 독일, 영국으로 보내, 이교의 것이나 기독교의 것이나 가리지 않고 그리스와 라틴어 사본들을 찾아 사거나 베끼게 했다. 또한 그는 바티칸에 필사가들과 편집자들을 잔뜩 고용했다. 그리고 학자들에게 아주 너그러운 보상을 해주어 재정 담당자들이나 변방의 사람들을 고통스럽게 했다. 대담한 비평가들은 신자들의 헌금을 이교 문학의 허영과 회의적인 추기경들의 사치를 위해 허비한다고 비난했다.

니콜라오 교황이 터키 사람들에게서 콘스탄티노플을 탈환하기 위한 십자군을 위해 서유럽 모든 제후들의 수입에서 10분의 1을 내라고 요구했을 때, 유럽 국가들은 대부분 그 말을 듣지 않았다. 니콜라오는 현실에 굴복했다. 핏속에서 삶의 열망이 식은 그는 1455년에 쉰여덟의 나이로 죽었다. 지나치게 너그러운 사람이었지만, 그래도 교회에 평화를 찾고 로마에는 질서와 영광을 되찾아주었다. 그는 교황청 도서관을 설립하고, 가톨릭교회와 고전 세계, 교회와 르네상스를 하나로 통합했다.

이런 결합은 교황 피우스(비오) 2세에게서 완성되었다. 1405년 시에나의 부유한 피콜로미니 집안에서 태어난 그는 원래 에네아 실비오라는 이름이었다. 그러나 그는 대부분의 저작에서(거의 모두 라틴어로 쓴 것) 베르길리우스의 《아이네이드》를 본떠 '아이네이스 실비우스'라고 서명했다. 교황으로서의 이름조차도 베르길리우스가 주인공에게 붙이기를 좋아한 형용사의 울림을 가진다. 즉 '피우스'는 '경건한'이라는 의미지만, 원래는 '부모나 조국에 충실하다'는 뜻이었다. 이 단어는 이 남자보다는 교황에게 더 잘 어울렸다. 교황이 되기 이전 53년 동안의 삶에서, 그는 시대의 도덕적 방종함을 넉넉히 이용했기 때문이다. 열두 명의 여자들을 시험해보았고, 한 친구를 위해서는 간통보다 결혼을 좋아하는 소녀의 고집을 꺾기 위해 연애편지를 써주기도 했다. 이런 방황 중에서도 그는 오로지 문학에만 충실하였고, 고대의 작가들을 사랑하고 자기 시대 최고의 라틴어를 썼다. 라틴어가 외교 언어였기에, 그는 사랑에 빠진 남자에서부터 왕에 이르기까지 많은 사람들에게서 다양한 일거리를 얻을 수 있었다.

1445년에 신성 로마 제국의 세속 우두머리인 프리드리히 3세 황제는, 그를 교황 에우제니오 4세에게 사절로 파견했다. 여러 팸플릿에서 교황을 공격했던 실비우스는 교황 앞에서 유창하게 변명 연설을 하는 바람에 인문주의자 교황은 그만 그를 용서했고, 그 순간부터 이 떠돌이 학자는 교황청에 속하게 되었다. 이어 사제가 되고(1446), 마흔한 살에 순결의 맹세를 했다. 그 이후로는 모범적인 삶을 살았다. 1449년 그는 시에나의 주교가 되었다. 1456년 피콜로미니 추기경이 되고, 1458년에는 교황으로 선출되었다.

이제는 쉰세 살이었다. 모험적인 삶이 그의 힘을 많이 소진시켰기에, 그는 이미 늙어 보였다. 그는 젊은 날의 오류와 애정 행각을 감추려 하지 않았다. 하느님과 교회에 용서를 간청하면서, 공개적으로 철회의 칙서를 발표했다. 그는 옛날에 피렌체에서 인문주의자가 되었고, 이제는 플라티나와 비온도 같은 학자들을 비서로 등용했다. 그러나 그들에게 엄청난 사례를 지불하지는 않았다. 더 큰 문제들이 그의 마음을 빼앗았다. 터키 사람들이 경쟁 종교인 회교를 가지고, 빈과 세르비아와 보스니아로 진군해 왔다. 머지않아 그들은 아드리아 해에 당도할 것이다. 어떻게 하면 그들이 이 바다를 건너서, 나뉘어 서로 싸우는 이탈리아로 들어오는 것을 막을 수 있을까?

피우스 2세는 또 하나의 십자군 전쟁을 선포했다. 그는 북부의 왕들에게 함대를 보내 자신과 합세하라고 간청하였으나, 오직 베네치아만 그 호소에 응했다. 교황은 함대를 이끌고 이탈리아 반도를 돌아 앙코나에 이르렀다. 그리고 희망에 넘쳐 베네치아 함대를 기다렸다. 그들이 도착했을 때 그는 기진맥진해서 쓰러졌다. 로마에서는 그를 위해 장엄한 장례식을 치렀지만, 그가 준비한 십자군은 그와 함께 사라지고 말았다.

1471년에서 1484년까지 교회를 통치한 교황 식스토 4세에 대해서는 이대로 넘어간다. 그는 친척 등용과 전쟁을 통해 교회를 거의 파산 상태로 몰아갔고, 그의 이름을 얻게 되는 시스티나 예배당을 건설했다. 그리고 바티칸 도서관을 재건하고, 그곳에 이미 소장되어 있던 1527종의 책에 고전어 사본 1100종을 더했다. 토르케마다를 스페인 종교 재판의 책임자로 임명했다. 원래는 교황 알렉산데르 6세를 위해 친절한 말 한마디를 해야 할 것이고, 심지어는 잔인하기 짝이 없는 그 아들 체사레 보르자에 대해서도 할 말이 있다. 그러나 서둘러 교황 율리오 2세로 넘어가 로마 르네상스의 절정에 도달해야 할 것 같다.

율리오 2세

교황 율리오는 유능하고 굴하지 않는 장군이었다. 그는 연속적으로 군대를 이끌고 나가 교황국[23]을 위하여, 교회를 통제하기 원하는 주변의 공국(공작 통치 국가)들에 맞서기 위하여 필요한 완충제를 확보하려고 도시들을 점령했다. 그는 사건과 인간을 통제하는 강력한 통치자였다. 피렌체의 피티 궁전에 있는 라파엘로가 그린 인상적인 그의 초상화에서 이 교황이 지닌 성격의 깊이와 강력함을 느낄 수 있다. 그의 밑에서 라파엘로와 미켈란젤로는 자기들의 과업을 완수했다.

---

[23] 교황이 통치하던 로마와 주변 지역. 교황국은 르네상스 시대에 한동안 대단히 강력한 국가 형태를 유지하며 세속의 국가들과 경쟁을 벌였다.

라파엘로

라파엘로는 1483년 우르비노의 대표적인 화가 조반니 산티의 아들로 태어났다. 가장 공정한 대천사의 이름을 따서 라파엘로라는 이름을 얻고 예술의 향기 속에서 성장했다. 행복한 어린 시절을 거쳐 페루자로 가서 페루지노 아래서 3년 동안 성모를 그리는 그림 공부를 했다. 그런 다음 핀투리키오가 그를 시에나로 끌어들였고, 여성은 꼭 성모가 아니더라도 아름다움의 여신이 될 수 있다는 사실을 가르쳐주었다. 그 결과, 라파엘로 내면의 이교적인 측면이 (추기경의 욕실에 장밋빛 누드화를 그리게 되는) 〈시스티나 성모〉를 그린 경건성과 나란히 발전했다.

1508년 피렌체에 있던 그는 로마로 와서 일해달라는 율리오 2세의 부름을 받았다. 그는 기꺼이 로마로 갔다. 당시는 피렌체가 아니라 로마가 자극과 흥분을 주는 르네상스의 중심지였기 때문이다. 율리오 교황은 바티칸에 있는 몇 개 방의 벽에 새로운 장식이 필요하다고 느꼈다. 신학자 및 학자들과 상의한 다음, 르네상스 문화에서 종교와 철학, 고전 문화와 기독교, 교회와 국가의 통합을 나타내는 그림을 제작할 계획이 나왔다.

라파엘로는 4년 반 동안, 거의 종교적인 주의력과 헌신으로 이 프로젝트에 매달렸다. 벽 한 군데에 그는 기독교 삼위일체의 인물들을 그렸다. 그들 옆에 성모가 있다. 이들을 둘러싼 구름 속에는 아담, 아브라함, 모세, 다윗, 베드로, 바울로와 그 밖에 성서의 다른 인물들이 있으며, 그들은 두 종교의 연속성을 드러내면서 결합되어 있다. 천사 케루빔과 세라핌은 노래의 날개를 단 듯 공간을 통해 날고 있다. 이들 아래쪽에서 신학자와 철학자들이 성만찬의 교리를 두고 논쟁을 벌이고 있다. 인간들은 각기 전기를 쓰듯이 세심하게 개인으로 표현되어 있다. 이 거대한 그림 〈성체 논쟁〉은 스물여덟 살 젊은이의 작품이다.

그러나 이 행복한 붓의 용병 대장이 동일한 힘과 웅장함으로 인간들 사이에서 과학과 철학의 역할을 표현할 수 있을까? 라파엘로가 글을 많이 읽었다는 증거는 없다. 그는 붓으로 말하고 눈으로 들었다. 형태와 색채의 세계 속에 살았다. 이 세계에서 남자와 여자의 의미심장한 행동으로 드러나는 것이 아니라면, 말은 시시한 것이었다. 그는 분명 서둘러 공부하고, 플라톤과 라에르티우스와 마르실리오 피치노의 책들을 훑어보고, 학식 있는 사람들과 겸손한 담화를 나눈 다음, 자신의 최고 구상으로 들어섰을 것이다. 〈아테네 학당〉에서는 그리스 사상의 여러 세기를 대변하는 약 50명의 인물들이, 불멸의 순간에 웅장한 이교도식 주랑柱廊 현관의 아치 아래 모두 모였다.

신학의 이상을 그린 〈성체 논쟁〉 맞은편 벽에 철학의 영광이 나타나 있다. 제우스와 같은 이마와 깊은 눈, 하얀 머리카락과 수염을 날리면서 플라톤은 한 손가락을 들어 위쪽 완벽한 상태를 가리킨다. 아리스토텔레스가 그 옆에서 평온하게 걷고 있다. 30년 아래의 잘생긴 명랑한 남자가 손바닥을 아래로 하고 손을 뻗고 있다. 마치 스승의 과격한 이상주의를 지상의 것, 또는 가능성의 영역으로 끌어내리려는 것 같다. 소크라테스는 손가락을 꼽으면서 자신의 논의를 펼치고, 무장한 알키비아데스가 사랑스러운 모습으로 그의 말에 귀를 기울인다. 피타고라스는 공간의 음악을 조화로운 표 안에 잡아넣느라 애쓴다. 아름다운 여인은 아마도 아스파시아일 것이다. 헤라클레이토스는 에페소스 수수께끼를 쓰는 중이다. 디오게네스는 태평하게 옷을 벗은 모습으로 대리석 계단 위에 길게 앉아 있다. 아르키메데스는 열중한 젊은이 네 명을 위해 석판 위에 기하학 도표를 그린다. 프톨레마이오스와 조로아스터는 공을 들고 토론 중이다. 왼쪽에서 한 소년이 책을 들고 열심히 달린다. 분명히 사인을 받기 위해서다. 열의에 넘치는 한 젊은이가 구석에 앉아 열심히 필기하고 있다. 왼편에는 율리오 교황의 귀염둥이인 어린 만토바의 페데리고가 보인다. 다시 브라만테. 그리고 조심스럽게 모습을 감추어 잘 보이지 않게 라파엘로 자신이 등장한다. 코밑수염이 나 있다. 아직도 많은 사람들이 더 있지만, 그들의 신분 확인은 학자들의 토론으로 남겨두기로 하자. 어찌 되었든 이와 같은 지혜의 전당은 일찍이 그려진 적이 없었다. 아니, 생각조차 된 적이 없었을 것이다. 이단이라는 말은 단 한마디도 없었고, 어떤 철학자도 화형을 당하지 않았다. 한두 가지 잘못을 두고 법석을 떨 수 없을 만큼 완벽하게 교황의 비호를 받는 가운데, 젊은 기독교도는 갑자기 모든 이교도들을 한자리에 모았다. 그리고 놀라울 정도의 이해력과 공감을 가지고, 그들을 원래의 특성대로 그려놓았다. 신학자들이 그들을 바라보면서, 서로 오류의 가능성을 나눌 수 있는 곳이었다. 그리고 교황은 두 기록 사이에서 인류의 사색의 협조적인 과정과 창조를 명상할 수 있었다.

이들 〈성체 논쟁〉과 〈아테네 학당〉은 르네상스의 이상理想이었다.

이교적 고대와 기독교 신앙이 하나의 방에서 조화롭게 함께 살았다. 구상·구도·조화의 측면에서 이들 경쟁하는 두 벽화를 능가하는 화가는 오로지 미켈란젤로, 틴토레토, 베로네세뿐이다. 그들 누구도 페리클레스의 그리스와 레오 10세의 로마 사이에 이루어진 결혼을 이토록 훌륭하게 표현하지 못했다. 라파엘로가 율리오 2세(1505~1512)를 위해 일하던 때(1508~1512)와 거의 같은 시기에, 르네상스 절정의 인물이 동일한 교황의 보호 아래서 시스티나 예배당 천장에 그림을 그리고 있었다.

미켈란젤로

라파엘로와 마찬가지로 대천사 이름을 얻은 미켈란젤로는 1475년, 피렌체에서 아레초로 가는 도중에 있는 작은 마을 카프레세의 시장인 로도비코 부오나로티 시모네의 둘째 아들로 태어났다.

　미켈란젤로는 자신의 몸 안에 한두 방울 귀족의 피가 흐른다고 자부심을 느꼈다. 연구 결과, 그의 생각이 잘못되었다는 것이 드러났다. 그러나 어쩌면 이런 연구는 귀족이란 말을 잘못 정의 내린 것인지도 모른다. 그는 피렌체에서 학교를 다니기는 했지만 라틴어는 배운 적도 없으며, 고전적인 고요함의 정취를 느낀 적도 없었다. 그는 고대의 고전 방식이 아니라 히브리식이었고, 가톨릭교회의 거점을 고안하기는 했지만, 가톨릭보다는 오히려 개신교의 사고를 지닌 인물이었다.

　그는 글보다 그림을 더 좋아했다. 글은 그림이 타락한 것에 지나지 않는다. 그림보다는 조각을 더 좋아했고, 머지않아 메디치 가문이 고대 조각상 수집품을 전시한 정원에 출입 허가를 얻었다. 젊은 이의 열성과 생산성을 좋아한 로렌초(일 마니피코)는 그를 자신의 집으로 데려와 아들처럼 대해주었다. 그리고 폴리치아노, 피치노, 피코 델라 미란돌라, 로렌초 자신과 함께 그를 한 테이블에 앉게 했다. 여기서 미켈란젤로는 통치·문학·철학·예술에 관한 가장 개명한 담화를 들었다.

그러나 이 귀족적인 모임은 기독교 신앙과 윤리를 잃어버렸다. 그들에게는 에피쿠로스의 정원이 게세마니 동산보다 훨씬 더 즐거웠다. 이 시기에 사보나롤라는 청교도적이고 거의 금욕적인 개혁의 열화와 같은 복음을 설교하고 있었다. 미켈란젤로는 자주 그리로 찾아가 그의 말에 귀 기울였으며, 다시는 그를 잊지 않았다. 사보나롤라가 죽었을 때(1498), 그 정신 일부가 이 음침한 예술가의 마음에 살아남았다. 이탈리아 도시들에 나타난 도덕적 타락에 대한 경멸, 독재를 향한 열렬한 증오, 파멸에 대한 어두운 예언 등이었다. 〈최후의 심판〉을 그렸을 때, 그는 이 수도사의 성난 부르짖음을 수많은 세기들에 던져 넣은 것이다.

1496년 그는 로마를 방문해달라는 한 추기경의 초대를 받아들여 그곳에서 프랑스 대사와 계약을 맺고, 〈피에타〉[24]를 조각했다. 그것은 오늘날에도 산피에트로 성당에서 우리를 놀라게 한다. 성모는 십자가에 못 박혀 죽은 아들을 무릎에 안고 있다. 미켈란젤로는 겨우 스물세 살이었다. 이 그룹 조각상은 그의 젊음이 범했을 결함을

---

24 그리스도의 죽음을 슬퍼하는 성모.

보여주고 있다. 과도한 의상 주름, 어머니의 손은 몸에 비해 지나치게 작고 그녀의 왼손은 이해할 수 없게 공중에 매달려 있다. 자식보다 더 젊은 여인으로 보이는 그녀의 얼굴. 그러나 맥 빠진 채 축 늘어진 그리스도의 모습과 흐르는 돌의 의상을 입은 이 작은 그룹은, 모성애와 죽음 사이에 벌어진 경쟁으로서 인류사의 본질을 포함하고 있다. 라파엘로의 방들처럼 이 작품도 르네상스의 열기와 경쟁 가운데서 한 예술가가 얼마나 빨리 성숙할 수 있는지를 보여준다.

가난해진 친척들의 부름을 받고 이제 유명해진 조각가가 피렌체로 돌아왔다. 그곳에서 1501년에 대성당 위원회는 그에게 4.9미터 높이의 대리석 덩어리로 인체를 조각하라는 주문을 내주었다. 이 대리석 덩이는 하도 울퉁불퉁하게 생겨서, 100년 동안이나 사용되지 않고 방치되어 있었다. 미켈란젤로는 2년 반 동안이나 이 다루기 힘든 재료에 매달려 일했다. 그는 대리석의 높이를 거의 다 이용하였고, 그렇게 해서 위풍당당한 〈다윗〉 상을 만들어냈다. 이것은 도시의 적들에게 반항하면서 여러 세기 동안 그대로 서 있었다. 유명한 미술사가인 조르조 바사리는 자랑스럽게 벌거벗은 이 젊은 이의 조각상이 "라틴 세계나 그리스 세계, 고대나 현대의 모든 조각상을 능가하였다"고 생각했다.

그사이 율리오 2세는 먼 훗날에도 자신이 정치와 전쟁에서 거둔 승리를 상기시켜줄 크기와 아름다움을 갖춘 무덤(영묘)을 만들려는 욕망에 사로잡혀 미켈란젤로를 불렀다. 미켈란젤로는 율리오와 함께 있으면 괴로울 것이라 두려워하면서도, 이 부름에 응했다. 그들은 서로 아주 비슷했다. 율리오는 길이 8.1미터, 폭 5.4미터 크기에 40명의 조각상이 율리오 자신의 관을 둘러싸고 있는 초대형 영묘靈廟를 제작해달라고 주문했다. 교황은 예술가에게 2000두카토를 주어 카라라로 가서 최고급 대리석을 사오라 시키고, 자신은 페루자와 볼로냐를 수호하기 위한 전쟁에 나섰다. 전쟁은 경비가 많이 들었으므로, 예술품을 제작할 돈이 한 푼도 남지 않았다. 미켈란젤로는 관객과 돈이 필요했지만, 교황에게 알현을 거절당한 그는 교황에게 다음과 같은 글을 남기고 로마를 떠났다. "가장 사랑하는 아버지, 당신의 명령에 따라 저는 오늘 궁전에서 거절당했습니다. 그런 까닭에 오늘 이후로 저를 만나기를 원하신다면, 로마 이외의 곳에서 저를 찾으셔야 한다는 점을 말씀드립니다."

2년이 지난 다음(1508) 분노는 식고 지갑은 얇아졌을 때, 미켈란젤로는 율리오의 부름을 받고 영묘를 끝내려는 마음으로 로마로 돌아갔다. 그는 시스티나 천장에 그림을 그려달라는 말을 듣고 기겁하며 자신은 조각가이지 화가가 아니라고 항의한 뒤, 라파엘로가 그 일에 더 어울리는 사람이라고 추천했다. 율리오는 고집을 부리며 3000두카토(5만 달러)의 사례금을 제안했다. 미켈란젤로는 뜻을 굽히고 1508년 5월, 4년 반에 걸친 르네상스 최고의 그림 작업을 시작했다.

늙은 교황이 화가의 작업대를 받치는 약한 받침대로 올라가서, "일이 언제 끝나냐?" 하고 초조하게 묻는 모습을 상상해보라. 바사리가 전해주는 바에 따르면, 그가 얻은 답변은 그대로 하나의 교훈이다. "내가 예술을 충족시키기 위해 필요하다고 믿는 일을 모두

마칠 때입니다." 미켈란젤로가 마지막으로 작업대에서 내려왔을 때, 그는 지치고 수척하고 나이보다 더 늙어 있었다. 그는 겨우 서른일곱 살이었고, 그 후로도 51년을 더 살았다. 율리오 2세는 넉 달 뒤에 죽었다.(1513년 2월 21일)

미켈란젤로는 위대한 교황의 죽음을 슬퍼하며, 다음번 교황도 그처럼 위대한 예술을 위한 확고한 감각을 지닌 사람이 될 것인지 궁금하게 여겼다. 그는 자신의 보잘것없는 숙소로 돌아가서 때를 기다렸다.

레오 10세

역사상 가장 빛나고 부도덕한 시대 하나에 그 이름을 부여한 이 교황은 아버지의 정치적 전략 덕분에 성직 경력을 시작했다. 로렌초 데 메디치는 식스토 4세로 인해 거의 망가진 적이 있었다. 그는 메디치 가문의 권력과 피렌체에서 후손의 안전을 위해 메디치 가문 출신이 추기경 사이에 앉아 있는 것이 좋겠다고 생각하여 둘째 아들 조반니가 아직 어릴 때 이미 성직자로 키우기로 결정했다.

소년은 일곱 살에 머리를 밀고 수도사가 되었다. 여덟 살에는 교황청 서기장에 임명되었고, 열네 살에는 추기경이 되었다. (사제가 되지 않고도 추기경이 될 수 있었다. 추기경들은 종교적 열성보다는 정치적 능력과 가문의 배경에 따라 선출되곤 했기 때문이다.) 메디치 추기경을 만나본 사람들은 모두 그를 좋아했다. 그는 상냥하고 온건했으며, 이루 말할 수 없이 너그러웠다. 그의 넉넉한 수입조차도 시인,

미술가, 음악가, 학자 들을 돕기에 부족할 정도였다. 교황들에 대한 사랑을 잃지 않았던 역사가 귀치아르디니는 그를 가리켜 "순결한 사람이라는 평판과, 흠잡을 데 없는 매너를 가진 사람"이라고 묘사했다. 알두스 마누티우스는 그가 "경건하고 나무랄 데 없는 생활"을 한다고 찬양했다.

1513년 그는 율리오의 후계자를 선출하기 위한 비밀회의 소집령을 받고 로마로 갔다. 아직 서른일곱 살이었고, 자신이 교황으로 선출되리라곤 거의 기대할 수 없었다. 그는 치질로 고통받으면서 혼란스러운 비밀회의에 들어갔다. 일주일 동안 격론을 벌인 끝에, 그리고 아마 돈 거래도 없이 조반니 데 메디치가 교황으로 선출되었다.(1513년 3월 11일) 그는 레오 10세라는 이름을 선택했다. 그가 아직 사제도 아니었지만, 이런 결함은 3월 15일에 교정되었다. 누구나 놀라고 기뻐했다. 교황 알렉산데르 6세와 그 아들 체사레 보르자의 어두운 음모가 지나고, 율리오 2세의 전쟁과 혼란의 시대가 지난 다음, 선량한 천성으로 이미 알려져 있던 이 젊은 남자가 교회를 이끌게 되었으니 평화로운 방식의 통치가 되리라고 짐작되었다. 시인, 조각가, 화가, 금 세공사는 환성을 터뜨렸다. 인문주의자들은 아우구스투스 시대가 되살아날 것이라고 생각했다.

레오의 궁정은 로마의 지식인과 재치 있는 사람들의 집결지가 되었다. 학자, 시인, 화가, 음악가가 환대와 돈을 받고, 많은 경우에는 숙소까지 제공받는 장소였다. 이제 바티칸이 그 시대 가장 섬세하고 돈이 많이 드는 궁정이 되었음은 두말할 나위가 없다.

로마는 유럽의 신자들이 헌금한 돈이 경제적·문화적 혈관을 통해 흘러드는 데 따라 번창하고 확장되었다. 고위 성직자, 시인, 뚜쟁이, 식객, 심부름꾼, 고급 매춘부 들이 서둘러 로마로 와서, 황금의 비를 마시려 했다. 일부 추기경들은 연간 수입이 3만 두카토(50만 달러)에 이르렀다. 그들은 300명에 이르는 하인들이 고용된 위풍당당한 궁정에 살면서, 당시 알려진 모든 예술과 사치를 누렸다. 그들은 자신을 성직자로 생각지 않고, 오히려 정치가, 외교관, 통치자로 여겼다. 그들은 로마 교회의 로마 원로원이었다. 그리고 원로원 의원들처럼 살아야 한다고 생각했다. 그래서 자기들에게 사제로서의 절제와 경건함을 기대하는 외국인들을 비웃었다. 로마 제국이 되살아났다.

루터는 그 꼴을 보고 충격을 받았지만, 에라스무스는 그 꼴을 보고 매혹당했다. 미켈란젤로는 루터와 같은 마음이었다. 그는 귀족보다는 평민이 좋았고, 지식인보다는 문맹을 더 좋아했다. 그리고 부자의 사치보다는 노동자의 일을 더 좋아했다. 그는 자신의 수입을 대부분 게으른 친척들에게 주었다.

그는 허리는 굽었지만 아주 강인한 사람이었다. 회색 곰 같은 머리와 수염, 날카롭고 작은 눈, 부러진 코, 삐죽이 솟은 귀를 가진 남자였다. 그는 천성적으로 궁정이 불편했다. 강인한 남성적 성격 및 모습에 대한 통찰과 조각용 도구들을 가지고 혼자 있는 편이 행복했다. 그는 여자에게 관심이 없었다. 여자를 그리기는 하였지만 언제나 어머니의 성숙한 모습이지, 젊고 매력적인 모습이 아니었다. 그는 불안정하고 가난하게 살았다. 딱딱한 마른 빵으로 점심을 때우고, 작업복을 입은 채 잠을 잤다. 바사리의 말에 따르면, "도로

입어야 할 옷을 벗을 마음이 없었던 것 같다"고 한다. 언어와 의상의 멋진 모습에 익숙한 레오는 미켈란젤로를 피했다. 그가 율리오 영묘나 근육질의 〈노예들〉, 아니면 수염이 나고 이마에 뿔까지 난 모습으로 불길하게 율법판을 보여주는 〈모세〉를 만들도록 내버려두었다. 행복한 교황은 물론 라파엘로를 좋아했다. 라파엘로는 기질과 성향이 레오 10세와 잘 어울렸다. 두 사람은 기독교를 쾌락으로 만들고, 이 땅을 천국으로 만들려는 상냥한 쾌락주의자들이었다. 두 사람 다 일에서도 놀기에서도 열심이었다.

레오는 행복한 화가에게 일을 잔뜩 주었다. 교황청 방들stanze에 그림들을 완성하고, 대작 그림과 벽걸이를 위한 밑그림들을 고안하고, 산피에트로 성당의 건축에 동참하고, 고전 예술의 보존을 관리하는 일 등이었다. 라파엘로는 이런 주문들을 즐거운 마음과 열성으로 받았고, 그러면서도 20여 점에 이르는 종교화, 이교적인 프레스코화, 약 50여 편에 이르는 성모 그림과 그 밖에도 부와 명성으로 보상해줄 사람들의 초상화 등을 그릴 시간 여유를 가졌다. 이제 (1515) 그는 피아첸차에 있는 산 시스토 수도원을 위해 〈시스티나의 성모〉를 그렸다. 기독교 역사에서 자주 그랬지만, 그의 내면에서도 성모는, 보르게세 미술관에 있는 〈라 포르나리나〉처럼 접근하기 쉬운 아름다움을 지닌 젊은 여성들과 싸워서 패배하곤 했다. 마지막에 라파엘로는 베일을 쓰지 않은 매력적인 여성들에게 더 많은 시간과 열성을 바쳤다. 그리고 서른일곱 살의 나이로 죽었다.(1520) 로마의 모든 예술가들이 그가 무덤으로 향하는 행렬을 따랐다.

그가 좋아한 교황은 그보다 1년 더 오래 살았다. 레오 10세는

1521년 말라리아 초기 증세와, 계속되는 치질의 고통과, 점점 커지는 전쟁의 근심으로 병석에 누웠다. 율리오 2세처럼 그도 예술의 즐거움에서 군사적 권력의 추구로 점점 마음을 돌렸다. 12월 1일, 그는 피아첸차와 파르마가 교황군에 의해 접수되었다는 소식을 듣고 즐거워했다. 옛날에 언젠가 이 도시들이 교황국에 추가될 수만 있다면, 자신은 기꺼이 생명을 바칠 것이라고 선언한 적이 있었다. 1521년 12월 1일에서 2일로 넘어가는 밤에, 그는 쉰한 번째 생일을 열흘 앞두고 죽었다.

그는 아름다움을 향한 사랑과 부의 습관으로 파괴된, 선량한 사람이었다. 궁정에서 양육되어 예술과 사치를 함께 배웠다. 교황국의 수입이 그의 수중에 들어 있는 동안, 그가 돈을 받은 사람들의 행복과, 경비를 많이 치른 전쟁의 승리를 보고 기뻐하는 사이, 돈은 조심성 없는 그의 손가락 사이로 물 흐르듯이 새나갔다. 그는 교황국을 그 어느 때보다 강하게 만들었지만, 그의 가혹한 요구와 낭비를 통해 독일 사람들의 마음을 잃었다. 그는 교회에 영광인 동시에 불운이었다.

붕괴

포위된 지성

다른 어디서나 마찬가지로 이탈리아 르네상스 문명도 소수의, 소수에 의한, 소수를 위한 것이었다는 사실을 언급하지 않는다면 원래의 정당성을 넘어 그것을 과대하게 찬양하는 일이 될 것이다.

평범한 보통 사람은 밭을 갈고 수레를 끌거나 짐을 지고 동이 틀 무렵부터 어스름이 질 때까지 일을 하고 나서 저녁이면 생각을 위한 근육이라곤 조금도 남지 않는 삶을 살았다. 그들은 다른 사람이 자기들을 대신해서. 생각하도록 했다. 자신들이 그들을 대신해서 일을 해주는 것처럼 말이다. 그들은 의견도, 종교도, 삶의 수수께끼에 대한 답변까지도 자신을 둘러싼 분위기에서, 또는 옛날부터 내려오는 오두막에서 얻었다. 그리고 매일 전통 신학을 자신들에게 전해주는 매혹적인, 위안을 주는, 영감을 주는, 두려움을 주는 경이로움을 받아들였을 뿐 아니라, 그들 자신도 거기에 귀신론, 마법, 전조, 요술, 예언, 점성술 등을 덧붙였다. 이런 것들은 이단보다 더 많은 말썽을 일으키는 것이라고 교회가 비난하는, 대중 철학을 이루었다. 마키아벨리는 종교에 대해 회의적인 생각을 품었지만, "대기에는 정령들이 산다"는 가능성을 암시했다. 그리고 위대한 사건들은 전조와 예언과 계시와 '하늘의 징조'들을 통해 예고된다는 신념을 밝혔다.

악마와 직급 낮은 정령들이 공중에 떠돌면서 초자연적인 힘을 이용해 자신들을 숭배하는 사람들을 돕는다는 생각은, 사람들 사이에 특히 널리 퍼져 있었다. 그런 정령들에게 접근해서, 그들을 통해 초자연적인 지식과 능력에 접근하는 직업을 가진 여성 계층도 있었다. 1484년 인노첸시오 8세는 종교 재판관에게 그런 마녀들에게 도움을 청하는 것을 금지하고, 그런 일들을 꼼꼼히 감시하라는 교서를 내렸다. 교황은 특정한 형벌을 열거하지는 않았지만,

종교 재판은 "마녀를 살려두지 말라"는 구약 성서의 명령에 따라 마법을 심각한 범죄로 취급했다. 1485년 코모에서만 41명의 여자들이 마법을 행한 죄로 사형당했다. 이런 형 집행은 계속 늘어났다. 1486년 브레시아에서 140건, 섬세하고 너그러운 레오 10세의 재임 기간이던 1514년에도 코모에서 300건 이상이나 되었다.

이런 상황에서 과학은 제자리걸음을 하고 있었다. 실제로 과학은 13세기 알베르투스 마그누스 아래서 도달했던 수준보다 더 아래로 떨어졌다. 과학은 예술처럼 속인들과 교회의 통합된 지지를 얻지 못했다. 유일하게 번영을 누린 과학은 의학이었다. 남자들은 건강을 위해, 식욕 말고는 모든 것을 희생할 각오를 했기 때문이다. 의사들은 돈을 너무 많이 받는다고 욕을 먹었고, 높은 사회적 지위와 사람들을 놀라게 하는 주황색 의상으로 질투를 샀다. 그들은 시체 해부에 대한 중세의 적대감을 없앴다. 이따금 성직자들이 그들을 도와주었다. 1319년 볼로냐 대학교의 의학부 학생들이 공동묘지에서 시체를 훔쳐 대학교 선생에게 가져갔고, 선생은 학생들을 가르치기 위해 이 시체를 해부했다. 그들은 고소되었으나 곧바로 방면되었다. 이 순간부터 시민 관청들은 처형된 경우나 연고가 없는 범죄자의 시체를 '해부용'으로 쓰는 것을 눈감아주었다. 얼마 안 있어 로마의 교황청 학교를 포함한 이탈리아의 모든 의학부에서 해부가 시행되었다. 그렇게 해도 1500년까지 해부학은 고대 그리스와 로마 시대 히포크라테스와 갈레노스가 이미 가지고 있던 지식 수준에 도달한 정도였다.

외과의 수술 목록과 기구들이 고대 이집트의 다양성과 능력에 접근하면서, 외과 분야는 빠르게 명성이 올라갔다. 1500년에는 유럽의 많은 외과 의사들이 철학을 의학에 덧붙여야 한다는 히포크라테스의 이상을 실현했다. 그들은 공부나 가르치는 일에서, 아주 손쉽게 이쪽에서 저쪽으로 넘어가곤 했다. 그들 중 일부는 귀족이기도 했으며, 시대의 만병통치약이었다.

르네상스 철학

첫눈에 르네상스는 철학 분야에서 이렇다 할 이름을 내놓지 못한다. 라파엘로가 〈아테네 학당〉에 그려놓은 밝은 등불에 견줄 만한 사람은 아무도 없다. 아니면 아벨라르에서 아퀴나스에 이르는 스콜라 철학 전성기의 인물들에 비할 만한 사람도 없다. 그렇다 해도 너무나 쉽게 잊힌 인물(피에트로 폼포나치, 하도 작아서 친구들은 그를 페레토, '작은 피에트로'라고 불렀다)이 하나 있었다. 그는 자신의 이단적 신념을 당시 일반적으로 받아들여지던 아리스토텔레스의 생각으로 돌려 밝히면서, 자신이 코끼리를 탐색하는 개미와 같다고 말했다. 1495년에서 1509년까지 파도바 대학교에서, 이어 1512년에서 그가 죽는 1525년까지 볼로냐 대학교에서 철학 교수를 지낸 그는 불에 태워버릴 수 없는 친구들을 가진 덕분에, 종교 재판의 손아귀를 겨우 벗어났다.

주요 저작인 《영혼의 불멸성에 대하여》(1516)에서 그는 아리스토텔레스가 개인의 영혼은 벗어날 길 없이 몸에 둘러싸여 있고, 그래서 몸과 더불어 죽는다고 가르쳤다고 해석했다. 다만 보편의 영혼 혹은 정신만이 파괴되지 않는 것이라 했다. 폼포나치는 자신은 철학자로서는 아리스토텔레스의 의견에 동의하지만, 기독교도로서는 교회의 가르침을 따른다고 결론지었다. 속이 뻔히 들여다보이는 발뺌이었다. 지식인들은 그것을 보고 미소 지었다. 레오 10세가 손수 주도한 제5회 교황궁 공의회(1513)에서 아리스토텔레스의 견해가 비난을 받았으므로, 폼포나치의 친구들은 그가 종교 재판에 의해 체포되리라 생각했다. 그러나 레오 10세의 고문이면서 인문주의자인 벰보와 비비에나 같은 사람들이 상냥한 교황의 마음을 움직여, 교황이 이 철학자에게 교회에 복종하겠다는 말을 쓰도록 명령하는 것으로 일이 마무리되었다. 〈변명의 서〉에서 폼포나치는 자신이 독실한 기독교도로서 교회의 모든 가르침을 받아들인다고 온 세상에 공표했다.

현명하게도 죽은 다음 발표된 두 개의 작은 작품에서, 폼포나치는 많은 미신, 마법, 신비 요법 등을 거부했다. 모든 세상의 일들은 자연적인 이유를 가진다. 기적이란 우리에게 일부만 알려진 자연력의 활동이라고 했다. 그러나 점성술은 상당 부분 인정했다. 사람의 삶과 국가의 역사는, 심지어는 종교의 역사도 별들의 활동에 의해 영향을 받는다고 했다. 그는 인간 의지의 자유를 옹호했다. 우리가 그런 자유를 의식하고 있기 때문만이 아니라, 자유 의지 없이는 어떤 도덕적 책임감이나 사회적 질서도 불확실하게, 경찰이나 신의 형벌에 대한 두려움에만 기댈 것이기 때문이다. 그래서 위대한 입법자들은 통치를 위해 필수적인 보조로, 보상이나 고통이라는 미래의 상태를 가르쳤다. 그는 스스로의 성찰에 대해 이렇게 말했다. "이런 것들을 보통 사람들에게 이야기해서는 안 된다. 그들은 이런 비밀을 이해할 수 없기 때문이다."

낮은 계층의 사람들은 철학자들이 안 된다고 하는데도 불구하고 신앙을 지켰다. 사보나롤라의 말을 들은 수많은 사람들이 그것을 믿었으며, 비토리아 콜론나의 모범은 경건함이 교육보다 오래 살아남을 수 있음을 보여준다. 그러나 이미 회의懷疑의 화살이 위대한 신앙의 영혼을 뚫고 지나갔고, 중세 신비주의 고딕 양식의 영광은 축적된 금金에 의해 그 빛이 흐려졌다.

마키아벨리

한 사람이 남는다. 분류하거나 어디에 자리 매기기 힘든 사람이다. 외교관이며 역사가, 극작가, 철학자이다. 자기 시대의 가장 냉소적인 사상가이면서도, 하나의 이상으로 불타는 애국자이다. 자신이 기도한 거의 모든 일에서 실패한 사람, 그러면서도 이 시대의 다른 어떤 인물보다 더 뚜렷한 흔적을 남긴 사람이다.

니콜로 마키아벨리는 피렌체 법률가의 아들이었다. 아버지는 중간 정도의 재산과 정부의 말단 직위, 그리고 피렌체에서 16킬로미터 떨어진 산 카시아노에 작은 별장을 가지고 있었다. 소년은 정규 교육을 받았고 라틴어를 읽는 법은 배웠지만, 그리스어는 할 줄 몰랐다. 그는 로마 역사를 좋아하였고, 리비우스에 빠져들어 그 시대의 거의 모든 정치적 사건이나 지침을 위해, 로마 역사에서 비슷한 사례를 찾아내곤 했다.

그는 대학에서 법학을 공부하기 시작했지만 끝내지는 않은 것으로 보인다. 르네상스 예술에는 거의 관심을 두지 않았고, 아메리카 대륙의 발견에도 별다른 관심을 표현하지 않았다. 아마도 그래봤자 정치 무대가 넓어진 것일 뿐, 그 음모와 주인공들은 달라지지 않을 것이라고 생각했는지도 모른다. 그의 핵심적인 관심은 영향의 기술, 권력의 장기 놀이인 정치였다. 1498년 그는 스물아홉 살의 나이로 '전쟁을 위한 10인 위원회'의 서기로 채용되어 14년 동안 그 직위를 지켰다.

1500년에 그는 프랑스 루이 12세에게 파견된 사절단을 수행하였고 곧 사절단을 지휘했다. 그는 프랑스 왕을 따라 여러 성들을 돌아다녔다. 그러면서 피렌체 정부에 조심스러운 '정보'와 예리한 분석을 계속 보내서 그가 돌아왔을 때 친구들은 그를 학위를 마친 외교관으로 맞아들였다.

그가 발전하는 전환점은 체사레 보르자에게 파견된(1502) 일이었다. 세니갈리아에서 그는, 보르자가 자신에게 맞서 반기를 든 모험가들을 함정에 빠뜨려 목을 졸라 죽이거나 감옥에 가두면서 좋아하는 것을 지켜보았다. 이것은 이탈리아 전역을 뒤흔든 사건이었다. 마키아벨리에게 그것은 철학적 영역의 교훈들이었다. 여기에 자기보다 여섯 살 아래인 남자가 있다. 그는 2년 만에 열두 명의 전제 군주를 쫓아내고, 열두 개의 도시에 명령을 내리고, 스스로 시대의 행운아가 되었다. 언어를 그토록 당당한 경제로 사용하는 젊은이 앞에서, 말이란 얼마나 허약하게 보이는 것인가! 이 순간부터 체사레 보르자는 마키아벨리의 사색에서 영웅이 되었다. 비스마르크가 니체 사색의 주인공이 된 것과 비슷하다. 여기 '권력의 의지'의 화신에게서 도덕성은 선악을 넘어서 있다. 초인의 한 모델이었다.

1512년 율리오 2세는 피렌체 공화국을 정복하고, 메디치 가문을 권력에 복구시켰다. 마키아벨리는 외교관 직위를 잃고, 정부를 복원시키려는 음모에 가담했다고 고발당해 체포되어 고문을 당한 뒤 방면되었다. 그는 은퇴해서 아내와 네 명의 아이들을 데리고 산 카시아노에 있는 별장으로 물러났다. 그곳에서 생애의 마지막까지 《리비우스 처음 10권에 대한 논의》와, 자신의 결론을 요약한 《군주론》을 썼다. 이것은 사본 형태로 돌아다니다가, 그가 죽은 지 5년 만에 출간되었다. 그 이후로는 철학사상 가장 자주 인쇄되는 책의 하나가 되었다.

이것은 가장 정직하고 부도덕한 책이다. 명료하고 솔직하게 국가는 자신의 시민들에게 권고하는 도덕률을 실천할 필요가 없으며, 실천해서도 안 된다는 가르침을 담고 있다. 국가가 위증·사기·도둑질·잔인성·살인 등에 대해 형벌을 내리는 일은 옳다. 그러나 국가를 지키기 위해 필요하다고 생각될 경우, 이런 행동의 일부나 전부를 스스로 행하는 것 또한 옳다. 마키아벨리는 고대 로마의 규칙인 "국민의 안녕이 최고의 법"이라는 말을 국가의(곧 국민의 조직) 안전이 최고의 법으로 해석하였고 나아가 평화라는 기독교의 이상은, 시민의 기력을 약화시킨다고 주장했다. 이따금 전쟁을 하는 것은 국민에게 강장제가 되고 규율과 통일성과 기운을 회복시키는 일이다. 로마 공화국에서 미덕이란 겸손이나 온화함이 아니라, 정력과 지력으로 무장한 남자다움, 강함, 용기 등이었다. 국민을 강하게 하는 전쟁은 좋은 것이다. 한 국가가 팽창을 멈추면 곧 바로 죽기 시작한다.

《논의》에서 마키아벨리는 통치의 윤리에서 논의를 확장시켜, 이탈리아의 비참한 분열 상태를 다루었다. 작은 국가들로 나뉜 상태로, 전투를 싫어하는 매수 가능한 군대를 거느리고 서로 전쟁을 벌이고 있다. 게다가 적이 제공하는 어떤 너그러움에 대해서도 마음이 활짝 열려 있는 용병 대장들이 지휘를 맡고 있다. 그는 북유럽 통치자들이 이탈리아의 비옥한 땅과 빛나는 예술을 탐욕스럽게 노리고 있다는 사실을 잘 알고 있었다. 한동안은 규칙적으로 승리를 거두던 체사레 보르자가 이탈리아를 정복하여 애국적인 군대를 이끌고, 이탈리아 반도를 방어하지 않을까 하는 희망을 품었다. 그러나 체사레 보르자는 1507년에 죽고, 마키아벨리는 정치에 지치고 시골의 은둔 생활에도 지치고, 심지어는 선술집의 친구들에게도 지친 몸으로 1527년에 삶을 내려놓았다. 같은 해에 독일군이 주축이 된 신성 로마 제국 군대가 로마를 정복하고 유린하면서 로마 르네상스에 종말을 가져왔다.

하드리아노 6세

1522년 1월 2일, 추기경의 비밀회의가 이탈리아 사람이 아닌 사람을 교황으로 선출했다는 소식을 듣고, 로마는 왕자에서 평민에 이르기까지 모두 충격을 받았다. 더 나쁜 것은, 마르틴 루터가 로마 교회에 맞서 공개적인 폭동을 일으키고 있는 이때 하필 튜턴 사람을 교황으로 뽑았다는 것이었다(1161년 이후로 처음이었다).

하드리안 데델은 네덜란드 사람으로, 1459년에 태어났으며 위트레흐트의 하층 계급 출신이었다. 루뱅 대학교에서 공부하였고, 서른네 살의 나이에 그 대학의 총장이 되었다. 마흔일곱 살에 뒷날 신성 로마 제국의 카를 5세 황제가 되는, 음침하고 뚱한 젊은이의 선생이 되었다. 1515년에 스페인 대사로 파견된 그는 그곳에서 뛰어난 행정 능력으로 페르디난트 왕에게 깊은 인상을 심어주어, 토르토사의 주교가 되었다. 이 모든 과정에서 그는 신학을 제외한 매사에 절도가 있는 사람이었다. 신학 분야에서만은 이단을 아주 열렬히 미워해서, 스페인 사람들은 그를 좋아했다. 이탈리아 사람들이 압도적으로 많은 추기경 비밀회의에서 교황으로 선출된 것도 어쩌면 카를 5세의 입김이 작용한 덕인지 모른다.

하드리아노 6세는 바티칸에서 길을 잃은 느낌을 받았다. 그는 교황궁이 어부 베드로의 후계자보다는 세속의 황제에게 더 어울린다고 말했다. 그는 레오가 마구간을 보살피도록 고용한 100명의 마부 중 네 명을 빼고 나머지를 모두 해고했다. 그리고 자신의 개인 시종도 두 명(둘 다 네덜란드 사람)으로 제한하고, 그들에게 교황궁의 하루 경비를 1두카토(12.5달러) 이내로 제한하라고 명령했다. 그는 성性과 혀와 펜이 로마에서 아주 느슨한 것을 보고 깜짝 놀랐다. 그리고 기독교의 수도가 죄악의 소굴이 되었다는 로렌초와 루터의 의견에 동의했다.

그는 추기경들이 보여주는 고대 예술품에는 관심이 없었다. 이런 조각상을 우상 숭배의 잔재라 선포하고, 유럽 제일의 고전 조각품을 소장하고 있는 벨베데레 궁전을 폐쇄시켰다. 인문주의자와 시인들에 대해서도 마음을 닫았다. 그가 보기에 그들은 그리스도를 몰아낸 이교도들처럼 살면서 글을 쓰고 있었다.

교회를 레오의 방식에서 다시 그리스도에게로 이끌어가는 일이 신앙심 깊은 하드리아노 교황의 열망이었다. 그는 둔감한 직접성으로 할 수 있는 한, 낭비를 개혁하려고 애썼다. 때로는 생각 없고 무차별적인 열의만 가지고, 남아도는 관직을 없앴다. 레오 10세는 관직을 산 사람들에게 연금을 지급하겠다고 서명했는데, 그는 이 계약을 취소해버렸다. 투자 삼아 이 일을 했던 2550명이나 되는 사람들이 이른바 원금과 이자를 다 잃어버린 셈이 되었다. 돈을 갈취당했다고 외치는 이들의 원성으로 로마가 울릴 지경이었다. 희생자 한 사람은 교황을 죽이려는 시도까지 했다. 한직을 얻을 속셈으로 하드리아노를 찾아온 친척들은, 집으로 돌아가서 정직한 삶을 살라는 말을 들었다.

그는 성직 매매와 친척 등용을 끝장냈다. 그리고 교황청 사람들의 매수되는 성향을 질책하고, 뇌물을 받거나 공금을 횡령할 경우, 무거운 벌을 내리기로 정했다. 죄가 있는 추기경들에게는 가장 하위직 성직자들과 똑같은 방식으로 형벌을 내렸다. 주교와 추기경들에게 관할 구역으로 가서, 자신이 기대하는 도덕성에 관한 글을 읽으라고 명령하며 로마의 나쁜 평판이 유럽의 이야깃거리라고 했다. 악덕을 이유로 직접 추기경을 고발하지는 않았지만, 그들의 궁전에서 벌을 내리지 않고 악덕을 허용했다는 이유로 비난했다. 그들에게 사치를 중단하고 연간 6000두카토(7만 5000달러) 이내의 수입으로 만족하라고 요구했다. 베네치아 대사는 "로마의 성직 계급은 교황이 일주일 안에 이룩한 일을 보고 공포심에 정신을 잃었다"

고 적어 보냈다.

그러나 일주일은 개혁에 충분한 시간이 아니었고, 교황의 13개월이라는 짧은 재임 기간도 충분하지 못했다. 악덕은 한동안 자취를 감추었지만, 여전히 살아남았다. 개혁은 수많은 관리들에게는 지겨운 일이었고, 그래서 어두운 저항이 나타나고, 사람들은 하드리아노가 빨리 죽기만을 바랐다. 교황은 한 사람이 많은 사람을 개선시키기가 얼마나 어려운지를 탄식했다. 그는 자주 이렇게 말했다. "한 인간의 능력이란 얼마나 많이 그 시대에 달려 있는 것인가!" 그는 생각에 잠겨 옛 친구인 헤체에게 이렇게 말하곤 했다. "디트리히, 우리가 루뱅에서 조용히 살았더라면 얼마나 좋았을까!"

겨우 13개월 동안 로마에서 지낸 다음, 하드리아노는 몸과 영혼이 다 무너져 병들어 죽었다.(1523년 9월 14일) 자신의 모든 재산을 가난한 사람들에게 남기고, 조용하고 경비가 들지 않는 장례식을 고집했다. 청교도적인 튜턴 출신 하드리아노가 이교적인 이탈리아 르네상스를 이해하지 못하고, 베드로의 돈을 지불하는 독일과 소비하는 이탈리아 사이에 다리를 만들어내지 못한 것은 유감스러운 일이다.

그러나 로마가 신앙심 깊은 교황을 견디지 못한 것은 범죄이며 어리석은 일이었다.

로마 유린(1527)

하드리아노의 후계자는 클레멘스 7세로 로렌초의 동생 줄리아노의 사생아인 줄리오 데 메디치였다. 줄리아노가 살해당했을 때, 로렌초는 조카 줄리오를 자기 집에 받아들여 아들처럼 키웠다. 그의 아들 중에는 레오도 있었다. 레오는 교황이 되자 사생아에게 성직을 금지한 조항을 줄리오에게는 사면해주었다. 그리고 그를 대주교로, 이어 추기경으로 임명하고, 교황청의 중요한 일을 모두 맡겼다. 줄리오는 키가 크고 잘생기고 부자이며 훌륭한 교육을 받았다. 매너도 좋고 도덕적인 생활을 했으며, 문학·음악·미술의 후원자였다.

로마는 그가 교황에 선출된 것을 보고, 레오 10세의 황금시대가 돌아왔다고 여겨 환호성을 질렀다. 그는 자신이 누렸던 모든 특혜를 추기경들에게 나누어주었다. 학자들과 서기들에게 자리를 주고, 많은 선물을 주어 그들을 후원함으로써 그들의 마음을 사로잡았다. 정의를 정의롭게 다루고, 청중은 자유롭게, 그리고 레오 10세보다는 덜했지만 더욱 지혜로운 너그러움으로 자비를 베풀었다. 그는 모든 사람과 계층에게 공손한 모습을 보여 모두를 매혹시켰다. 이렇게 훌륭하게 출발해서 그렇게 비참한 종말을 맞은 교황은 일찍이 없었다.

터키 사람들이 헝가리를 정복하고, 유럽의 3분의 1이 교회에 반기를 든 가운데, 거의 치명적인 전쟁 상태에 있는 프랑수아 1세와 카를 5세 사이에서 안전한 길을 헤쳐나가기란, 레오 10세에게 힘들었듯이 클레멘스의 능력에도 부치는 일이었다. 세바스티아노 델 피옴보가 그린 교황 재임 초기의 클레멘스의 강력한 초상화는 오해를 불러일으킨다. 그림에 그려진 것처럼, 단호한 결의를 행동으로 보여주지 않았기 때문이다. 그림에서도 피곤한 눈가에 처진 눈

꺼풀에는 어느 정도 허약한 모습이 드러나 있다.

 클레멘스는 우유부단을 정책으로 만들었다. 그는 지나칠 정도로 생각에 잠겼다. 그리고 그것이 행동의 대용품이 될 것이라고 잘못 생각했다. 결단을 내릴 100가지 이유를 보았지만, 또한 그에 반대할 이유도 100가지나 보았다. 마치 교황의 옥좌에 '뷔리당의 당나귀'가 앉아 있는 것만 같았다. (스콜라 철학자인 장 뷔리당이 망설임의 철학을 다음과 같이 설명했다는 사실을 덧붙여야겠다. 철학적인 나귀가 절망적으로 배가 고팠지만, 두 개의 건초 더미가 같은 거리에 떨어져서 놓여 있는 것을 보고 어느 한쪽을 선택할 아무런 이유도 찾아낼 수 없었기에 굶어 죽었다는 것이다.)

 클레멘스의 두 건초 더미는 한편으로는 프랑스 왕인 프랑수아 1세, 다른 한편으로는 스페인 왕 카를로스 1세(1516~1556) 겸 신성 로마 제국 황제이던 카를 5세(1519~1556)였다. 이들 두 군주가 이탈리아의 통제권을 두고 싸우는 동안, 클레멘스는 프랑스 왕과 스페인 왕 사이에서 흔들렸다. 마침내 카를은 밀사들을 보내며 클레멘스의 마음을 얻거나 아니면 그를 해임시키라고 지시했다.

 그사이 위대한 술탄 술레이만이 이끄는 터키군이 부다페스트를 정복하고(1526년 9월 10일), 이어 베오그라드와 알제리를 정복했다. 클레멘스는 유럽이 개신교가 되는 것만이 아니라, 회교도가 될까도 두려웠다. 카를 5세는 스페인에 남아 원격 조종 장치를 통해 등장인물을 움직여, 자신의 대리인들에게 새로운 군대를 소집하라고 명령했다. 그들은 티롤의 용병 대장인 게오르크 폰 프룬츠베르크에게, 독일 용병을 이끌고 이탈리아로 들어가 클레멘스 5세를 몰아낸다면 로마를 약탈할 자유를 주겠다고 약속했다. 프룬츠베르크는 명목상으로는 가톨릭이었지만 루터에 공감하고, 클레멘스 교황이 신성 로마 제국의 수장에 대한 배신자라고 미워했다. 프룬츠베르크는 3만 8000굴덴을 얻어 1만 명의 용병을 모집했다. 그들은 모험과 약탈을 열망하고 있던 터라, 교황의 목을 매다는 일에도 반대하지 않았다. 그는 그들을 이끌고 포 강을 건너 그들에게 롬바르디아 지방을 약탈하는 일을 허락했다.

그사이 또 다른 샤를(카를), 부르봉 공작은 프랑수아 1세에게 반대할 개인적인 이유를 가지고 있어 밀라노에서 군대를 이끌고 와서 피아첸차 근처에서 프룬츠베르크 군대와 합세했다. 이제 대략 2만 2000명으로 엄청나게 커진 군대는 로마를 향해 진군하면서 지나는 길을 멋대로 약탈했다.

클레멘스는 카를 5세도 프랑수아 1세도 자신의 편을 들어주지 않으리라는 사실을 알아채고 6만 두카토를 만들어, 프룬츠베르크와 부르봉 두 사람에게 사자를 보내, 부하들이 교황국에 들어오지 못하게 하라고 설득했으나 그들의 군대는 이런 약속을 지키기를 거부했다. 넉 달 동안 그들은 로마를 약탈하리라는 희망을 품고 온갖 어려움을 견뎌왔다. 그들 대부분은 넝마를 걸치고 신발도 없었으며, 굶주린 상태였고 보수를 받은 사람은 한 명도 없었다. 그들은 6만 두카토의 돈을 받고 물러나기를 거부했다. 그것은 아주 적은 액수여서 모두가 나누면 겨우 몇 푼에 지나지 않으리라는 사실을 잘 알고 있었다. 부르봉이 휴전 조약에 서명할 것을 두려워한 그들은, 그의 천막을 포위하며 "지불하라! 지불하라!" 하고 외쳤다. 그는 다른 곳에 숨었고 그들은 그의 천막을 약탈했다. 프룬츠베르크는 그들을 진정시키려 하였지만, 호소 도중 뇌졸중 발작을 일으켰다. 부르봉이 지휘권을 잡았으나, 로마로 진군한다는 데 동의한 결과였다. 3월 29일 그는 샤를 드 라노이(카를을 대신해 나폴리를 통치하던 총독)와 클레멘스에게 심부름꾼을 보내, 자신은 부하들을 붙잡을 수 없으므로 휴전은 어쩔 수 없이 끝난 일이라고 알렸다.

마침내 로마는 이것이 의도된 약탈이라는 사실을 깨달았다. 성 목요일(4월 9일)에 클레멘스 교황이 산피에트로 광장에 모인 1만명가량의 군중에게 축복하고 있을 때, 가죽 앞치마 한 장만 걸친 광신자 한 사람이 성 베드로의 조각상 위로 기어 올라가 교황에게 소리쳤다. "너 소돔의 사생아야! 네 죄로 인해 로마는 망하게 되었다. 회개하고 뉘우쳐라! 내 말을 믿지 않으면 보름 안에 그 꼴을 볼 것이다." 부활절 전날 밤에 이 사나운 은둔자, 흔히 브란다노라 불리던 바르톨로메오 카로시는 거리를 돌아다니며 소리쳤다. "로마여, 회개하라! 하느님이 소돔과 고모라를 다룬 방식으로 저들이 너희를 다룰 것이다."

부르봉은 액수를 크게 해서 부하들을 만족시키려 한 듯, 클레멘스에게 24만 두카토를 요구했다. 클레멘스는 그렇게 큰 돈을 장만할 수 없다고 대답했다. 그는 이제 4000명의 병사로 2만 명의 굶주린 병사들의 공격에 맞설 참이었다.

5월 6일 부르봉의 부하들은 안개를 이용해, 성벽 아래로 접근해 왔다. 연속 공격을 퍼붓자 그들은 물러났다. 부르봉은 그 자리에서 죽었다. 그러나 공격자들은 반격을 멈출 수가 없었다. 그들에게는 어차피 로마를 정복하거나 아니면 굶어 죽는 수밖에 없었다. 그들은 방어가 허약한 지점을 찾아냈다. 그곳을 뚫고 도시로 몰려 들어갔다. 클레멘스는 대부분의 상주 추기경들과 수백 명의 관리들을 데리고 천사성으로 피신했다.

침입자들은 거리로 몰려가면서 무차별적으로 사람을 죽였다. 산스피리토의 병원과 고아원으로 들어가 거의 모든 환자를 죽였다. 산피에트로 성당과 바티칸 궁전은 샅샅이 약탈당했다. 라파엘로의 그림이 그려진 방에는 말들이 묶였다. 모든 궁전이 방어를 위해 몸값을 냈다. 그러나 잠시 뒤에는 다른 떼거리가 몰려와 또다시 몸값을 치러야만 했다. 돈을 숨겨놓은 곳을 알아내기 위해 부모들 앞에서 아이들을 높은 창문에서 흔들어댔다. 어떤 추기경은 구덩이에 던져져, 몸값을 가져오지 않으면 산 채로 매장될 것이라는 말을 들었다.

사망자 수는 계산할 수가 없었다. 유린은 8일 동안 계속되었다. 클레멘스 교황은 천사성의 탑에서 고문당하듯이 그 모습을 바라보아야 했다. 아직 스페인에 있던 카를은 로마가 무너졌다는 소식을 듣고 기뻐했으나, 유린의 야만성을 듣고 충격을 받았다. 그는 일이 이렇게 과도하게 진행된 것에 대한 책임을 부인하였지만, 그래도 교황의 당황함을 이용했다. 6월 6일 그의 대표들이, 어쩌면 그가 알지 못하는 가운데, 클레멘스에게 수치스러운 평화안에 서명하라고 강요했다. 천사성에 있던 사람들은 교황과 교황을 수행한 열세 명의 추기경을 빼고는 모두 다 떠나도 좋다는 허락을 받았다. 교황청 전체가 물질과 영혼을 가리지 않고, 비극적인 파국에 빠지는 것처럼 보였다. 그것은 클레멘스의 배신과 교황청의 죄악, 교황청 직원들의 탐욕과 부정부패, 그리고 로마의 죄악이 어느 정도는 이런 형벌을 받을 만하다고 느끼는 사람들에게도 유감스러운 일이었다.

에라스무스는 도시의 평온하던 시절이 지나갔음을 탄식했다. "로마는 기독교 신앙의 성소이고, 고귀한 영혼을 양성하는 곳이며 많은 좋은 것들의 거처일 뿐 아니라, 민족들의 어머니이기도 했다. 로마는 얼마나 많은 사람들에게 그들 자신의 나라보다도 더 소중하고 달콤하고 귀한 곳이었던가! …… 실로 이것은 한 도시의 파괴가 아니라, 전 세계의 파괴다."

영국과 프랑스가 동맹을 맺을까 두려워서, 그리고 앞으로 계속해서 교회 수입에서 11만 2000두카토를 받게 된다는 약속에 마음이 누그러져서, 카를 5세는 연금 상태에 있던 교황을 풀어주었다.(1527년 12월 27일) 클레멘스 7세는 하인으로 변장하고 로마를 떠나 오르비에토로 갔다가 그곳에서 다시 비테르보로 갔다. 9개월 동안 비참과 빈곤을 견딘 다음, 그가 로마로 돌아오는 것이 허용되었다. 동맹이 필요해진 카를은 교황과 화평을 맺고, 자신이 그리스도의 겸손한 종임을 선언했다. 그리고 자신의 광대한 국가가 병든 교회의 도움을 필요로 한다는 사실을 인정하고서, 교황의 발에 키스했다. 1530년 2월 22일에서 24일 사이에, 클레멘스는 카를에게 롬바르디아의 쇠로 만든 왕관과 신성 로마 제국의 왕관을 씌워주었다.

클레멘스는 4년 뒤(1534년 9월 25일)에 죽었다. 로마 교회 역사상 가장 비참한 재임 기간을 보낸 뒤였다. 그가 즉위할 때 헨리 8세는 아직 루터에 대항하는 '신앙의 수호자'였다. 그리고 개신교 반란은 아직 중요한 교리의 변화를 제안하지 않았다. 하지만 클레멘스가 죽을 때는 영국, 덴마크, 스웨덴, 독일 절반, 스위스 일부 등이 가톨릭교회에서 떨어져 나갔다. 그리고 이탈리아는 스페인의 지배에 굴복했다. 그것은 좋든 나쁘든, 르네상스를 특징지은 사유와 생각에 치명적인 것이었다. 클레멘스가 즉위할 때 모두가 기뻐한 것처럼 그가 죽었을 때도 거의 모든 사람이 기뻐했다. 로마의 폭도들은 그의 무덤을 거듭 더럽혔다.

그러나 이탈리아의 다른 쪽 끝에서 베네치아는 그 영광이 저물어가는 일몰의 시간에 르네상스에 또 다른 빛나는 삶을 마련해주고 있었다.

Chapter 17

르네상스 3
베네치아의 일몰

베네치아와 그 영토

1378년 베네치아는 가장 밑바닥에 있었다. 아드리아 해에서의 무역은 승승장구하는 제노바 함대에 의해 봉쇄되었고 속국들과의 통신도 적에 의해 막혔다. 시민들은 굶주렸고 정부는 수치스러운 항복을 생각했다.

반세기 뒤에 베네치아는 파도바, 비첸차, 베로나, 브레시아, 베르가모 등의 도시들과 북부 아드리아 해 양안, 그리고 아드리아 해를 넘어 레판토, 파트라스, 코린토스 지역을 통치했다. 많은 해자垓字를 두른 성 안에 안전하게 자리 잡은 베네치아는 본토의 정치적 변화에 완전히 무관한 듯 보였다. 베네치아의 부와 권력은 점점 커져서, 마치 이탈리아의 머리 부분에 자리 잡은 왕관 쓴 여왕처럼 보일 정도였다. 정부의 연간 수입은 1455년에 80만 두카토(2000만 달러)로, 이탈리아의 다른 어떤 나라보다 많아서 스페인 전체의 수입과 맞먹었다. 여행을 많이 한 필리프 드 코미네는 위풍당당한 궁전들과 물길로 이루어진 중심 도로인 대운하(그랑 카날)를 보고 "세상에서 가장 아름다운 도로"라고 말했다.

베네치아의 부유함은 수많은 산업(조선, 철강, 유리, 피혁, 방직, 보석)과 상선에서 오는 것이었다. 상선들은 베네치아와 속국들의 생산품을 그리스, 이집트, 아시아로 실어 나르고, 반대로 그곳으로부터는 비단, 양념, 융단, 약품, 노예 들을 실어왔다. 베네치아의 수출은 연평균 1000만 두카토에 이르렀다. 유럽의 다른 어떤 도시도 이런 무역량을 소화하는 곳은 없었다.

세속적인 방탕함과 신성 모독이 정통 신앙 및 주일의 경건함과 힘을 합쳐 베네치아(와 이탈리아)의 특성을 이루었다. 일요일과 성인 축제일이면 민중은 산마르코 성당에 모여 그곳의 모자이크와 조각상, 성화들과 설교를 통해 1회분의 두려움과 희망을 받아 마셨다. 심지어는 창녀들조차 피곤한 밤을 보낸 다음에는 이곳으로 와서 남자들의 흔적을 씻어내곤 했다. 위대한 대성당은 베네치아 문명이나 베네치아 예술을 상징한다고 보기 어렵다. 이것은 1073년에 현재의 모습대로 지어져 숱한 수리 단계를 거쳤어도, 바깥 장식과 내부의 어둠이 여전히 철저하게 비잔틴 양식을 유지하고 있다. 그곳의 의식, 설교, 모자이크 등은 이탈리아 르네상스의 활달한 즐거움과 근심 없는 신앙보다는 중세의 신화들과 두려움을 보여준다.

이렇게 활짝 펼친 신전과 나란히 자리 잡은 총독의 궁전에서는 고전 양식의 기둥, 로마네스크 양식의 아치, 고딕 양식의 작은 뾰족탑 등이 하나로 합쳐서 세속의 원로원의 화려한 방을 둘러싸고 있거나, 아니면 조심성 없는 적으로부터 지하 감옥을 보호하고 있다. 산마르코 광장이나 대운하가 내려다보이는 자리에는 해마다 궁전들이 건설되었다. 바깥은 검소하지만 내부는 온갖 부와 사치를 다하여 베네치아 예술과 화려함으로 치장된 건축물이었다. 바이런은 이곳에서 술판을 벌였고, 바그너는 여기서 죽었다. 이곳에서는 총독 궁전이나, 열 개가 넘는 수수하거나 당당한 성당들, 혹은 수도사들의 학교 같은 곳에서 젠틸레 벨리니, 조반니 벨리니, 카르파초, 조르조네, 티치아노, 틴토레토, 베로네세 같은 화가들이 어지러울 정도의 찬란한 모습으로 연달아 나타난다. 이렇게 화가들로 이루어진 왕조와는 로마도 겨루기가 어려울 정도다.

베네치아는 적들조차 그 통치 방식에 경탄하고, 심부름꾼을 보내 통치 구조와 기능을 탐구하게 했다. 베네치아는 오래된 가문들의 폐쇄적인 소수 독재 정치로 운영되었다. '황금의 서'에 명부가 올라간 몇몇 가문이었다. 이들은 대의회를 선출하였고, 다시 대의회는 60명의 입법 위원을 선출했다. 이들 60명의 입법 위원들은 행정관인 총독을 선출하고, 총독은 여섯 명의 비밀 고문관과 함께 최고 행정부를 구성하게 된다. 내부나 외부의 음모에 대항하기 위해 대의회는 해마다 공공 안전 위원회인 10인 위원들을 선출했다. 이 10인 위원회는 자신들이 거느리고 있는 첩자와 빠른 처리 속도, 비밀회의와 재판 등을 통해 한동안 통치의 가장 강력한 축을 이루었다.

이 10인 위원회를 두고 많은 전설들이 생겨났다. 대부분 그 비밀과 엄격함을 과장한 것이었다. 어찌 되었든 이것은 번성하는 국가의 안정을 유지하기에 능률적인 구조였다. 그리고 대중의 잦은 변덕에 따르는 (민주주의) 정부 아래서는 아마 유지하기 어려웠을 장기적인 정책을 따를 수가 있었다.

베네치아의 삶은 정신보다는 그 무대가 더 매력적이다. 이 독재국가는 유능했고, 역경에서 대단한 용기를 보여주었다. 그러나 때로는 잔인하였으며 항상 이기적이었다. 이웃 국가들이 그렇듯, 베네치아는 자신을 이탈리아의 일부로 생각한 적이 없었다. 이렇게 분열된 나라에 어떤 정치적 비운이 닥칠 것인지 거의 걱정하지 않았다. 베네치아는 강력한 개성들을 발전시켰다. 자신감 있고, 예리하고, 욕심 많고, 용감하고, 자부심 강한 인물들이었다. 이들은 충분히 세련된 사람들이어서 화가들을 후원했고, 이들 화가들이 그린 초상화를 통해 우리에게 알려진 인물이 100명가량은 된다. 베네치아 문화는 피렌체와 비교하면 섬세함과 깊이가 없다. 밀라노와 로도비코 공작과 비교하면 정교함과 우아함이 없다. 그러나 베네치아 문화는 역사상 알려진 것 중에서 가장 색채가 화려하고, 값비싸고, 감각적으로 매혹하는 문화다.

베네치아 미술

티치아노 이전

감각적인 색채가 베네치아 미술의 핵심이다. 심지어는 건축도 그렇다. 베네치아의 많은 교회와 집, 일부 상업적인 건물들은 정면부에 모자이크나 프레스코화를 보여주고 있다.

산마르코 성당 정면부는 아무렇게나 붙인 장식과 금으로 빛나고 있다. 거의 10년 단위로 여기에 새로운 형식이 덧붙어 이 위대한 교회의 얼굴은 건축, 조각, 모자이크의 기묘한 뒤범벅이 되고 말았다. 이러한 뒤범벅 속에 장식이 전체 구조를 익사시키고 부분은 전체를 잊었다. 이 정면부를 제대로 감상하기 위해서는 173미터 떨어진 산마르코 광장의 다른 편 끝으로 가야 한다. 그래야 비로소 로마네스크 현관, 고딕 뾰족지붕, 고전 양식의 기둥, 르네상스 난간, 비잔틴 둥근 지붕 등이 한데 어우러져 알라딘의 마법 램프가 만들어내는 꿈을 보게 된다.

산마르코 성당과 대운하 사이에는 공화국의 당당한 얼굴인 총독궁전이 서 있다. 현재의 모습은 1309년에서 1443년 사이에 대규모로 재건된 것이다. 남쪽을 향한 정면부는 물을 바라보고 있다. 서쪽의 정면부는 고전 양식으로 된 베키아 도서관을 마주 본다. 이 옛 도서관은 1536년 야코포 산소비노가 건설해 이 광장에 광채를 더하고 있다. 우아한 고딕 상점가와 발코니들, 극히 아름다운 조각을 얹은 기둥머리들로 여러 시간이나 우리 눈과 마음을 사로잡는 건축물이다. 존 러스킨은 이곳의 기둥머리 하나가 유럽에서 가장 훌륭한 것이라고 생각했다. 그 안마당에는 바르톨로메오 부온과 안토니오 리초가 장식용 아치를 세웠다. 거기 이상한 두 조각상은, 자신이 유혹당한 것에 항의하는 듯이 보이는 아담과, 어째서 지식이 죄악으로 여겨야 하는지 이상하게 생각하는 듯 보이는 하와의 모습이다. 이 안마당으로부터 유명한 거인들의 계단이 시작되어

대의회, 최고 행정부, 10인 위원회의 회의실과 관청들로 통한다.

　베네치아 사람들이 그림을 원한 것은 자만심에서 나온 일이었지만, 그래도 여전히 하나의 영광이다. 개인은 자신의 탁월함을 영원히 기리고 싶어 했다. 그래서 티치아노의 많은 걸작들이 나왔다. 정부는 시민들에게 자신의 힘과 권위를 보여주고자 했다. 그 결과, 역사상 가장 훌륭한 벽화들이 나타났다. 교회는 사람들에게 기독교 이야기를 들려주고 싶어 했다. 이야기를 읽어낼 수 있는 것은 겨우 몇 개뿐이지만, 어쨌든 그래서 수없이 많은 성모의 수태를 알림, 그리스도의 탄생, 방문들, 죄 없는 사람들의 학살, 이집트로 도망침, 그리스도의 변모, 최후의 만찬, 십자가 처형, 예수를 무덤에 누임, 부활, 승천, 그리고 순교 등의 그림들이 나왔다. 그리스 사람들도 자신들의 신앙을 영원히 그리는 데 그렇게까지 성공하지는 못했다.

　베네치아 유파를 탄생시키는 데 몇 가지 외부의 자극이 도움이 되었다. 다른 도시에서 온 두 명의 화가가 비잔틴 전통의 어둡고 진지한 얼굴들을 바꾸었다. 그리고 조토가 그린 성인들의 생명 없는 모습을 대체했다. 메시나의 안토넬로는 플랑드르 지방을 여행하면서 당시 아직 이탈리아에서 사용되던 템페라 물감과 비교해 유화 물감으로 그린 그림이 마감이 더 밝고, 더 오래 지속되고, 또 색채의 등급이 더욱 섬세한 것을 보았다. 그는 "여자와 쾌락에 중독되어" 베네치아에 자리를 잡고 유화를 그렸다. 그리고 템페라 화가들에게 영향을 주어 이런 물감의 혁명을 통해 베네치아 미술의 첫 번째 꽃을 피우게 했다.

젠틸레 벨리니와 조반니 벨리니, 두 이복형제가 화려한 색채의 행진을 선도했다. 1474년 정부는 그들에게 대의회실에 있는, 망가지기 시작한 14점의 패널화를 수리하는 일을 맡겼다. 그것은 베네치아 유화의 가장 초기의 성과에 속한다. 기독교 콘스탄티노플을 정복한(1453) 터키의 술탄 모하메드 2세는 그들의 성공에 자극을 받아 베네치아 정부에 유능한 초상화가를 보내달라고 요청했다. 베네치아는 젠틸레 벨리니를 보냈다. 젠틸레는 나이 든 술탄을 에로틱한 그림들로 즐겁게 해주었고, 마침내 많은 승리를 거둔 이 강력한 술탄의 초상화를 그렸다.(1474)

1480년 젠틸레는 베네치아로 돌아왔다. 모하메드는 1년 뒤에 죽었다. 그의 뒤를 이은 술탄은 인간의 모습을 그리는 것을 금지한 회교 율법에 따라, 젠틸레가 터키에서 그린 모든 그림들을 두 점만 빼고는 모조리 흩어지게 해서 잊히게 만들었다. 젠틸레는 죽을 때까지(1507) 위대한 그림들을 제작했다.

한 살 어린 동생 조반니(애칭은 잔)는 그보다 9년 더 오래 살았다. 그리고 자신의 유화로 베네치아 미술의 첫 번째 절정에 도달했다. 그는 색채의 화려함, 선의 우아함과 정확함, 감정의 섬세함, 해석의 깊이 등을 이룩했다. 그는 형이 살아 있을 때 이미 베네치아에서 가장 칭송받고 가장 주문이 많은 화가였다. 교회, 조합들, 개인 후원자들이 지치지 않고 그의 성모 그림과 그리스도 그림들을 원했다. 빛나는 총독 로레다노는 시간을 내서 이 화가의 모델이 되어 베네치아 미술의 가장 훌륭한 초상화 한 점을 남겼다.

벨리니의 노동과 티치아노의 승리 사이에 특별히 매혹시키는 화가 한 사람이 있다. 그는 아직도 성姓으로만 알려진 카스텔프랑코의 조르조네다. 우리는 그의 부모에 대해 알지 못하지만, 그가 열세 살에 베네치아로 가서 잔 벨리니의 수습공이 되었다는 사실을 들으면, 그림의 계열은 알 수 있다. 그는 빠른 속도로 발전해서 많은 주문들을 받았고, 집을 한 채 사서 그곳의 정면부에 벽화를 그리고, 이 집을 음악과 술판으로 넘치게 만들었다. 그는 류트 연주를 기막히게 했고, 캔버스나 벽화에 얼어붙어 앉아 있는 아름다운 여인들보다는 육체를 가진 즐거운 여자들을 더 좋아했다. 여기에 조용한 숲의 모습을 덧붙이면, 바로 그의 첫 번째 걸작〈집시와 병사(폭풍)〉를 보게 된다. 한 젊은 여자가 어깨에 두른 숄을 빼고는 완전히 벌거벗은 채 잔잔히 물결치는 강 언덕에 되는대로 벗어놓은 옷 위에 앉아 아기에게 젖을 먹이고, 그 옆에서는 조용한 젊은이가 이 광경을 즐거운 심정으로 바라보느라, 하늘에서 번쩍이는 번개가 곧 다가올 폭풍을 알리는 것도 모르고 있다.

조르조네의〈잠자는 비너스〉에서는 기독교 주제와 감정에서 이교의 주제와 감정으로 넘어가는 과정이 완성된다. 기독교는 잊히고 오비디우스가 그린 로마의 분위기가 다시 나타난다. 또 다른 작품〈전원 풍경〉(루브르 박물관 소장)에는 부끄러움을 모르는 벌거벗은 두 여인이 그려져 있고, 두 남자는 옷을 입은 채 서두르지 않는 승리감에 부풀어 숲의 매력과 여인의 아름다움이 결합된 이 광경을 즐기고 있다. 그의 가장 훌륭하고 가장 섬세한 그림인〈전원 교향곡〉에서 조르조네는 욕망을 넘어 미적인 감성과 현실의 차원으로 올라간다. 한 수도사가 클라비코드[25] 앞에 앉아 아주 훌륭하게 묘사된 손을 건반에 올려놓고, 얼굴은 오른편에 있는 대담한 성직자를 향하고 있다. 이 사람은 한 손을 수도사의 어깨에 올려놓고 다른 손은 바닥에 놓인 첼로를 붙잡고 있다. 음악은 이미 끝난 것일까, 아니면 아직 시작하지 않은 것일까? 그것은 상관없다. 우리의 마음을 움직이는 것은 이 만남에 나타난 고요한 감정의 깊이다. 수도사의 근육은 아주 섬세하고, 그의 감정은 음악에 의해 고양되어 있다. 모든 악기가 고요해진 뒤에도 오랫동안 음악을 듣는 사람의 모습이다. 이상화되지 않고 심오하게 현실적인 모습을 드러내는 이 얼굴은 르네상스 회화가 이룩한 기적의 하나다.

조르조네는 짧지만 즐거운 삶을 살았다. 그는 많은 여자들을 사랑하고, 깨진 사랑을 치유해서 새로운 사랑을 시작하도록 했던 것 같다. 바사리는 조르조네가 마지막 사랑에서 질병을 얻었다고 보고한다. 우리가 아는 것은 그가 1511년 서른네 살의 나이에 전염병으로 죽었다는 것뿐이다. 그는 세계적으로 유명해질 두 명의 제자를 남겼다. 로마로 간 세바스티아노 델 피옴보와 가장 위대한 베네치아 화가인 티치아노 베첼리오가 그들이다.

티치아노

그는 돌로미테 알프스 지역인 피에베에서 태어났다.(1477) 열 살이 되었을 때 베네치아로 옮겨갔지만, 우뚝 솟은 산들은 인간의 어리석음 위에 떠 있는 초자연적인 실체처럼 언제까지나 그의 기억과

---

25 16세기에서 18세기 초에 유럽에서 널리 쓰였던 장방형 나무 상자 모양의 건반 악기.

풍경 속에 남았다. 그는 벨리니에게서 배웠고, 조르조네 곁에서 일하며 그로부터 많은 영향을 받았다.

마치 시간이 그의 모든 재능을 성숙하게 만드는 것처럼, 그는 느리게 발전했다. 1515년 세 개의 사색적인 그림으로 성숙에 이르렀다. 맨 먼저 〈남자의 세 연령〉이 있다. 큐피드가 그들 모두를 욕망으로 채우는데, 천진하게 벌거벗은 아기 하나가 나무 아래 잠들어 있다. 젊은 커플 한 쌍은 봄날의 사랑에 빠져 있다. 수염이 허연 80대의 노인은 해골을 들고 명상에 잠겨 있다. 두 번째 그림은 〈성스러운 사랑과 세속의 사랑〉이다. 여기서 누드는 아름다운 완전성에 도달했다. 방해받지 않는 아름다움을 향한 오랜 고행 길에서, 티치아노 누드의 완전성은 벌써 루벤스를 보여주는 듯하다. 이 그림에서는 성모에서 베누스에 이르는 르네상스의 움직임이 완전한 모습으로 드러나 있다. 같은 해인 1515년에 티치아노는 수도원 교회를 위해 그의 최고 걸작에 해당하는 〈성모의 승천〉을 그렸다. 지상에서 낙원까지의 모습이 펼쳐진 그림이다. 오늘날에 이르기까지, 이 걸작을 바라보는 일은 감수성 풍부한 방랑자의 생애에서는 잊을 수 없는 하나의 사건에 해당한다. 엄청난 감정을 불러내는 이 그림 앞에 말없이 서 있노라면, 회의주의자도 어쩔 수 없이 자신의 의심을 한탄하고 전설의 힘과 아름다움을 인정하게 된다.

베네치아에서 가장 위대한 이 화가가 좋아한 친구는, 그 시대 가장 입이 더럽고 부도덕하고 수치를 모르는 빛나는 작가이며, 창녀들의 후원자이고, 신성 로마 제국 황제 카를 5세의 친구였던 인물이다. 미천한 구두장이와 알려지지 않은 어머니 사이에서 태어난 그는 고향인 아레초에서 따온 아레티노라는 이름으로 만족했다. 그는 사생아라는 사실에 마음을 쓰지 않았다. 사생아들 사이에서 탁월한 친구를 찾아냈기 때문이다.

그는 빈곤의 온갖 단계를 두루 경험한 뒤, 재치와 펜으로 넉넉한 돈을 벌어들였다. 유명한 사람들은 그의 풍자에 등장하는 일을 면하기 위해 그에게 돈을 지불했다. 수많은 사람들이 그가 펴낸 책을 보면서, 백만장자들이 당황하고 유명한 사람들이 웃음거리가 되는 것을 즐겼다. '왕들의 재앙'인 아레티노는 1521년에 베네치아로 옮겨와서 대운하를 향한 방들을 세내어 창문 아래로 지나가는 쾌락의 행진을 즐겁게 바라보았다. 곤돌라 사공들의 신호와 노 젓는 소리로 이보다 더 시끄러운 곳이 없었다.

이제 그는 귀족처럼 옷을 입고 가난한 사람들에게 돈을 나누어주고, 애인들을 연달아 후원하고, 친구들을 초대해 즐겼다. 티치아노는 아레티노의 친절함을 좋아했고, 돈이 많거나 직함이 높은 귀족들에게 소개를 받아 이익을 챙겼다. 1530년 그는 카를 5세에게 소개되었다.

신성 로마 제국 황제는 이탈리아 지역 대부분을 정복하고 그것을 재정비하느라 바빴다. 그는 초조하게 초상화를 갈망하고 있었지만, 초상화는 1두카토(12.5달러)의 값이 나간다고 여겼다. 만토바 후작인 페데리고가 티치아노에게 조용히 150두카토를 더 주었다. 그리고 황제에게는 그가 지금 "살아 있는 가장 위대한 화가"를 위해 모델을 서고 있다고 알려주었다. 1532년에는 황제도 이 사실을 받아들이고, 다음 16년 동안 티치아노를 위해 너무 자주 모델이 되는 바람에, 화가는 자유가 그리울 지경이었다.

교황의 초상화를 그리기 위해 떠났던 일이 그에겐 어느 정도 구원이 되었을 것 같다. 바오로 3세도 '황제'에 해당하는 사람이었다. 강한 성격과 섬세한 힘을 가진 남자로, 두 세대의 기록을 지닌 얼굴이다. 의사소통이 불가능한 황제 곁에서보다 여기서 티치아노에게 더 나은 기회가 주어졌다. 1543년 바오로 3세는 볼로냐에서 티치아노 초상화법의 솔직한 사실주의를 보았다. 지쳤지만 굴하지 않는 일흔다섯 살 된 남자의 모습이다. 교황의 의상을 입고 긴 머리와 커다란 수염이 한때 강력했던 윤곽을 감싸고, 직위를 알려주는 인장 반지가 귀족적인 손 위에 뚜렷한 모습을 드러낸다. 이 초상화와 라파엘로가 그린 율리오 2세의 초상화는 서로 경쟁하며 이탈리아 르네상스의 가장 훌륭하고 깊이 있는 초상화를 보여준다.

1552년 티치아노는 여행을 마치고 베네치아로 돌아왔다. 그는 너무 바빠서 죽을 시간도 없었지만, 이제 일흔다섯의 나이로 어쩌면 죽음의 필연성과, 그리스 신들로부터 젊은 날의 신앙으로 돌아오라는 부름을 느꼈던 것 같다. 기독교 이야기를 담은 작품들을 연속적으로 내놓았지만, 아직 남아 있는 활동성을 통해 거듭 이교의 주제로 돌아가서 이따금 디아나 여신과 아프로디테 여신이 그의 붓끝에서 나왔다.

티치아노는 이제 이런 신화의 누드화보다 더 위대하고 깊이 있는 초상화들을 그렸다. 아레티노의 초상화는 놀라운 것이다. 충실한 친구가 매혹적인 악당의 모습을 불러내서 그린 것이다. 여든아홉 살 때의 모습을 그린 자화상도 또한 비슷하게 성격을 드러내 보여주는 그림이다. 세월의 흐름에 씻겨 주름진 얼굴, 푸른 눈은 약간 어두운 모습으로 죽음을 바라보는 듯하지만, 손은 여전히 붓을 쥐고 있다. 예술의 정열은 아직도 소진되지 않은 것이다.

그는 1576년 아흔아홉 살의 나이로 죽었다. 그의 뒤로도 거장들이 더 나왔다. 틴토레토와 베로네세 같은 사람들인데, 그들은 정부 청사의 방들을 아름답게 단장했다. 그들을 긴 작업에 그대로 남겨 두기로 하자. 지중해의 한쪽 끝은 터키인들이 지배하고, 다른 쪽 끝은 아메리카의 황금을 찾는 유럽에 의해 버림받으면서 베네치아 경제가 파탄에 이른 뒤에도, 베네치아 예술과 문학은 베네치아의 위대함을 노래했다.

무역이나 전쟁의 흥망성쇠도 이 위대한 한 세기(1480~1580)의 자랑스러운 기억을 없애지는 못했다. 이 기간 동안 모체니고 집안, 프리울리 집안, 로레단 집안 등이 베네치아 왕조를 만들고 보호했으며, 롬바르디와 레오파르디는 베네치아를 조각으로 장식했다. 산소비노와 팔라디오는 교회와 궁전들을 지어 물 위에 영광의 관을 씌워주었고, 벨리니와 조르조네와 티치아노와 틴토레토와 베로네세는 베네치아를 이탈리아의 주도적 예술 도시로 끌어올리고, 알두스 마누티우스는 탁월한 인쇄와 형태로 책에 관심 있는 온 세상에 그리스와 로마의 문학적 유산을 전파했다. 메피스토펠레스의 재앙과도 같은 불굴의 왕자들이 대운하 위에 자리를 잡고 앉아 인류를 재판하고, 그 젖을 짜낸 시기였다.

이탈리아의 잔영

틴토레토와 베로네세, 그리고 총독 궁전의 방들을 아름답게 단장한 다른 화가들을 우리는 공평하게 대우하지 않았다. 코레조, 첼리니 그리고 이탈리아를 '세계의 빛'으로 만든 다른 헌신적인 영혼들에 대해서도 마찬가지다. 또한 미켈란젤로의 마지막 10년 동안의 작업도 그냥 지나쳤다. 그는 죽은 메디치 집안 사람들을 위해 불멸의 조각품을 만들고, 산피에트로 성당에 둥근 지붕을 씌워주어, 회의주의 시대인 오늘날에도 이 지붕은 여전히 서구 문명의 중심이며 정상을 이루고 있다.

우리는 미켈란젤로에게 찬사를 바친다. 길고 고통스러운 생애 동안 그는 계속 창작하며, 미술의 모든 주요 영역에 걸쳐 걸작을 만들어냈기 때문이다. 이 작품들이 이른바 살과 피를 찢고 나온 것임을 우리는 안다. 그의 정신과 마음에서 터져나온 것들로, 한 가지를 완성한 다음이면 그는 출산의 고통으로 약해진 시간을 견디곤 했다. 그것들이 수십만 번의 망치질과 끌과 연필과 붓을 움직여 형태를 얻은 것임을 우리는 안다. 그것들은 불멸의 주민처럼 하나씩 아름다움이나 중요성의 지속적인 형태들 가운데서 제자리를 차지했다.

우리는 신이 무엇인지 알지 못한다. 또한 악과 선, 고통과 사랑스러움, 파괴와 숭고함을 뒤섞은 듯 보이는 우주를 이해하지도 못한다. 그러나 아기를 달래는 어머니의 모습을 보거나, 혼돈에 질서를, 사물에 의미를, 형태나 생각에 고귀함을 부여하는 지적인 의지를 보면, 우리는 세계의 이해할 수 없는 정신을 구성하고 있는 삶과 법칙에 아주 가까이 다가간 듯한 느낌을 얻는다.

Chapter 18

종교 개혁 1
위클리프와 에라스무스

전주곡(30~1307)

로마 가톨릭교회는 역사상 가장 특기할 만한 조직 가운데 하나다. 그 기원, 목적, 방법, 흥망성쇠, 잘못, 업적 등을 객관적으로 연구하면 다른 어떤 주제나 제도의 연구보다 인간의 본성과 가능성에 대해 많은 빛을 던져줄 것이다.

로마 시대 질서가 망가지고 위태로워진 국가를 위해 로마의 이교 신앙은 인간과 파당들의 천성적인 이기주의를 통제하는 도덕적 후원을 하지 못하게 되었다. 엄격하지만 아직은 관대한 신과, 구원하고 영감을 주는 신의 아들을 향한 새로운 기독교 신앙은 처음에는 소수의 사람에게, 그러다가 점점 많은 사람들에게 신앙이 되었다. 그것은 인간의 경탄과 두려움을 만들어내기도 하고 진정시키기도 했다. 이 새로운 신앙은 차츰 도덕률과 사회 질서를 발전시켜 새로운 문명을 가능하게 만들었다.

로마 병사의 남성적인 라틴 문화는 한결 부드러워져 찬송가와 기사도에 어울리게 되었다. 문학은 수많은 형식들을 기뻐하고 또한 실험했다. 미술은 고전적으로 이어지는 기둥과 둥근 천장의 고요한 고귀함에 덧붙여, 고딕 장식과 뾰족탑의 즐거움과 환희를 만들어냈다. 로마 가톨릭교회는 이러한 수용과 헌신을 통해 이제는 남자와 국가의 자연적인 이기심을 언어의 힘으로 통제할 수 있는 경지에 이르렀다.

1300년경 이 장엄한 구조(교회)는 인간의 천성으로 인해 이미 붕괴되어 있었다. 교회의 일부 책임자들은 인간적이고 부패하고 엇나가고 억압적이고 강요하는 속성을 드러냈다. 왕들 중에서 사회 질서와 발전하는 경제로 강해진 일부 왕들은 세속의 권력을 향한 교황의 요구를 거절하고, 백성의 세금이 이방의 권력자에게 넘어가는 것을 탄식했다.

1303년, 프랑스의 필리프 4세는 프랑스에서 가톨릭교회의 부와 활동을 놓고, 교황 보니파시오 8세의 권위에 도전해 성공을 거두었다. 그는 교황을 3일 동안 중부 이탈리아 아나니에 감금했다. 교황은 얼마 지나지 않아 죽었다. 1305년 필리프 왕은 프랑스인이 교황에 선출되도록 했다. 바로 클레멘스 5세였다. 1309년 그는 교황을 설득해 교황청을 로마에서 론 강변에 있는 아비뇽으로 옮기게 했다. 1377년까지 교황청은 그곳에서 프랑스 왕의 봉건 신하로 전락했다. 그리고 국민의 세금이 외국으로 나가는 것을 탄식하고 있던 다른 통치자들도 그렇게 간주했다.

아비뇽의 교황들은 자신들이 봉건 신하임을 천명이라도 하려는 듯, 총 134명의 추기경 직위에 프랑스인을 113명이나 임명했다.

신성 로마 제국의 황제 선출 제후(선제후)들은 제국의 왕이나 황제 선출에 교황이 관여하는 것을 거부했다. 심지어 일부 독일 도시들에서 교황의 사절은 잡혀서 감옥에 갇히고, 팔다리가 잘리거나 교수형을 당했다. 1372년에 본, 쾰른, 마인츠의 성직자들은 단합해서 교황에게 바치는 10분의 1세를 내지 않기로 했다.

 이탈리아에서 교황청의 주요 도시들, 특히 페라라, 볼로냐, 라벤나, 리미니, 우르비노 등은 용병 대장들에게 점령되었고, 그들은 멀리 있는 교황에게 형식적으로 복종할 뿐, 수입은 내놓지 않았다. 잉글랜드 정부는 100년 전쟁 동안 아비뇽의 교황들이 프랑스 왕에게 돈을 빌려준 것 때문에 분노했다. 이렇게 사방에서 괴롭힘을 당하자, 아비뇽의 교황들은 안락과 쾌락이 버릇이 된 추기경과 총신들의 요구 및 경비를 감당하는 것이 불가능해졌다. 스페인의 고위 성직자 알바로 펠라요는 이렇게 적었다. "늑대들이 교회를 통치하면서, 기독교 양 떼의 피를 먹으며 살고 있다." 1311년 망드(프랑스 남부)의 주교인 윌리엄 뒤랑은 빈 공의회에서 이렇게 말했다.

 로마 교회가 나쁜 예들을 떨쳐버림으로써 새로 시작하게 된다면 교회 전체가 개혁될 것이다. …… 이런 나쁜 예들을 놓고 사람들은 분개하고, 민중은 그것에 전염되었다. …… 모든 나라에서…… 로마 교회는 나쁜 명성을 얻고 있다. 외국에서는 모두들, 교회의 품 안에서 가장 위대한 사람부터 가장 낮은 신분의 사람에 이르기까지 모두가 탐욕에만 마음을 두고 있다며 떠들어대고 있다. …… 모든 기독교도가 해로운 탐욕의 예를 본받고 있음은 명백한 일이며, 또한 악명 높은 일이기도 하다. 성직 계급이 왕자들과 왕들보다 더 화려한 연회를 베풀기 때문이다.

잉글랜드의 왕과 의회는 루터와 헨리 8세보다 거의 2세기나 앞서서 한 사제가 가톨릭교회의 신학과 정치적 요구를 공격하는 것을 보고 모두들 미소 지었다.

존 위클리프

존 위클리프는 1320년 요크셔 근처, 자기와 같은 이름의 마을에서 태어났다. 그는 옥스퍼드에서 신학을 공부하고 사제가 되었다. 1년 동안 베일리얼 칼리지에서 선생 노릇을 했고, 여러 교황들 밑에서 다양한 성직록聖職祿을 받았다. 여러 권의 책들을 냈는데, 품위 없는 라틴어로 매정한 예정설을 분명치 않게 설명하면서 오랫동안 옹호했다. 기독교의 일반적인 동의에 따르면, 신은 전지전능하다. 아무리 '자유로워도', 과거·현재·미래에 하느님이 알지 못하는 어떤 행위도, 사건도, 사색도, 의지도 있을 수 없다. 따라서 죽기 전에 하느님과 화해하지 못하고 또한 용서를 얻지 못한 수많은 죄인들은, 전지전능하신 분에 의해 태어나기 전부터 영원히 계속되는 지옥에 떨어지도록 저주를 받은 것이다. 선행을 통해 구원을 얻을 수는 없다. 그러나 선행을 한다는 것은, 그 일을 하는 사람이 신의 은총을 얻었으며 선택받은 사람임을 보여주는 일이다. 영원한 지복을 누리도록 선택받은 사람인 것이다.

신약 성서에 사도들의 사상으로 묘사되고 있는 공산주의 및 성령의 감화 사상으로부터 위클리프는, 사도 후계자들과 서품받은 사람(성직자)들은 재산을 가져선 안 된다는 결론에 도달했다. 교회와 성직 계층에 가장 필요한 개혁은 세속의 재물을 완전히 포기하는 일이라는 주장이었다. 의회는 이 주장을 환영하며 교황청에 조공을 바치지 않겠다고 거부했다. 그리고 위클리프에게 이런 거부에 대한 옹호를 위임했다. 건트의 존은 영국 정부가 영국 안에 있는 교회 재산을 몰수해야 한다고 제안했다. 그는 위클리프에게 설교를 통해 이 계획을 방어해줄 것을 요청했다. 위클리프는 존의 무장 수행원의 보호를 받았다. 성직자 계층은 감히 항변하지 못했다.

교황 그레고리오 11세는 위클리프의 저술에서 찾아낸 18개 조항의 제안을 비난하는 교서를 내놓았다. 만일 이 생각들을 철회하지 않으면, 주교들이 그를 체포해 쇠사슬에 묶어 가두라는 내용이었다. 그러나 1307년 10월에 소집된 의회는 교권에 강력하게 반대하는 입장이어서, 왕의 고문관들은 위클리프에게 다음의 질문에 대한 입장을 밝혀달라고 요청했다. "영국은 (침입을 물리쳐야 할 필요성이 절실할 경우에) 교황이 비난을 통해, 또한 교황에 대한 복종의 의무를 언급하면서 요구하는 경우라도, 국가의 재산이 외국으로 나가는 것을 합법적으로 막을 수 있는가?" 이 질문에 대해 위클리프는 이렇게 답변했다. "교황은 구호금 방식을 제외하고는, 국가의 재산을 요구할 권한이 없다." 영국 교회가 그것의 일부이고 또한 당연히 거기 복종해야 하는 가톨릭교회에 맞서, 위클리프는 영국 교회의 독립을 권고했다. "성서의 말씀의 의미로 보아 영국은 한

몸을 이루어야 하며, 성직자·귀족·평민 계층은 그 몸의 지체들이다." 헨리 8세의 선언을 1377년에 미리 앞당겨 내놓은 이런 생각은 지나치게 대담한 것이어서, 왕의 고문관들은 위클리프에게 이 문제에 대해 앞으로는 더 이상 언급하지 말라고 명령하였다

그런데도 1378년 3월 위클리프는 램버스에서 열린 주교 회의[26]에 출두해 자기 의견을 옹호했다. 리처드 2세 왕의 어머니는 대주교에게, 위클리프에 대한 이단 판정을 면제해줄 것을 요청하는 편지를 보냈다. 재판이 진행되는 도중에 거리의 민중이 힘으로 밀고 몰려들어와, 영국 국민은 영국에서 어떤 형태의 종교 재판이 벌어지는 것도 참을 수 없다고 선언하자 주교들은 판결을 연기하였고, 위클리프는 승리를 거두고 집으로 돌아갔다.

그는 이제 책과 소책자에서 자신의 이단 사상을 전파해서, 자신에 대한 탄핵 이유를 두 곱으로 만들었다. 그는 일부 수도원이 "도둑의 소굴이며, 뱀들의 둥지이고, 살아 있는 악마의 집"이라고 서술했다. "고위 성직자들은 대사면이나 은총이라는 핑계를 꾸며내 사람들을 기만하고 그들의 돈을 강탈한다. …… 이런 사면이나 면죄부를 그렇게 비싼 값으로 사는 사람들은 큰 바보들이다." 교황이 연옥에서 영혼을 구해낼 힘이 있다면, 어째서 그 영혼들을 당장 풀어주지 않는가? 위클리프는 단호히 말한다. "많은 사제들이 유부녀, 처녀, 과부, 수녀 들을 욕보인다." 고위 성직자들이 사냥하고, 강탈하고, 노름하고, 가짜 기적을 만들어냈다고 폭로했다. 그들은

---

26 지방 공의회. 종교 재판을 겸할 수 있다.

남에게 보이기 위해 기도하고, 성사를 베풀 때마다 사례금을 챙긴다. 금은의 마구馬具로 치장한 뚱뚱한 말을 타고 다닌다. "그들은 강도이며…… 약아빠진 여우이고…… 강탈하는 늑대이며…… 대식가이고…… 악마이며…… 원숭이다." 여기서는 충심에서 우러나는 루터의 욕설이 예고되고 있다. 위클리프는 교황이야말로 사도 요한이 예고한 반反그리스도이고, 그리스도의 재림을 알리는 묵시록의 짐승이라고 했다.

이런 약점을 고칠 방안으로는 모든 재물과 권리를 교회로부터 빼앗고, 사제들에게는 사도의 빈곤 속에 살라고 제안했다. 수도사들은 자신들의 규칙을 완전히 준수해야 한다. 성직 계급이 재물 내놓기를 거부하면, 국가가 모든 교회 재산을 몰수해야 한다. "성직자는 그리스도가 명령한 청빈을 준수해야 한다." 왕들은 이 모든 것을 명령할 수 있으며, 복종을 강요할 수 있다. 그들은 자신들의 지배권과 권위의 원천인 하느님 앞에서만 책임이 있다. 사제들은 왕에게서 서품을 받아야 한다.

영국 정부의 많은 명사들이 위클리프의 고발에 분노했다. 일부 지지자들도 놀랐다. 그는 1381년 5월 10일 '고백'에서 자신의 생각을 재확인했다. 한 달 뒤 영국에서 사회 혁명이 일어나자, 재산 소유자들은 겁을 먹었다. 이제 위클리프는 의회의 후원을 대부분 잃어버렸다. 이 폭동에서 가까스로 폐위를 모면한 리처드 2세는 옥스퍼드 대학교에 위클리프와 그 추종자들을 몰아내라고 명령했다. 그는 물러나서 폭도들과 연락을 끊고, 루터워스로 갔다. 그곳에서 교회에 반대하는 팸플릿을 계속 썼다. 그리고 '가난한 설교사 사제들'(뒷날 '롤라드'로 불림)이라는 단체를 조직하고 학자들을 모아서, 성 히에로니무스가 번역한 라틴어 성서(불가타)를 영어로 번역했다. 신약 성서는 그 자신이 번역한 것으로 보인다. 이 공동 번역 성서는 영어 산문의 모범이 되는 문서는 아니지만, 영어의 역사에 생기를 불어넣은 사건이었다.

1384년 교황 우르바노 6세는 위클리프에게 로마에 출두하라는 소환령을 내렸다. 1384년 12월 28일, 그보다 더 힘센 소환령이 그를 불렀다. 위클리프가 미사에 참여하고 있을 때 중풍 발작이 일어난 것이다. 그는 사흘 뒤에 죽었다. 루터워스에 매장되었으나 뒷날 콘스탄츠 공의회(1415년 5월 4일)의 교령에 의해 그의 뼈들을 다시 파내 근처의 강물에 던졌다.

교황 분열(1378~1417)

영국과 마찬가지로 독일과 이탈리아도 아비뇽 교황청을 무시했다. 1372년 쾰른 대수도원장은 "사도의 직분이 너무나 모욕을 받아, 가톨릭 신앙이 이 부분에서 심히 위태롭다"고 썼다. 1362년 교황 우르바노 5세는 반항적인 비스콘티를 파문하라고 두 사람의 사절을 밀라노로 보냈다. 그러자 베르나보 비스콘티는 그들에게 강제로 교령教令을 먹였다. 양피지 문서와 비단 끈과 납으로 만든 인장이었다.(1362) 1376년 교황 그레고리오 11세와 싸움 중이던 피렌체는 종교 재판 건물을 파괴했다. 그리고 저항하는 사제들을 감옥에 가두거나 목을 매달고, 이탈리아 사람들에게 세속의 일에 대한 교회의 권한을 끝내자고 호소했다. 아비뇽의 교황들은 프랑스 왕에게 충성을 바치느라 유럽의 민심을 잃었다. 1377년 그레고리오 11세는 교황청을 로마로 복귀시켰다.

그러나 아비뇽에 경쟁적인 교황이 다시 나타났고, '교황 분열'로 로마 가톨릭 유럽이 둘로 갈라졌다. 이 사건은 39년 동안 계속되었으며, 한꺼번에 세 명의 교황이 나타나 보편 종교(가톨릭)의 권위와 교황의 모든 수입을 요구하는 일도 있었다. 그 결과 재정적인 노력은 3중고가 되었고, 그들의 끈질김과 방책들은 기독교 세계를 분노하게 만들었다. 1430년 로마에 머물던 독일 사절이 고국의 왕에게 보낸 메시지를 한 번 더 살펴보자.

    탐욕이 로마 교황궁을 지배하면서 매일 새로운 장치들을 찾아냅니다. …… 독일에서 돈을 갈취하기 위한 장치들입니다. …… 그래서 많은 울부짖음과 불만이 있습니다. 교황청과 관련된 많은 의문들이 일어날 것입니다. 아니면 이탈리아 사람들에 의한 이렇듯 난폭한 강제 징수를 면하기 위해, 복종의 계율이 전면적으로 거부될 것입니다. 이 마지막 노선은 많은 국가들에 의해 수용될 것입니다.

이렇게 만들어진 기금들이 교회의 적절한 관리비로 쓰였다면, 로마로 흘러드는 교회의 재정적 물줄기는 그런대로 참을 만한 것이었을지도 모른다. 그러나 북유럽이 보기에 사치스러운 생활에 너무 많은 돈이 쓰였다. 교황 비오 2세가 1463년에 추기경들에게 하소연한 말을 인용해보자.

사람들은 우리가 쾌락과 부를 쌓기 위해 살면서, 거만하게 행동하고 살찐 노새와 잘생긴 승용마를 탄다고들 말합니다. …… 사냥을 위해 사냥개를 기르고, 배우들과 식객들을 위해 많은 돈을 쓰지만, 신앙을 지키기 위해서는 아무 일도 안 한다고 말합니다. 이 말에는 일말의 진실이 있습니다. 추기경과 우리 궁정의 다른 관리들 중에는 이런 식으로 생활하는 사람들이 있으니까요. 진실을 고백하자면, 우리 궁정의 사치와 화려함은 도가 지나칩니다. 이것이 우리가 사람들의 미움을 받고, 우리가 하는 말이 올바르고 정당한 것일 경우에도, 그들이 귀를 기울이려 하지 않는 이유입니다.

가톨릭 역사가인 루드비히 폰 파스토르는 사태를 지나치게 어둡게 묘사한 것일지도 모른다.

깊이 뿌리박힌 부정부패가 교황청의 모든 관리들을 사로잡았다. …… 헤아릴 수 없이 많은 선물과 강제 징수는 정도를 넘었다. 게다가 모든 면에서 정직하지 못한 방식으로 행동이 조종되었고 서류가 위조되기도 했다. 기독교 전 지역에서 교황청의 부정부패와 재정적 강탈에 대해 극히 불만이 많은 것도 이상한 일이 아니다.

그리고 이 역사가는 자신의 판결을 전 지역으로 무차별적으로 확장시켰다.

최고위층 성직자들이 그 같은 상태에 있으니 평범한 성직자와 교구 성직자들 사이에 온갖 종류의 악덕과 불법이 점점 늘어나는 것도 놀라운 일이 아니다. 지상의 소금은 그 맛을 잃어버렸다. …… 성직 계층의 부패가 다른 곳보다 로마에서 더 심할 것이라고 생각한다면 잘못이다. 이탈리아 반도 거의 모든 마을에서 성직자의 부도덕성에 대한 명백한 문헌들이 있다. …… 현대의 작가들이, 성직자의 영향력은 사라졌으며 많은 곳에서는 이들에 대한 존경심을 찾아보기 어렵다고, 슬픈 증언을 하는 것도 놀라운 일이 아니다. 그들의 부도덕함이 하도 심해서 성직자를 위해 결혼을 허락하자는 제안들이 다시 나올 정도이다.

이 고발에서 두 가지는 조정해야 할 것 같다. 교구 성직자는 거의 모든 지역에서 사랑과 존경을 받았다. 교구의 일이 너무 바빠 죄를 지을 시간이 별로 없었다. 그리고 교구 성직자와 수도원 수사들이 모두 은밀한, 혹은 공개적인 성적(性的) 모험을 한다고 고발당하고 있지만, 이것은 부분적으로는 성직자의 결혼을 금지한 1074년의 고루한 교회법에 대한 반발이었다. 그리스와 러시아 정교회는 결혼을 허용했다. 로마 가톨릭 성직 계층도 동일한 권리를 갈망하였지만, 거절당하자 어느 정도 이런 내연 관계를 갖게 된 것이다. 앙제의 아르두앵 주교는 1428년, 자기 교구의 성직자들이 내연 관계를 죄악으로 여기지 않고 그런 일을 숨기려는 노력조차 하지 않는다고 보고하고 있다.

기독교의 역사에서 이렇듯 마리아 막달레나가 성모에게 거듭 승리를 거두는 것과, 또 다른 일련의 발전들은, 중세 기독교가 유연한 그리스도의 모습 위에 견고하게 구축한 도덕적·독단적 구조를 안에서부터 무너뜨리고 있었다. 교육과 배움의 확장, 고전 문화의 발굴, 차츰 커지는 대학의 독립과 세속화, 십자군 전쟁에서 회교도가 승리함으로써 기독교 내부의 회의주의에 토대가 마련된 점, 스콜라 철학자들에 의해 모르는 사이에 이성이 풀려난 것, 둔스 스코투스와 오컴의 윌리엄의 대담한 회의론, 모든 계층에서 일어난 육체의 해방, 경건하던 농경 사회가 도시 노동자와 여행을 많이 한 상인들과 현실적이고 이해타산이 빠른 금융업자들의 종교적 무관심으로 이행되었다는 점, 왕과 국가의 부가 늘어나고 군대가 강해졌다는 사실, 추기경과 수도사들의 세속적 욕망, 교황청의 분열……. 이런 것들이 또 다른 발전들과 어우러져 한때 당당하던 가톨릭, 곧 '보편' 교회라는 당당한 건축물을 붕괴시키려 위협하고 있었다.

 1381년 파리 대학교에서 가르치던 독일 신학자 하인리히 폰 랑겐슈타인은 〈평화의 조정〉이라는 논문에서 경쟁 관계에 있는 교황들 말고 또 다른 힘만이 현재의 위기에서 교회를 구원할 수 있으며, 어찌할 바 모르는 기독교에 도덕 질서를 회복시킬 수 있을 것이라고 주장했다. 1411년 헝가리 왕이자 신성 로마 제국의 황제인 지기스문트는 교황임을 자처하는 세 사람 중 하나인 요한 23세에게, 독일 남서부에 있는 콘스탄츠에서 세계 공의회를 소집하라고 강요했다. 1414년 11월 기독교 역사상 가장 긴 공의회가 시작되었다. 총 대주교(교황) 3명, 대주교 29명, 주교 150명, 대학교 대표 14명, 왕과 제후 26명, 귀족 140명, 성직자 4000명 등이었다. 1415년

4월 6일, 공의회는 결의문을 발표했다. 어떤 역사가는 이를 가리켜 "세계 역사상 가장 혁명적인 공식 문서"라고 불렀다.

> 콘스탄츠의 주교 회의(공의회)는 세계 공의회이며, 하느님의 영광을 위해 성령의 뜻 안에서 현재의 분열을 끝내기 위해 모였다. 하느님의 교회는 그 머리와 지체의 통합과 개혁을 위해서…… 다음과 같이 법령으로 정하여 선포하는 바다. 첫째, 이 주교 회의는…… 전투의 교회[27]를 대표하는 것으로, 그리스도에게서 직접 그 권위를 받았다. 교황을 포함하여 직위와 품계를 막론하고 누구나, 신앙과 분열의 종결 및 교회의 머리와 지체의 일반적인 개혁에 속하는 문제들을 놓고, 이 공의회의 결정에 따라야 함을 선포한다. 마찬가지로 공의회는 교황을 포함하여 직위와 품계, 조건, 신분을 막론하고 누가 되었든, 이 공의회와 교회 분열의 종결을 위하여, 혹은 교회의 개혁을 위하여 적법하게 소집된 다른 어떤 공의회의 명령, 법령, 칙령에 복종을 거부할 경우에는 적절한 형벌에 회부될 것임을 선포한다. …… 아니면 필요할 경우 다른 정의의 수단에 회부될 것이다.

1415년 7월 6일 공의회는 죽은 위클리프의 문서들이 이단이라 판정하고, 얀 후스의 사형을 결정했다. 1416년 5월 30일에는 프라하의 제롬의 사형을 결정했다. 1417년 11월 17일, 공의회는 오도네 콜론나를 교황으로 선출했다. 그는 마르티노 5세라는 교황명으

---

27 현세에서 악과 싸우고 있는 지상의 교회.

로 교황 분열을 끝냈다. 1418년 4월 22일에 공의회는 해산을 선언했다.

얀 후스

종교 개혁의 두 번째 서곡은 보헤미아에서 울려 퍼졌다. 5세기 무렵 슬라브 사람들이 정착한 이 낭만적인 지역은 12세기에 신성 로마 제국의 한 부분이 되었고, 14세기 카를 1세(1342년에서 1378년까지 재위)의 치하에서 전성기를 맞이했다. 이 왕은 프라하를 유럽에서 가장 아름다운 도시의 하나로 만들었다. 그의 재위 27년째 되던 1369년, 얀 후스가 후시네츠 마을에서 태어났다. 이 마을의 첫 음절이 그의 성으로 불리게 되었다.

1390년 그는 가난한 학생 신분으로 프라하에 와서 교회에서 일하며 사제 공부를 했다. 파리 대학생이라면 '보헤미안' 방식이라고 부를 만한 대열에 들어선 것이다. 1401년에 그는 사제 직분을 얻으면서, 거의 폐쇄적인 엄격함으로 생활 방식을 바꾸었다. '베들레헴 교회'의 사제로 출발한 그는 프라하에서 가장 유명한 설교자가 되었다.

위클리프의 저술 일부가 그의 손에 들어오면서 그의 운명은 낙인이 찍혔다. 그는 저자의 이단 사상에 매료당해 이렇게 말했다. "내 생각에 위클리프는 구원받을 것이다. 그러나 그가 저주를 받았다면, 내 영혼이 그와 함께 있기를 원한다." 프라하의 교회 지도부는 위클리프의 가르침을 대학에서 추방해야 한다고 제안했다. 그래도 후스는 이 가르침을 계속 지지했다. 1409년 대주교인 즈비네크는 그와 몇몇 동료들을 파문했다. 후스는 교황 요한 23세에게 상소하였고, 교황은 그에게 교황청 법정에 출두하라고 소환령을 내렸다. 후스는 거부했다. 교황이 나폴리 왕에 대항하여 십자군 전쟁을 벌이기 위해, 형벌 면제 칙령(면죄부)을 팔도록 프라하로 사람을 보내자, 후스와 그의 수제자인 프라하의 제롬은 교회가 기독교도의 피를 흘릴 돈을 모으는 것에 반대하는 설교를 했다. 후스는 조심성을 경멸하면서 교황을 가리켜 돈을 끌어모으는 사람, 반그리스도라고 불렀다. 교황은 그를 파문하고, 어떤 마을도 그에게 은신처를 내주지 말라고 명령하여 후스는 2년 동안 시골에 은둔했다.

이 기간 동안 그는 주요 저작들을 썼다. 일부는 라틴어로, 일부는 체코어로 썼으며, 위클리프의 이단 사상을 거의 모조리 받아들였다. 성상聖像의 숭배, 고해 성사, 교황의 오류 없음 등을 거부하고, 위클리프에 뒤이어 예정설을 받아들였다. 그는 요한 8세라는 가상의 교황이, 계획에 없는 아이를 낳음으로써 여성임이 밝혀졌다는 전설을 받아들였다.

1414년 헝가리의 왕이자 신성 로마 제국의 황제인 지기스문트는 밀려오는 터키의 회교도에 맞서, 자신의 왕국에 통합과 활력을 만들어내기를 원했다. 그는 후스에게 콘스탄츠 공의회에 참석해 교회와 화해하라고 충고하면서 황제의 이름으로 후스에게 콘스탄츠로 가는 안전 통행증을 주었다. 그리고 공의회에서의 발언권을 약속하고, 보헤미아로 안전하게 귀환할 것을 보증해주었다. 후스는 체코의 귀족과 친구들의 호위를 받으며 10월에 출발했다.

그는 콘스탄츠에서 교회와 공의회 측에 의해 조심스러운 대우를 받으며, 자유롭게 지냈다. 그러나 정통파 보헤미아 사람들이 공의회에서 후스의 이단적인 문서를 낭독하자, 공의회는 그를 소환해 심문했다. 이어 그의 답변에 놀란 공의회는 그를 감옥에 가두었다. 그는 병이 들어 한동안 사경을 헤맸다. 요한 23세 교황은 교황의 주치의를 보내, 그를 치료하도록 했다. 그사이 그의 제자이며 동료 이단자인 프라하의 제롬이 콘스탄츠로 와서 성문과 교회 문, 그리고 추기경의 집에 못질을 했다. 후스를 공개적으로 심문하고, 그가 안전하게 프라하로 돌아갈 수 있게 하라는 항의였다. 그리고 나서 제롬은 보헤미아로 돌아가려 하였지만, 도중에 멈추고 공의회에 반대하는 설교를 했다. 그는 체포당해 콘스탄츠로 호송되어 그곳 감옥에 갇혔다.

지기스문트 황제는 공의회가, 황제가 후스에게 발부한 안전 통행증을 무시했다고 항의했다. 그러자 공의회는 황제의 권위는 영적인 일에는 미치지 못한다고 답변했다. 황제가 후스에게 이단적 사상을 철회하라고 간청하자 후스는 성서에 의해 그릇된 것이라고 입증되는 모든 견해를 철회하겠노라고 했다. 1415년 7월 6일에 공의회는 위클리프와 후스를 이단으로 판정하고, 후스를 세속의 관청에 넘겼다. 철회를 통해 목숨을 구하는 최후의 수단까지 거부한 그는 도시 밖으로 끌려나가 화형을 당했다.

1416년 5월 30일, 거의 1년 동안이나 감옥에 갇혀 있다가 철회를 거부한 프라하의 제롬도 같은 장소로 끌려나가 같은 운명을 맞았다.

르네상스 교회(1418~1517)

교황국이 가장 찬란한 시대 하나를 맞고 있을 때 종교 개혁이 다가왔다. 콘스탄츠 공의회는 세 명의 교황을 하나로 통합했다. 마르티노 5세는 교회 집행부와 재정의 통합을 복구시켰다. 에우제니오 4세는 페라라, 피렌체 그리고 그리스에서 고전 학자들을 끌어들였다. 그리고 로마에 활기를 불어넣어, 혼란스럽도록 성직자 천지로, 반항적이라 할 정도로 봉건적으로, 혹은 과격한 대중주의로 바꾸어놓았다.

1447년 니콜라오 5세가 교황이 되었을 때, 알프스 북부의 유럽에서 흘러들어온 돈이 이탈리아를 다시 번성하게 만들었다. 그러면서 알프스 남쪽에는 르네상스를, 알프스 북쪽에는 종교 개혁을 만들어냈다. 니콜라오 5세는 고대의 사본들을 복구하고 번역하고 편집하는 학자들을 열광적으로 후원하느라 교황국을 다시 파산 상태로 만들었다. 가톨릭교회의 수도는 플라톤의 아테네나 세네카의 로마를 계승한 것 같았다.

체사레 보르자는 기독교 윤리를 산산조각 내고, 교황국을 위해 나라와 세수를 확보하느라 마키아벨리의 《군주론》을 실천했다. 그의 아버지인 교황 알렉산데르 6세(1492~1503)는 로마의 건축과 자기 자식들을 황금으로 부유하게 만들었다. 율리오 2세(1503~1513)는 중부 이탈리아를 완전히 정복해서 교황국의 속국으로 만들었다. 재정이 바닥나는데도 불구하고, 돈을 모아 라파엘로와 미켈란젤로가 교황궁과 시스티나 성당을 장식하는 일을 후원했다. 은행가인 로렌초 데 메디치(피렌체의 로렌초 일 마니피코)의 아들 레오 10세(1513~1521)는 시인, 예술가, 학자, 총신 들을 위해 황금을 물 쓰듯이 뿌려댔다. 그러고는 산피에트로 대성당을 완공할 돈을 모으기 위해 면죄부 판매인들을 파견했다.

그러나 이렇게 모은 돈은 정치적 부패와 도덕적 해이, 그리고 성직자나 속인들 사이에 성적性的인 면허증을 만들어냈다. 교황 자신은 분별 있게 미덕을 준수하고, 확고하게 행복했다. 1510년에 로마를 방문한 루터는 그 화려함에 압도되었고, 로마의 도덕성에 대해 기록에 남은 어떤 비판도 하지 않았다. 그리고 하도 많은 사면을 얻었기에 자신이 부모를 연옥에서 천국으로 보낼 수 있도록 그들이 이미 죽었더라면 좋았겠다고 소망할 지경이었다. 그러나 뒷날의 회상에서는 1510년의 로마가 '혐오'스러웠다고 서술했다. 교황들은 세속의 황제들보다 더 나쁘고, 교황청에서 "열두 명의 벌거벗은 소녀들"이 저녁 식사 시중을 든다고 했다.

1509년에 로마를 방문한 에라스무스는 그곳의 편안한 삶과 섬세한 매너, 지적으로 세련된 추기경들을 보고 좋아했다. 그는 이곳의 문학과 대화 속에 자리 잡은 세속적인 주제들을 즐겼다. 하지만 그는 율리오 2세의 값비싼 전쟁을 목격하고, 충격을 받았다. 에라스무스와 함께 잠시만 머물기로 하자. 그는 그 시대 가장 탁월한 문필가로 여겨지는 사람이다.

데시데리우스 에라스무스

그가 어떻게 해서 '열망받고 사랑받는 사람'이라는 뜻을 가진 이러한 이름을 얻었는지 우리는 알지 못한다. 그는 1466년이나 1469년에 로테르담 근처에서 작은 교단의 성직자와 과부가 된 치료사의 딸 사이에 둘째 아이로, 사생아로 태어났다.

그는 데벤터에 있는 수도원 학교로 가서 교육을 받았다. 그곳에서 라틴어는 '저항의 수단'이었고, 이교異敎 고전들이 텍스트로 쓰였다. 그는 라틴어를 완전히 습득하고, 고전 작품들을 더 많이 읽어 작품에서 즐거움을 얻었다.

1484년에 부모가 죽었는데, 아버지는 두 아들에게 얼마 안 되는 유산을 남겼다. 그들의 후견인이 이 재산의 대부분을 차지하고, 소년들은 돈이 필요 없는 성직자의 길을 가도록 만들었다. 그들은 대학에 진학하고 싶어 이를 거부하다가 나중에 결국 굴복했다. 데시데리우스는 수도사가 되었고, 1492년에는 신부가 되었다. 그리고 얼마 지나지 않아 캉브레의 주교 앙리의 비서가 되었다.

그는 몇 년 동안 주교를 위해 일을 한 보답으로 파리 대학교에서 공부할 수 있게 되었다. 그곳에서 그는 열심히 강의를 듣고 고전 문학과 젊은 여자들을 탐색했다. 그리고 그리스어를 배웠다. 플라톤과 아리스토텔레스, 소포클레스와 에우리피데스, 제논과 에피쿠로스 시대의 아테네는, 그에게는 카이사르와 키케로, 아우구스투스와 호라티우스, 네로와 세네카의 로마만큼이나 친숙해졌다. 고전에 대한 이런 사랑은 젊은 성직자의 정통 신앙을 망가뜨리고, 그리스도 윤리에 대한 이교적인 경탄 이외에는 아무것도 남기지 않았다.

책 중독증은 악덕과 똑같이 많은 돈이 들었다. 그래서 그는 자신이 받는 수당이 모자라 학생들을 가르쳤다. 능통한 고전어 지식에 경탄하는 학생들이었다. 그중 한 사람인 마운트조이가 그를 영국으로 초빙해 그곳 귀족들에게 소개했다. 흥분 잘하는 사제 에라스무스는 황홀해서 친구에게 이렇게 써보냈다. "이곳에는 천상의 모습을 지닌 요정들이 있다네, 아주 기품 있고 친절하지. …… 어디를 가나 손 가득히 키스를 받지. 그리고 떠날 때도 이별의 키스를 받네. …… 오 파우스투스! 이 입술들이 얼마나 부드럽고 향기로운지 자네가 맛본 적이 있다면…… 한평생 영국에서 지내고 싶다는 소망을 품게 될 거야."

그리니치에 있는 마운트조이의 집에서 에라스무스는 당시 스물두 살이던 토머스 모어를 만났다. 그러나 그는 벌써 매우 탁월해서 에라스무스를 장래의 헨리 8세에게 소개해주었다. 옥스퍼드에서 에라스무스는 학생들과 교수들 사이의 허물없는 교제를 보고 마음이 끌렸다. 그는 영국에서 인문주의의 발전에 깊은 인상을 받고, 자기 자신을 근본적으로 개선했다. 고전이라는 포도주에 취하고 여성이라는 암브로시아(신들의 음식)를 향락하는 공허하고 가벼운 젊은이였던 그는 학문에 정진하고, 그리스어로 이루어진 신약 성서를 편집하기로 결심했다. 종교 개혁가 및 인문주의자들의 판단도 비슷한 것이었지만, 그는 진짜 기독교의 정수인 신약 성서가 독단과 세월에 의해 어두워지고 가려졌다고 보았다.

그는 파리에 머무는 동안 《아다지아》(주로 고전 작가들에게서 뽑은 818개의 인용문)를 출간했다. 이것이 호평을 받은 데 용기를 얻어 판을 거듭 냈다. 그때마다 인용이 늘어나 총 3260항목에 이르게 되었다. 이 책의 수입만으로도 그는 생계를 이어나갈 수 있을 정도였지만, 그래도 '안내자 겸 감독자' 자격으로 두 아들의 이탈리아 여행에 동반해달라는 영국 의사의 초청을 기쁘게 받아들였다.(1506) 로마의 추기경들은 이미 유럽에서 이름을 날리는 학자이던 그를 환영했다.

1509년에 한때 영국 인문주의자들의 벗이었다가 이젠 헨리 8세가 된 영국 왕이 에라스무스를 영국으로 초빙했다. 에라스무스는 그곳으로 가 켄트 교구에서 녹을 받고, 케임브리지의 그리스어 교수로 임명되었다. 토머스 모어와 함께 머물던 1511년에 그는 가장 유명한 책《어리석음 예찬(우신 예찬)》을 7일 만에 썼다. 이 책은 그의 생전에 40판을 거듭했다. 뒷날 1632년에, 밀턴은 이 책이 케임브리지에서 "모든 사람의 손에" 들려 있는 것을 보았다.

이 작은 책자는 인류가 어리석음 때문에 그 존재를 이어가고 있다는 말로 시작된다. 제정신이라면 어떻게 한순간의 즐거움을 위해 평생 동안의 일부일처제라는 대가를 지불하겠는가? 정신이 멀쩡한 여자가 어떻게 덧없는 한순간의 황홀경을 위해 출산의 고통과 양육의 시련을 대가로 지불하겠는가? 삶의 사실들을 정면으로 응시하거나 미래를 안다면 누가 행복할 수 있겠는가? 남자와 여자들이 멈춰 서서 제대로 생각을 하기만 한다면 모든 것은 끝장이다. 그러나 과학과 철학은 사람들에 의해 철저히 무시당하고 있으므로, 인류의 치명적인 무지에는 거의 아무런 해도 입히지 못한다.

이어 이 작은 책자는 기독교 신앙과 실천을 비웃는다. 무無에서 세계를 창조한 일, 하와의 순진한 죄, 세대에서 세대로 이어지는 잔혹한 형벌, 동정녀 출산, 미사에서 빵과 포도주가 성체로 바뀌는 일 등을 비웃었다. "용서와 사면(면죄부)이라는 속임수를 찬양하고 유지하는 일에 이르러서는 무슨 말을 하겠는가? 이들을 가지고 각 개인의 영혼이 연옥에 머무는 시간을 계산하고, 살아 있을 때 교황의 행상에게서 저 하찮은 면죄부를 많이 샀느냐 적게 샀느냐에 따라, 연옥에 오래 머무느냐 짧게 머무느냐를 계산하고 있으니 말이다."(이것은 루터가 비텐베르크 성문에 항의 문서를 내걸기 6년 전에 나온 것이다.) 풍자는 계속되어 수도사, 종교 재판관, 추기경, 교황을 건드린다. 모든 계층의 성직자들이 죽을 때까지 돈과 마녀를 좇기로 합의했다는 것이다.

이 풍자 문서에 따르면 교황들은 "그 부富와 정직성, 특면장,[28] 특허, 면죄부, 십일조"와 세속적인 정책 및 피 흘리는 전쟁을 통해 사도들과 닮은 점이 하나도 없게 되었다. 인류의 어리석음과 믿기 잘하는 단순성 덕이 아니라면, 대체 어떻게 이런 종교 기관이 존속할 수 있다는 말인가?

케임브리지와 헨리 8세 주변의 지적인 환경에서는 가톨릭교회의 풍자에 대해 공감하는 청중이 있었던 모양이다. 그의 다음 작품은 분별없을 정도로 적나라해서 그는 자신이 책의 저자임을 감추기 위해 갖은 노력을 다했다. 그러나 토머스 모어는 《쫓겨난 율리우스 Iulius exclusus》(1514)가 자기 친구의 저작물임을 밝히고 있다. 교황 율리오 2세는 1513년에 죽었다. 장군으로서의 활동과 라파엘로와

---

[28] 가톨릭교회에서 특별한 경우에 신자들에게 교회법의 제재를 면제해주는 것.

미켈란젤로의 위대한 회화 작품을 후원한 것으로 유명한 교황이었다. 에라스무스는 베드로가 율리오를 천국의 문 앞에서 가로막는다는 가상의 대화를 썼다.

> 베드로: 좀 자세히 살펴보자. …… 성직자의 일상복, 하지만 그 아래로는 피 묻은 갑옷이 있구나. 눈은 야만스럽고, 입은 거만하고, 이마는 단단하고, 몸에는 온통 죄악이 묻어 있구나. 숨결은 포도주 냄새로 진동하고, 여자를 밝히다가 건강을 망쳤구나. 아, 자네가 조른다면 자네가 누군지 내가 말해 주지. …… 자넨 지옥에서 올라온 율리오 황제로구나…….
>
> 율리오: 그렇다면 문을 열지 않을 겁니까?
>
> 베드로: 너 같은 사람 말고 다른 사람을 위해 곧 열게 될 거야.

1517년 이전에 나온 에라스무스의 책들을 한번 훑어보면, 루터와 다른 종교 개혁가들이, 에라스무스가 저항하라는 경보를 높이 울려놓고는 정작 행동의 신호가 나왔을 때 도망쳤다고 비난하는 것을 나무랄 수 없다.

1514년 7월 에라스무스는 영국을 떠나 대륙으로 돌아왔다. 이 말을 듣고 그가 이미 잊고 있던 수도원의 원장이 그에게 사람을 보내 그의 부재 기간이 이미 오래전에 만료되었으니 이제 방랑을 마치고 성직자의 맹세와 수도원의 방으로 돌아오라고 경고했다. 이에 기겁한 에라스무스는 영국의 친구들에게 자신을 위해 교황 레오 10세에게 탄원을 해달라고 청했다. 어느 정도 시간을 끈 다음, 이 상냥한 교황은 런던으로 문서를 보내 에라스무스를 수도원의 맹세에서 풀어주었을 뿐 아니라, 사생아라는 출생에 붙어 있는 온갖 제약도 풀어주었다. 문서 끝 부분에 교황은 개인적인 사연을 덧붙였다.

사랑하는 아들에게 건강과 사도의 축복을 내립니다. 당신의 훌륭한 삶과 성격에 대해, 그리고 당신의 드문 교육과 높은 미덕을 위해, 모든 곳에서 찬양받는 당신 연구의 기념비들만 증언하는 것이 아니라 또한 가장 교육을 많이 받은 사람들의 일반적인 목소리도 증언을 하고 있습니다. 가장 빛나는 왕들인 영국 왕과 가톨릭 왕(프랑스 왕)이 당신을 위해 특별한 은총을 베풀 이유를 제시하였지요. 이에 기꺼이 당신의 요청을 수락하는 바입니다. 당신이 손수 기회를 찾거나 아니면 우연히 그런 기회를 제공받을 경우, 공공의 발전을 위하여 부지런히 쓰이는 당신의 신성한 노력이 적절한 보상을 받음으로써, 더욱 고귀한 노력을 하도록 용기를 얻는 것이 옳다고 생각되기에 나의 애정을 더욱 넉넉하게 제공합니다.

어쩌면 이것은 좋은 행동을 하라는 현명한 뇌물이었을 것이고, 관용적이고 인문적인 교황청에서 나온 진지한 행동이었다. 어찌되었든 에라스무스는 교황의 이런 상냥함을 절대 잊지 않았다. 자신의 펜이 만들어낸 그 뾰족한 독침을 그토록 너그럽게 참아준 교회와 완전히 단절하기란 그야말로 어려운 일이었을 것이다.

루터가 등장하기 직전의 독일(1300~1517)

경제

루터가 등장하기 이전 세기(15세기)는 독일에서 가장 가난한 농부를 제외한 모든 계층이 번영을 누렸다. 그때까지 남아 있는 장애물에 대한 원망이 더욱 날카로워진 것은 대부분의 농부들이 위상이 높아진 데서 오는 것이었다.

대다수의 주민들이 생산품, 봉사, 돈 등의 형태로 봉건 지주에게 임차료를 지불하는 소작농이었다. 그들은 전통에 따라 의무로 되어 있는, 연간 12일(경우에 따라서는 60일) 동안의 무보수 노동 봉사에 대해 불만을 품었다. 그리고 전통적으로 농부들이 고기를 잡고 나무를 베고 가축을 방목할 수 있는 공공용지에서 지주가 자기 땅을 회수하는 것을 불만스럽게 여겼다. 영주들의 사냥꾼과 사냥개가 곡식에 해를 입히는 일에 대해, 그리고 지주가 죽어 영지의 관리가 방해를 받을 때면, 죽은 사람의 세금을 떠넘기는 일에 대해서도 분통을 터뜨렸다.

15세기 내내 독일에선 산발적으로 농민 반란이 있었다. 1431년에 보름스 근처의 농부들이 무모한 반란을 일으켰다. 1476년에는 소를 치는 한스 봄이 신의 어머니가 자신의 꿈에 나타나 하늘의 왕국이 지상에 실현되었음을 알려주었다고 선언했다. 그곳에는 황제도, 교황도, 왕자도, 봉건 지주도 없다. 모든 남자들이 형제며 모든 여자는 서로 자매다. 모든 사람들은 지상의 열매를 비슷하게 나누어야 한다. 땅, 숲, 목장, 물 등은 공동의 것으로 사용료는 필요 없다. 수많은 농부들이 한스의 말을 듣기 위해 몰려들었다. 사제 한 사람도 그의 편이 되었다. 뷔르츠부르크의 주교는 너그럽게 미소를 지었다. 그러나 한스가 추종자들에게 다음번에는 모두 무기를 들고 만나자고 예고하자, 주교는 그를 체포했다. 주교의 병사들은 그를 구출하려는 군중에게 총을 쏘았다. 반란은 실패했다.

1493년에는 슈트라스부르크 주교의 봉건 소작농들이 봉건적인 임대료와 교회의 십일조를 없앨 것과, 모든 빚의 말소와 모든 유대인의 죽음을 요구했다. 그들은 슐레트슈타트 시를 장악하고 알자스 지역으로 자신들의 권리를 확대하려는 계획을 세웠다. 당국은 이 계획의 소문을 듣고 지도자들을 체포했다. 그들을 고문하고 목을 매달아 처형해서 나머지 사람들에게 겁을 주어 임시로 복종하도록 만들었다. 1502년, 슈파이어 주교의 농부들이 7000명의 혁명 그룹을 결성해 봉건제를 끝내고, "모든 사제와 수도사들을 잡아 죽이고" 조상들의 공산주의라고 생각되는 것을 회복하기로 결의했다. 한 농부가 고해 성사에서 이 계획을 밝혔다. 성직자와 귀족들이 힘을 합쳐 이 일을 처리했다. 주모자들은 고문당한 뒤 처형되었다. 독일에선 이와 비슷한 반란들이 계속 조직되다가 1525년 농민전쟁에서 절정에 이르렀다. 이 폭동은 1525년 독일 전역을 위협했고, 루터가 겁을 먹고 제후의 편이 되도록 만든 사건이었다.

이곳의 산업과 상업에서 사실상의 혁명이 진행되었다. 대부분의 산업은 아직 수공업이었고, 물자와 자본을 공급하고 완성품을 사고파는 사업가에 의해 점점 더 통제되었으며, 광업이 번창했다. 성찬식 잔과 제단에 성체를 안치하는 현시대를 황금으로 만드는 일과,

의자와 테이블을 견고한 은으로 만들어 많은 이문을 남겼다. 아이네아스 실비우스(뒷날 교황 비오 2세)는 1458년에 황금으로 장식한 독일 여자들, 말고삐와 재갈, 투구, 갑옷 등을 보고 경탄했다.

이제 금융가들이 중요한 정치 세력이 되었다. 유대인 고리대금업자들은 벨저, 호흐슈테터, 푸거 같은 기독교 가문의 회사들로 대체되었다. 이들은 15세기 말에 기독교 세계의 금융 중심지로 부상한 아우크스부르크에 기반을 둔 집안들이었다. 푸거 가문은 독일, 오스트리아, 헝가리 왕자들에게 돈을 선불해주고 그 대신에 광산, 토지, 도시들의 세수稅收를 받는 방식을 통해 회사를 최고 수준으로 키웠다. 이런 투기성 투자로 푸거 가문은 1500년경에는 유럽에서 가장 부유한 가문이 되었다.

우리는 아마도 야콥 푸거 2세(1459~1525)의 시기를 독일 자본주의의 시작으로 보아야 할 것이다. 돈을 통제하는 사업가들이 땅을 소유한 봉건 지주들을 통제했기 때문이다. 15세기 말 독일 광산과 방직업은 이미 자본주의 노선으로 조직되었다. 그러니까 자본 공급자들에 의해 통제되었다.

아우크스부르크나 뉘른베르크의 상인 자본가 일부는 각기 500만 프랑(2500만 달러?) 정도를 소유했다. 많은 사람들은 귀족 신분과, 거기에 어울리는 문장紋章이 들어간 덧옷을 사들였다. 요아힘 호흐슈테터와 프란츠 바움가르트너는 단 한 번의 연회를 위해 5000플로린(12만 5000달러)을 들였고, 한 게임에 1만 플로린을 걸었다. 사치스럽게 치장하고 귀족적으로 꾸민 부유한 상인들의 집은 귀족, 성직자, 프롤레타리아 계급 모두를 똑같이 자극했다. 가

일러 폰 카이저베르크는 그들을 "늑대처럼 여겨 쫓아내야 한다. 그들은 신도 인간도 두려워하지 않고 기근과 배고픔과 가난을 만들어내기 때문"이라고 말했다. 1512년, 쾰른의 제국 의회는 모든 시민 관청에 "부지런하고 진지하게…… 고리대금업을 하는, 미리 손을 쓰는 자본가 그룹에" 맞서라고 촉구했다. 이런 규정들은 반복해서 나왔지만 아무런 효과도 없었다. 일부 입법자들은 대규모 상사商社에 투자했다. 법의 대리인들은 이익을 나누어 갖는 것으로 만족하였고, 많은 도시들이 금융과 무역의 자유로 번영을 누렸다. 슈트라스부르크, 콜마르, 메츠, 아우크스부르크, 뉘른베르크, 울름, 레겐스부르크, 마인츠, 슈파이어, 트리어, 보름스, 쾰른, 브레멘, 함부르크, 마그데부르크, 뤼베크, 브레슬라우 등의 도시들은 산업, 상업, 문자, 예술의 중심지가 되었다. 이들 도시들은 다른 77개의 도시와 더불어 '제국 직속의 자유 도시'를 이루었다. 그들은 각기 독립된 법을 가졌고 황제 이외에는 어느 누구에게도 종속되지 않았다. 황제는 보통 이들 도시에 사람이나 돈으로 너무 많은 빚을 지고 있어 이 도시들의 자유를 침해하지 못했다. 이 도시들은 상인들이 지배하는 수공업 조합들에 의해 통치되었다. 이들은 거의 모두 가부장적인 '복지 국가'였다. 이런 도시 국가들은 약자를 강자로부터 보호하고 모두에게 꼭 필요한 생필품을 공급한다는 관점을 가지고 생산과 분배, 임금, 물가, 상품의 질 등을 관리했다.

뉘른베르크는 대규모 산업이나 금융 중심지가 아니라 예술과 수공업의 중심지였다. 도시의 거리들은 중세 방식으로 꾸불거리고, 집의 위층이나 발코니들이 바깥으로 튀어나왔다. 시골 풍경과 넘쳐흐르는 강물을 배경으로 붉은 기와지붕과 뾰족하게 솟은 박공, 바깥으로 돌출한 창문들이 서로 얽혀서 그림 같은 풍경을 만들어 냈다. 아우크스부르크처럼 사람이 많지는 않았지만, 이곳 사람들은 유쾌하고 쾌적함을 즐겼다. 그리고 해마다 사육제가 되면 가면과 의상을 차려입고 축제를 즐겼다. 이곳에서 한스 작스와 장인 가수들이 유쾌한 대기를 노래했다. 이곳에서 알프레히트 뒤러는 독일 미술과 동판화를 절정으로 이끌었다. 이곳에서는 알프스 이북 최고의 금은 세공사들이 값진 꽃병, 교회 용기들과 작은 조각상들을 제작했다. 이곳에서 금속 세공사들이 청동으로 수많은 식물, 동물, 인간 형태를 제작하고, 쇠를 이용해 아름다운 난간, 문, 칸막이 등을 제조했다. 그리고 목판 세공사들이 흥겨운 형태를 만들었다. 도시의 교회들은 예술의 저장소이자 박물관이 되었다. 모든 수공업 조합이나 시 의회, 부유한 가문들이 도시 수호성인의 사당을 꾸미기 위해 경건한 아름다움을 지닌 그런 작품들을 주문했기 때문이다. 이곳 상인들 중에서 가장 유명한 사람인 빌리발트 피르크하이머가 열광적인 인문주의자이며 예술의 후원자이고, 뒤러의 친구였다는 사실은 바로 뉘른베르크의 특성을 보여주는 것이다.

    콜럼버스와 바스코 다가마의 여행, 그리고 터키가 에게 해를 통제하게 되었다는 점, 막시밀리안 황제가 베네치아와 벌인 전쟁 등이 독일과 이탈리아 사이의 교역을 방해했다. 독일 무역은 점점 더 발트 해와 북해와 대서양으로 통하는 큰 강들을 통해 이루어지게 되었다. 부와 권력이 아우크스부르크와 뉘른베르크에서 쾰른, 브레멘, 함부르크, 안트베르펜 등지로 옮겨갔다. 푸거 가문과 벨저 가문은 이런 경향을 좇아 안트베르펜을 본거지로 삼았다. 독일 상업과 돈이 북부로 옮겨가면서 북부 독일은 이탈리아 경제에서 분리되었다. 그리고 황제와 교황에 맞서 루터를 보호할 정도로 충분히 강해졌다. 부분적으로는 반대의 이유에서 남부 독일은 가톨릭으로 남았다.

종교

15세기 독일에서 가톨릭은 전체적으로 번성했다. 인구의 압도적 다수는 죄악과 성찬식 사이에서 엄격하게 정통 신앙을 지녔고 신앙심이 깊었다. 독일 가정은 거의 교회나 마찬가지였다. 어머니는 교리 문답사, 아버지는 사제 노릇을 했다. 일부 수도원들은 다시 계율을 엄수하고 자선 활동을 벌였다.

 독일 성직 계층을 향한 불만은 주로 고위 성직자들을 향한 것이었고, 특히 그들의 부富와 세속적 요소 때문이었다. 일부 주교와 수도원장들은 교회 소유인 광범위한 지역의 관리와 경제를 관장했다. 머리 가운데를 삭발했지만, 그들은 실제로는 봉건 지주들이었다. 그리고 세속의 사람들처럼 행동했다. 일부 고위 성직자들은 봉건 지주 회의나 시골에 갈 때면 첩을 데려갔다고 한다. 교육받은 가톨릭 고위 성직자이며 역사가인 요하네스 얀센은 종교 개혁 직전 독일 교회의 잘못을 어쩌면 지나치게 엄격하게 다음과 같이 요약했다.

 경건한 사랑과 세속적인 탐욕, 하느님을 위한 자기 포기와 신을 잊은 자기 탐색 사이의 대비는 사회의 다른 계층에서 뚜렷하게 드러나는 만큼, 모든 계층의 성직자들 사이에서도 분명하게 드러나 보였다. 하느님의 종들 중에서 너무 많은 사람들이 설교와 영혼의 보살핌을 게을리했다. 이 시대를 괴롭힌 죄악인 탐욕은, 모든 교단과 모든 계층의 성직자에게서 나타났다. 그들은 수입, 조세, 특권을 늘리려는 열망에 사로잡혔다.

독일 교회는 기독교 세계에서 가장 부유했다. 나라의 3분의 1가량이 교회의 소유였다. 그보다 더 비난받을 일은, 교회 당국이 언제나 재산을 늘리려고 애를 쓴다는 것이었다. 많은 교구 지역의 큰 부분이 교회 건물과 교회 소유였다.

1457년 마인츠 대주교 디트리히의 고문관인 마르틴 마이어는 독일 사람들이 로마 교황청에 의해 고통을 당한다고 느끼는 해악을 요약한 글을 피콜로미니 추기경에게 보냈다.

고위 성직자의 선출은 이유도 없이 자주 연기됩니다. 모든 종류의 성직록과 직급 일부가 추기경과 교황 비서들의 몫으로 남습니다. 피콜로미니 추기경께서도 독일 지역 세 군데에서 비정상적이고 전례 없는 형식의 전체적인 유보를 겪으셨습니다. 수도 없는 기대들이 언급되고, 성직 첫해의 수입을 교황청에 바치는 관습과 그 밖에 다른 조세들이 가혹하게 징수되고 있으며, 그것을 연기할 수 없다는 것, 그리고 원래 액수보다 더 많은 액수가 기대된다는 사실도 잘 알려진 일입니다. 주교 자리는 그것을 받기에 가장 적합한 사람이 아니라 돈을 가장 많이 낸 사람에게 주어집니다. 돈을 모으기 위해 새로운 면죄부가 매일 발행되고, 독일 고위 성직자들과는 한마디 상의 없이 전쟁 십일조가 부과됩니다. 지역에서 다루어야 할 소송 사건들이 서둘러 교황청으로 이관됩니다. 독일 사람들은 마치 부유하고 멍청한 야만인처럼 취급되고, 수없이 많은 약삭빠른 장치들을 통해 돈을 뺏기고 있습니다. …… 벌써 오랫동안이나 독일은 굴욕에 잠겨 자신의 빈곤과 슬픈 운명을 비관해왔습니다. 그러나 지금은 이곳의 귀족들이 잠에서 깨어났습니다. 이제 그들은 멍에를 흔들어 없애고 옛날의 자유를 되찾기로 결정을 내렸습니다.

사람들 사이에서 교권에 반대하는 의견이 경건성과 합쳤다. 정직한 신부 한 사람은 이렇게 적었다. "교회와 성직자에 대한 미움이라는 혁명적인 정신이 독일 여러 지역에서 나타났다. '성직자에게 죽음을!'이라는 외침을 오랫동안 남몰래 속삭이기만 하더니 이제는 그것이 대낮의 표어가 되었다."

일반적인 적대감이 너무나 커서 스페인에서 생겨난 종교 재판은, 독일에서는 거의 아무에게도 파문령을 내릴 수가 없었다. 폭력적인 팸플릿은 독일 교회보다 로마 교황청을 향해 비난을 퍼부었다. 일부 수도사들과 사제들도 이런 공격에 동참해 고위 성직자의 사치에 반대하는 집회를 열곤 했다. 1500년 교황청의 희년禧年 축제에서 돌아온 순례자들은 부도덕한 교황들, 교황청의 독살, 추기경들의 거만, 일반적인 이교도 분위기와 매수 등에 대해 무시무시한 (과장된) 이야기들을 독일에 퍼뜨렸다. 많은 독일 사람들은 조상들이 476년에 로마의 권력을 부수었듯이, 자신들이나 자식들이 한 번 더 폭군을 쳐부술 것이라고 맹세했다.

다른 사람들은 황제 하인리히 4세가 카노사에서 교황 그레고리오 7세에게 받았던 굴욕을 상기하고, 이제 복수의 때가 왔다고 생각했다. 1521년에 교황청 사절 알레안더는 레오 10세에게 교회에 반대하는 폭동이 다가오고 있음을 경고했다. 5년 전에 자신은 많은 독일 사람들에게서, 자기들은 '어떤 바보'가 로마에 반대하여 입을 열기만 기다리고 있다는 말을 들었다고 했다.

수많은 인자들과 영향들(교회 내부의 것, 지적·감정적·경제적·정치적·도덕적인 것들)이 수백 년의 방해와 억압을 견딘 다음 하나의 회오리바람으로 뭉쳐, 야만인이 로마를 정복한 이후로, 유럽에 가장 큰 전복을 가져올 참이었다. 아비뇽 유폐와 교황 분열로 인해 교황청의 힘이 약화된 것, 수도원 계율과 성직자 독신주의의 붕괴, 고위 성직자의 사치와 교황청의 부정부패, 교황들의 세속적 활동들, 그러니까 알렉산데르 6세의 도덕성 결핍, 율리오 2세의 전쟁, 레오 10세의 조심성 없는 즐거움, 성유물聖遺物 판매와 면죄부 판매, 십자군 전쟁과 터키 전쟁에서 회교가 승리를 거둔 일, 기독교 이외의 신앙이 점차 퍼져나간 일, 아랍의 과학과 철학의 유입, 스콜라 철학이 붕괴되고 스코투스의 비합리주의와 오컴의 회의주의가 등장한 것, 개혁을 위한 공의회 운동의 실패, 세속적 고대의 발견과 아메리카 대륙의 발견, 인쇄술 개발, 읽기 교육과 일반적인 교육의 확대, 성서의 번역과 성서 읽기, 가난하고 단순하게 살았던 사도들의 삶과 교회의 화려한 의식 사이의 모순에 대한 새로운 인식, 독일과 잉글랜드의 부와 경제적 독립이 커진 일, 종교적 제약과 요구를 싫어하는 시민 계급의 확대, 돈이 로마로 흘러가는 것에 대한 저항감, 법과 정부의 세속화, 민족주의의 심화와 왕조들의 권력 강화, 모국어와 모국 문학의 민족주의적 영향, 발도파派, 위클리프, 후스 등의 영향, 종교 의식은 줄이고 더욱 개인적이고 내면적이며 직접적인 종교를 향한 신비주의적 열망……. 이 모든 것들이 합쳐 힘의 급류를 형성했다. 그것은 중세 관습의 딱딱한 표면을 깨고 모든 기준과 제약들을 느슨하게 풀고, 유럽을 국민과 종족으로 흩어 놓고, 전통적인 신앙의 위안과 후원을 점점 더 없애버릴 힘이었다. 그리고 유럽인의 정신적, 도덕적 삶에서 기독교가 지배적인 역할을 해오던 일에 종말이 시작된 것이기도 했다.

Chapter 19

종교 개혁 2
루터와 공산주의자들

테첼

1517년 5월 15일, 교황 레오 10세는 모든 면죄부 중에서 가장 유명한 것을 공표했다. 가톨릭 신자들은, 그리스도가 베드로에게, 그리고 베드로는 모든 후계자 교황들에게 참회하는 고해자의 죄를 없애줄 권한을 주었다고 믿었다. 그러나 죄악은 없애주었지만, 죄악에 붙어 있는 고난(형벌)을 면제해줄 권한은 없었다. 신자가 죽을 때 이들 고난의 일부라도 아직 다 치르지 않았을 경우, 죽은 사람의 영혼은 연옥의 고통으로 그 대가를 치러야 했다. 연옥은 자비로운 하느님께서 만들어낸 한시적인 지옥이었다.

그 사이에 성인들은 자신의 고통으로, 그리스도는 자신의 죽음으로 공적의 보물 창고를 만들어놓았다. 교황은 지상에서 고해한 신자가 교회 규정에 따라 고난의 형벌을 받거나 선행을 하거나 기금을 내거나 하면, 성인들과 그리스도의 공적을 통해 죄인이 연옥에서 받을 고통의 기간 일부를 없앨 권한을 가졌다. 형벌 대신 벌금이라는 생각은 오랫동안 중세 법정의 확고한 관습이었기 때문에, 신자들에 의해서도 받아들여진 생각이었다.

  레오 10세가 발행한 면제 칙령은 교황 율리오 2세가 시작했지만 전쟁의 황홀경에 잠겨 거의 잊고 있던, 산피에트로 대성당을 완공할 경비를 걷기 위한 것이었다. 레오 교황은 마인츠의 젊은 대주교인 브란덴부르크의 알프레흐트에게 마그데부르크, 할버슈타트, 마인츠 등지에서 이 면제 칙령을 판매할 임무를 맡겼다. 알프레흐트 대주교는 핵심적인 판매인으로 요한 테첼을 임명했다. 이 도미니크 수도사는 자금을 모으는 능력으로 이미 이름을 날리고 있었다. 테첼은 언제나처럼 지역 성직자의 승인을 받고 다음과 같은 사면을 제안했다.

  우리 주 예수 그리스도께서 그대를 불쌍히 여기고 그분의 거룩하신 수난의 공덕으로 그대를 구원하여 주시기를. 나는 그분의 권위와 축복받은 사도 베드로와 바울로의 권위, 거룩하신 교황의 권위로 이승에서 그대가 교회에 행한 잘못을 풀어주는 일을 위임받았다. 그리고 그대가 지은 모든 죄의 잘못과 과도함이 아무리 클지라도, 심지어는 교황의 재판권에만 맡겨진 죄에 대해서도 그대를 풀어줄 권한을 받았다. 거룩한 교회의 열쇠들의 힘이 미치는 한, 나는 그대가 연옥에서 그 때문에 받아야 할 모든 형벌을 면제해주노라. 그대를 교회의 거룩한 성사聖事에 복구시켜…… 세례식 때 가졌던 순결함과 깨끗함으로 되돌리노라. 그대가 죽는 날 형벌의 문들은 닫히고 즐거운 낙원의 문들이 열릴 것이다. 그대가 지금 죽지 않는다면, 이 은총은 그대가 죽는 시점까지 온전히 그대로 남으리라. 성부와 성자와 성령의 이름으로."

가톨릭 역사가인 파스토르는 이렇게 적었다.

테첼은 자신이 부여받은 권위에 따라, 뉘우침이나 고백의 문제가 없이 그냥 돈만 내면 죽은 사람이 형벌을 면제받을 수 있다는 기독교 교리를 선포한 것이 분명하다. 그는 또한 이런 형벌의 면제가 어느 영혼에게든 전혀 문제없이 적용될 수 있다고 가르쳤다. 이런 외람됨으로부터 그의 가르침은 "돈이 궤짝 속에 떨어져 딸랑거리기만 하면, 영혼은 연옥의 불에서 뛰쳐나온다"는 격언이 되었다. 교황의 면죄부는 이런 제안에 대해 어떤 제재도 가하지 않았다. …… 이것은 공허한 스콜라 철학의 견해였을 뿐…… 교회의 교리는 아니었다.

테첼이 작센의 선제후, 현명공賢明公 프리드리히의 땅으로 너무 가까이 다가가지 않았다면 역사에서 벗어날 수 있었을지도 모른다. 작센의 돈이 나라 밖으로 나가는 것이 못마땅해서, 그리고 어쩌면 테첼의 과장법에 대한 보고를 받고서, 프리드리히는 1517년의 면죄부를 자신의 영토에서 전파하는 일을 금지했다. 그러나 테첼은 국경에 아주 가까이 갔기에, 비텐베르크 사람들은 국경을 넘어와 면제 칙령을 구할 수 있었다. 일부 사람들은 '교황의 칙령'을 사서 비텐베르크 대학교의 신학 교수인 마르틴 루터에게 가져와, 이것이 효력이 있는지 물었다. 그는 효력이 없다고 대답했다. 이런 이야기가 테첼의 귀에 들어갔다. 그는 루터를 비난했고, 그 결과 역사에 불멸의 이름을 남기게 되었다.

루터의 성장기(1483~1517)

코페르니쿠스와 콜럼버스를 제외한 다른 누구보다도 이후의 역사에 더 큰 영향을 미친 이 사람은 독일 아이슬레벤에서 태어났다. 농부였다가 광산 업자가 된 한스 루터와 그 아내 마르가레테의 아들이었다. 공포와 형벌의 신학에 겁먹은 부모가 자녀들을 말씀과 매질로 키웠기에, 루터는 뒷날 이 시절을 이렇게 회고했다. "부모와 함께 엄격하고 가혹한 삶을 보낸 탓에 뒷날 나는 수도원으로 도망쳐 수도사가 되었다." 부모와 자녀들은 천사와 마녀와 악마들이 공중을 떠돈다고 믿었다. 그리고 하느님이 많은 인류를 영원히 계속되는 지옥에 집어넣는다고 믿었다. 마르틴은 강인한 신체와 의지력으로 이런 시련을 맞았다. 그는 거친 용모와 강인한 체력을 지니고, 죽는 날까지 패배를 몰랐다.

만스펠트의 학교에는 더 많은 매와 교리 문답이 있었다. 마르틴은 명사 변화를 잘못했다는 이유로 하루에 열다섯 번이나 매를 맞았다(고 한다). 열네 살에 그는 아이제나흐에 있는 성 게오르게 학교로 옮겨 3년 동안 코타 부인의 편안한 집에서 비교적 행복하게 보냈다. 그는 코타 부인이 한 말, 세상에서 선량한 여성의 사랑보다 더 소중한 것은 없다는 말을 결코 잊지 않았다. 이런 분위기 속에서 그는 자연스러운 젊음의 매력을 발전시켰다. 건강과 명랑함,

사회성과 정직함이었다. 그는 노래를 잘 불렀고 류트 연주도 할 줄 알았다.

1501년에 사업이 번창하던 아버지는 그를 에르푸르트 대학교에 보냈다. 그곳에서 그는 그리스어를 조금 배우고, 히브리어는 거의 못 배웠다. 그리고 유명한 라틴 고전들을 많이 읽었다. 그는 스콜라 철학에 동의하지 못하고 친구에게 철학이랍시고 내놓는 "이런 똥 같은 것을 배울 필요가 없다"며 불평을 털어놓았다. 1505년 그는 인문학 석사 학위를 받았다. 아버지는 졸업 선물로 그에게 값비싼 《세속 법전》을 보냈다. 그리고 아들이 법학 공부를 시작하자 기뻐했다. 그러나 두 달 뒤 마르틴은, 자신에게 나타나는 문제들에 아무런 빛도 비추어주지 못한다는 이유로 법전들을 내던졌다. 육체적 탐닉에 빠질 정도로 건장하고, 보기에도 정상적인 본능의 삶을 살도록 만들어져 있었지만, 집과 학교에서 인간은 천성적으로 죄가 있으며, 죄는 전능하고 형벌을 내리시는 하느님을 화나게 만든다는 신념을 주입받았기에, 그는 자연의 충동과 자신이 습득한 신념을 화해시킬 수가 없었다. 그가 배운 하느님은 사랑보다는 공포의 하느님이었다. 예수도 여덟 가지 복을 내리는 "온화하고 다정한 예수"가 아니라, 죄인을 영원한 지옥의 불로 위협하는 최후 심판의 그리스도였다. 어느 날 그는 천둥 번개가 치는 폭풍우 속에 은신처를 갈망하는 가운데, 성 안나(성모 마리아의 어머니)에게 자신이 구원을 받으면 수도사가 되겠노라고 맹세했다.

폭풍에서 살아남게 되자 그는 에르푸르트에 있는 스무 개의 수도원 중에서 가장 엄격한 아우구스티누스 은둔 수도원에 수습 수도사 자리를 신청했다. 신청이 받아들여지자 그는 자랑스러운 겸손함으로, 가장 낮은 임무를 수행했다. 난방이 되지 않는 작은 방에서 떨고, 세뇌될 정도로 기도문을 반복하고, 금식하고, 자기 몸 안에 사는 것으로 보이는 악마를 쫓아낼 희망으로, 자신에게 채찍질을 가했다. 1506년 그는 돌이킬 수 없는 맹세를 하였고, 1507년에는 사제가 되었다.

동료 수도사들은 그의 정신을 염려해, 그에게 라틴어 성서를 주면서 질문하지 말고 그냥 읽으라고 권했다. 그러나 성 바울로가 쓴 〈로마서〉에서 "올바른 사람은 믿음으로 살게 된다"(1장 17절)는 구절에 이르렀다. 그리고 성 아우구스티누스의 저술에서 그는 하느님이 창조 이전에 이미 어떤 영혼은 구원받아 천국에 가도록, 그리고 다른 영혼은 영원한 저주를 받도록 정해놓았으며, 선택받은 사람은 오로지 그리스도의 고난의 공로를 통해서만 구원을 얻는 것이라는 생각을 찾아냈다. 하느님에 의해 구원을 받도록 선택된다는 것, 그리고 개인의 선행을 통해서가 아니라 오로지 그리스도가 인간을 위해 세운 공덕의 힘을 믿음으로써만 구원을 얻을 수 있다는 이러한 생각은, 루터 신학과 그 추종자들 신학의 근간이 되었다.

1505년 그는 비텐베르크의 수도원으로 옮겨갔다. 그리고 대학에서 논리학과 물리학 강사 자리를 받았다. 이어 철학과 신학 강사 자리를 받았다. 형벌 면제와 관련된 테첼의 방식에 대한 보고가 들어오자, 그는 종교의 상업화에 대해 말할 때가 되었다고 느꼈다. 그는 재빨리 라틴어로 95개 명제를 작성했다. 그것은 '형벌 면제

권한의 선포에 대한 논쟁'이었다. 1517년 10월 17일에 그는 이 명제의 사본 한 장을 비텐베르크 성 교회의 정문에 붙였다. 명제들을 붙이는 관행은, 도전자들에게서 명제들을 보호하기 위해 이미 오래전에 중세 대학에서 자리 잡은 것이었다. 루터가 선택한 문은 보통 학술 게시판으로 사용되던 곳이었다. 그는 이 명제 앞에 상냥한 초대장을 붙여놓았다.

신앙에 대한 사랑에서 그리고 신앙을 명백하게 밝히려는 욕망에서 다음 제안들이 비텐베르크 대학에서 토론될 것입니다. 이 대학에서 강의를 맡고 있는 인문학 및 신학 석사인 마르틴 루터 신부가 토론을 진행합니다. 직접 참석하여 우리와 함께 토론할 수 없는 분들은, 서면으로 의견을 제출해주실 것을 요청합니다.

그는 특유의 대담성으로 이 명제의 사본 하나를 마인츠의 대주교 알프레흐트에게 보냈다. 그리고 이 글이 널리 읽힐 수 있도록 도이치어 번역문을 돌렸다. 조심스럽게, 아마도 알지 못하는 사이에, 그는 독일 종교 개혁을 이미 시작한 것이었다.

혁명으로서의 종교 개혁

이 명제들은 독일 교양 계급의 이야깃거리가 되었다. 여러 세대에 걸쳐 쌓인 교권에 반대하는 논의가 목소리를 얻었다. 면죄부 판매는 줄어들었다. 그러나 루터에 대한 강력한 고발이 나타났다. 하나는 잉골슈타트 대학교의 부총장이, 다른 하나는 쾰른의 야콥 반 호그스트라텐이 제기한 것이었다. 그는 루터가 화형을 당해야 마땅하다고 주장했다. 루터는 라틴어로 된 《답변》(1518년 4월)이라는 책자에서 자신의 견해를 옹호한 뒤 그 사본을 지방 주교와 교황에게 보냈다. 그러나 레오 10세를 향해서는 예사롭지 않은 겸손함으로 대하고 있다.

> 가장 많은 축복을 받으신 성하猊下께, 내 모든 존재와 가진 모든 것을 다하여 성하의 발치에 엎드립니다. 당신께 좋다고 생각되는 대로, 살리고 죽이고 부르고 소환하고 인정하고 책망하십시오. 당신의 목소리로 당신 안에 거주하며 말씀하시는 그리스도의 목소리로 여길 것입니다. 죽어야 한다면 죽음을 받아들일 것입니다.

그러나 레오 10세의 고문관들은 이 《답변》이 (모든 주교들의) 세계 공의회가 교황보다 우위에 있음을 인정하고 있고, 성유물과 순례를 경멸하고 있으며, 또한 지난 300년 동안 이어온 형벌 면제의 이론과 실천의 전통 안에 교회들이 덧붙인 것을 거부하고 있다고 경고했다. 이런 견해가 퍼지는 것을 허용하는 일은, 교회의 계율과 교황청의 수입을 위험하게 만드는 일이라고 했다. 레오는 처음에 루터의 생각을 이론가들 사이에서 일어나는 일시적인 소란이라 여기고 털어버렸지만, 이제는 다시 사건을 붙잡고, 수도사에게 로마로 오라는 소환령을 내렸다.(1518년 7월 7일)

로마에서 볼모가 되거나 죄수가 될 것을 두려워한 루터는 작센 선제후 프리드리히의 신부인 게오르크 슈팔라틴에게 편지를 보내 독일 제후들이 신민을 이탈리아로 넘기는 일을 막아달라고 간청했다. 프리드리히는 이에 동의했고, 막시밀리안 황제는 그에게 "이 수도사를 잘 보살피라"고 충고했다. 교황이 양보해서 루터에게 아우크스부르크에 있는 카예탄 추기경 앞에 출두해, 규율 없음과 이단이라는 고발에 대해 답변하라고 명령했다.

루터는 갔다.(1518년 10월 12일) 그러나 논쟁을 벌일 신학자는 없고, 그냥 엄격한 문자 신봉자만 있었다. 교회는 그 질서에 따라 수도사가 교회에 의해 오래전에 이단으로 판정된 견해를 출판함으로써, 분명한 복종의 맹세를 깨뜨리는 것을 용납할 수 없다고 추기경이 알려주었다. 카예탄은 루터가 공개적으로 이단 사상을 철회하고, 다시는 기독교 세계의 평화를 교란하지 말라고 요구했다. 루터는 거절하고 비텐베르크로 돌아왔다.

카예탄은 프리드리히에게 이 반역자를 로마로 보내라고 요청하였으나 선제후는 거절했다. 11월 9일, 교황은 면죄부에 대해 행한 극단적인 비난들 상당수를 부인하는 칙령을 내렸다. 11월 18일에 루터는 교황의 판단에 이어 세계 공의회의 판단을 물어야 한다는 제안서를 출판했다. 교황은 젊은 작센의 귀족을 루터에게 보내 복종을 설득하도록 했다. 그들이 만났을 때(1519년 1월 3일) 루터는 이 젊은이에게 대단히 매료당해서, 테첼에게 상냥한 편지를 써 보냈다(테첼은 곧 죽었다). 3월 3일, 그는 교황에게 완벽한 복종의 서한을 보냈다. 교황은 친절한 답변을 보내고(3월 19일), 그에게 로마에 오라는 초대장을 보내면서, 여행 경비를 대주겠노라고 제안했다. 그러나 3월 17일, 루터는 슈팔라틴에게 아마도 농담으로 이렇게 편지를 써 보냈다. "나는 교황이 반그리스도인지 그리스도의 사도인지 알 수가 없습니다." 그는 독일을 떠나지 않았다.

여론은 점점 더 그를 찬양했다. 많은 대학생들이 그의 후원자가 되었다. 루터를 거의 알지 못하는 중요한 사람들, 화가 뒤러와 존경받는 상인 피르크하이머 같은 사람들이(둘 다 뉘른베르크 사람) 후원을 선언했다. 저항 시인 울리히 폰 후텐은 프리드리히와 모든 독일 제후들에게 수도원 재산을 점유해서 로마로 보내던 돈을 독일이 필요한 곳에 이용하라고 촉구했다.

이렇게 격려를 받자 루터는 1520년 봄에 《개요》를 출간했다. 그것은 공격의 황홀경에 잠겨 절대적 교리들을 겨냥한 것이었다.

로마가 이렇게 믿고 교황과 추기경들의 지식을 가르친다면(그러지 않기를 바라지만) 나는 이 문서에서 진짜 반그리스도가 하느님의 신전에 앉아 로마를 통치하고 있다고 선언하겠다. 로마는 자줏빛 옷을 입은 바빌론이고, 로마 교황청은 악마의 회당이다. …… 로마 법학자들의 분노가 이렇게 계속된다면 황제들과 왕들과 제후들은 힘과 무기로 무장하고 세계의 질환 부위를 공격하고 이 일을 말씀이 아니라 칼로 해결하는 방법밖에 남지 않을 것이다. …… 우리가 도둑을 교수대로, 강도를 칼로, 이단을 불로 처형한다면 어째서 이들 지옥의 지배자들, 이들 추기경과 교황들, 그리고 로마라는 소돔의 온갖 하수구를 공격하지 않는단 말인가? 그리고 그들의 피로 우리 손을 씻어내지 않는단 말인가?

1520년 1월 15일에 발간된 교서에서 루터의 41개 명제들이 이단으로 판정되었으니, 이 구절들을 포함한 문서들을 공개적으로 불태우고, 루터 자신은 로마로 와서 공개 철회를 하라는 명령이 나왔다. 60일 동안의 거부 기간을 지내고 나면 루터는 파문당하고, 모든 기독교 세계와의 단절을 겪을 판이었다. 그는 이단으로서 신자들이 꺼리는 사람이 되고 모든 세속의 관청은 그가 자기들의 영토로 들어오는 것을 막거나, 아니면 그를 로마에 넘겨주어야 했다.

루터는 역사상 거의 전례가 없는 방식으로 이 상황에 대응했다. 그는 자신의 글을 출판해줄 사람을 찾아냈다. 라틴어가 아니라 도이치어로 된 문서였다. 곧 《기독교 재산에 대해 독일 민족의 기독교 귀족에게 보내는 공개서한》이다. 물론 당시 독일 민족은 없었고 오직 독일 제후 국가들만 존재하고 있었다. 각 국가는 독립적이었고 각각의 관습, 법, 군대, 자부심 등을 가졌다. 루터는 이런 한계를 뛰어넘어 모든 독일 사람들에게 말했다.

루터의 생각으로는 제후들을 통해 소중한 세금이 국경선을 넘어 이탈리아로 흘러나가고 있었다.

어떤 이들은 연간 30만 굴덴 이상이 독일에서 이탈리아로 넘어간다고 추산했다. …… 이제는 사태의 핵심에 도달했다. …… 어떻게 우리 독일 사람들은 우리 재산이 교황들에 의해 그런 강도질과 강탈을 당하는 것을 참을 수 있단 말인가? …… 우리가 도둑을 목매달고, 강도의 목을 벤다면 로마의 탐욕은 어째서 그대로 두어야 하는가? 그가 세상에 온, 또 앞으로 올 수 있는 가장 큰 도둑이고 강도이기 때문이며, 모든 일을 그리스도와 성 베드로의 거룩한 이름으로 행하기 때문이다! 누가 더 오래 참거나 아니면 침묵을 지킬 수 있단 말인가?

루터는 자신의 종교적 프로그램을 세부에 이르기까지 계속했다. 독일 성직 계급은 마인츠 대주교의 영도 아래 민족 교회를 이루어야 한다. 탁발 수도회들은 줄인다. 성직자들은 결혼을 한다. 순례와 죽은 사람을 위한 미사, 성인들의 날(일요일을 제외한)은 없앤다. 모든 교회법(성직 계급의 위반을 세속의 법에서 분리시켜주는 법)은 폐기되어야 한다. 독일 교회는 보헤미아의 후스 추종자들과 화해를 해야 한다. "우리는 이단을 책으로 극복해야지, 화형으로 극복해서는 안 된다." 교황은 진짜 반그리스도이다. "오, 교황이여, 그대는 사람들 중에 가장 거룩한 존재가 아니라 가장 죄 많은 존재이다. 오, 하늘의 하느님께서 곧 그대의 옥좌를 망가뜨려 지옥의 구덩이에 빠뜨릴 것이다."

조심스러운 사람들은 이 '공개서한'이 분별없고 과격한 짓이라고 생각했다. 그러나 많은 독일 사람들이 그것을 역사상 가장 영웅적인 행동에 속하는 일이라 여겼다. 비텐베르크의 인쇄소들은 '공개서한'의 새로운 인쇄 주문을 맞추느라 바쁘게 움직였다. 영국과 마찬가지로 독일도 민족주의에 호소할 만큼 성숙해 있었다. 지도에 독일이라는 나라는 없었지만 독일 사람들은 있었고, 그들은 하나의 민족이라는 사실을 의식했다. 후스가 보헤미아 애국주의에 호소하고, 헨리 8세가 가톨릭 교리를 거부한 것이 아니라 영국에 대한 교황의 권력을 거부했던 것처럼, 루터도 반란의 기치를 신학의 사막에 꽂지 않고 독일 민족정신이라는 풍요로운 토양에 꽂았다. 개신교가 승리한 곳에서는 어디서든 민족주의가 깃발을 흔들었다.

타협을 모르는 루터의 비난에도 불구하고 교황의 사절이 그를 만나 교황 레오 10세에게, 교황 개인을 공격하려는 의도가 아니었으며 이 사건을 개혁이라고 주장하는 편지를 보내라고 설득했다. 그는 교황 개인에 대해서는 경의를 표했지만 과거와 현재 교황청의 부정부패에 대해서는 타협하지 않고 비난했다.

당신의 평판과 흠 없는 생활에 대한 명성은…… 너무나 잘 알려져 있고 또한 너무나 높은 것이어서 공격받을 수가 없다. …… 그러나 로마 교황청이라 불리는 당신의 교구는 바빌론이나 소돔보다 더 부패했다는 사실을 당신이나 다른 어느 누구도 부인할 수 없다. …… 나는 진정 경멸했다. …… 로마 교회는 가장 방종한 도둑들의 소굴이요, 가장 수치스러운 매음굴이며, 죄악의 왕국이요, 죽음이며 지옥이다. …… 훌륭한 레오여, 나는 언제나 당신이 이 시대에 교황이 되었음을 슬퍼했다. 당신은 더 나은 시절을 경험할 만한 사람이므로…….
그러므로 친애하는 레오여, 그대를 단순한 인간이 아니라 반신半神으로 만드는 아름다운 목소리에 귀를 기울이지 마시라. …… 당신은 하인들 중의 하인이다. …… 당신을 기독교 세계보다 더 높이 들어 올리는 사람들은 잘못을 범하는 것이다. 당신에게 성서를 해석할 권한을 부여하는 사람들은 잘못을 범하는 것이다. 당신의 이름으로 그들은 자신들의 사악함을 교회 안에 심으려 하는 것이기 때문이다. 그리고 슬프구나, 당신의 선배들이 재임하는 동안에 악마는 벌써 그들을 통해 많이 밀려들어왔다. 줄여 말하자면, 그대를 높이는 사람은 아무도 믿지 말고 그대를 낮추는 사람을 믿으시라.

교황의 사절들은 루터에 대한 파문령을 독일 전역으로 퍼뜨렸다. 어떤 도시에서는 루터의 책을 공개적으로 불태웠다. 그에 대한 보복으로 루터는 비텐베르크 대학교의 학생들이 교황의 칙서 사본을 불태우고, 교회 법령과 가톨릭 신학 서적들도 함께 태우도록 했다. 학생들은 좋아하며 또 다른 책들까지 모아 오후 늦게까지 계속 불태웠다. 12월 11일, 루터는 교황의 통치를 부인하기 전에는 어떤 사람도 구원받을 수 없다고 선언했다. 수도사가 교황을 파문한 것이다.

보름스 제국 의회(1521)

교황 레오 10세는 교회가 도전받은 일에 대해 세속의 도움을 찾았다. 1519년, 열아홉 살의 나이로 신성 로마 제국의 수장이 된 카를 5세에게 독일 제후들과 고위 성직자들을 소집해서 제국 의회를 열고, 가톨릭교회에 대한 위협일뿐더러 유럽 문명의 기본적 사회 질서에 위협이 되는 루터의 행동과 출판물을 검토하라고 요청했다.

이제 교황, 독일 제후들 그리고 젊은 황제에게 닥친 상황은 통치 및 역사에서 몇 가지 기본적인 문제들을 포함하는 것이었다. 정부는 정권 유지를 위해 어디까지 심리적 인자들에 의존하는가, 그리고 심리적 인자들은 어디까지 경제 상황과 정치권력에 의존하는가? 사회 질서와 국민의 복종, 정부의 위신을 유지하는 데 있어 통치자의 권위와 효능은 종교의 도움에 의존하는 것인가? 정부는 종교 기구 및 그 수입을 통제함으로써 권력을 얻거나 유지할 수 있는가? 가톨릭교회에 맞서 루터를 보호하던 독일 제후들은 로마 교황청과는 독립적으로 국민의 종교적 신앙을 조직하고 이용하는 자신들의 능력에 운명과 모든 것을 걸었다. 레오 10세는 독일 제후들이 독일 교회 및 점점 커지는 교회 수입을 통제하는 교황의 권한으로부터 자신들을 해방시키기 위해 이 기회를 이용할 리 없다는 쪽에 걸었다.

물론 루터에게는 삶과 죽음이 달린 도박이었다. 그는 유럽에서 가장 강력한 권력에 도전한 것이다. 곧 물리적 무기로 보면 허약하지만, 서유럽 문명의 종교적 토대를 대표한다는 점에서 강력한 기구였다. 그는 가톨릭교회의 거의 모든 측면을 공격했고, 그를 보호해주는 존재라고는 권력과 후원 의사가 확실치 않은 독일 제후 몇 명에 지나지 않았다.

하지만 대다수의 사람들이 그의 편이었다. 그것도 열광적으로 그의 편을 들었다. 당시 교황의 사절은 이렇게 보고했다.

독일 전체가 무기를 들고 일어나 로마에 저항하고 있다. 온 세상이 독일 땅에서 공의회를 열라고 외친다. 파문을 알리는 교황의 칙령은 비웃음을 산다. 많은 사람들이 고해 성사를 중단했다. …… 마르틴 (루터)은 머리 위에 후광이 있는 모습으로 그려진다. 사람들은 이 그림에 키스를 한다. 그렇게 많은 양이 팔렸는데, 나는 한 장도 구할 수가 없다. …… 나는 거리에 나갈 수가 없다. 독일 사람들은 나를 보면 손으로 칼을 잡고 이를 간다. 교황님께서 내게 전면적인 은사를 베풀어주시고, 만일 내게 무슨 일이 생기면 내 형제와 자매를 보살펴주실 것을 희망한다.

보름스 의회는 1521년 1월 27일에 열렸다. 독일의 지도적 귀족과 성직자들, 자유 도시의 대표들, 황제와 교황의 사절들이 모였다. 카를 5세는 루터에게 이곳으로 와서 그에 대한 고발에 증언하라고 초청장을 보냈다. 그리고 비텐베르크에서 보름스 왕복의 안전을 보장하는 통행증을 제공했다. "폭력이나 어떤 방해를 두려워하지 않아도 된다." 루터의 친구들은 콘스탄츠 공의회에서 죽은 후스의 운명을 상기시키면서 가지 말라고 충고했다. 그러나 루터는 갔다. "지붕 위에 기왓장만큼이나 보름스에 악마가 많다고 해도 나는 가겠다." 보름스 거리는 이 유명한 이단자를 보려는 사람들로 넘쳐났다. 그의 마차 주변으로 2000명이나 되는 사람들이 몰려들었다. 황제조차 그늘에 가려졌다.

4월 17일 루터는 수도사 복장을 하고 의회 앞에, 그리고 의장을 맡은 황제 앞에 출두했다. 그들은 그 자신의 저서들을 그 앞에 내밀면서, 그 안에 온갖 이단설이 포함되어 있음을 거부하느냐고 질문했다. 잠시 그는 용기를 잃었다. 생각할 시간을 달라고 요청했다. 황제는 그에게 하루 동안의 시간을 주었다. 4월 18일, 그는 다시 출두해 성서에 반대된다는 것이 입증되는 어떤 구절이라도 취소하겠노라고 했다. 트리어의 대주교를 대표하는 요한 에크가 라틴어로 그에게 도전했다.

마르틴, 성서에서 들었다는 그대의 해명은 이미 이단자들이 항상 하던 구실에 지나지 않는다. 그대는 위클리프와 후스가 저지른 잘못을 되풀이하고 있을 뿐이다. …… 어떻게 그대가 성서의 의미를 이해하는 유일한 사람이라고 생각할 수 있는가? 그대의 판단을 그 많은 유명한 남자들의 판단보다 위에 놓고, 그대가 그들 모두보다 더 많이 안다고 주장할 셈인가? 그대는 완벽한 입법자인 그리스도가 세우시고, 사도들에 의해 세상에 널리 전파되었고 순교자들의 붉은 피로 봉인되었으며 거룩한 공의회에 의해 확인되고, 교회에 의해 정의된 가장 거룩한 정통 신앙에 의문을 제기할 권리가 없다. 논쟁이 끝도 없이 계속되지 않도록 교황과 황제는 그 논의를 금지하셨다. 마르틴, 그대에게 묻노라. 정직하게 답변하라. 그대는 이 책들과 그것들이 포함하는 오류와 인연을 끊으려는가, 아닌가?

루터는 도이치어로 그 유명한 역사적 답변을 했다.

폐하와 귀족들께서 간단한 답변을 원하시므로 나는 쓸데없이 구별하지 않고 대답하겠다. …… 내가 성서의 증언에 의해서나 명백한 이성에 의해 유죄로 인정된 것이 아닌 한(나는 교황과 공의회의 권위를 받아들일 수 없다. 그들은 서로 모순되니까), 나의 양심은 하느님의 말씀에 따를 뿐이다. 나는 어느 것도 취소하지 않을 것이고 그럴 수도

없다. 양심에 거슬린다는 것은 옳지도 않고 안전하지도 않기 때문이다. 아멘.[29]

에크는 공의회가 발표한 교리에는 어떤 잘못도 없다며 맞섰고, 루터는 그 잘못을 입증할 준비가 되어 있다고 대꾸했다. 그러나 황제가 멋대로 끼어들었다. "충분하오. 그가 공의회를 부인했으므로 나는 더 듣기를 원치 않소." 루터는 숙소로 돌아갔다. 이틀 동안 루터가 참회할 시간을 기다려준 다음 4월 19일에 황제는 제후들을 불러 자신의 의도를 발표했다.

수도사 한 명이 천 년 기독교에 맞선다면 분명 그가 틀렸을 것이다. …… 나는 루터와 더는 아무런 관계도 맺지 않겠다. 그는 안전 통행증을 가지고 돌아가도 좋다. 그러나 설교를 하거나 어떤 소동도 만들어서는 안 된다. 나는 앞으로도 악명 높은 이단자인 그에게 반대할 것이며, 여러분이 내게 약속한 대로 선포하리라 믿는다.

네 명의 선제후가 이에 동의했다. 작센 선제후 프리드리히와 팔츠 선제후 루드비히는 동의하지 않았다. 4월 26일에 루터는 비텐베르크로 출발했다. 레오 10세는 안전 통행증을 존중하라는 명령

---

[29] 보름스의 당당한 기념비에 새겨진 그 유명한 말을 완전히 옮길 수가 없다. "Stehe Ich, Ich kann nicht anders(나는 여기 서서 이와 다르게는 할 수 없다.)" 이 말은 보름스 의회 기록부에 적힌 루터의 답변 사본에는 없다. 이 말은 가장 초기에 인쇄된 그의 연설 판본에 처음으로 나타난다.

을 보냈다. 그런데도 프리드리히 선제후는 5월 6일 통행증이 만료된 다음 황제의 병력이 루터를 체포할 것을 두려워한 나머지, 루터의 동의를 받아 그가 한동안, 아이제나흐에서 1.6킬로미터 떨어진 산 위에 있는 바르트부르크 성에서 몰래 숨어 지내도록 주선했다. 황제는 그를 체포하려는 노력을 하지 않았다. 루터는 1522년 2월 19일 비텐베르크 대학교로 돌아왔다. 그곳에서 그는 오늘날까지도 루터 교회의 정수를 이루는 신학적 저술을 써나갔다. 그사이 그는 자신의 혁명과는 다르지만 그러나 연관성이 있는 혁명에 직면하게 되었다.

사회 혁명(1522~1536)

농민 전쟁

로마 가톨릭교회에 대한 루터의 반란이 성공한 것을 보고 용기를 얻은 수도사와 사제들이 독신 생활, 빈곤, 외국의 권위적인 힘에 대한 복종 등에 반대하며 폭동을 일으켰다. 이미 전에도 열 번 이상이나 농민 반란의 원인이 되었던 힘든 상황이 농민들의 마음을 흔들어놓았다. 게다가 이번에는 루터가 교회를 무시하고, 제후들을 꾸짖고, 규율과 두려움의 벽을 허물고, 모든 사람을 사제로 만들고, 기독교도의 자유를 선포한 다음이라 새로운 강력함으로 나타났다. 신약 성서가 일반에 보급된 것이 종교 당국이나 정치 당국에 타격이었다. (루터는 모든 사람이 읽을 수 있도록 성서를 도이치어로 번역했다.) 신약 성서는 성직자의 세속성, 사도들의 공산주의, 가난하고 억압받은 사람들에 대한 그리스도의 공감 등을 밝혀주었다. 이런 점에서 신약 성서는 이 시대의 과격파들에게는 '공산주의 선언'에 해당했다.

  1521년에 요하네스 에베를린이 쓴 글에서는 남자들의 보통 선거, 모든 통치자와 관리들이 민중에 의해 선출된 평의회에 복종할 것, 모든 자본주의 조직의 철폐, 빵과 포도주 가격을 중세 방식으로 고정시킬 것, 라틴어·그리스어·히브리어·천문학·수학 등의 과목을 모든 어린이에게 교육시킬 것 등을 요구하고 있다. 1522년 '독일 민족의 요구'라는 제목의 글은 "모든 사용세, 세금, 여권, 벌금" 등의 폐지, 사업체는 자본금 1만 굴덴까지로 한정시킬 것, 세속 통치에서 성직 계급을 제외할 것, 수도원 재산의 몰수와 수익금을 가난한 사람들에게 분배할 것 등을 요구했다. 설교자들은 개신교 복음을 유토피아의 포부와 뒤섞었다. 어떤 사람은 천국의 문은 농부에게는 열려 있지만 귀족과 성직자에게는 닫혀 있다고 폭로했다. 또 어떤 사람은 농부는 성직자와 수도사에게 돈을 주지 말라고 충고했다. 뮌처, 카를슈타트, 후브마이어 등은 청중에게 이렇게 권고했다. "농부, 광부, 탈곡하는 사람 등이…… 수도원장과 성직자보다…… 혹은 신학 박사보다 복음서를 더 잘 이해하고 더 잘 가르칠 수 있다."

  토마스 뮌처의 노선은 이 시대의 흥분을 아주 잘 잡아냈다. 그는 제후들에게 사람들더러 성직자와 자본가들에게 맞서 공산주의 혁명을 일으키는 일을 지휘하라고 초대했다. 제후들이 이를 받아들이지 않자, 그는 사람들에게 제후들도 뒤집어엎고 "플라톤이 생각한 대로의 훌륭한 사회를 세우라"고 선동했다. 그는 이렇게 썼다. "모든 것은 공유되어야 하고, 기회가 요구하는 데 따라, 모두의 몇 가지 필요에 따라 분배되어야 한다. …… 일단 이 사실을 진지하게 일깨운 다음에도, 그것을 받아들이지 않는다면 어떤 제후, 백작, 남작이든 가리지 말고, 목을 베거나 매달아야 한다." 뮌처는 노동자와 농부들을 조직해 군대를 만들고, 수도원 안에 무거운 대포를 만들었다. 그의 외침은 이랬다. "앞으로, 불이 뜨거울 때, 앞으로! 너의 칼을 언제까지나 피로 따뜻하게 하라!" 뮌처의 제안에 따라 행동하던 한스 뮐러는 1524년 8월 24일, 주변의 슈튈링겐 농부들을 모아 '복음의 형제단'을 만들고, 독일 전역의 농부들을 해방시키기로 결의했다. 1524년 말에는 남부 독일에서 약 3만 명의 농부들이 세금과 교회의 십일조, 봉건 지대地代 등의 지불을 거부하고 해방 아니면 죽음을 선택하기로 맹세했다. 메닝겐에서 그들의 대표는 '12개 조문'을 내걸었는데(1525년 3월), 그것은 독일 절반을 전쟁의 불길로 몰아넣었다.

기독교 독자들에게 평화를, 그리고 그리스도를 통한 하느님의 은총을 바라노라. …… 지금까지는 사람들이 우리를 자신들의 재산으로 여기는 것이 관습이었다. 그리스도께서 그 소중한 피를 흘림으로써 우리 모두를 구속救贖하고 다시 사들였다는 사실을 생각할 때, 이는 한심스러운 일이다. …… 선택받아 임명된 우리의 통치자들에게 (우리를 위해 하느님이 임명하신) 우리는 모든 적합한 일과 기독교의 일에서 기꺼이 복종할 것이다. 그리고 우리는 의심하지 않는다. 그들이 참된 기독교도로서 농노제에서 기꺼이 우리를 풀어주거나, 아니면 우리가 농노임을 복음서에서 입증해 보여줄 것임을……

우리는 날마다 늘어나는 공공 봉사에 심한 불만을 가진다. ……

우리는 옛날에는 공동체에 속했던 공공의 땅에서 일부 사람들이 자신들을 위한 목초지를 점유했기 때문에 고통을 당하고 있다. ……

여기 진술한 조문의 하나 또는 그 이상이…… 하느님 말씀에 따라 부적절한 것임이 밝혀진다면, 성서의 논의로 우리에게 이 사실이 설명된다면, 우리는 물러설 것이다. ……

절반은 혁명적인 루터의 선언에 용기를 얻은 농민군 지도자들이 그에게 이 조문의 사본을 보내고 지원을 요청했다. 그는 1525년 4월에 인쇄된 《평화를 경고함》이라는 글로 답변했다. 그는 성서에 의해 주어진 올바른 길에 복종하겠다는 농부들의 제안을 찬양했다. 루터는 자신의 연설과 글이 혁명을 부채질했다는 당시의 비난을 알고 있었다. 그는 자신에게 책임이 있음을 거부하고, 자기가 시민적 복종을 설득했다고 지적했다. 그러나 지배 계층에 대한 자신의 비판을 철회하지는 않았다.

제후와 귀족들이여, 그리고 특히 눈먼 주교와 미친 사제와 수도사들이여, 이 해로운 반란이 당신들 말고 다른 누구 때문이라고도 탓할 수 없다. 성서의 말씀이 참되다는 것을 알면서도, 그대들의 마음은 성서에 반대하고 있다. …… 일시적인 통치를 하면서 그대들은 그대들 자신의 화려하고 자랑에 찬 삶을 살기 위해 백성을 약탈하는 일밖에 하지 않는다. 가난한 보통 사람들은 그것을 더는 참을 수가 없다. …… 그대들이 하느님의 이런 분노의 원인이기에, 제때 그 방식을 고치지 않는다면 하느님의 분노는 분명히 그대들에게 내릴 것이다. …… 농부들이 모여들고 있다. 하느님께서 우리의 회개를 통해 그것을 막아주시지 않는다면, 이 일은 잔인한 살인과 유혈로 독일을 무너뜨리고 파괴하고 황폐하게 만드는 결과를 부를 것이다.

그는 제후와 귀족들에게 12개 조문 중 많은 항목들이 정당하다는 것을 인정하고 친절한 배려 정책을 촉구했다. 농부들을 향해서는 그들에게 행해진 잘못된 일들을 솔직하게 인정하면서도 폭력과 복수를 단념하라고 호소했다. 폭력에 의지한다면 전보다 더욱 나쁜 상태가 될 것이라고 예언했다. 그는 폭동이 종교 개혁 운동에 불신을 불러오고 모든 일에 대해 자신에게 비난이 돌아올 것임을 내다보았다. 그는 농부들에게 당국에 복종하라고 충고했다. 그리고 무모한 순간에 '기독교도의 자유'란 농노제, 심지어 노예 제도와 아무런 모순이 되지 않는, 영적인 자유만을 의미하는 것으로 해석하라고 권고했다.

아브라함과 다른 장로들과 예언자들도 노예들을 두지 않았던가? 성 바울로가 하인에 대해 가르친 것을 기억하라. 그들은 당시에는 모두 노예들이었다. 그러므로 그대들의 세 번째 조문은 복음서에는 근거가 없다. …… 이 조문은 모든 사람을 평등하게 만들 것이다. ……

그리고 그것은 불가능한 일이다. 세속의 왕국은 그 안에 사람들의 불평등함이 존재하지 않는다면 존속될 수 없기 때문이다. 그러므로 어떤 사람은 자유롭고 어떤 사람은 감옥에 있고, 어떤 사람은 통치하고 어떤 사람은 백성인 것이다.

농민군 지도자들은 루터가 배신자라고 탄식하며 반란을 계속했다. 일부는 문자 그대로 평등의 꿈을 지녔다. 귀족들의 성을 파괴하고 그들도 농부나 시민처럼 살아야 한다고 여겼다. 귀족들은 말을 타고 다녀서는 안 된다. 그런 일은 그들을 동료 인간들보다 더 높이기 때문이다. 그리고 사제들은 공동체의 하인이지 주인이 아니며, 그들이 엄격하게 오로지 성서에만 붙잡혀 있지 않는다면 그들을 추방해야 한다. 도시 노동자들은 부자들이 관직을 독점하는 것과 부패한 관리들이 공금을 횡령하는 것, 그리고 임금은 그대로인데 요금은 오르는 것 등을 비난했다. 농민군 지도자 일부는 교회 재산을 몰수해 세속의 용도에 맞게 써야 한다고 제안했다. 모든 통행세와 관세가 철폐되어야 하며 제국 전역을 통해 하나의 화폐 및 도량형 제도가 시행되어야 한다고 주장했다.

1525년 봄에 열 곳이 넘는 곳에서 산발적으로 폭동이 일어났다. 하일브론, 로텐부르크, 뷔르츠부르크 등지에선 노동자 공동체가 도시 행정을 떠맡았다. 마인 강변의 프랑크푸르트에서는 승리한 농민 공동체가 앞으로 자신들이 평의회이며 시장이며 교황이며 황제라고 선포했다. 로텐부르크에서는 사제들이 대성당에서 쫓겨나고 성상聖像들이 파괴되었으며, 제단 하나가 파괴되고 성직자들의 포도주 창고가 폭도들에게 털렸다. 프랑켄 공국 거의 전부가 폭동에 가담했다. 저항에 대해 준비하지 못한 많은 귀족과 주교들은 개혁파가 요구하는 것을 받아들이기로 맹세하고, 그중 몇 명은 즉석에서 농노를 풀어주었다.

직급이 낮은 성직자들은 대부분 서열을 미워하고 있었기에 이 폭동을 지지했다. 다뉴브 강변에 위치한 라이프하임에서는 사제의 지휘를 받은 약 3000명의 농민들이 도시를 접수하고, 찾아낼 수 있는 모든 포도주를 마시고, 교회를 약탈하고, 오르간을 때려 부쉈다. 그들은 성직자 의상실에서 각반과 성직복을 찾아내 사제처럼 차려입고 제단에 앉았다. 슈바벤 동맹에 고용된 용병 부대 하나가 게오르크 폰 트룩세스의 지휘를 받고 있었는데, 이 부대는 도시를 포위하고 규율 없는 폭도들에게 겁을 주어 복종하게 만들었다. 다섯 명의 지도자들이 참수형을 당하고 나머지는 사면을 받았지만, 동맹 부대는 많은 농부들의 집을 불태웠다.

1525년 4월 15일 수난의 금요일에 메츨러, 가이어, 로르바흐 등이 이끄는 폭동군 세 부대가 바인스베르크(하일브론 근처)를 포위했다. 그곳을 통치하던 루드비히 폰 헬펜슈타인 백작은 특히 악명 높은 사람이었다. 농부 대표들이 성벽에 다가가 협상을 제안하였으나 백작과 그의 기사들은 기습적으로 대표단을 죽였다. 부활절 날에 공격군은 성벽을 허물고, 저항하는 군인 40명을 쓰러뜨렸다. 백작과 그 아내(뒷날 막시밀리안 황제의 딸)와 16명의 기사들이 포로로 잡혔다. 로르바흐는 창으로 무장한 농부들이 두 줄로 늘어선 가운데로 이 17명이 태형을 당하도록 만들었다. 백작은 몸값으로 전 재산을 내놓겠다고 제안했지만 이 제안은 임시방편이라는 이유로 거절되었다. 백작 부인은 엎드려 미친 듯이 울부짖으며 남편의 목숨을 살려달라고 간청했다. 로르바흐는 두 사람을 시켜 그녀를 일으켜 세우게 만들었다. 그녀는 복수의 제전을 목격했다. 백작이 단도와 창을 들고 늘어선 농부들 사이를 지나 죽음을 향해 걸어갈 때, 농부들은 그가 행한 잔인한 행동들을 상기시켰다. 한 사람이 소리쳤다. "내 동생은 네가 지나갈 때 모자를 벗지 않았다고 해서 지하감옥에 갇혔어." 다른 사람들이 소리쳤다. "넌 우리를 마소처럼 멍에에 묶고 부려먹었지." 또 다른 사람들이 소리쳤다. "내 아버지가 네 들판에서 산토끼를 잡았다고 아버지의 두 손을 잘랐어. …… 너의 말과 개와 사냥꾼들은 내 곡식을 짓밟았어. …… 우리에게서 마지막 한 푼까지 다 쥐어짰어." 다음 반 시간 동안 16명의 기사들이 비슷한 방식으로 영원한 휴식을 얻었다. 백작 부인은 수도원으로 물러나도록 허락되었다.

독일 거의 모든 지역에서 폭동이 일어났다. 수도원들은 약탈당하거나 높은 몸값을 지불하도록 강요받았다. 마인츠에서 알프레흐트 대주교는 폭동이 일어나기 전에 도망쳤지만 그의 대리인은 12개 조문에 서명하고, 1만 5000길더의 몸값을 지불한 뒤에야 겨우 목숨을 건졌다. 4월 11일에 밤베르크 사람들은 주교의 권한을 없애고, 그의 궁전을 약탈하고 불태웠다. 그리고 정통 신도들의 집을 약탈했다. 알자스에서는 폭동이 너무 빨리 퍼져나가 4월 말에는 모든 가톨릭교도 혹은 부유한 지주들의 목숨이 위태로워졌다. 4월 28일에 1만 명의 농부들이 슈트라스부르크 주교인 차베른을 공격했다. 그리고 수도원을 파괴하고 시市를 접수한 뒤 강제로 시민의 4분의 1을 자기들 편에 가입시켰다. 십일조 지불을 거부하고, 이후로 황제를 제외한 모든 관리들은 투표로 선출할 것이며, 해임에 응할 것을 요구했다. 브라이스가우의 프라이부르크에선 농부들이 궁전과 수도원들을 약탈하고, 도시에는 '복음의 형제단'에 가입하도록 강요했다. 같은 달인 5월에 농민군은 뷔르츠부르크 주교를 궁전에서 내쫓고, 그의 창고를 털어 축제를 베풀었다. 팔츠의 노이슈타트에서는 선제후 루드비히가 8000명의 무장 농민군에게 포위된 상태에서 그 지도자들을 저녁 식사에 초대하고, 그들의 요구에 기꺼이 응했다. 당시 누군가는 이렇게 기록하고 있다. "그곳에서 농노와 주인이 함께 앉아 먹고 마시는 것을 보았다. 그는 그들과 한마음이고 그들도 그와 한마음인 것 같았다."

이런 사건들 한가운데서 1525년 5월, 루터는 비텐베르크 인쇄소에서《강도질하고 살인하는 떠돌이 농민들에 반대함》이라는 글을 내놓았다. 그 과격함은 제후와 농부들, 성직자와 인문주의자들을 똑같이 깜짝 놀라게 만들었다. 격노한 폭도들의 과도함에 놀라고, 독일에서 법과 통치가 한꺼번에 뒤집어엎어질까 두려워서, 그리고 자신의 가르침이 이런 폭동의 물결을 풀어놓았다는 비난에 마음이 괴로워진 그는 솔직하게 법과 질서의 편을 들었다.

소란죄가 입증된 사람은 누구라도 하느님과 제국의 법 바깥에 있다. 그러므로 그를 죽이는 사람은 누구라도 올바르게 행한 것이다. …… 폭동은 나라를 살인과 유혈로 가득 채우고 과부와 고아들을 만들어내고, 위쪽에 있는 모든 것을 무너뜨린다. …… 그러므로 할 수 있는 사람은 누구나 폭동보다 더 나쁘고 해롭고 악마적인 것은 없다는 사실을 기억하고서 폭도를 남몰래 혹은 공개적으로 치고, 죽이고, 찔러도 좋다. 그것은 마치 우리가 미친개를 죽여야 하는 것과 같다. ……

그는 성서가 공산주의를 보증한다는 당시의 주장도 거부했다.

사도들과 신도들이 〈사도행전〉 4장에서 행한 것을 오로지 자유 의지에서 행하는 사람들의 경우를 제외하고 복음서는 재산을 공동의 것으로 만들지 않았다. 그들은 제정신이 아닌 우리 농부들이 하듯이, 다른 사람들, 즉 빌라도나 헤로데의 재산이 공동의 것이라고 주장하지 않고, 오로지 자신들의 재산만을 그렇게 했다. 그러나 우리 농부들은 다른 사람의 재산을 공동의 것으로 만들고, 자신들의 것은 자신들의 것으로 만들고 있다. 그것참, 훌륭하구나! 내 생각에 지옥에는 악마가 남아 있지 않을 것 같다. 그들은 모두 농부들 속으로 들어갔다.

그는 가톨릭 통치자들이 폭도들을 재판 없이 죽일 경우 용서할 것이라고 말했다. 개신교 통치자들에게는 기도와 뉘우침과 협상을 권고했지만, 농부들이 고집을 부릴 경우에는, 얼른 칼을 잡으라고 했다. 이 경우 제후나 통치자는 자신이 하느님의 심부름꾼이며, 하느님의 분노의 하인이라는 사실을(〈로마서〉 13장) 기억하라는 말과 함께 폭도들에게 사용하도록 통치자에게 칼을 맡겼다.

그가 벌을 내릴 수 있는데도 하지 않는다면, 설령 이런 형벌이 목숨을 뺏고 피를 흘리는 것일지라도 그는 폭도들이 행한 악행과 살인에 대한 책임이 있다. …… 그런 다음에도 통치자들은 아무 문제가 없을 것이며, 이는 양심적으로 행동한 것이다. …… 누구든 이것이 너무 가혹하다고 생각한다면, 폭도들이 참기 어려운 사람들이고, 아무 때라도 세계가 파괴될 처지에 있다는 사실을 기억하라.

재산을 소유한 계층이 폭도들에게 마침내 태도를 누그러뜨리기 시작한 시점에 이런 호소가 나왔다는 것은, 루터의 불운이었다. 종교 개혁가는 농민 전쟁의 진압을 위해 지나친 테러의 힘을 빌렸다. 프리드리히 선제후는 1525년 5월 5일 후계자에게, 온건하라는 충고를 남기고 죽었다. 그러나 후계자인 선제후 요한은 죽은 형이 지나치게 온건했다고 생각했다. 그는 자신의 군대를 거느리고 브룬스비크의 공작 하인리히와 헤센의 방백 필립 1세와 더불어 뮌히하우젠 외곽에 있는 뮌처의 야영지로 진군했다. 서로 대치한 두 진영은 오로지 숫자 면에서만 같았다. 양쪽이 각기 8000명의 병력으로 마주 섰다. 그러나 공작의 군대는 대부분 훈련받은 병사들이었고, 반란군은 멋대로 무장한 농민들에 지나지 않았다. 제후의 대포가 처음 발사되면서 수백 명이 쓰러지자, 겁을 먹은 반란군은 프랑켄하우젠으로(5월 15일) 도망쳐 들어갔다. 승리자들은 그들을 뒤쫓아가 5000명을 잡아 죽였다. 300명의 농민은 사형에 처했다. 그 아내들이 남편을 위해 자비를 청했으나, 그들은 반란자 편에 가담해서 용기를 준 사제의 머리통 둘을 박살 낼 경우에만 용서를 받았다.

승리한 제후들이 지켜보는 가운데, 그런 일이 실제로 일어났다. 뮌처는 사로잡혀서 고문을 받고, 자신의 길이 잘못되었음을 고백하고 참수되었다.

또 다른 제후의 병력을 지휘하고 있던 게오르크 폰 트룩세스는 뵈블링겐 시를 접수하고, 성벽 바깥쪽에 있는 반란군에게 대포를 쏘았다.(5월 11일) 이 대포에서 살아남은 농민들은 기사들의 칼에 죽임을 당했다. 이어 바인스베르크로 향한 트룩세스는 이 지역을 철저히 불태우고, '바인스베르크 학살'을 지휘한 반란군 지도자 예클라인 로르바흐를 천천히 통구이로 만들었다. 트룩세스는 계속해서 뷔르츠부르크를 탈환하고 81명의 반란군을 골라 머리를 베어 나머지에게 경고했다. 여기서 살아남은 사람 중에 괴츠 폰 베를리힝겐이라는 반란군 기사가 있었다. 괴테는 그의 전설을 초기의 희곡으로 만들었다.

알자스의 반란군은 립슈타인과 차베른에서 1000명에서 6000명을 죽임으로써 평정되었다. 5월 27일까지 알자스에서만 약 2만 명의 농민들이 죽었다. 어떤 지역에서는 공기 중에 시체 썩는 냄새가 진동했다. 마르그라프 카시미르는 항복하는 농민들 몇 사람의 머리를 베고 일부는 목매달았다. 죽이지 않는 경우에도 그들의 손을 자르거나 눈알을 뽑았다. 사려 분별이 있는 제후들이 보복의 잔인성을 줄였다. 한 귀족은 이렇게 경고했다. "모든 반란군을 다 죽이면 우리는 농사지을 농민을 어디서 구하나?"

농민 전쟁에서 발생한 생명과 재산의 손실은 오로지 30년 전쟁의 그것하고만 비교될 수 있다. 전쟁이나 앙갚음 과정에서 죽은 농민들만 13만 명에 이르렀다. 트룩세스가 고용한 형리는 자신의 손으로 1200명을 죽였다고 자랑했다. 농민들은 수백 군데의 성들과 수도원을 파괴했다. 수백 곳의 마을과 도시들이 주민이 줄거나 파괴되었고, 엄청난 보상금으로 가난해졌다.

5만 명이 넘는 집 없는 농민들이 큰길을 배회하거나 아니면 숲 속에 숨었다. 과부들과 고아들이 떼를 이루었지만, 동정을 베풀 만한 자비심이나 돈이 없었다. 오스트리아, 바덴, 헤센에서는 농부들을 위한 양보가 이루어졌다. 나머지 지역에서 농노제는 더욱 강화되었으며, 엘베 강 동부에서는 1800년까지 지속되었다. 가톨릭이나 개신교 진영에서 똑같이 지적인 발전은 중단되고, 출판물의 검열이 강화되었다. 인문주의는 불 속에서 시들었다. 육체와 문학, 예술에 나타난 르네상스의 즐거움은 신학과 경건주의, 그리고 죽음의 명상에 길을 비켜주었다.

농민들은 루터를 용서하지 않았다. 그들은 새로운 종교가 자신들의 이유를 정당화시켜주고, 또 희망을 주고 행동하도록 부추기고는, 결정적인 순간에 자신들을 버렸다고 생각했다. 그들 중 일부는 절망적인 분노 속에 시니컬한 무신론자가 되었다. 많은 사람들 혹은 그 자녀들이 가톨릭으로 되돌아갔다. 일부 사람들은 루터가 비난한 과격분자들을 추종했다. 그리고 신약 성서에서 공산주의의 권고를 들었다.

재세례파 공산주의

새로운 교파 중에서 가장 과격한 교파는 재再세례파라는 이름을 얻었다. 이는 그들이 어린 시절에 세례를 받았을 경우 어른이 되어 한 번 더 세례를 받아야 하고, 아니면 세례를 받는 사람이 기독교 신앙을 의식적으로, 그리고 자발적으로 받아들일 때까지 세례를 연기하는 것이 좋다고 주장한 데서 얻은 이름이다.

이들은 모든 폭력의 사용, 특히 정부에 의한 폭력 사용을 거부했다. 인간의 생명을 빼앗는 것은 언제나 죄가 되는 일이라는 이유에서 병역의 의무를 거부했으며, 제후나 황제에 대한 충성의 맹세를 제외한 모든 맹세를 거부했다. 보통 때의 인사는 "주님의 평화가 당신과 함께하기를"로 유대인이나 회교도의 인사말과 비슷하며, 퀘이커교도의 방식을 예고한 것이었다.

루터와 츠빙글리, 칼뱅, 녹스 등은 교황과 같은 입장으로 종교적 통일의 필요성을 주장한 반면, 재세례파는 종교적 관용을 실천하였고, 이들 중 한 사람인 발타자르 후브마이어는 우리에게 알려져 있는 한 최초로, 명백하게 관용을 옹호하는 글을 쓴 사람이다. 그들은 관청과 모든 종류의 소송을 피했다. 톨스토이보다 300년 전에 이미 톨스토이 방식의 무정부주의자들이었다. 그들 중 일부는 재산의 공유를 선언했다. 그들에 대한 적대적인 연대기를 믿어도 된다면, 일부는 아내까지도 공유公有할 것을 제안했다. 그러나 일반적으로 이 종파는 재산의 강제적 공유는 거부하였고, 다가오는 하늘나라에서는 공산주의가 자명하고 보편적인 것이 되리라는 희망으로 자신들을 달랬다. 그들은 그리스도의 재림에 대한 확고한 기대 속에 살았다. 그리스도는 하늘나라를 지상에 건설할 것이고, 그 나라에서는 선택받은 사람들이 법이나 결혼 없이 지상의 낙원에서 살 것이며, 모두를 위해 충분한 재물이 있을 것이라 여겼다.

재세례파는 1521년경에 스위스에서 처음으로 나타났지만, 취리히에서 지배적인 위치에 있던 츠빙글리가 그들의 삶을 힘들게 하자 독일로 이주했다. 그곳에서는 루터가 관습과 규율의 제방을 부수고, "모든 사람을 사제로" 만들고, 기독교도의 자유를 선포함으로써 그들을 위해 터전을 닦아놓은 듯 보였다. 아우크스부르크에서 이 교리는 방직 공장 노동자들 사이에서 빠르게 전파되었다. 티롤에서는 농민들의 봉기가 붕괴된 다음, 광부들 사이에서 빠른 속도로 퍼져나갔다. 그들은 광업주 푸거와 호흐슈테터 집안의 부와 자신들의 빈곤을 매일 목격하고 있었다. 슈트라스부르크에서 이 종파는 한동안 아무런 방해도 받지 않았다. 이 지역의 호전성은 개신교와 가톨릭 사이의 갈등에 집중되어 있었기 때문이다. 그러나 1528년에 나온 팸플릿 하나는 당국을 향해 "모든 재물이 공동의 것이어야 한다고 가르치는 사람"은 가난한 사람을 부자에게 맞서게 하고, 신하를 통치자에게 맞서게 하려는 생각 외에는 마음에 지닌 것이 없다고 경고했다. 그해에 카를 5세는 재세례파를 중대한 범죄로 규정한 명령을 내렸다.

슈파이어 제국 의회(1529)는 황제의 명령을 인정하고, 재세례파는 어디서든 짐승과 마찬가지로 재판 없이 즉석에서 처형하라고 명령했다. 세바스티안 프랑크에 따르면, 1530년까지 2000명의 재세례파가 죽임을 당했다고 한다.

이런 살해에도 불구하고 이 종파는 교세가 불어나 독일 이곳저곳에 퍼졌다. 프로이센과 뷔르템베르크에서는 몇몇 귀족들이 그들을 평화롭고 부지런한 농부들이라며 환영했다. 초기 루터교 역사가의 말에 따르면, 작센 지역에서는 베라 강 골짜기가 재세례파로 넘쳐났으며, 에르푸르트의 재세례파는 죽어가는 세상을 개종시키기 위해 자기들이 300명의 선교사를 파견했다고 주장했다.

아우스테를리츠에서 한스 후트와 그 추종자들은 공산주의 본부를 세웠는데, 거의 100년이나 존속했다. 땅을 소유한 귀족들은 이 종파 사람들이 양심적인 부지런함으로 땅을 부유하게 만든다고 해서 그들을 보호했다. 농사일은 공동체의 일이었다. 농사나 공예를 위한 재료들은 공동체 관리에 의해 공동 구매되고 분배되었다. 수익의 일부는 지주에게 지세로 납부되었고, 나머지는 필요에 따라 분배되었다. 사회적 단위는 가족이 아니라 대가족이었다. 대가족이란 400명에서 2000명의 사람들을 포함했으며, 공동 부엌, 공동 세탁장, 학교, 병원, 양조장 등을 갖추었다. 아이들은 이유기가 지나면 공동으로 양육했지만, 일부일처제는 유지되었다. 이들 공동체 사회는 30년 전쟁 중인 1622년에 나온 황제 칙서에 의해 억압을 받았다. 그들은 가톨릭을 받아들이거나 아니면 추방당했다.

네덜란드에서는 슈바벤 출신 구두 무두질 기술자 멜히오르 호프만이 재세례파 복음을 어느 정도 성공적으로 전파했다. 레이던에선 그의 제자 얀 마티스가 새로운 예루살렘의 출현을 오래 기다릴 필요가 없으며, 필요하다면 폭력을 써서라도 즉석에서 이루어야 한다는 결론을 내렸다. 그는 네덜란드 전역으로 열두 명의 사도를 보내 기쁜 소식을 전파하게 했다. 그들 중 가장 재능 있는 사람은 젊은 재단사 얀 보이켈스촌, 흔히 레이던의 존이라고 알려진 인물로 마이어베어의 오페라 〈예언자〉의 주인공이 되는 인물이었다. 그는 공식 교육을 받지 않았지만, 예리한 정신과 생생한 상상력, 잘생긴 외모와 훌륭한 언변, 단호한 의지를 갖추었다. 1533년 스물네 살에 그는 베스트팔렌의 부유하고 인구 많은 수도 뮌스터의 통치권을 장악한 재세례파를 돕도록 그리로 오라는 초대를 받아들였다.

그가 도착한 1534년 1월 13일, 이 도시는 프란츠 폰 발데크 주교가 이끄는 가톨릭 군대에 포위된 상태였다. 그는 저항군에 가담해서, 그곳 안전 위원회의 거의 절대적인 지도권을 확보했다.(1534년 4월 5일) 새로운 선거가 이루어졌다. 재세례파가 위원회의 통치권을 얻었고, 전시 경제 체제로 공산주의를 선택했다. 종교적 신앙과 존의 능변에 힘입어 시민들은 '사회주의 신정神政 체제'를 받아들였다. 그들은 계시록에 기록된 새로운 예루살렘이 실현되는 것을 보게 되리라는 희망을 가졌다.

존과 그 추종자들은 아마도 자신들의 불확실한 통치에 어느 정도 권위를 부여하기 위해, 부유한 망명자들이 남기고 떠난 화려한 의상을 입었다. 적개심을 가진 증언에 따르면, 그들은 "모든 재산은 공동의 것이어야 한다"고 포고했지만, 그것을 확실히 지키지는 않았다. 가난한 사람들이 필요로 하는 것을 공급하도록 세 명의 '집사'가 임명되었다. 그리고 이런 자선 사업을 후원하기 위해 아직 남아 있던 부유층은, 그들이 가진 여유분을 내놓도록 설득받거나 강요받았다. 도시 안에서 경작에 사용할 수 있는 토지는 각 가정의 크기에 따라 분배되었다. 어떤 포고령은 아내에 대한 남편의 전통적인 지배권을 확인해주고 있다.

공공 도덕은 엄격한 법률에 따라 통제되었다. 춤과 카드놀이와 종교 연극은 장려되었지만 감독을 받았다. 술 취하는 일과 도박은 심한 벌을 받았고 매춘은 금지되었다. 간통은 심각한 범죄였다. 남자들의 전쟁으로 여자들의 수가 많아지면서, 지도자들은 성서에 근거하여 노처녀들은 아내의 친구가 되어야 한다고 했다. 실제로는 첩을 뜻하는 말이었다. 존 자신도 첩을 몇 명 거느렸다.

독일과 네덜란드에서 많은 재세례파는 뮌스터 형제들이 폭력에 의지하는 것을 비난했지만, 그래도 다른 사람들은 이 혁명에 찬사를 보냈다. 쾰른, 트리어, 암스테르담, 레이던 등의 도시들은 재세례파 설교자들과 함께 이 운동의 성공을 빌었다. 3월 28일 뮌스터 폭동에 대한 응답으로 한 재세례파 집단이 서부 프리들란트의 수도원 하나를 접수해 요새로 만들었다. 이렇게 반란이 퍼져나가는 것을 보면서 가톨릭이나 개신교를 가리지 않고, 제국의 보수 세력이 재세례파를 진압하기 위해 동원되기 시작했다. 1528년 새로운 이단에 대해 관대하라고 권고했던 루터는, 1530년에는 이들을 '허풍선이'이며 혁명가라 보고, 그들에 대해 "칼을 사용"하라고 권고했다. 도시들은 차츰 발데크 주교와 그 군대에 돈과 사람을 지원했다. 보름스 제국 의회(1535년 4월 4일)는 독일 전 지역에서 뮌스터 공격을 재정적으로 지원하기 위해 세금을 거두기로 했다. 주교는 이제 도시를 포위하고 도시로 통하는 공급을 완전히 끊었다.

기근까지 겹쳐 사기가 떨어지는 것을 보고, 존 왕(레이던의 존)은 원하는 사람은 누구든 도시를 떠나도 좋다고 선포했다. 많은 여자들과 아이들 그리고 일부 남자들은 이 기회를 이용했다. 그러나 남자들은 주교의 병사에게 잡혀 갇히거나 살해당했다. 여자들은 다른 용도를 위해 목숨을 부지했다. 이민자 한 사람은 도시 성벽 중에 방어되지 않는 부분을 포위군에게 보여주기로 하고 목숨을 구했다. 그의 안내를 받은 주교의 군대가 성벽을 기어올라 도시의 성문을 열었다.(6월 24일) 곧 몇몇 부대가 도시로 밀려들어왔다. 기근이 이미 그들이 할 일을 많이 처리한 상태였다. 겨우 800명이 무장하고 있었다. 그들은 시장에 바리케이드를 쳤다. 그런 다음 뮌스터를 떠날 안전 통행증을 약속받고 항복했다. 무기를 내려놓자 그들은 한꺼번에 살해당했다. 진압군은 집들을 탐색해서 찾아낸 400명을 더 죽였다. 레이던의 존과 그의 추종자 두 사람은 나무 기둥에 묶였다. 붉게 달군 집게가 그들의 몸을 지졌다. "시장에 서 있던 거의 모든 사람들이 그 냄새로 구역질이 날 정도"가 되었다. 마지막에 단검이 그들의 심장에 박혔다.

   주교는 자신의 도시를 탈환하고 이전의 권력을 더욱 강화했다. 이후로 시민 관청은 주교의 거부권에 종속되었다. 가톨릭은 당당하게 권위를 회복했다. 제국 전역을 통해 재세례파는 폭력 사용의 죄를 거부했다. 그런데도 수많은 평화주의 이단자들이 처형당했다. 루터와 멜란히톤은 헤센의 필립에게 이 종파의 추종자들을 모두 죽이라고 권고했다. 재세례파는 국가가 참아주는 만큼만 경건하고 평화로운 삶을 취했다.

   메노 시몬스라는 가톨릭 사제가 재세례파로 개종했다. 그는 네덜란드와 독일 동료들에게 현명한 지침을 내려주어 '메노 일파'는 모든 난관을 뚫고 살아남아 네덜란드, 러시아, 아메리카 등지에서 성공적인 농업 공동체를 만들어냈다. 대륙의 재세례파와 영국의 퀘이커 혹은 미국의 침례교파 사이에 그 어떤 명료한 제휴의 흔적은 없다. 그러나 전쟁과 맹세를 거부하는 퀘이커들의 태도와 어른이 되어서야 세례를 받는 침례교의 주장은, 어쩌면 재세례파가 스위스, 독일, 네덜란드 등지에서 만들었던 것과 동일한 행동 지침에서 나온 것일지도 모른다. 재세례파의 한 분파는 1719년 독일에서 펜실베이니아로 이주해 독일 타운 근처에 정착했다. 동부 펜실베이니아에 있는 아미시 신도들은(17세기의 야콥 아멘이라는 지도자의 이름에서 유래) 아직도 공식적으로 면도칼, 단추, 철도, 자동차, 동영상, 신문, 트랙터 등을 거부하고 있다. 그러나 그들의 경작지는 미국에서 가장 깔끔하고 가장 번창하고 있다.

곤경, 빈곤, 순교 등을 통해 재세례파를 후원하는 신학 사상은 오늘날 우리의 덧없는 철학과는 잘 어울리지 않지만, 그래도 성실함과 헌신, 친절함 등으로 우리 전통을 풍부하게 해줄 뿐 아니라 더러워진 인간성을 구원했다.

승리한 종교개혁(1525~1555)

종교 개혁이 독일에서 성공했다면 그것은 아마도 황제 카를 5세, 교황 레오 10세, 하드리아노 6세, 클레멘스 7세가 기독교 세계의 최고 권위를 놓고 경쟁을 벌였기 때문일 것이다. 그리고 독일 제후들이 독일 신도들이 낸 돈을 로마보다는 자신들이 더 낫게 사용할 수 있으리라고 생각한 탓이었다. 이탈리아와 프랑스가 전쟁으로 바쁜 틈을 타서, 독일 사람들은 교회의 비싼 요구를 물리치고, 선제후들은 한 사람씩 황제에 동의했다.

에라스무스는 놀라고 슬퍼하면서 유럽이 신학과 전쟁으로 찢어지는 것을 바라보았다. 그는 루터 반란의 초기 국면을 후원했지만, 그것이 유럽의 사회적 기둥의 하나인 가톨릭교회의 붕괴를 가져오려 했을 때, 그로부터 멀어졌다. 그는 루터를 위해 길을 여는 데 동참했다. 그의 《어리석음 예찬》은 당시 유럽을 통해 수천 부가 전파되면서 수도사와 신학자들을 비웃었고, 루터의 둔중한 폭발을 위해 폭발 지점을 제공했다.

가톨릭 교도들이 그가 낳은 알을 루터가 부화시킨 것이라고 비난하자, 그는 동의했다. "그래요. 하지만 내가 낳은 알은 암탉이었는데, 루터가 부화시킨 것은 싸움닭이었단 말이오." 그는 기독교가 적대적 진영으로 분열되는 것을 보고, 유럽이 1세기나 후퇴하지는 않을까 두려워하였다(독일에서는 17세기에 실제로 그렇게 되었다).

루터가 그에게 지속적인 우정을 호소했을 때(1519년 3월 18일), 그는 루터에게 전쟁의 개를 풀지 않게 조심하라고 답변했다. 그러면서 그는 프리드리히 선제후에게 이 반란자를 보호해달라고 요청하는 편지를 보냈다. 가난한 학자들이 그렇듯, 그는 교황의 연금과 영국의 한가한 사제직을 기억하고, 자신의 평화를 지켰다.

어찌 되었든 독일 제후국들이 로마 공동체에서 탈퇴하는 일이 점차 빨라졌다. 1546년에 루터는 예순세 살의 나이로 죽었다. 많은 질병과 고통을 겪은 뒤였다. 그의 복음은 멜란히톤에 의해 조용히 계속되었다. 그리고 선제후들의 보호를 받았다. 가톨릭인 황제가 비용이 많이 드는 전쟁과 점차 늘어나는 근심, 그리고 노년의 병으로 인해 힘이 줄어들수록, 그들의 힘은 커졌다. 1555년 아우크스부르크 제국 의회에서 카를 5세는 독일 선제후들의 요구를 대부분 수용했다. 제후들은 자신들의 종교를 선택할 권한을 가졌다. 그들이 자유롭게 선택한 종교는 시민들에게는 의무였다. 종교적 관용을 위한 겉치레 따위는 없었다. 종교 개혁이 반란의 광희狂喜 속에 내렸던 개인적 판단의 권한은 이제 포기되었다. 서로 싸우는 종교적 신념이 그토록 많다면, 유럽의 정신이 위협받을 것이기 때문이다. 그러나 불만을 가진 사람은 한 국가의 공식 종교가 자신의 종교에 잘 들어맞는 제후국으로 이주할 자유를 얻었다.

아니면 그런 시민은 민족의 장벽을 깨고, 스위스에서 취리히의 츠빙글리와 제네바의 칼뱅 사이에서 개신교 신앙을 선택할 수 있었다. 아니면 바다를 건너 존 녹스가 이끄는 스코틀랜드 칼뱅주의에 합류하거나, 헨리 8세가 이끄는 영국 국교회에 합류할 수도 있었다.

독일에 있는 몇몇 인문주의자들의 비밀스러운 이단이나, 몇몇 이탈리아인 혹은 영국인의 조용한 회의주의만이 이러한 절대적 교리들 한가운데서 정신의 자유를 유지했다.

Chapter 20

가톨릭 종교 개혁

가톨릭 개혁가들

많은 이탈리아 사람들이 도덕적 통솔력과 교리 개혁이라는 점에서 가톨릭교회가 퇴보하고 있음을 한탄했다. 비기독교 국가들과 이탈리아 무역 중심지인 베네치아에선 회의주의가 번창하고, 성직 계층에 대한 비판이 인기 있었다. 추기경 카라파는 교황 클레멘스 7세에게(1532), 베네치아에서는 극소수의 남자들만 고해 성사를 한다고 보고하고 있다. 클레멘스 교황 자신도 '루터 이단'이 이탈리아의 성직자와 일반인 사이에 광범위하게 퍼져 있다고 말한다. 루이 12세의 딸이자, 페라라의 통치자 에르콜레 데스테의 아내인 르네는 공공연한 개신교도로, 칼뱅을 손님으로 맞아들이기까지 했다. 모데나, 루카, 로마 등지에서 학식 높은 아카데미들은 많은 이단자들을 포함하고 있었으며, 그들 중 일부는 루터보다 훨씬 더 회의적이었다.

그러나 이탈리아가 개신교가 되는 것은 물론 불가능한 일이었다. 사람들은 아무리 성직자에 반대한다 해도, 그리고 교회에 가지 않는다 해도 일반적으로 종교심이 강했다. 그들은 계절에 따른 의식들을 좋아하고, 도움을 주거나 위안을 주는 성인들을 좋아했다. 그리고 가난한 집에서 태어난 자신을 상상할 수 있는 한 최고 연극의 절정으로 데려가는 신앙, 그러니까 그리스도의 죽음을 통해 추락한 인간이 구원받는다는 믿음에 대해 의문을 품는 일이 드물었다.

교황청의 부유함은 대대로 물려받은 이탈리아의 보물이며 확정된 이익이었다. 어떤 이탈리아 사람이든 공물을 받아들이는 이 기관을 끝장내자는 제안을 했다가는, 대부분의 이탈리아 사람들에게 미친 사람 취급을 받았다. 상류층은 중부 이탈리아에서의 정치권력을 두고 교황청과 싸움을 벌였다. 하지만 그들은 사회 질서이며 평화로운 통치를 위한 확고한 수단인 가톨릭을 소중히 여겼다. 그들은 이탈리아 예술의 영광이 교회의 전설에서 영감을 얻고, 교회 재산의 후원을 받아 교회와 하나로 묶였음을 알고 있었다. 가톨릭 종교 자체가 예술이 되었다. 감각적인 요소들이 금욕적이고 신학적인 요소를 없애버렸다. 스테인드글라스 · 향내 · 음악 · 건축 · 조각 · 회화 · 연극까지 이들은 모두 교회 안에 있으며, 교회에 관한 것이고, 그 경이로운 융합 속에서 이 모든 것들은 교회와 뗄 수가 없는 것으로 여겨졌다. 이탈리아 예술가와 학자들은 가톨릭에서 개종할 필요가 없었다. 그들이 가톨릭 자체를 학문과 예술로 개종시켰기 때문이다.

수백, 수천 명의 학자와 예술가들이 주교, 추기경, 교황 들의 후원을 받았다. 수많은 인문주의자들, 일부 예의 바른 회의론자들은 교회의 높은 지위까지 올라갔다. 이탈리아는 얻을 수 있는 아름다움을 너무나도 사랑했기에, 얻을 수 없는 진리를 위해 그것을 망칠 수가 없었다. 저 광신적인 튜턴 사람들(루터와 멜란히톤)이나 제네바의 심술궂은 사람(칼뱅), 아니면 영국 옥좌에 있는 잔인한 통치자(헨리 8세)는 진리를 찾았나? 저들 개혁가들은 대체 무슨 우울한 헛소리를 지껄이는 것인가. 이탈리아의 지식인 계층이 방금 지옥과 저주를 깡그리 잊어버렸는데 말이다!

이탈리아의 논의는 교회 안에서의 개혁에 대한 것이었다. 그리고 충성스러운 교회 사람들은 벌써 수백 년 동안이나 교회 개혁의 필요성을 인정하고 선언했다. 종교 개혁의 발발과 전개는 이제 이런 필요와 요구에 새로운 절박함을 부여했다. "수많은 글과 캐리커처에서 엄청난 욕설이 성직 계층에 쏟아졌다." 로마 유린(1527)은 두려움에 사로잡힌 추기경과 주민들의 양심과 수입에 타격을 입혔다. 100명의 사제들은 이 재앙이 하느님에게서 온 것이라고 선포했다. 스타필레오 주교는 1528년에 교황청 법정에서 개신교도의 말투로, 하느님께서 기독교의 수도를 내리친 이유를 설명했다. "모든 살이 썩었기 때문이다. 우리 시민들은 성스러운 도시 로마의 시민이 아니라, 부정부패의 도시 바빌론의 시민이다." 루터의 말처럼 들린다.

바오로 3세의 재임 초기에 유명한 법률학자 조반 바티스타 카치아는 교황에게 교회 개혁에 관한 논문을 선물했는데, 서문에는 이런 글이 들어 있었다. "성스러운 어머니 교회가 너무나 변해서 더는 복음의 특성을 갖지 않은 것처럼 보인다. 교회에서 겸손, 절제,

자제, 사도들의 강인함 등은 흔적조차 찾을 수가 없다." 바오로 교황은 이 논문이 자신에게 헌정되는 것을 받아들임으로써 자신의 견해를 보여주었다. 1534년 11월 20일 그는 피콜로미니, 산세베리노, 체시 추기경들에게 교회의 도덕 개혁 프로그램을 만들라고 명했다. 1535년 1월 15일에는, 1513년 레오 10세의 개혁을 다시 시행하라고 명했다. 그러나 교황청의 정책과 황제의 정책에 말려들고, 터키의 진입으로 위협을 받은 위기 상황에서 과격한 개혁으로 교황청의 기능이나 구조를 교란시키는 것이 내키지 않았던 바오로 교황은 활발한 개혁을 연기했다. 하지만 그가 추기경으로 임명한 사람들은 거의 모두 통합과 헌신으로 유명한 사람들이었다.

  내부 개혁 운동은 카라파가 교황 바오로 4세가 되면서(1555) 승리를 거두었다. 공식 허가나 명백한 필요성 없이 수도원을 비운 수도사들은 즉시 돌아오라는 명령을 받았다. 1558년 8월 22일 밤, 교황은 로마의 모든 성문을 잠그고, 돌아다니는 수도사들을 체포하라고 명령했다. 교황청 소속 국가에서 비슷한 일들이 뒤를 이었다. 일부 위반자들은 갤리선으로 보냈다. 수도원들은 자리를 비운 수도사들을 후원하기 위해, 수도원 수입을 이용할 수 없게 되었다. 고정된 직위에서 교황청을 위해 실질적으로 봉사하지 않는 주교들과 수도원장들은 각기 자신들이 소속된 곳으로 돌아가라는 명령을 들었고, 그렇지 않으면 수입을 박탈당했다. 여러 개의 성직록을 받는 일도 금지되었다. 교황청의 모든 분과들은 성직에 임명되면서 성직 매매의 의심을 받지 않도록 하라는 명령을 받았다. 로마는 이제 외적인 경건함과 도덕성이라는, 천성에 어울리지 않는 분위기를 당연하게 받아들였다. 이탈리아에서(이탈리아를 넘어서는 덜 활발하게) 교회는 성직자들과 그 도덕성을 개혁했다. 원래의 교리는 일부러 건드리지 않은 채 이루어진 일이었다.

성 테레사

수도원 개혁가들 중에 스페인 출신인 아빌라의 테레사는 독특한 사람이었다. 그녀의 아버지는 아빌라의 기사였다. 그는 도덕적 청렴함과 교회에 대한 헌신을 자랑스럽게 여겼다. 밤이면 가족에게 성인들의 생애에 관한 글을 읽어주었다. 어머니는 병약한 사람으로 기사들의 사랑 이야기로 고통을 달래곤 했다.

　테레사의 어린 시절 환상은 낭만적인 사랑과 성스러운 수난 사이에서 흔들렸다. 그녀의 아름다움이 피어나자 숭배자들이 생겨났다. 그녀가 그들 중 한 사람과 사랑에 빠지자 아버지는 그녀를 수녀원으로 보냈다. 그곳에서 그녀는 일종의 간질 발작을 얻었는데 그로 인해 육체적으로 쇠약해졌다. 아버지는 그녀를 수녀원에서 데리고 나와 시골에 사는 이복 언니의 집에 머물게 했다. 그곳으로 가는 길에 삼촌 한 사람이 그녀에게 성 히에로니무스의 책을 한 권 선물했다. 그 생생한 편지들은 지옥의 고통을 묘사하고, 남자와 여자 사이의 희롱을 영원한 저주의 길로 표현하고 있었다. 테레사는 두려움에 빠졌다. 1534년에 그녀는 아빌라로 돌아와 그곳 카르멜 수녀원에 들어갔다.

　한동안 그녀는 미사와 집단 기도, 그리고 고해 성사가 반복되는 일과 속에서 행복을 느꼈다. 그녀의 낭만적 상상력은 이제 종교적 황홀경으로 바뀌었다. 성찬식을 할 때 그녀는 성찬용 빵을 받으면, 정말 그리스도가 자기 혀를 건드리고 이어 자기 핏속으로 들어가는 것을 느꼈다.

종교적인 느낌이 강해질수록 그녀는 점점 더 수녀원의 해이한 기강 때문에 마음이 괴로웠다. 수녀들은 수녀원의 작은 방이 아니라 안락한 방에서 살았다. 그들은 금식 기간에도 좋은 음식을 먹었고 목걸이, 팔찌, 반지 등으로 치장했다. 그리고 응접실에서 방문객을 받아들이고 수녀원 밖에서 긴 휴가를 즐겼다.

테레사의 발작은 계속되었다. 그것은 짧지만 고통스러운 마비로 변했다. 그러다가 마지막에는 침대에 묶이고 말았다. 그녀는 모든 의약품을 거부하고 오직 기도에만 의존하기로 결심했다. 3년 동안 고통받으며 기도했다. 그런 다음 1540년 어느 날 아침에 깨어나자 마비가 풀려 있었다. 그녀는 일어나서 걷고 매일같이 수녀원 식사에 동참했다. 그녀의 치유는 기적이라고 찬양되었으며, 그녀 자신도 그렇게 믿었다. 환상은 계속되어 이제는 종교적 황홀경의 형태가 되었다. 그러한 환상 가운데 하나는 그녀에게 "대단히 아름다운 천사가 황금으로 된 기다란 화살을 던진 것"이었다. 끝에 불이 붙은 화살이었다. "그것은 여러 번이나 나의 심장을 관통했다. 그러다가 나의 내장에 닿았다. 고통이 너무나 생생해서 나는 크게 신음소리를 냈는데, 그것은 또한 아주 달콤한 것이어서 나는 거기서 빠져나오고 싶지 않았다." 성 테레사가 쓴 글에서 이것과 또 다른 구절들은 정신 분석을 필요로 하는 것이겠지만, 누구도 이 성인의 성실함을 의심할 수는 없다. 그녀는 자신이 하느님을 보았고, 가장 난해한 문제들이 이런 환상 속에서 명백해졌다고 믿었다.

이런 환상으로 무장한 테레사는 쉰여덟 살이 되던 해에 카르멜 수도회를 개혁하기로 결심했다. 그녀는 새 수도회를 조직하고 절대 빈곤을 받아들이기로 결심한 수녀와 수습 수녀들을 그곳으로 데려가기로 했다. 원래 카르멜 수도회 수도사들은 거친 삼베옷을 입고 언제나 맨발에 아주 검소한 음식을 먹고 자주 금식했다. 테레사는 이제 맨발의 카르멜 수도회원들에게 그와 비슷한 계율을 그 자체가 목적이 아니라, 이 일시적인 세상에 대한 겸손과 거부의 상징으로 여기라고 요구했다. 숱한 방해들이 나타났다. 아빌라 사람들은 이런 계획이 수녀와 그 친척들 사이의 의사소통을 끝낼 것이라고 해서 반대했다.

교단의 지방 책임자인 주교는 이런 실험을 위한 허가를 내주지 않았다. 그러자 테레사는 교황 비오 5세에게 청원하여 그의 동의를 얻었다. 네 명의 수녀가 함께 가겠다고 나섰다. 성 요셉의 새 수도원이 1562년에 아빌라의 좁은 길에 봉헌되었다. 수녀들은 밧줄로 만든 샌들을 신고 짚더미 위에서 자고 고기는 먹지 않고 엄격하게 집 안에 머물렀다.

테레사의 규칙은 명랑하고 단호하게 사랑하는 것이었다. 수녀원은 속세를 향해 닫혔다. 창문들은 천으로 가렸고 타일 덮인 바닥이 침대, 식탁, 의자 등으로 쓰였다. 벽에는 돌아가는 회전판이 만들어져 있었다. 수녀들은 알지 못하는 사람들이 그 위에 놓아둔 것을 감사하며 받았으나, 구걸할 수는 없었다. 그들은 바느질과 뜨개질을 해서 생계를 이어갔다. 이렇게 만든 제품은 수녀원 문 바깥에 놓아두었다. 누구든 원하는 것을 가져가고, 그 대가로 놓아두고 싶은 것을 놓아두었다. 이렇게 가난한 생활에도 불구하고 새로운 회원들이 찾아왔다. 그들 중 한 사람은 아빌라에서 가장 아름답고 예의 바른 여성이었다.

 카르멜 수도회의 총장은 아주 깊은 인상을 받고 테레사에게 스페인의 다른 곳에 비슷한 집들을 세워달라고 요청했다. 1567년에 그녀는 몇 명의 수녀들와 함께 거친 마차를 타고 110킬로미터 떨어진 곳으로 가서, 메디나델캄포에 맨발의 카르멜 수녀원을 세우려 했다. 그녀에게 주어진 유일한 집은 황폐하게 허물어진 건물에 벽은 부스러지고 지붕은 샜다. 그러나 그곳 사람들은 수녀들이 그 안에서 살려고 하는 것을 보자, 청하지도 않았는데 목수와 지붕 이는 사람들이 와서 돈도 받지 않고 수리를 해주고 간단한 가구를 들여놓았다.

 여행과 고난의 한가운데서 테레사는 신비로운 헌신에 대한 유명한 책을 썼다. 이들 중 한 곳에서 그녀는 육체의 질병이 되돌아왔음을 밝히고 있다. "내 두뇌 안에서 많은 부풀어 오른 강들이 덤벼들어 낭떠러지로 쏟아지는 것 같다. 물소리에 잠기지도 않은 채 다시 새들이 노래하고 휘파람을 분다. 나는 뇌를 지치게 해서 두통이 악화되었다." 그녀의 발작이 다시 시작되었고, 위장은 음식을 받아들이기가 어려웠다. 그런데도 그녀는 수녀원들을 옮겨 다니면서 검토하고 개선하고 영감을 주었다. 말라가에서 그녀는 발작에 사로잡혔다. 회복되자 톨레도로 갔고, 그곳에서 또다시 발작을 일으켰다. 다시 회복되자 세고비아로, 바야돌리드로, 부르고스로, 알바데 토르메스로 갔다. 폐의 출혈이 그녀의 발걸음을 멈추게 만들었다. 그녀는 자신이 고통과 악의 세계를 떠나 그리스도의 영원한 친구가 되기 위해 떠난다고 확신하며, 즐거운 마음으로 죽음을 받아들였다.

그 사이 더욱 유명한 성인이 스페인 땅에 나타나 교회를 개혁하고 세상을 움직였다.

이그나티우스 로욜라

그는 1491년 바스크 지역에 있는 로욜라 성에서 태어났다. 병사가 되도록 양육되었고, 종교에는 조금도 관심이 없었다. 그의 독서는 거의 기사들의 연애 이야기에 국한되었다. 그는 스페인의 새 왕비 제르멘 드 푸아를 사랑하게 되었다. 그녀를 자기 '마음의 여왕'으로 삼고 마상 창 시합에서 승리하여 그녀의 손에서 레이스 손수건을 얻기를 꿈꾸었다.

자서전에서 그는 자기가 병사 생애에서 통상적인 위안보다 덜 고상한 사랑에 빠졌다고 고백했다. 프랑스군이 팜플로나를 공격했을 때, 그곳을 방어하기 위해 열렬히 싸웠다. 오른쪽 다리에 심한 부상을 입었고, 불완전한 수술로 오른쪽 다리가 짧아졌다. 가족의 성에서 오랜 회복 기간을 지내며 책을 구해달라고 부탁했다. 구할 수 있었던 것이라곤 《예수의 생애》와 《성인전》뿐이었다. 그것은 성인들의 고통을 상기하고 찬양하는 책이었다. 그는 용감함에서 그들과 같아지겠다고 결심했다. 다리가 낫자마자 회교도에 맞서는 기독교 군대를 지휘할 셈이었다. 스페인 신앙의 집중력은 성 도미니크의 경우처럼 이 사람에게서도 조용한 헌신이 아니라, 성전聖戰을 위한 완전한 헌신을 만들어냈다.

그는 그리스도가 최후의 만찬에서 사용했다는 성스러운 잔이 바르셀로나 지방에 있는 몬세라트 성에 감추어진 적이 있다는 이야기를 읽었다. 모든 이야기 중에서 가장 유명한 이 성배聖杯 이야기에 따르면, 그곳에서 아마디스가 밤새 불침번을 서고 있을 때, 성모의 모습이 나타나더니 그가 기사 작위를 받을 수 있도록 준비를 해주었다고 한다. 여행을 할 수 있게 되자마자 이그나티우스는 노새를 타고 멀리 있는 성물聖物 함을 향해 길을 떠났다. 몬세라트에 도착하자 사흘 동안 고해 성사와 참회로 자신의 영혼을 깨끗이 하고, 값진 의상을 거지에게 주고 거친 순례자의 의상을 입었다.

그는 1522년 3월 24일에서 25일 밤을 혼자 보냈다. 베네딕트 수도원의 예배당에서 성모의 제단 앞에 무릎을 꿇거나 선 자세였다고 한다. 항구적인 순결과 빈곤을 맹세했다. 다음 날 아침 성체를 받은 후, 노새는 수도사들에게 주고 다리를 절면서 예루살렘을 향해 떠났다.

1523년 2월, 바르셀로나에서 배를 탔다. 2주 동안 로마에 머물다가 그곳의 이교적 정신이 자기 마음에서 거룩함을 없애기 전에 도망쳤다. 7월 14일에는 베네치아에서 야파로 가는 배를 탔다. 온갖 재난을 겪은 끝에 팔레스타인에 도착했지만 그의 환상들이 그를 지켜주었다. 예루살렘 자체가 하나의 고난이었다. 예루살렘을 장악한 터키 사람들은 기독교 방문객들에게 문을 열어주기는 했지만, 전도만은 금지했다. 그가 회교도들을 개종시키려 하자 교황이 이곳의 평화를 유지하려고 파견한 프란시스코 주교가 유럽으로 돌아가라고 명령했다. 1524년 3월에 그는 바르셀로나로 돌아왔다.

그는 아마도 이제 자기 육체를 장악하기는 했지만, 환상의 노예가 되었다고 느꼈던 것 같다. 교육으로 마음을 단련시키기로 결심한 그는 서른세 살의 나이로 소년들과 함께 라틴어를 공부했다. 그러나 가르치고자 하는 열망이 배우고자 하는 열의보다 더 강했다. 머지않아 이제 스콜라 방식으로 이그나티우스(원래 이름 이냐치오)라고 불리게 된 그는 경건하지만 매력적인 여성들에게 설교를 시작했다. 하지만 여자들의 애인들은 그가 즐거움을 망치는 사람이라 비난하며, 그를 잔인하게 두들겨 팼다.

스페인에 실망한 그는 파리로 떠났다. 언제나처럼 맨발에 순례자 복장을 하고 떠났지만, 이번에는 그의 앞에서 나귀 한 마리가 책을 싣고 갔다. 파리에선 구빈원에 살면서 음식과 수업료를 벌기 위해 길거리에서 구걸했다. 그는 몽테귀 대학에 들어갔다. 그곳에서 야위고 창백한 얼굴, 굶주린 몸, 다듬지 않은 수염, 낡은 의상은 못마땅하게 여기는 눈길을 끌어들였다. 그러나 그가 자신의 목표를 너무나 열심히 추구하자 몇몇 학생들이 그를 성인으로 숭배하기 시작했다. 그의 지도 아래 그들은 기도, 참회, 명상의 영적인 운동에 참여했다. 1529년에는 생트바르브 대학교로 옮겼다. 그곳에서도 제자들이 생겼다. 그의 룸메이트 두 사람은 서로 다른 길을 통해 그의 거룩함을 믿게 되었다. 피에르 파브르는 진짜의, 혹은 미신의 두려움에 사로잡혀 몹시 고통을 받았다. 이그나티우스의 영향 아래 그는 항구적인 순결을 맹세했다. 다른 룸메이트인 프란시스코 사비에르는 로욜라가 병사로 전투를 치렀던 팜플로나 출신이었다. 그는 빛나는 조상들의 후손이었다. 잘생기고 부유하고 자부심 강하고 즐거운 젊은이로서, 파리의 선술집과 그곳의 여자들을 잘 알았다. 게다가 공부도 잘했다. 이미 석사 학위를 가지고 있었고 박사 학위를 위해 공부하던 중이었다. 어느 날 그는 얼굴에 매독 두창이 난 사람을 보았다. 그것이 그를 멈칫하게 만들었다. 한번은 프란시스코가 세상에서 빛나고자 하는 자신의 야망을 설명하고 있을 때, 이그나티우스가 그에게 성서를 인용하여 질문했다. "사람이 온 세상을 얻고도 그 영혼을 잃으면 무슨 득이 있겠는가?" 사비에르는 이 질문을 잊을 수가 없었다. 그는 로욜라와 파브르의 영적인 운동에 동참했다.

  그들은 자신들을 채찍질하고, 금식하고, 얇은 셔츠만 입고, 불도 때지 않은 방의 마룻바닥에서 잠자고, 맨발에 거의 알몸으로 눈 속에 서서 육체를 단련시켜 정복했다. 이그나티우스는 이런 훈련을 오래된 베네딕투스 방식에서 얻어왔지만, 그가 거기에 감정과 상상력의 열정을 부어 넣어 그의 작은 책자는 현대 역사에 감동적인 힘을 갖게 되었다.

  평생 동안의 헌신을 향한 그들의 외침을 듣고, 파리에서 벌써 아홉 명의 학생들이 그것을 받아들였다. 그는 정해진 때에 모두 함께 팔레스타인으로 가서 그곳에서 가능한 한 그리스도의 삶과 가까운 삶을 살자고 제안했다. 1534년 8월 15일 로욜라, 파브르, 사비에르

그리고 일곱 명의 다른 사람들이 몽마르트르의 작은 예배당에서 순결과 빈곤의 맹세를 했다. 그리고 2년 동안 더 공부한 다음, 성지로 가서 그곳에서 살기로 맹세했다. 1536년에서 1537년 겨울에 그들은 걸어서 프랑스를 지나 알프스를 넘어 이탈리아를 지나 베네치아에 이르렀다. 그곳에서 그들은 야파로 가는 여객선을 찾아내기를 바랐었다. 그러나 베네치아는 터키와 전쟁 중이어서 여행은 불가능했다. 로욜라와 그 제자들은 1년 동안 기다려보고도 팔레스타인으로 가는 길이 막혀 있으면 교황에게 가서 그가 정해주는 어떤 일이든 하기로 했다. 1537년 가을에 로욜라, 파브르, 라이네츠는 베네치아를 떠나 로마로 가서 자신들의 계획에 대해 교황의 승인을 요청했다. 그들은 걸어서 여행을 하고 음식을 구걸했으며, 거의 빵과 물로만 살았다. 그러나 길을 가면서 행복하게 노래를 불렀다. 마치 이 적은 수가 곧 강력하고 빛나는 조직으로 성장할 것을 미리 안 것 같았다.

그들은 교황 바오로 3세의 영접을 받았다. 그리고 팔레스타인으로 가지 말라는 권고를 받았다. 그들은 예수회를 조직해 무신앙과 교회를 해체시키려는 다른 힘들에 맞선 전쟁에서 병사 노릇을 하기로 했다. 새로운 회원들을 맞아들이게 되자, 원칙과 규율을 정하는 것이 바람직한 일이 되었다. 순결과 청빈의 계율에 복종의 계율을 덧붙였다. 교황 다음으로는 자신들이 선출한 '총장'에게 복종한다는 의미였다.

네 번째 계율은 "로마 교황을 지상에서의 하느님의 대리인으로 섬긴다"는 것이었다. 이 세상 어디에서든 "즉석에서 망설이거나 평

Chapter 20 가톨릭 종교 개혁 — 481

계를 대지 않고 현재의 교황이나 그 후계자들이 영혼의 이익이나 신앙의 전파를 위해 자신들에게 어떤 일을 명령해도 행한다"는 것이다. 1539년 로욜라는 콘타리니 추기경에게 이런 수도회 조직 조항들을 교황에게 제출해달라고 부탁했다. 교황은 모든 반대를 물리쳤다. 1540년 9월 24일 교서를 통해, '예수회'라고 칭한 수도회가 설립되었다.

1541년 4월 17일, 이그나티우스는 새 수도회의 총장으로 선출되었다. 그 후 며칠 동안 그는 접시를 닦으면서 가장 비천한 일들을 행했다. 1547년에서 1552년 사이에 그는 예수회 규칙들을 작성했다. 이것은 약간의 수정만 겪은 채, 오늘날까지도 예수회 규칙이 되고 있다. 그는 장식 없는 작은 방에서 엄격한 권위와 대단한 기술을 가지고 유럽의 모든 구석과 지구의 다른 지역에 있는 이 작은 군대의 운동을 지휘했다. 점점 커지는 수도회를 통치하고, 두 개의 대학과 몇 개의 자선 단체를 설립하고 관리하는 것은 나이가 들면서 그의 기질에는 지나친 일이 되었다. 약한 사람들에게는 친절하였지만, 가까운 아랫사람들에게 잔인할 정도로 가혹했다. 자기 자신에 대해서는 가장 엄격했다. 많은 경우 한 줌의 견과류와 한 조각의 빵, 물 한 컵으로 끼니를 삼았다. 그가 죽었을 때(1556) 많은 로마 사람들이 거센 바람이 마침내 멈추었음을 느꼈다. 그의 추종자 중 일부는 슬픔과 함께 안도감을 느꼈다. 굴할 줄 모르는 이 스페인 사람이 현대사에서 가장 많은 영향을 남긴 한 사람이라는 사실을 그렇게 금방 깨달을 수는 없었다.

그가 죽기 전에 이미 100개의 예수회 대학들이 있었다. 교육, 외교, 헌신, 규율의 지배를 받는 열성, 그리고 목표와 성취의 협동 작업을 통해서였다. 다양한 수단들을 솜씨 있게 배합해서 예수회는 1536년에 개신교로 향하는 풍조를 되돌리고 독일의 상당 부분, 헝가리와 보헤미아 대부분, 그리고 기독교 폴란드 전부를 가톨릭 편으로 되찾았다. 그렇게 작은 그룹이 그렇게 빠른 속도로 그렇게 큰 성과를 거둔 것은 역사상 드문 일이었다. 해마다 예수회의 위상과 영향은 커졌다. 공식적으로 설립된 지 20년이 지나자 예수회는 가톨릭 종교 개혁이 만들어낸 가장 빛나는 산물이었음이 드러났다.

마침내 가톨릭교회가 신학적 갈등을 잠재우고 상처를 치유하기 위해 일반(세계) 공의회를 소집했을 때, 교황이 자신의 도전받은 권위를 방어하고 오래된 신앙을 보존하는 일을 맡긴 사람들은 몇 명 안 되는 예수회 회원들이었다. 그들의 학식, 충성심, 분별, 풍부한 재능과 능변이었다.

트리엔트 공의회(종교 회의, 1545~1563)

루터 이전부터 이미 수많은 목소리들이 교회 개혁을 위한 공의회를 요구하고 있었다. 루터는 교황의 우위에서 일반(세계) 공의회로 되돌아갈 것을 호소했다.[30]

황제 카를 5세도 개신교 문제를 손에서 내려놓을 셈으로, 그리고

---

30 전통적으로 공의회는 기독교 교리를 결정하는 종교 회의였다. 중세 시대에 교황의 권위와 공의회의 권위 중에 어느 쪽이 우위를 차지해야 하는가를 놓고 교회 안에 알력이 있었다. 루터는 교황이 아니라 세계 공의회가 기독교 교리 문제를 결정해야 한다고 주장한 것이다.

어쩌면 교황 클레멘스 7세를 훈련시킬 속셈으로 일반 공의회를 요구했다. 궁지에 몰린 교황은 온갖 이유들을 둘러대면서, 자신이 공의회의 영향을 넘어설 때까지 공의회 소집을 미루었다. 바오로 3세는 클레멘스의 두려움을 고스란히 지니고 있었지만, 그래도 어쨌든 더욱 용기가 있었다.

1536년 교황 바오로 3세는, 1537년 5월 23일에 만토바에서 세계 공의회를 소집한다고 선포했다. 그리고 개신교도들에게도 참석하라고 초대했다. 그는 모든 참석자들이 이 회의의 결론을 수용하리라 생각했다. 그러나 그곳에서 소수가 될 것이 뻔한 개신교도들이 그런 조건을 수락할 리 없었다. 루터는 참석에 반대했다. 슈말칼덴에서 있었던 개신교 종교 회의는 교황의 초대장을 개봉도 하지 않고 돌려보냈다. 수많은 협상과 연기가 거듭된 다음 바오로 교황은 알프스 산자락에 위치한 트리엔트에서 1542년 11월 1일에 공의회를 소집하기로 동의했다. 황제 카를 5세는 개신교도들의 참석을 설득하기 위해 연기를 요청하였고, 그래서 다시 1545년 12월 13일로 연기되었다. 이렇게 해서 '제19회 기독교 세계 공의회'는 그 활동적인 일정을 시작했다.

추기경 네 명, 대주교 네 명, 주교 스무 명, 수도회(교단) 총장 다섯 명, 수도원장 몇 명과 신학자 몇 명이 집회를 구성했다. 콘스탄츠 공의회와 바젤 공의회에서는 사제, 제후, 일부 속인들도 고위 성직자들과 똑같이 투표권을 가졌지만, 이번 공의회에서는 오로지 추기경, 주교, 총장, 수도원장 들만 투표권이 있었고, 또한 개인별 투표권이 있었다. 따라서 대부분 교황청에 은총을 입고 있는 이탈리아 주교들이 수적 우세로 회의를 주도했다. 교황의 감독 아래 로마에 있는 '성무청(교황청 상임 위원회)'이 토론에 부칠 안건을 준비했다. 공의회는 보통 성령의 인도를 받는다고 선포되곤 했으므로, 어떤 프랑스 대표는 삼위일체의 세 번째 분(성령)은 로마에서 오는 외교 행랑을 입고 정기적으로 트리엔트를 방문했다고 꼬집었다.

1546년 5월, 바오로는 신학의 문제와 교황을 방어하는 문제에 있어 자신의 사절들을 돕도록 두 명의 예수회 수도사, 라이네츠와 살메론을 파견했다. 뒤에 페트루스 카니시우스와 클로드 르 제이가 여기 합류했다. 예수회 수도사들의 월등한 학식은 논쟁에서 엄청난 영향력을 행사했다. 그리고 그들의 굽히지 않는 정통 신앙이 공의회를 이끌어 개신교 사상과의 화해 및 통합보다는 개신교 사상에 대한 전쟁을 선포하도록 만들었다. 개신교도에게 어떤 양보를 해도 이 분열을 치유할 수 없다는 것이 분명 다수의 판단이었다. 개신교도들은 이미 수가 너무 많고 생각도 달라, 서로 상대방을 해치지 않고는 어떤 타협도 어느 한쪽 편을 만족시킬 수 없었다. 전통적인 교리를 변경하는 일은 가톨릭교회의 전체 교리 체계와 교회의 안정성을 약화시킬 것이다. 속인들에게 사제의 권한을 인정할 경우 사제와 교회의 도덕적 권위를 파괴할 것이다. 권위는 사회 질서를 위해 양도할 수 없는 것이다. 그리고 정직하게 신앙에 기초한 신학이란, 개인 이성의 변덕에 굴복함으로써 스스로를 우습게 만드는 일이 될 것이다.

트리엔트 공의회 제4차 회의(1546년 4월)는 니케아 신경信經의 모든 항목을 재확인했다. 교회의 전통과 성서에 동일한 권위를 부여하였으며, 교회만이 성서를 해석하고 설명할 권한을 가지며, 히에로니무스의 라틴어 번역 성서(불가타)를 최종적인 공인 성서 판본으로 선포했다. 토마스 아퀴나스는 정통 신학의 권위를 가진 대표자로, 그의 《신학 대전》은 제단에서 성서와 교령집 바로 아래 놓이게 되었다. 오류 없는 권위의 종교로서의 가톨릭은 실질적으로 트리엔트 공의회에서 시작되는 것이며, 그것은 개신교, 합리주의, 개인적 판단이라는 도전에 타협하지 않는 답변으로서 형태를 갖춘 것이다. 르네상스 교회의 지식인 계층과의 '신사협정'은 이제 끝이 났다.

트리엔트 공의회 제13차 회의(1551년 10월)는 가톨릭의 성체聖體 교리를 다시 확인했다. 사제가 성찬식의 빵과 포도주를 축성하면, 그 각각은 그리스도의 살과 피로 바뀌는 것이다. 그 이후로 개신교도의 말을 듣는 일이 필요 없는 것으로 보였다. 그러나 카를 5세 황제가 고집하여 뷔르템베르크 공작, 작센의 선제후, 남부 독일의 몇몇 도시들이 개신교 대표를 선출했다. 그리고 멜란히톤은 공의회에 제출할 루터파 교리 문서를 작성했다. 1552년 1월 24일 개신교 대표가 공의회에서 발언했다.

그들은 콘스탄츠와 바젤 공의회에서 나온 결정, 곧 교황에 대해 공의회가 더 큰 권위를 가진다는 결정이 재확인되어야 하며, 현재 공의회 참석자들은 교황(당시 율리오 3세)에 대한 충성의 맹세에서 풀려나야 한다고 제안했다. 그리고 지금까지 트리엔트 공의회에서 이루어진 모든 결정을 무효화시켜야 하며, 또한 개신교 대표가 적절하게 참석한 확대 공의회에서 이 문제에 대한 새로운 토론이 이루어져야 한다고 주장했다. 율리오 3세는 이런 제안에 대한 고려를 금지시켰다.

신학을 두고 군사적 상황들이 연달아 일어났다. 1552년 1월, 프랑스 왕은 독일 개신교도들과의 동맹에 서명했다. 3월에 작센의 선제후 모리스는 인스브루크에 대항하여 개신교 군대를 지휘했다. 카를 5세는 도망쳤다. 모리스가 트리엔트를 덮쳐 공의회를 없애버리려 한다면, 그를 막을 길이 전혀 없었다. 주교들은 하나씩 자취를 감추었다. 트리엔트 공의회는 4월 28일에 공식적으로 휴회를 선언했다. 파사우 조약(8월 2일)을 통해 독일의 페르디난트 왕은 군사적으로 승리한 개신교 측에 종교적 자유를 허용했다. 개신교는 공의회에 더 이상 아무런 관심도 갖지 않게 되었다. 여러 번이나 연기된 끝에 트리엔트 공의회 제17차 회의가 1562년 1월 18일에 소집되었다. 페르디난트의 요청에 따라 참석을 원하는 개신교 대표에게 안전 통행증이 발급되었다. 그러나 한 명도 오지 않았다. 마지막에 교황의 권위는 줄어든 것이 아니라 더욱 커졌다. 그리고 주교는 누구나 교황에 대해 절대적 복종의 맹세를 하라는 요구를 받았다. 이 기본적인 사실이 확정되자, 공의회는 남은 안건들을 빠른 속도로 처리했다. 성직자의 결혼은 금지되고, 성직자가 애인을 두었을 경우에는 심각한 형벌이 정해졌다. 성직자들의 도덕성과 규율을 증진시키기 위해, 많은 작은 개혁들이 도입되었다. 교황청의 권위에 제한을 두었다. 교회 음악과 미술의 개혁을 위한 규칙들이 도입되었다. 나체 모습은 감각적인 상상력을 자극하지 않도록 가리기로 했다. 연옥, 형벌 사면, 성인聖人을 부르는 것 등은 그대로 남되 새로 정의되었다.

공의회는 루터의 반란을 점화시킨 잘못된 악습들을 인정했다. 한 교령에는 이렇게 되어 있다. "형벌 면제를 승인할 경우…… 그와 결부된 온갖 범죄적 이익을 완전히 배제할 것을 명령한다. 그것은 기독교도들 사이에서 통탄할 만한 악용의 원천이다." 공의회가 이제 그 임무와 유용성의 목표를 이루었다고 교황과 황제가 동의함으로써 공의회는 1563년 12월 4일에 마침내 지친 대표들의 행복한 연설 속에서 끝을 맺었다. 앞으로 수백 년을 위한 교회의 노선이 확정되었다.

가톨릭 종교 개혁 혹은 반종교 개혁은 주요 목표에서 성공을 거두었다. 가톨릭 국가나 개신교 국가를 가리지 않고, 사람들은 계속 거짓말을 하고, 도둑질을 하고, 처녀를 유혹하고, 직위를 팔고, 사람을 죽이고, 전쟁을 벌였다. 그러나 성직 계층의 도덕성은 개선되었다. 르네상스 이탈리아의 거친 자유는 진정되어 인류의 요구와 어느 정도 일치하는 형태가 되었다.

르네상스 로마와 베네치아에서 주요 산업이던 매춘은 그 머리를 감추었다. 순결은 유행이 되었다. 르네상스 이탈리아의 즐거운 특성은 사라졌다. 이탈리아 여성들은 초기 종교 개혁의 자유에서 온 매력과 유쾌함을 어느 정도 잃어버렸다. 양심적인 도덕성은 이탈리아에서 거의 청교도적인 시대를 만들어냈다. 수도원 생활이 다시 살아났다.

교회 개혁은 근본적이고 지속적인 것이었다. 절대 군주제에 해당하는 교황제가 주교 귀족 정치를 뜻하는 공의회에 대해 우위를 차지했지만, 이것은 시대의 정신에도 맞는 일이었다. 독일을 제외하고는 어디서나 귀족 중심의 정치가 절대 왕조에 밀려나던 시대였다. 교황들은 이제 주교에 대해 도덕적으로 우위에 섰다. 교회 개혁을 위해 필요한 규율은 권위가 나뉘는 것보다는 중앙에 집중됨으로써 더욱더 효율적이 될 수 있었다. 교황들은 친척 등용을 중지했고, 교황청은 일 처리를 질질 끌어 비용을 올리는 일과 악명이 자자한 매수의 전통을 치유했다.

가톨릭이 아닌 학생들에 따르면, 가톨릭교회의 경영은 능률과 통합의 모범이 되었다. 어두운 고해실이 도입되어(1547) 의무화되었다. 사제는 이제 고해자의 미모에 유혹을 받지 않게 되었다. 개신교와 자유사상의 발전에 위축되는 대신, 가톨릭교회는 젊은이의 마음과 권력의 동맹을 얻기 위해 적극적으로 나섰다.

예수회의 정신은 자신만만하고, 명확하고, 정력적이고, 규율이 있는, 군사적인 교회의 정신이 되었다.

Chapter 21

셰익스피어와 베이컨

전망

엘리자베스 1세 시대의 영국은 르네상스(셰익스피어), 종교 개혁(엘리자베스), 계몽주의(베이컨)가 하나로 합쳐져 천재와 역사가 폭발적으로 집약된 시대였다.

　수많은 요인들이 이런 복합적인 결과를 위해 이바지했다. 영국의 종교 및 지적 생활이 외부의 간섭에서 자유로워진 것, 사려 깊은 여왕과 표면에 나서지 않는 대신들 치하에서 45년 동안의 정치적 안정과 발전, 교회 재산을 영국의 교육·정치·경제 생활을 위해 사용할 수 있었던 것, 자유롭게 풀려난 창의력과 에너지를 갖추고 꽃피어나는 국민에게서 농업·산업·항해술·상업·재정이 성장한 것. 1588년 스페인 무적함대(아르마다)의 격파와 그 결과로 대서양을 장악하게 된 것, 투자와 사업을 유혹하는 북아메리카로의 접근이 쉬워진 것, 교육의 확대와 학교 및 대학의 다양화, 그리고 영국의 남녀가 이탈리아, 프랑스, 스페인의 문명·문학·예술과 여러모로 만날 수 있었다는 점…….

이런 요인들과 다른 발전들이 튼튼하고 금욕적이고 진취적인 국민의 정신을 이전에도 이후에도 비할 수 없는 높이로 끌어올렸다.

> 전쟁의 오염과 손길을 방어하여
> 자연에 의해 저절로 지어진 요새,
> 이 행복한 인간 종족, 이 작은 세계,
> 은빛 바다에 놓인 이 소중한 바위…….
> 축복받은 이 구역, 이 땅, 이 왕국, 우리 영국.

영국의 가장 유명한 아들은 이렇게 노래했다.(《리처드 2세》 제3막 2장)

영국은 아직 한 가지 문제를 해결하지 못한 상태였다. 영국을 열두 개의 신앙으로, 혹은 완전한 무신앙으로 갈라놓은 종교 혁명 이후, 어떻게 마음의 평화와 신앙심을 회복시키느냐 하는 문제였다. 이런 분열은 도덕적 혼란을 불러들였고, 그것은 옛날에는 질서와 평화의 수호자로 여겨졌고 두려움과 숭배의 대상이던 신들을 여러 가지로 나누어놓았다. 가톨릭, 개신교, 청교도, 에피쿠로스파, 불가지론, 무신론 등의 다양한 의견들이 기독교가 이 섬에 들어온 이후로 그 어느 때보다 넓어진 경기장에서 서로 대립하며 경쟁을 벌였다. 월터 롤리와 크리스토퍼 말로는 자신들의 무신론을 감추려는 노력조차 하지 않았다. 롤리는 여러 번이나 사과와 위반을 되풀이한 다음 처형당했다. 말로는 술집 싸움판에서 죽었다. 많은 런던 사람들, 특히 법정에 선 사람들은 불가지론의 생각을 가졌지만, 가까운 사람에게만 드러낼 뿐, 보통은 그것을 감추었다. 셰익스피어는 인간의 삶이 점차 약해져서 용서할 수 없는 고통과 비탄의 연속이 되는 것을 보며 자신이 신앙을 잃어버린 것을 탄식했다. 가장 고귀한 영혼이라도 결국은 망가진 꿈이 되고 만다. 이렇듯 신학이 생물학에 패배하는 데 대한 원망이, 그의 가장 위대한 희곡 몇 편을 어둡게 만들어 영국 문학에서 인간의 삶에 대한 가장 쓰라린 고발이 되었다.

셰익스피어의 비관주의

1582년 열여덟 살이 된 셰익스피어는 스물다섯 살의 앤 해서웨이와 '어쩔 수 없는' 결혼을 했다. 두 사람 모두 스트랫퍼드어폰에이번 출신이었다. 여섯 달 뒤에 그녀는 딸 수재너를 낳았다. 그리고 1585년에는 쌍둥이 햄닛과 주디스를 낳았다. 아마도 그해 말 무렵, 그는 아내와 자식들 곁을 떠났다. 그다음 우리는 그의 흔적을 잃어버린다. 그러다가 스물여덟 살에 런던에서 배우로, 그리고 이미 희곡 작가로 활동하는 모습을 다시 보게 된다. 그의 〈리처드 3세〉(1593)는 분석의 깊이와 감정의 밀도, 행복한 구절들의 찬란한 광채 등으로 말로와 다른 선배들을 놀라게 했다. 수도의 건장한 젊은이들은 "말馬이다! 말! 말 한 마리를 위한 나의 왕국!" 하고 외쳐댔다. 어쩌면 이것은 셰익스피어가 제목으로 봉헌된 사람에게서 선물을 얻기 위해 자신의 이야기-시들을 썼던 환경이었다. 〈비너스와 아도니스〉, 〈루크레티아의 겁탈〉 그리고 페트라르카 스타일로 된 154개의 소네트들은 동성애와 이성애 사이를 오가는 작품들이다.

영어권 세계의 모든 식자들은 셰익스피어가 쓴 37개의 희곡 모두 혹은 일부에 들어 있는 주제와 기쁨에 친숙하다. 그러나 때때로 그의 희곡 작품 여기저기서 모습을 드러내는 잔혹한 냉소주의에 대해서는 거의 놀라움을 표현하지 않았다. 그 문체의 행복한 화려함 한가운데로 거의 냉소적인 고통의 외침이 터져나온다. 심지어는 가벼운 희극에서도 그렇다. 〈뜻대로 하세요〉(1600)에서 '멜랑콜리 자크 씨'는 삶에서 확실한 것이라곤 죽음뿐이라는 사실을 알려준다.

>그렇듯 시간마다 우리는 점점 익어가고
>그렇듯 시간마다 우리는 점점 썩어가고
>그래서 이야기 하나가 열리고.(제2막 제7장)

〈햄릿〉(1601)에서는 잔인한 범죄가 지나치게 예민한 희생자 아들의 마음을 쓰라리게 만들어, 그는 묘지가 모든 위대함의 종착역이라고 여긴다. "우리는 대체 얼마나 비천한 용도로 되돌아가나, 호레이쇼. 알렉산드로스 대왕의 고귀한 재가 간 길을 뒤쫓아가보면, 그것이 술통 구멍 마개가 되었다고 상상하지 말란 법이 있나?" (제5막 제1장) 햄릿의 견해에 따르면, 세계란 "잡초를 제거하지 않은 정원이 자라 씨앗을 맺는 것. 물건들은 소유라는 자연 속에 사납게 우거져"(제1막 제2장) 있을 뿐이다. 〈오셀로〉(1604)에서 이아고는 악과 거짓과 배신의 편을 들고도 당당하게 살아남는다. 데스데모나는 선하고 정직하고 정절을 지키지만 죽임을 당한다.

〈맥베스〉의 살인자는 삶을 다음과 같이 잔인하게 평가한다.

꺼져라, 꺼져, 짧은 촛불아!
삶이란 걸어가는 그림자일 뿐, 가련한 배우는
주어진 시간 동안 무대에서 점잔 빼거나 속을 태우지.
그러고 나면 끝이야. 그건
바보가 들려주는 이야기, 아무 뜻도 없는데
소리와 분노로 가득 찬 이야기.(제5막 제5장)

삶에 대해 이보다 더 쓰라린 판결이 있을 수 있을까? 있다. 〈아테네의 티몬〉을 생각해보라. 한때는 아테네의 갑부로, 그에게 아양을 떨고 선물을 받는 친구들이 주위에 잔뜩 있었다. 돈을 잃고 친구들도 하룻밤 새 모두 사라진 것을 본 그는 문명의 먼지를 발에서 툭툭 털어내고 숲의 고독 속으로 은둔한다. 그곳에서 그는 "가장 불친절한 야수도 인간보다는 더 친절하다는 것을 알게 될 것"이라 생각한다. 그는 알키비아데스가 개大였으면 한다. "내가 너를 조금이라도 사랑할 수 있도록" 말이다. 그는 풀뿌리를 캐서 연명하는데, 땅을 파다가 금을 발견한다. 친구들이 다시 나타나지만 그들을 조롱하며 쫓아 보낸다. 그러나 창녀들이 찾아오자 가능한 한 많은 남자들에게 성병을 옮긴다는 조건으로 그들에게 금을 준다.

체력의 탈진이여, 이제 남자의
텅 빈 배 속에 씨를 뿌려라. 그들의 날카로운 정강이를 쳐라,
남자들의 서두르는 결혼을 망쳐라.
변호사의 목소리를 갈라놓아라,
그가 다시는 가짜들을 변호하지 못하도록,
그의 궤변들이 새된 소리를 내도록.
머리 허연 사제는 육체의 좋음을 반대하여 야단치면서
저도 제 말을 안 믿는다.
콧대를 눌러, 콧대를 납작하게 눌러버려.
다리橋를 없애버려라…….
상처 자국도 없는 전쟁 허풍선이들이
네게서 고통을 조금 얻어가게 해라.
모두에게 질병을,
너의 활동이 발기의 모든 원천을
쓰러뜨려 평정하여라. 여기 금이 더 있다.
너는 다른 놈들에게 저주를 주고, 이것으로 너의 저주를 삼아라.

〈〈아테네의 티몬〉 제4막 제3장〉

　증오의 황홀경에 잠긴 그는 자연에게 인간을 낳는 일을 멈추라고 명령한다. 그리고 악덕의 야수들이 불어나 인류를 소탕하기를 바란다. 이런 극단적인 인간 혐오증은 거의 비현실적으로 보인다. 셰익스피어가 죄 많은 인간에 대해 이토록 우스꽝스러운 우월감을 지녔고, 이토록 겁이 많아서 삶을 소화하지 못했다는 사실을 믿을

수가 없다. 이처럼 "구역질에 환원시키는 논법"은 이 병이 스스로 정화되는 중이며, 머지않아 셰익스피어가 다시 미소를 지으리라는 짐작을 가능케 한다.

절정에 이른 희곡들에서 망설이는 인정認定이 나타난다. 이 세계의 악의 한복판에 축복과 즐거움이 있다. 악당들 한가운데 영웅과 성인들이 있다. 그래서 이아고에는 데스데모나가, 모든 고네릴에는 코델리아가, 에드먼드에는 에드거 또는 켄트가 대립으로 등장한다. 〈햄릿〉에서도 호레이쇼의 충정과 오필리아의 그리움 섞인 다정함에서 한 줄기 신선한 바람이 불어온다.

지친 배우 겸 극작가는 런던의 소모적인 무질서와 군중 속의 외로움을 떠나 스트랫퍼드 고향 집의 푸른 풀밭과 가족의 사랑으로 돌아가 강인한 남자로서의 삶에 대한 사랑을 다시 얻는다.

화해

존 오브리(1626~1667)는 이렇게 말한다. "그는 매년 한 번씩 고향으로 가곤 했다." 1597년에 그는 60파운드를 주고 '새 집', 즉 스트랫퍼드에서 두 번째로 큰 집을 사들였지만 그 자신은 계속 런던에서 살았다. 그의 아버지는 1601년에 죽으면서 그에게 스트랫퍼드에 있는 집 두 채를 남겨주었다. 1년 뒤 잘나가는 극작가였던 그는 스트랫퍼드 근처에 127에이커(약 51만 3950제곱미터)의 토지를 샀다. 1605년에는 440파운드를 주고, 스트랫퍼드와 근처 다른 세 군데 교구의 지분을 사들였다. 그가 자신의 가장 위대한 작품들을 쓰고 있는 동안, 스트랫퍼드에선 성공한 사업가로 알려져 있었다. 또한 그는 빈번히 투자와 관련된 소송에 말려들곤 했다.

아들 햄닛은 1596년에 죽었다. 1607년, 딸 수재너는 유명한 스트랫퍼드 외과의와 결혼해 1년 뒤에는 이 시인을 할아버지로 만들어주었다. 그는 이제 자신을 고향으로 끌어들이는 새로운 유대를 얻었다. 1610년경 그는 런던과 무대를 떠나 새 집으로 이주했다. 그는 아마도 이곳에서 〈심벨린〉(1609), 〈겨울 이야기〉(1610), 〈폭풍〉(1611) 등을 썼을 것이다. 마지막 작품 〈폭풍〉은 그가 여전히 희곡 기법의 대가이며 시적인 불꽃을 지니고 있었음을 보여준다. 여기서 맨 처음에 미란다가 등장해 해안에서 배가 난파되는 것을 보며 외치는 말, "오, 고통을 겪는 것을 보면 그들과 함께 나도 고통을 받았어!" 하는 말은 곧바로 그녀의 천성을 보여준다. 이 작품에서 친절한 늙은 마법사 프로스페로는 마법의 지팡이를 내던지면서 자신의 요정 세계를 향해 사랑스러운 작별 인사를 던진다. 우리는 마법 기술을 향한 프로스페로의 작별 인사에서 셰익스피어 자신의 작별 인사를 듣는다.

> 우리 잔치는 이제 끝났다. 앞서도 말했지만
> 우리 배우들은 모두 정령들이야.
> 그러니 흩어져 옅은 공기로, 옅은 공기로 돌아갈밖에.
> 환상으로 짜인 바탕 없는 피륙처럼
> 구름 모자를 쓴 탑들이며,
> 화려한 궁전들, 장엄한 사원들, 이 거대한 대지 자체도,

그렇다, 거기 살고 있는 모든 존재도 흩어지고 만다.
실체 없는 이 무대가 스러지듯이, 구름 한 조각
남기지 않고 없어질걸.
우리는 꿈을 만든 것과 같은 재료로 만들어져 있으니,
우리의 작은 삶은 잠으로 완결되는 법.

그러나 이제 이것은 주도적인 분위기가 아니다. 반대로 연극은 느슨해진 셰익스피어를 보여준다. 시내와 꽃들을 이야기하고 "다섯 길 가득"이나 "꿀벌들이 꿀을 빠는 곳에서 나도 빤다" 같은 노래를 부른다. 온갖 조심스러운 항변에도 불구하고 프로스페로의 작별 인사를 통해 말하는 사람은 실은 시인 자신이다.

……무덤들도 내 명령을 듣고
그 안에 잠든 자들을 깨우고, 입을 열어 내 마법에 의해
그자들을 밖으로 토해냈다. 하지만 이제 나는
사나운 마법을 이만 버리겠다. …… 내 지팡이를 꺾어서
땅속 깊이 파묻을 테다.
어떤 측연測鉛도 닿지 못할 깊은 바닷속에
내 마법 책을 수장시키겠다.

그리고 미란다의 입을 통해 말하는 사람도 아마 딸과 손자의 기쁨에 취한 셰익스피어 자신일 것이다.

오, 멋져라!
이 많은 훌륭한 분들이 여기 다 모였네!
인간은 얼마나 아름다운가! 오, 훌륭한 신세계,
그 안에 있는 이 사람들!

그러나 삶을 사랑하는 법을 배운 그는 이제 죽음을 준비해야 한다. 〈리어 왕〉에서 에드거는 글로스터에게 이렇게 말했다.

사람은 이리로 오는 중에도 벌써
여기서 떠나감을 견뎌야 하는 것을.
성숙함이 전부요.(제5막 제2장)

영원성이 아니라 성숙함이 우리의 목표가 되어야 한다. 1616년 3월 25일, 셰익스피어는 자기 일을 다했다. 스트랫퍼드 교회의 교구 목사 존 월에 따르면 "셰익스피어, 드레이턴, 벤 존슨 등이 즐거운 파티를 열고 술을 많이 마셨다. 셰익스피어는 거기서 얻은 열로 죽었다"고 한다. 1616년 4월 23일에 죽음이 찾아왔다. 시신은 스트랫퍼드 교회의 성소 아래 묻혔다. 근처 바닥에 이름 없이 돌에 새겨진 비문碑文이 있는데, 전통적으로 이 지역 사람들은 이것을 셰익스피어의 비문으로 여기고 있다.

좋은 벗들이여, 간절히 바라노니
이곳을 둘러싼 흙을 파지 마라,

이 돌들을 보호하는 사람에게 축복을,

그리고 내 뼈를 움직이는 사람에게 재앙을.

베이컨, 에식스, 엘리자베스

프랜시스 베이컨(1561~1626)은 셰익스피어와 얼마나 다른가. 감정은 지성에 종속되고, 패배는 희망에 의해 극복되고, 삶의 흥망성쇠는 미래의 인간 정신의 승리에 대한 가장 광범위한 전망 속에 파묻혔다. 그토록 압도적인 패배를 뚫고 이와 같은 낙관주의가 살아남은 적이 있었던가?

   그는 모든 이점을 타고났지만, 치명적인 패배를 겪었다. 궁정의 후광 속에 태어난 그는 요크 집안, 국새를 보관하는 대신大臣인 니컬러스 베이컨 경의 아들로 태어났다. 엘리자베스 여왕은 소년을 '어린 대신'이라 불렀다. 병약한 체질 탓에 스포츠가 아니라 공부에 마음이 끌렸다. 그의 기민한 정신은 굶주린 듯 지식을 받아들였다. 그의 박식함은 그 광활하던 시대의 기적들 중 하나가 되었다. 케임브리지에서 3년 동안 공부한 다음, 그는 영국 대사와 함께 프랑스로 파견되어 그곳에서 국가 경영을 공부했다. 그곳에 머무는 동안 아버지가 죽었다. 맏이가 아닌 아들 프랜시스를 위해 장만하려던 토지를 사기도 전이었다. 이 젊은이는 갑자기 보잘것없는 재산만 가진 사람이 되어 런던으로 돌아와 그레이즈 인 법학원에서 법학을 공부했다.

   국가의 재무 대신인 윌리엄 세실의 조카였던 인연으로 그는 세실 경에게 정치적인 일자리를 부탁했다. 4년이나 기다리고 나서 그는 "내 나이의 불리함은 내 양복 길이와 함께 점점 닳아질 것"이라는 기묘한 암시를 보냈다. 그는 지적 능력이 정치적 출세를 방해한다는 사실을 알았어야 했다. 하지만 스물세 살이던 1584년에 의원으로 선출되었다.

에식스 백작[31]은 베이컨의 정신의 예리함을 좋아해서 그에게 충고를 구했다. 젊은 현자는 젊은 귀족에게 정말 신중할 수는 없더라도, 신중한 사람으로 보이라고 충고했다. 또 지출을 줄이고, 대중의 인기를 여왕에 대한 방어벽으로 여길 것을 충고했다. 그러나 그 자신도 온건한 사람이 아니었다는 사실은, 그가 세실 경에게 했던 또 다른 청탁이 증언해주고 있다.(1591)

나는 어딘지 점점 더 고풍스러워지고 있습니다. 31년이라는 세월은 모래시계에서 상당히 많은 모래의 양인데…… 나의 재산의 보잘 것없음이 내 마음을 움직입니다. …… 내가 온건한 시민적 목적을 가진 것만큼이나 광범위하게 관조적인 목적을 가지고 있음을 고백하는 바입니다. 나는 모든 지식을 나의 영토로 삼았으니까요. …… 이것이 호기심 탓이었든, 아니면 자만심 탓이었든, 아니면 천성 탓이었든…… 그것은 내 마음속에서 움직일 수 없는 것으로 고정되어 있습니다.

---

31 Earl of Essex(1567~1601). 의붓아버지 로버트 더들리에 뒤이어, 나이 들어가던 엘리자베스 여왕의 애인으로 알려졌던 인물.

기술적으로 이 직책(법무 대신)에 더 잘 어울리는 에드워드 코크가 선택되었다.

베이컨의 충고에도 불구하고 에식스는 전쟁에 가담하여, 군대의 우두머리가 되려고 했다. 스페인 카디스에서의 기세등등한 용감성은 추밀원에서 그의 인기를 높였다. 아조레스에서 실패하고도 줄어들지 않는 자부심, 방종 그리고 날카로운 혀는 그를 궁정에서 멀어지게 하고, 또한 여왕을 화나게 만들었다. 그가 아일랜드 폭동 사건의 해결을 위해 조지 캐로 경을 추천했을 때 여왕이 단호하게 거절하자, 그는 경멸의 몸짓으로 여왕에게 등을 돌렸다. 불같이 화가 난 여왕은 그의 따귀를 올려붙이고 외쳤다. "악마에게나 가버려요!" 그는 칼을 잡고 그녀에게 소리쳤다. "이건 내가 절대 참을 수 없는 행동입니다. 당신 아버님에게 맞았다면 참지 않았을 겁니다." 그는 화를 내며 방을 떠났고, 궁정 사람들은 모두 그가 런던탑에 갇힐 것이라고 예상했다.(1585) 그러나, 아마도 그를 제거하기 위해서였겠지만, 여왕은 그에게 아일랜드 사태를 맡겼다.

베이컨은 그에게 군대로 대응하는 배은망덕한 일을 피하라고 경고했다. 그러나 에식스는 군대를 원했다. 1599년 3월 27일, 그는 군중의 갈채와 친구들의 걱정과 적들이 만족해하는 가운데 더블린을 향해 떠났다. 6개월 뒤 임무에 실패하고 정부의 허락도 받지 않고, 서둘러 영국으로 돌아와 예고도 없이 여왕의 의상실로 달려들어갔다. 그리고 자신의 실패를 변명하려 했다. 그녀는 몹시 화가 난 태도로 경청하고 나서 그에 대한 고발장이 완성될 때까지, 그를 요크 하우스에 있는 국새 보관 대신(베이컨의 아버지)에게 맡겼다.

런던 사람들은 불만이었다. 그의 실패에 대해서는 모르고, 스페인에서의 승리만을 기억했기 때문이다. 추밀원은 절반은 공개된 재판을 명령하고, 베이컨에게, 여왕을 보호하기로 맹세한 법률가 자격으로 에식스 백작에 대한 고발 문서를 작성하라고 명령했다. 그는 이 일에서 물러나기를 요청했으나 추밀원은 받아들이지 않았다. 그는 가능한 한 온건한 고발장을 작성했다.

에식스 백작은 고발장 내용의 진실성을 인정하고, 완전 복종을 약속했다. 그는 모든 공직에서 해임되고 여왕이 석방하기로 결정할 때까지, 집에 머물라는 명령을 받았다.(1600년 6월 5일) 베이컨이 그를 위해 청원하여, 8월 26일 에식스 백작은 자유를 되찾았다.

자신의 집인 에식스 저택에서 백작은 권력을 얻기 위한 일을 계속했다. 그와 가까운 사람 중 하나가 셰익스피어의 후원자인 사우샘프턴 백작, 헨리 리즐리였다. 에식스 백작은 그를 아일랜드로 보내, 당시 그곳에서 군사 작전을 펼치고 있던 마운트조이에게, 잉글랜드 군대를 거느리고 잉글랜드로 돌아와 에식스 백작을 도와 정권을 장악하자고 제안하게 했다. 마운트조이는 거절했다. 1601년 초에 에식스는 스코틀랜드의 제임스 4세에게 편지를 보내 도움을 요청하고, 그가 엘리자베스의 후계자가 되도록 지원하겠다고 약속했다. 제임스 4세는 그에게 온건한 격려의 편지를 보냈다. 흥분한 런던에서부터 사방으로 사나운 소문이 퍼져나갔다. 로버트 세실이 스페인 공주를 잉글랜드 여왕으로 만들려 한다는 소문도 있었다. 에식스 백작이 런던탑에 갇힐 거라는 소문도 돌았다. 롤리가 그를 죽이기로 맹세했다는 소문도 있었다. 아마도 에식스 백작의 속을 알아보기 위해서였겠지만, 젊은 에식스는 여왕에게, 에식스 백작더러 와서 추밀원 회의에 참석하라는 명령을 내리라고 권고했다. 친구들은 그에게 이것은 그를 잡으려는 계책이라고 경고했다. 친구인 길리 메릭 경은 챔벌린 회사에 돈을 주고 같은 날 저녁 사우스워크 극장에서, 적법한 방법으로 왕을 폐위시키는 내용을 담은 셰익스피어의 〈리처드 2세〉를 공연하도록 했다.

다음 날 아침(1601년 2월 7일), 에식스 백작을 지지하는 사람들 약 300명이 무장하고 찾아와 그의 집 안마당에 모였다. 국새 대신과 다른 세 명의 고관들이 와서 이 불법적인 집회의 이유를 물었다. 후원자들은 대신들을 가두고, 망설이는 백작을 부추겨 함께 런던으로 가서 혁명을 일으켰다. 그는 런던 사람들이 자신이 일어선 것을 보고 함께 떨쳐 일어나리라 기대했다. 그러나 성직자들이 그들에게 집 안에 머물러 있으라 명령했고, 그들은 그 말을 따랐다. 공권력이 반란군을 진압했다. 에식스 백작은 잡혀서 런던탑에 갇혔다.

그는 곧 반역죄로 고소되었다. 추밀원은 베이컨에게 코크를 도와 정부 편을 들어 기소문을 작성해 제출하라고 명령했다. 이 일을 거부했다가는 그의 정치적 경력이 망가질 것이다. 그러나 동의했다가는 후세의 명성이 망가질 것이다. 코크가 기소문을 제출하는 일을 머뭇거리자, 베이컨이 나서서 사건을 아주 명료하게 납득시키기 시작했다. 에식스 백작은 자신의 유죄를 고백하고, 공모자들의 이름을 댔다. 이들 중 다섯 명이 잡혀 참수되었다.

전설에 따르면, 에식스는 과거에 여왕이 그가 필요로 할 때 보내면 도와주겠다는 약속과 함께 선물한 반지를 여왕에게 보냈다고 한다. 만약 그가 보냈다면⋯⋯. 어쨌든 반지는 여왕에게 도달하지 못했던 것 같다. 1601년 2월 25일, 서른다섯 살의 나이로 에식스 백작은 용감하게 자신의 운명을 향해 나아갔다. 용감성은 바로 그의 성격이었다. 참수당한 그의 머리가 1년 동안이나 런던탑에 매달려 썩어갔다.

마법은 사라지다(1601~1603)

그 머리의 모습 혹은 그것이 거기 매달려 밤낮으로 자신을 내려다보고 있다는 생각은, 분명 엘리자베스 여왕의 마지막 몇 년의 우울한 기분에 한몫했다. 그녀는 홀로 생각에 잠겨 몇 시간씩 앉아 있곤 했다. 궁정의 오락을 그대로 계속했고, 때로는 흥겨운 일을 위한 핑계를 만들기도 했지만, 그녀의 건강은 나빠지고 심정은 이미 죽었다. 영국은 그녀를 사랑하기를 중단했다. 영국은 그녀가 너무 오래 살았으며, 이제 젊은 왕을 위해 자리를 비켜주어야 한다고 느꼈다. 의원들은 그녀가 의회의 자유를 침해하는 것, 청교도를 박해하는 것, 총신들에게 독점권을 선물하는 것 등에 대해 전보다 더욱 더 격렬하게 반발했다. 놀랍게도 여왕은 마지막 순간에 양보하고 이런 남용을 중지하겠다고 약속했다. 모든 하원 의원들이 그녀에게 감사하기 위해 찾아왔다. 그녀가 그들에게 마지막 연설로 알려진 연설을 하는 동안, 그들은 무릎을 꿇었다. 그녀의 '황금의 연설'이었다.(1601년 11월 30일)

값이 비싼 것은 아닐지라도 어떤 보석도…… 여러분의 사랑보다 내가 더 좋아한 것은 없습니다. 나는 그것을 어떤 재물보다 더 귀한 것으로 여기기 때문이지요. …… 그리고 하느님께서 나를 높이 들어 올리셨지만, 그래도 나는 여러분의 사랑과 더불어 통치했다는 것을 내 왕관의 영광으로 여깁니다.

그녀는 그들에게 일어서라고 명령한 뒤 말을 계속 이어갔다.

왕이 되어 왕관을 쓴다는 것은, 그것을 쓴 사람에게 즐거운 것보다는 그것을 보는 사람들에게 더 많이 영광스러운 일입니다. …… 나 자신에 대해 말하자면 양심에 거리낌이 없도록 하느님께서 내게 부여하신 의무를 이행하고, 그분의 영광을 지속하고 여러분을 안전하게 지키는 것이 아니라면, 내 마음대로 한다면, 나는 이 자리를 물러나 다른 사람에게 넘겨주고, 노동으로 이루어진 영광에서 해방된 기쁨을 누리고 싶습니다. 나의 삶과 통치가 여러분에게 좋은 것보다 더 오래 살거나 다스리는 것이 내 소원은 아니기 때문입니다. 이 옥좌에 나보다 더 강력하고 더 지혜로운 왕들이 과거에도 많았고 앞으로도 많이 있겠지만, 그러나 여러분을 더 사랑한 왕은 과거에도 없었고 앞으로도 없을 것입니다.

그녀가 암으로 죽어가고 있다는 소문이 유럽에 퍼졌다. 하지만 그녀는 삶에 지쳐 죽어가고 있었다. 그녀의 체질은 즐거움과 근심, 잔인한 세월의 타격과 무게를 더는 견딜 수가 없었다. 1603년 3월,

아직 겨울의 찬 바람에 지나치게 자신을 노출한 끝에 열이 났다. 그녀는 3주 동안 앓았다. 대부분의 시간을 의자에 앉아 있거나 쿠션에 기대서 보냈다. 의사는 원치 않고 음악을 청했다. 마지막에 그녀는 침대에 누우라는 권고를 받아들였다.

대주교 존 휘트기프트가 그녀의 장수를 희망한다고 말하자 그녀는 그를 비난했다. 그는 여왕의 침대 곁에 무릎 꿇고 앉아서 기도했다. 이제 충분하다고 생각하고 일어나려는 그에게 여왕은 계속하라고 명령했다. "노인의 무릎에서 힘이 빠지게" 되었는데도 그녀는 조금 더 기도하라는 손짓을 했다. 밤늦게 그녀가 잠들고 나서야 그는 겨우 풀려났다. 그녀는 다시 깨어나지 않았다. 엘리자베스 여왕은 성인이나 현자는 아니었다. 그러나 격한 기질과 정열을 지닌 여성으로서 삶을 사랑했다. 그녀의 국민 모두가 셰익스피어가 생각한 대로, "자기들이 심은 것을 제 집에서 편안히 먹고 즐거운 평화의 노래를 부른" 것은 아니었다. 청교도와 가톨릭교도들은 상당한 정도까지 박해와 불리함을 겪었다. 그녀의 통치의 지혜는 부분적으론 측근들의 지혜였다. 그녀의 우유부단함은 변하는 기회 때문이었지만, 자주 행운으로 판명되었다. 때로는 이런 우유부단함이 정책상의 약점이 되어 적들의 내분으로 인해 살아남기도 했다. 그러나 어쨌든 그녀는 성공적으로 살아남았고, 공정한 수단으로, 혹은 정직하지 않은 수단으로 번영을 만들어냈다.

그녀는 지치고 보잘것없는 영국(잉글랜드)을 물려받았지만 그녀가 떠날 때 영국은 부유하고 강력한 국가가 되어 있었다. 그녀의 이해심의 폭과 국민의 부유함 속에서 배움과 문학이라는 근육이 건강해졌다. 아버지의 독재를 이어받았지만 인간적인 요소와 매력으로 그것을 온건하게 만들었다.

남편과 자식을 거부하고 잉글랜드의 어머니가 되어 잉글랜드를 헌신적으로 사랑하고 나라에 봉사했다. 측근을 택하는 데 있어 지혜로웠고, 그들의 자문을 받아 그녀는 영국이 일찍이 가졌던 가장 위대한 통치자가 되었다.

프랜시스 베이컨의 출세와 추락(1603~1621)

스코틀랜드의 제임스 4세가 통합된 영국의 제임스 1세로 평화롭게 즉위하자, 프랜시스 베이컨은 당시의 방식대로 아첨의 편지를 써서 자신이 정부 요직에 알맞은 사람이라고 왕에게 스스로를 추천했다. 그는 이미 19년이나 의회에 봉직했고, 박식함과 조직적인 사고와 명료하고 인상적인 연설로 명성을 얻고 있었다.

그는 주기적으로 왕에게 신중한 충고가 담긴 능변의 '비망록'들을 보내곤 했다. 하원과 상원의 상호 이해를 증진시키는 방안, 잉글랜드와 스코틀랜드 의회를 통합시킬 것, 종교적 다양성을 위해 박해를 중단할 것, 아일랜드의 가톨릭교도와 화해함으로써 평화를 만들어낼 것, 교황의 요구에 대해 나라의 문을 열지 않으면서도 잉글랜드에서 가톨릭교도에게 더 큰 자유를 줄 것, 국교도와 청교도 사이에 타협안을 찾을 것 등이었다. 이 시대의 정책들을 철저히 탐구한 역사가의 판단에 따르면, "이 정책들을 실천에 옮겼다면, 다음 50년 동안 나타나는 재앙들을 피할 수 있었을 것"이라고 한다.

제임스 왕은 이런 제안들이 일반적인 의견보다 너무 앞서나간 것이어서 받아들이지 않았다. 다만 1603년에 임명된 300명의 기사 작위 명단에 베이컨을 포함시키는 것으로 만족했다. 프랜시스 경은 오래 기다려야 했다.

그런데도 법률가로서의 재능은 그에게 부를 가져다주었다. 1607년, 그는 자신의 재산을 2만 4155파운드라고 평가했다. 고럼버리에 있는 사치스러운 저택에는 선별된 하인들이 고용되어 있었고, 토머스 홉스 같은 훌륭한 비서들을 고용한 그는, 너무나도 사랑하는 아름다움과 안락함을 즐길 수 있었다. 정원 일을 통해 건강을 지키고, 학문적 사생활을 위해 정원 한가운데 값진 피난처를 지었다. 그는 철학자처럼 글을 쓰고, 왕자처럼 살았다. 그는 이성이 돈을 가져서는 안 되는 이유를 알지 못했다. 혹은 솔로몬이 왕이 되어서는 안 되는 이유를 알지 못했다.

그는 실제로 그렇게 오래 멀리 떨어져 있지는 않았다. 1607년, 제임스 왕은 마침내 그를 알아보고 법무 차관으로 임명했다. 1613년에는 법무 대신, 1616년에는 추밀원 회원이 되었다. 1617년에는 국새 보관 대신이, 1618년에는 재상이 되었다. 그의 권력을 빛나게 만드는 새로운 작위들이 덧붙었다. 1618년에는 베룰람 남작으로 임명되었다. 1621년 1월에는 세인트올번스 백작이 되었다. 제임스 왕이 스코틀랜드로 갈 때면, 잉글랜드는 재상의 손에 맡겨놓았다. 베이컨은 "위풍 있는 태도로 외교관들을 접견"했고, 고럼버리에서 아주 화려하게 살았다. 그래서 "마치 화이트홀이나 성 제임스 궁이 아니라 고럼버리가 궁정 같았다".

그는 명예 말고는 모든 것을 얻었다. 지위를 추구하면서 베이컨은 이따금 원칙을 희생시켰다. 법무 대신으로 있을 때, 그는 왕이 원하는 판결을 확보하기 위해 자신의 영향력을 행사했다. 국새 대신으로 있을 때는 가장 억압적인 독점권을 방어하고 보호했다. 판사로서는 자신의 법정에서 소송을 벌이는 사람에게서 큰 선물을 받았다. 이 모든 일들은 당시의 느슨한 관습이기도 했다. 공무원들은 보수가 나빴고, 그래서 자기들이 도움을 주는 사람들로부터 '선물'을 받아 그것을 보충하곤 했다. 제임스 왕은 "내가 만일 뇌물을 받는 사람들에게 벌을 내린다면…… 단 한 명의 신하도 남지 않을 것"이라고 고백할 정도였다. 왕 자신도 뇌물을 받았다.

1621년 1월에 소집된 하원은 왕에 대해 반기를 들었다. 하원은 제임스 왕의 최고 측근인 베이컨을 미워했다. 그는 독점권을 합법적인 것으로 만들었다. 2월에 하원은 법원을 조사할 위원회를 만들었다. 3월에는 많은 불법을 찾아냈다. 특히 재상의 행동에 문제가 많다는 보고를 올렸다. 베이컨은 23개의 부패 사례를 들어 고발당했다. 그는 왕에게 자신을 구해달라고 하소연했다. "지금 재상을 치고 있는 사람들은 머지않아 왕을 칠 것"이라고 했다. 왕은 그에게 고소 내용을 인정함으로써 앞으로 관직에서 매수를 멀리하는 하나의 사례가 되라고 충고했다. 4월 22일, 베이컨은 상원에 고백서를 제출하며 자신이 다른 판관들처럼 소송 당사자로부터 선물을 받았음을 인정했다. 그러나 그로 인해 자신의 판결이 영향을 받았음은 부인했다. 몇 가지 사례에서는 선물을 준 사람에게 불리한 판결을 내렸다.

상원은 그에게 4만 파운드의 벌금을 내렸다. 국왕이 정하는 만큼 런던탑에 구금되고, 항구적으로 어떤 공직도 맡을 수 없게 되었다. 의회에 출석해서도 안 되고, 법원 구내에 들어와서도 안 된다는 판결이었다. 그는 5월 31일에 런던탑에 갇혔다. 그러나 4일 만에 왕의 명령으로 다시 풀려났다. 왕은 파멸을 부르는 벌금도 면제시켜 주었다. 벌을 받은 재상은 고럼버리로 은퇴해서 단순한 삶을 살려고 애썼다. 최초로 그의 전기를 쓴 롤리는 베이컨이 죽을 때 남겨 놓은 종이에서, 암호로 된 다음의 유명한 문장을 찾아냈다. "나는 지난 50년 동안 영국에서 가장 공정한 판사였다. 그러나 하원은 지난 200년에 걸쳐 가장 공정한 판결을 내렸다."

이 기소의 효과는 좋았다. 공직에서 부패가 줄어들었다. 그리고 왕의 대신들(내각)이 하원 앞에서 책임을 져야 한다는 전례가 되었다. 이 사건은 프랜시스 베이컨을 정치에서 또 다른 작업으로 돌려 놓았다. 정치에서 그는, 생각은 자유주의자였으나 행동은 보수주의자였다. 또 다른 일이란 과학과 철학이었고, 이 분야에서 그는 "재능을 한데 모으라는 종을" 울리게 된다. 그리고 당당한 산문으로 이성의 혁명과 약속을 선포한다.

학문의 대혁신

철학은 이미 오래전부터 베이컨에게 비밀의 사랑이며, 가장 행복한 성향까지는 아니더라도 적어도 직책으로부터의 피난처였다. 그는 이미 1605년에 《학문의 진보와 발전》을 출간했지만, 스스로 그것을 완성이라기보다는 하나의 초안처럼 여겼다. 1609년에 그가 엘리의 주교에게 쓴 편지에는, "하느님이 내게 완전한 철학 책을 쓸 기회를 주신다면……"이라는 구절이 나온다. 1610년 이자크 카조봉에게 보낸 편지에는 이런 구절이 들어 있다. "깊고도 참된 사색의 도움으로…… 인간의 삶의 질서를 더 낫게 만드는 것, 이것이 내가 목표로 삼는 일입니다."

관직으로 바쁘던 시절, 그는 넉넉한 시절의 무분별한 오만으로 과학과 철학의 혁신을 위한 당당한 계획을 품었다. 그리고 추락하기 7개월 전에는 전 유럽을 향해 라틴어로 된 작품을 쓸 계획을 발표했다. 이 책의 대담한 제목은 '학문의 대혁신'이었다. 표지 자체가 이미 도발적이었다. 그것은 지브롤터 해협 동쪽 끝에 대서양을 향해 솟아 있는 헤라클레스의 기둥 사이로 배 한 척이 돛을 팽팽하게 올리고 지나가는 모습을 보여준다. 두 기둥 사이에는 중세의 모토가 적혀 있다. "이곳을 지나 더 나아가지 마라." 베이컨은 이렇게 썼다. "많은 사람이 이곳을 지나서 지식을 늘릴 것이다."

"과학 분야에서 지금까지 이룩한 것은 제자리에서 맴도는 일이며, 영원한 뒤섞기로 항상 시작한 곳에서 끝이 난다"는 사실을 발견하고, 그는 이렇게 결론을 지었다. "오로지 한 가지 길만 남았다. …… 모든 것을 더 나은 계획에 따라 새로 시작하는 것, 그리고 더 적절한 기반 위에서 과학과 '실용' 기술과 인간의 모든 지식의 총체적인 재건을 시작하는 일이다."

그는 이 계획 전체를 제임스 1세에게 헌정했다. 그러면서 "폐하께서 부과하신 과업에서 이 작업을 위해 필요한 시간을 훔친 일"을 사과하고 있다. 그러나 이 결실이 장차 "폐하의 이름을 기억하게 하고, 이 시대의 명예가 될" 것을 희망했는데, 실제로 그렇게 되었다. 제임스 1세는 학문을 대단히 사랑하는 선의의 인물이었다. 그가 이런 계획을 위해 재정적 지원을 하도록 설득되는 사람이라면, 어떤 발전인들 이루지 못하겠는가?

로저 베이컨이 1268년에 교황 클레멘스 4세에게 지식의 확장을 위한 도움을 얻기 위해 《대작품》을 보냈던 것처럼, 그와 성이 같은 프랜시스 베이컨도 왕에게, 과학 탐구의 조직화와 인류의 물질적·도덕적 이익을 위한 이런 결실들을 철학적으로 통합하는 작업을 '왕실 작업'으로 삼아달라고 간청했다. 그는 제임스 왕에게 네르바, 트라야누스, 하드리아누스, 안토니누스 피우스, 마르쿠스 아우렐리우스 등의 '철학자 왕들'을 상기시켰다. 그들은 로마 제정기 100년 동안 훌륭한 통치를 했던 사람들이다.

제왕의 취지를 가지고(《작업에 따라 분할하기》) 그는 자신의 기획을 제안했다. 첫째, 현존하는 혹은 바람직한 학문들의 새로운 분류를 시도하고, 그들 안에서 문제와 탐구의 영역을 나눈다. 그는 이 일을 실천했다. 자신의 저술 《학문의 진보》를 확대해서 라틴어로 번역하여(De augmentis scientiarum, 1623) 국제적 주목을 받은 것이다. 둘째, 현재 통용되는 논리학의 결함들을 검토하고, '오르가논(도구)'이라는 이름으로 알려진 논리학 논문에서 아리스토텔레스가 요약해놓은 것보다 "인간 이성을 더욱더 완전하게 이용하는" 방법을 찾아볼 생각이다. 베이컨은 이것을 그의 《노붐 오르가눔(새로운 도구)》(1620)에서 실천했다. 셋째, '우주의 현상'인 천문학, 물리학, 생물학의 '자연사'를 시작할 생각이다. 넷째, 자신의 새로운 방법에 따른 학문(과학) 탐구의 예들을 '지성의 사다리'에 편입시킬 예정이다. 다섯째, "나 자신이 발견한 것들"을 '선구자'라고 명명할 것이다.

그리고 여섯째로 그는 그렇게 탐구된 과학(학문)으로부터 발전되고 확증된 철학을 상세히 설명하는 일을 시작할 것이다. "그러나 마지막 부분의 완성은…… 나의 힘을 넘어서는 일이고, 내 희망의 저편에 있는 일이기도 하다." 오늘날 지식과 전문 분야의 바다에서 허우적대며 헐떡이는 우리들 눈에, 베이컨의 프로그램은 거창하고 공허해 보인다. 그러나 당시 학문은 아직 그토록 광범위하고 세분화되어 있지 않았다. 그리고 이 계획의 각 부분들이 만들어내는 광채가 전체의 거만함을 용서해주고 있다. 그가 세실 경에게 "모든 지식을 나의 영토로 삼았다"고 말했을 때, 그의 말뜻은 모든 지식을 세부적으로 다 끌어안을 수 있다는 것이 아니었다. 다만 자신은 학문들이 서로 협동하고 격려하도록 전망을 가지고, '바위에서' 내려다보듯이 조망할 수 있다는 의미였다. 윌리엄 하비는 베이컨이 "재상처럼 철학을 썼다"고 평했다. 맞는 말이다. 그리고 그는 장군처럼 그것을 계획했다.

《학문의 진보》를 따라가면 베이컨 정신의 광범위함과 예리함을 느낄 수 있다. 그는 예사롭지 않은 겸손함으로 자신의 생각들을 가리켜 "악사들이 악기를 조율할 때 내는 것 같은…… 소음보다 더 낫지 않은 것"이라고 말한다. 대학, 도서관, 실험실, 생물학을 위한 정원, 과학과 산업 박물관 등을 늘리고 후원할 것을 주장한다. 교사와 연구자들에게 더 나은 보수를 지불할 것, 과학 실험을 재정적으로 뒷받침하기 위해 더욱 넉넉한 기금을 조성할 것, 상호 교류, 협동을 증진시킬 것, 그리고 유럽 대학들 사이에서 일을 나누어 할 것 등을 제안한다. 그는 학문을 숭배하면서도 자신의 전망을 잃어버리지 않는다. 문학과 철학을 포함한 전체적이고 자유로운 교육을 옹호하고, 목적에 대한 현명한 판단을 촉구하면서, 아울러 과학적 방법의 증진을 동반해야 한다고 주장했다.

그의 요구들 중 상당수는 과학 분야에서 수행되었다. 더 정교한 임상 기록, 예방 의학을 발전시킴으로써 생명을 연장할 것, '물리 현상'에 대한 조심스러운 검토, 그리고 사회 심리학의 발전 등이다. 그는 심지어 성공의 기술에서 오늘날 우리의 연구를 예견했다.

《학문의 대혁신》에서 가장 대담한 시도인 두 번째 부분은 과학의 새로운 방법을 제시하는 일이었다. 아리스토텔레스는 귀납법을 인정하고 이따금 실천하기도 했으나, 그의 논리학에서 우세한 것은 연역법이고, 그것의 이상적 형식은 삼단 논법이었다. 베이컨은 이런 낡은 '도구(오르가논)'가, 실제 관찰보다 이론적 사변을 중시함으로써 과학을 정체시켰다고 느꼈다. 그의 《노붐 오르가눔》은 과학적 절차의 새로운 도구와 체계를 제안한 것이다. 경험과 실험을 통해 자연 자체를 귀납적으로 연구하는 방법이다. 이 책도 미완성으로 남았지만, 그 모든 불완전함에도 불구하고 이것은 가장 빛나는 영국 철학의 산물이며, 이성의 시대를 향한 최초의 명료한 외침이었다.

이 책은 라틴어로 쓰였지만 빛나고 강렬한 문장들로 되어 있어,

책의 절반 정도가 경구를 뿜어내고 있다. 첫 번째 구절들이 벌써 철학을 압축하고, 귀납법 혁명을 예고하고, 산업 혁명의 징후를 예고하고 있으며, 홉스, 로크, 존 스튜어트 밀에게 경험론 철학의 자극이 되었다.

자연의 하인이며 해석자인 인간은 자연의 경과에 대해 많은 일을 할 수 있고 이해할 수 있지만, 사실에서나 생각 속에서 오로지 자신이 관찰한 것만큼만 이해할 수 있다. 이것을 넘어서면 그는 아무것도 알지 못하고 아무 일도 할 수 없다. …… 인간의 지식과 인간의 능력은 한 점에서 만난다. 과정을 모르는 경우에는 결과도 산출될 수 없다. 자연이 명령을 내리므로 우리는 그것에 따라야 한다.

17년 뒤에 데카르트는 《방법 서설》에서 모든 것을 의심함으로써 철학을 시작하라고 제안한다. 마찬가지로 베이컨도 여기서 대혁신을 위한 첫발자국으로서 "지성을 배제"할 것을 요구한다.

우리가 가지고 있는 인간의 지식은 단순히 뒤범벅이며 소화되지 않은 덩어리에 지나지 않는다. 그것은 쉽게 믿는 태도, 수많은 우연, 그리고 맨 처음에 흡수된 유치한 관념들로 이루어진 덩어리다.

그러므로 우리는 출발점에서 우리 정신의 온갖 전前 개념, 선입견, 억지, 이론 등을 깨끗이 비워야 한다. 심지어는 플라톤과 아리스토텔레스에게도 등을 돌려야 하고, 우리의 생각에서 '우상들

idols', 혹은 시대의 망상과 오류를 쓸어버려야 한다. 이런 것들은 우리의 개인적 판단의 특성이나, 아니면 전통적인 신념, 우리 그룹이 가진 도그마에서 나온 것들이다. 우리는 소망스러운 사유의 논리적 기만을 없애야 한다. 명료하지 않은 생각의 온갖 부조리함을 쓸어버려야 한다. 겨우 몇 개의 공리와 원칙들로부터 수많은 항구적인 가치들을 이끌어내라고 제안하는, 저 당당한 연역적 사고 체계를 싹 쓸어내야 한다.

과학에는 마법의 모자란 없다. 마법의 모자에서 나온 모든 것은 관찰이나 실험에 의해 우선 그 안으로 집어넣어야 한다. 단순히 우연한 관찰에 의해서가 아니고, 자료의 "단순한 열거"를 통해서가 아니라, "실험을 통해 찾은…… 경험"에 의해 이루어져야 한다. 진짜 과학의 방법이 그토록 자주 경시되고 무시되고 있을 때, 베이컨은 현대 과학의 방법을 이렇게 서술하고 있다.

> 경험의 진짜 방법은 우선 촛불을 켜는 것이다(가설). 이어 촛불을 수단으로 삼아 길을 비추고, 비로소 적절한 경험을 시작해서…… 그것으로부터 공리를 이끌어낸다('첫 번째 결실', 잠정적 결론). 그리고 이렇게 확정된 공리로부터 다시 새로운 실험을 하고…… 실험 자체가 판정을 내려야 한다.

그러나 베이컨은 가설에 대해 매우 조심했다. 이것들은 전통이나 선입견 혹은 소망 즉 '우상'에 의해 너무 자주 제안되었기 때문이다. 그는 의식적이건 아니건, 가설이 경험에서 확정된 자료를 뽑아내 그것에 광택을 내거나, 아니면 반대 증명을 무시하는 경우에는 철저히 불신했다.

베이컨의 생각에서 궁극적 목적은 과학의 방법을 인간 성격에 대한 엄격한 분석과 단호한 개조에 적용하는 것이었다. 그는 인간의 정신에 대해 바다에 부는 바람과 같은 작용을 하는 본능과 감정의 연구를 촉구했다. 이 분야에서는 지식의 탐색에만 오류가 있는 것이 아니라, 그것의 전달에도 오류가 있다. 1급의 지성들에게 적절한 보수와 명예를 주어 그들을 교육 분야로 끌어들일 각오만 된다면, 계몽된 교육에 의해 인간은 새롭게 만들어질 수 있다. 자신만만한 재상은 이렇게 결론을 내린다. "(기술과 자연의) 경쟁에서, 기술이 자연에 대해 승리하리라는 쪽에 나는 모든 것을 걸겠다."

정치가의 철학

여기 강력한 지성이 있다. 철학과 정치에 동일하게 친숙한 사람, 한 세기에 한 명 정도의 인물이다. 철학자가 정치에서 어떤 생각을 했는지, 그리고 정치가가 철학의 분야에서는 어떤 생각을 했는지 안다면 재미있을 것이다.

그렇다고 그가 철학의 어떤 체계를 가졌다거나, 아니면 논리학을 제외하고 자기 사유에 대해 깊은 설명을 남겼다는 말은 아니다. 우연한 계기에 나온 발언들과 《수필집》(1597, 1612, 1625)을 포함해 남아 있는 단편들에서 그의 생각들을 긁어모아야 한다. 버킹엄에 헌정하면서 그는 글을 쓰는 사람에게 고유한 허영심으로 이렇게 말하고 있다. "나는…… 책들이 존속하는 한, 이 책도 존속하리라고…… 생각합니다." 아마 정말로 그럴 것이다. 공식적인 편지들에서, 그의 문체는 고심한 흔적이 역력하고 난해하다. 그래서 그의 아내는 이렇게 고백했다. "나는 수수께끼처럼 겹친 그의 글을 이해하지 못하겠다."《수필집》에서 그는 더욱 집요한 고심을 감추면서 자신의 필봉을 명료하게 다듬었기에, 영어 산문의 역사에서 어떤 글도 이토록 의미심장한 내용이 그토록 빛나게 상응하는 완벽한 형식 안에 들어간 예를 찾아보기 어려울 정도다. 마치 타키투스가 철학에 전념하면서, 그냥 명료하기만 바란다고 자신을 낮춘 것만 같다.

베이컨의 지혜는 세속적인 것이다. 그는 형이상학을 신비주의나 무분별의 영역으로 떠넘겼다. 솟구치는 야망조차도 단상(斷想)에서 전체를 향해 도약하는 경우는 드물다. 하지만 그는 때때로 결정론적 유물론으로 뛰어드는 것처럼 보인다. "자연에는 나뉠 수 없는 입자들 외에는 아무것도 존재하지 않는다. …… 확정된 법칙에 따르면 그렇다" 혹은 "자연 탐구는 물리학으로 시작해서 수학으로 끝날 경우에 최선의 결과를 낸다". 그러나 여기서 '자연'이란 단순히 외계만을 뜻하는 것 같다.

그는 플라톤과 아리스토텔레스보다는 소크라테스 이전의 회의주의 철학자들을 더 좋아했다. 그리고 유물론자인 데모크리토스를 찬양했다. 그러나 육체와 영혼의 날카로운 분리를 받아들이고, 지식인이란 "타고난 유물론자"라는 베르그송의 말을 미리 말하고 있다. "인간의 오성은 기계적 방식으로 일어나는 것의 모습을 보고 감염된다. …… 그리고 사물의 보편적 본성에서도 비슷한 일이 일어난다고 상상한다."

그는 데카르트의 기계론적 생물학을 미리 앞질러 거부했다. 조심스러운 양면 감정으로 자신의 철학을 "마치 소금 치듯이" 종교로 "양념"한다. "나는 이 우주의 틀이 정신을 갖지 않는다는 말보다는, 《성인전》과 탈무드, 코란 등에 들어 있는 이야기들을 믿는 편이 낫겠다."

그는 유명한 구절에서 두 번 거듭 무신론을 제자리로 돌려보내고 있다. 무신론의 이유는 "……종교 안에서의 분열이다. 그런 분열이 많을 수도 있다. 어떤 분열이든 양쪽에 열성이 더해지기 때문이다. 그러나 분열은 무신론을 끌어들인다. 또 하나는 사제들의 스캔들이다. 그리고 마지막으로, 특히 평화와 번영을 누리는 학식이 있는 시대이다(무신론을 부추긴다). 어려움과 불운이 인간의 정신을 종교로 이끌기 때문이다".

그는 "모든 지식은 종교에 의해 제한되어야 한다"는 것을 규칙으로 내세웠다. 그의 교구 목사이기도 했던 롤리에 따르면, 그는 "여러 번 건강을 회복했다. 건강이 허락하는 한 예배에 참석했다. 그리고 영국 국교에 근거한 신앙 속에서 죽었다". 그런데도 그는 위대한 선배 오컴의 윌리엄처럼 신학적 진리와 철학적 진리를 구분했다. 신앙은 과학이나 철학이 그에 대해 아무런 증거도 갖지 못한 믿음에 근거할 수도 있다. 그러나 철학은 오로지 이성에만 근거한다. 그리고 과학은 물리적 원인과 작용의 용어들을 사용해 순수하게 세속적인 설명을 찾을 뿐이다.

학문에 대한 열정에도 불구하고 그는 학문을 도덕성에 종속시켰다. 학문의 확장이 자비심에 아무런 득도 가져오지 못한다면, 인간성에는 아무런 이득도 없을 것이라 했다. "정신의 모든 미덕과 존엄성 중에서 선의가 가장 위대한 것이다." 그러나 기독교의 미덕을 이야기할 때면, 평소의 열광이 줄어들었다. 미덕은 온건한 형태로 실천되어야 한다. 사악한 사람이 경솔하게 선에서 이익을 얻을 수 있기 때문이다. 약간 시치미를 떼는 것은, 문명을 위해서는 아닐지라도 성공을 위해서는 꼭 필요한 일이다. 사랑은 광기요, 결혼은 올가미다. "아내와 자식들을 가진 사람은 덧없는 것을 가진 사람이다. 그들이 큰 기획에 장애가 되기 때문이다." 그는 성직자의 독신제에 대해서는 교황들과 같은 의견이었다. "독신 생활은 성직자와 잘 어울린다. 먼저 웅덩이를 가득 채워야 한다면, 자비심이 지면을 적시기 어렵기 때문이다." 우정이 사랑보다 낫지만, 결혼한 남자들은 불안정한 친구다.

그의 정치 철학은 이론보다는 상황에 따른 것이다. 그는 마키아벨리를 좋게 말했다. 그리고 국가는 그 시민에게 가르치는 도덕률에 묶이지 않는다는 원칙을 솔직하게 받아들였다. 니체와 비슷하게 그는 좋은 전쟁은 어떤 이유든 다 괜찮다고 느꼈다. 경우에 따라서는 국민을 훈련시키기 위해 "올바르고 정직한 전쟁은 진짜 좋은 연습"이다. "제국과 위대성을 위해서는 국민이 군대를 중요한 명예, 연구, 직업 등으로 여겨 직업으로 삼는 것이 매우 중요하다." "한 국가의 청년기에는 군대가 번성한다. 한 국가의 중년기에는 학문이 번성한다. 그리고 군대와 학문이 잠시 함께 번성한다. 국가가 쇠퇴하는 시기에는 상술과 상인들이 번성한다."

그는 치안 불안과 폭동의 주요 원인인 부의 집중을 막으라고 경고했다. 이런 폭동의 해결책은 다음과 같다.

> 첫 번째 치유책 혹은 예방은 가능한 한 모든 수단을 다해 물질적 원인을…… 곧 결핍과 빈곤을 제거하는 것이다. …… 이런 목적을 위해 무역을 열고, 균형을 잡고, 제조업을 귀하게 여기는 것이 도움이 된다. 게으름을 몰아내고, 사치 규제법을 통해 낭비와 과도함을 억눌러야 한다. …… 무엇보다도 좋은 정책이란 국가의 재물과 돈이 소수의 손길에 모이지 않게 하는 일이다. …… 돈은 (옮겨 심은 나무를 위한) 뿌리 덮개 같은 것이어서, 골고루 펴서 뿌리지 않는다면 좋은 것이 아니다.

베이컨은 "상상의 복지를 위해 상상의 법을 만드는 철학자들"을 비웃었다. "그들의 논의는 너무 높이 있어서 별로 빛을 내지 못하는 별들과 같다." 그런데도 그는 《뉴 아틀란티스》(1624)에서 상상의 섬을 유쾌하게 묘사하고 있다. 그곳 주민들은 늙은 솔로몬 왕이 그들을 위해 만든 법 아래 행복하게 살았다. 의회 대신 그곳에는 '솔로몬 의회'가 있다. 관측소·실험실·도서관·동물원·식물원 등이 모여 있고, 과학자·경제학자·기술자·물리학자·심리학자·철학자 등이 이곳에 고용되어 있다. 이들은 (플라톤의 《국가》처럼) 동등한 교육의 기회를 가진 다음 동등한 시험을 거쳐 뽑힌 사람들이다. 그들은 (선거 없이) 국가를 통치한다기보다 오히려 인간의 이익을 위해 자연을 통제한다. 이 통치자들 중 한 명이 유럽에서 온 야만인에게 이렇게 설명한다. "우리 단체의 목적은 사물의 원인과 비밀스러운 움직임에 관한 지식이오. 그리고 인간 제국의 영역을 확장하는 일입니다. 가능한 모든 사물을 위해서지요."

게다가 이 남태평양의 매혹 속에 솔로몬의 마법사들은 현미경, 망원경, 자동 태엽 시계, 잠수함, 자동차, 비행기 등을 모두 발명했다. 그들은 마취제와 최면술을 발견하였고, 식물 접붙이기, 새로운 종種 만들기, 음악을 멀리 떨어진 장소로 옮기는 일 등에 성공했다. 솔로몬 의회에서는 정부와 과학이 하나로 묶여 있고, 베이컨이 제임스 1세에게 공급해달라고 간청한 적이 있는 탐구의 모든 도구와 조직들이 국가 장비의 일부가 되어 있다. 섬은 경제적으로 독립적이다. 외국과의 무역은 전쟁의 덫으로 여겨 피한다. 이렇게 해서 겸손한 철학자들이 오만한 정치가들을 대신하고 있다. 그리고 전쟁은 사회의 강장제라고 충고했던 사람이, 이제 말년에 이르러 마법적인 평화의 낙원에 대한 꿈을 펼치고 있다.

이성의 시대를 알리는 수탉

그는 교황이 생각한 것처럼 "인류의 가장 지혜롭고 가장 명철하고 가장 비열한 사람"은 아니었다. 몽테뉴가 그보다 더 지혜로웠고, 볼테르가 그보다 더 명철했으며, 헨리 8세가 그보다 더 비열했다. 베이컨의 적들은 그가 친절하고 잘 도와주며 빨리 잊는 사람이라고 말했다. 그는 굴종의 지경까지 자신을 추구했고, 신들을 분노하게 할 정도로 자부심이 강했지만, 우리 역시 이런 약점들을 가지고 있기에 그가 비춘 빛으로 그의 성품을 용서하기에 충분하다. 그의 이기심은 그의 항해를 위한 바람이었다. 남들이 우리를 보듯이 우리가 자신을 본다면 충격이 될 것이다.

그는 과학자는 아니었지만 과학의 철학자였다. 그의 관찰 범위는 무한했다. 그러나 사변의 영역이 너무 광범위해서 특별한 탐구를 할 시간이 별로 없었다. 그는 어떤 일을 시도하기는 했으나 결과는 거의 없었다. 그리고 또한 자기 시대 과학의 진보보다 한참 뒤떨어져 있었다. 그는 코페르니쿠스 천문학을 거부했지만, 그런 천문학을 행할 이유만큼은 넉넉하게 제시했다. 케플러, 갈릴레오, 네이피어 등을 무시했다. 그는 《뉴 아틀란티스》에서 상상력의 역할을 보여주기는 하지만 여전히 그것을 무시했다. 그리고 과학 탐구에서 가설과 연역법을 낮게 평가했다. 끈질기게 사실을 수집하라는 그의 제안은 천문학에서는 잘 작동했다. 이 분야에서 수많은 학생들의 관찰과 기록은 혁명적인 연역을 위해 코페르니쿠스 귀납법의 자료들을 제시했다. 그러나 그의 시대에 이루어진 행성의 움직임, 목성의 위성, 지구의 자력, 피의 순환 등을 발견한 실제 방법과는 별로 비슷하지 않았다.

그는 귀납법을 찾아냈다고 주장하지는 않았다. 그리고 "아리스토텔레스를 타도한" 최초의 사람은 아니었다. 로저 베이컨, 페트뤼 라무스 같은 사람들이 이미 수백 년 전에 그렇게 했다. 그들이 폐위시킨 아리스토텔레스는 (프랜시스 베이컨이 이따금 깨달았듯이) 귀납법이나 실험을 자주 사용하고 찬양했던 저 그리스 사람이 아니라, 아랍인과 스콜라 철학자들이 말하는 '철학자'였다. 베이컨은 지식이 권력에 이르는 길이라고 강조한 첫 번째 사람도 아니었다. 로저 베이컨도 그렇게 했다. 캄파넬라는 베이컨 방식의 간결함으로 이렇게 말했다. "우리의 권력은 우리 지식에 비례한다."

아마도 베이컨의 내면에 있는 정치가는 적절하지 않게 과학의 공리적 목적을 강조했던 것 같다. 그래도 '응용' 과학에 비해 '순수' 과학의 가치를 인정했다. 그리고 '열매'와 구별해서 '빛'의 가치를 인정했다. 그는 목적과 똑같이 수단의 연구도 촉구했으며, 인간 본성이 변하지 않고 그대로 남아 있을 경우 발명의 시대는 문제를 풀기보다는 더 큰 문제를 만들어낼 것이라는 사실을 예측했다. 그는 어쩌면 자신의 도덕적 느슨함을 보면서, 지식이 성격의 규율보다 더욱 발전할 경우 나타날 심연을 찾아낸 것인지도 모른다.

이 모든 뒷궁리들을 다 공제하고 나면 대체 무엇이 남는가? 다음의 것이다. 프랜시스 베이컨은 그의 시대에서 가장 강력하고 영향력 있는 지식인이었다. 물론 셰익스피어는 상상력과 문학의 기술에서 그보다 뛰어났으며, 지각과 사유의 섬세함에서도 그보다 뛰어났다. 그러나 베이컨의 정신은 탐조등처럼 우주를 돌면서 공간의 모든 구석과 비밀을 호기심에 넘쳐 살펴보고 있다. 르네상스의 즐겁고도 확장된 열광이 그의 안에 고스란히 있었다. 미친 듯이 신세계를 향해 항해했던 콜럼버스의 흥분과 자부심이 그대로 있었다. 수탉 로빈이 새벽을 알리는 즐거운 외침을 들어보라.

이렇게 나는 지식의 일부가 시민으로서의 지식과 닿아 있다는 걸론을 내렸다. 그리고 시민적 지식과 더불어 인간의 철학을, 인간의 철학과 더불어 철학 일반을 결론지었다. 이제 잠시 쉬면서 내가 돌아온 길을 되돌아보니, 이 글은 내게는, 우리가 자기 자신의 글을 판단할 수 있다면 말이지만, 악사들이 악기를 조율할 때 내는 소리보다 더 나을 게 없는 소음을 낸 것일 뿐으로 보인다. 이런 소음은 듣기에 좋은 것은 아니지만 나중에 음악이 더 달콤해질 이유가 된다. 그래서 나는 뮤즈의 악기들을 조율하는 것으로 만족했다. 뒷날 더 나은 손길이 그것을 연주하도록 말이다. 그리고 이제 우리 시대가 세 번째 학문의 시대가 되고 있는바, 앞선 시대들의 조건을 생각해보면, 모든 질적 측면에서 우리 시대 지력의 탁월함과 생생함이 분명한 것으로 생각된다. 고대 작가들의 산고產苦에 의해 얻은 고귀한 도움과 빛, 오늘날 재산을 가진 모든 사람들에게 책을 전달해주는 인쇄 기술, 수많은 실험들을 밝혀준 항해술에 의한 세계의 개방, 대규모 자연사……. 나는 이 세 번째 시대가 그리스 학문과 로마 학문의 시대를 훨씬 능가하리라는 신념을 갖지 않을 수가 없다. …… 나의 노력들로 말하자면, 누군가 이 노력들을 비난함으로써 스스로를 아니면 다른 사람을 즐겁게 하려 한다면, 이런 노력들은 다음과 같이 고대인의 끈질긴 요구를 할 것이다. "원한다면 나를 때려라. 다만 내 말을 들어라" 하고 말이다. 사람들이 그것들을 비난하게 내버려둬라. 다만 그것들을 관찰하고 무게를 달아보라.

사람들은 처음에 그의 말을 들으려 하지 않았다 영국, 프랑스, 독일에서 그들은 신앙의 경쟁을 무기의 중재보다 더 좋아했다. 그러나 그들의 분노가 가라앉자, 확고함으로 스스로에게 족쇄를 채우지 않은 사람들은, 사람이 아니라 사람의 삶의 조건과 방해들을 향해, 베이컨의 정신으로 스스로를 조직하고 인간 제국을 확장하러 나아갔다.

영국인들이 '자연 지식의 증진을 위한 왕립 협회(학술원)'를 세웠을 때(1660), 그에 대한 영감을 준 사람으로 프랜시스 베이컨이 꼽혔다. 그리고 《뉴 아틀란티스》의 솔로몬 의회가 그 목표였다. 라이프니츠는 베이컨이야말로 철학을 재생시킨 사람이라고 환호성을 올렸다. 계몽주의 철학자들이 함께 모여 《백과사전》(1751)을 썼을 때, 그들은 이 책을 프랜시스 베이컨에게 헌정했다.

디드로는 취지문에서 이렇게 말했다. "우리가 이것을 성공적으로 달성한다면, 우리는 가장 큰 부분을 베이컨 재상에게 힘입은 것이다. 그는 이른바 예술도 과학도 아직 존재하지 않던 시대에, 과학과 예술에 관한 사전 계획을 제안했다. 이 비상한 천재는 알려진 것의 역사를 쓰는 일이 불가능하던 시대에, 꼭 배워야 할 것들을 썼던 사람이다." 달랑베르는 열광의 황홀경에 잠긴 채, 베이컨을 가리켜 "철학자들 중에서 가장 위대하고 가장 보편적이며 가장 능변인 사람"이라고 불렀다. 계몽주의가 프랑스 혁명으로 터지자, 국민 의회는 베이컨의 저술들을 국가 경비로 출간했다. 홉스에서 스펜서에 이르는 영국 사상의 진로와 사유는, 버클리와 흄과 영국 헤겔파를 제외하면 베이컨의 노선을 따른 것이다.

그러므로 우리는 프랜시스 베이컨을 이성의 시대 맨 앞에 자리매김할 수 있을 것이다. 그는 후계자들 중 일부가 그랬던 것처럼,

이성을 우상처럼 숭배한 사람은 아니었다. 실제 경험에 의해 검증되지 않은 사고를 믿지 않았고, 소망으로 오염된 결론들을 믿지 않았다. "인간의 오성은 메마른 빛이 아니며, 의지와 감정으로부터 어떤 주입물을 받아들인다. 그러므로 과학은 '누군가 원하는 대로의 과학'이라 불릴 수 있을 것이다. 인간은 자신이 이미 가진 것을 참이라고 믿으려 하기 때문이다." 또한 그는 18세기 철학자들처럼 이성을 종교의 적이나 그 대체물로 여기지도 않았다. 그는 철학과 삶에서, 이성과 종교 두 가지 모두를 위한 공간을 두었다. 그러나 그는 전통과 권위에 의존하기를 거부했다. 그는 감정적 추측, 초자연적 존재의 개입, 인기 있는 신화 대신에 자연적이고 합리적인 설명을 요구했다.

그는 모든 과학을 위해 깃발을 들어 올리고, 그것을 다음 세기의 가장 열렬한 정신들에 넘겨주었다. 그가 원했건 아니건 그가 요구했던 기획(자연 탐구를 위한 포괄적인 기구, 지식의 세계적인 확장과 보급)은 현대의 가장 심오한 드라마의 씨앗을 이미 품고 있었다. 오늘날 가톨릭이든 개신교이든 기독교는 생명을 유지하기 위해 과학 및 철학의 확산과 힘에 맞서 싸우고 있다. 이 현대의 드라마는 베이컨을 통해 전 세계에 그 프롤로그를 말했던 것이다.

옮긴이의 글

귀 있는 이여, 들어보라

월 듀런트는 《철학 이야기》로 우리나라에도 잘 알려진 이름이다. 그는 데칸쇼(데카르트, 칸트, 쇼펜하우어)나 문사철(문학, 역사, 철학)을 떠들던 세대에게는 지성의 세계로 안내해준 중요한 스승의 한 사람이었다. 시건방진 고등학생 시절과 아직 덜 익어 여리기만 하던 대학 1학년 시절, 읽어도 무슨 소린지 이해가 잘 안 되는 그 책을 읽느라 애쓰던 기억이 새롭다.

이 책은 그가 남긴 마지막 책이다. 어려운 주제를 쉽게 다루어 세계적 베스트셀러가 되었던 《철학 이야기》(1926) 이후로 그는 50년에 걸쳐 인류의 문명사를 관찰한 열 권의 대규모 저작을 쏟아냈다. 바로 '문명 이야기' 시리즈다. 고대 인류 문명의 기원에서 시작하여 서양사를 꿰뚫고 나폴레옹 시대까지 1만 년 이상의 시간을 다룬 책들로, 제목만 읽어도 현기증이 나는 인류사의 광범위한 전망이다. 자신의 마지막 저작인 이 책에서, 인류 문명사 탐구에 평생을 바친 사상가로서 그는 마지막 생생한 목소리로 자신이 탐구한 역사의 지혜를 후세에게 들려주고 있다.

이 책은 원칙적으로 서양의 역사를 관찰한다. 책을 쓰는 도중 저자가 세상을 떠났기 때문에 처음 계획했던 것과 다르게 셰익스피어와 엘리자베스 여왕 시대가 마지막 장이 되었다. 그런데도 이 한 권의 책 안에 그때까지의 서양사가 대체로 한눈에 들어오도록 명료하게 정리되어 있다. 문명이란 무엇인가에 이어 4대 문명 발상지가 돌아가면서 관찰된다. 이어서 서양의 역사와 문화의 뿌리인 고대 그리스(제6장~제8장)와 로마 시대(제9장~제12장)가 간략하면서도 알기 쉽게 개관된다. 그리고 서양 정신에서 또 하나의 뿌리가 되는 기독교의 성장(제13장~제14장), 유럽에서 기독교 중세가 시들면서 피어난 근대의 꽃은, 알프스 남쪽 이탈리아에서는 르네상스(제15장~제17장)로 북부 유럽에서는 종교 개혁(제18장~제19장)으로 나타난다. 개신교 종교 개혁에 맞선 가톨릭 종교 개혁(제20장), 이어서 이성理性의 시대가 다가옴을 알리는 셰익스피어와 베이컨의 시대(제21장)로, 중도에 끝을 맺고 있다.

경구警句를 지닌 힘차고 간결하고 사색적인 언어가 이 거대한 내용을 담아낸다. 복잡하기 짝이 없는 발전 과정에 대한 상세한 묘사는 어차피 이 책의 의도가 아니었다. 여기서 저자는 절대로 짧지 않은 인류 문명의 발전 과정을 따라 성큼성큼 큰 걸음으로 걸으면서, 몇 마디 예리한 말로 각 시대의 핵심을 찌른다. 이미 역사의 수많은 흥망성쇠를 관찰했던 이 눈길은 인류에 대한 막연한 희망이나 절망을 넘어 담담한 관찰자의 냉정함을 보인다.

이 책에 소개된 내용은 단순히 서양사를 알기 쉽고 읽기 좋게 배열한 것만은 아니다. 어마어마한 학문의 역사를 포함하는 서양사를 단순히 정치·사회의 역사가 아니라 사상과 예술의 흐름으로 바라보고 있기 때문에, 그의 관찰은 유연하고 매력적이다. 바로 문화사를 읽는 눈길이다. 문화사를 읽는 이 눈길이 우리에게 던져주는 몇 가지 원칙적인 통찰이 재미있다. 문명을 시작한 것은 여자이며, 남자는 여자가 길들인 마지막 동물이라는 듀런트의 태연자약한 고백이 우리를 멈칫 놀라게 한다. 문명을 떠받치는 다섯 기둥으로 꼽은 항목들은 기억할 만한 것들이다. 즉 가족, 종교, 교육(학교), 법, 대중의 의견(여론) 등이다. 이 기둥을 바탕으로 그의 관찰이 이루어지고 있다.

그리고 이 책의 축을 이루는 관점의 하나로, 역사를 깊이 관찰한 사람이 우리에게 던져주는 대단히 흥미로운 역사적 사실이 하나 있다. 그는 사회 변혁의 핵심적인 이유의 하나로 부富의 편중 문제를 꼽고 있다. 부가 지나치게 한편으로 쏠리면 반드시 혁명의 기운이 생겨난다. 그리고 역사상의 어느 시대든 관계없이 한 사회가 이 위기를 어떻게 극복하느냐, 아니면 그에 휩쓸리느냐에 대한 답변이 그 시대의 배경과 흐름을 이해하는 하나의 중대한 열쇠가 된다. 우리 시대라고 어찌 다르겠는가?

여기서 역사는 영웅의 역사이다. 영웅이란 역사상 위대한 정치가나 장군만이 아니라, 위대한 사상가와 예술가, 시인까지 포함한다. 이 모든 영웅들은 한결같이 위대함과 더불어 인간적인 약점을 지녔다. 듀런트는 이들의 위대성을 깎아내리지는 않지만 슬그머니 미소를 띤 채 거침없이 그들의 약점을 털어놓는다. 역사나 사실을 바라보는 이런 냉정함이 우리에게는 낯설다. 우리는 서로 모순되는 형용사들이 함께 나열된 것을 얼른 이해하지 못한다. 그러나 위대하든 평범하든 상관없이 한 인간을 오로지 훌륭하게만, 또는 나쁘게만 서술할 수 있겠는가? 위대한 인물이 지녔던 인간적인 약점은 그 인물을 깎아내리는 것이 아니라, 오히려 그의 위대성을 더욱 빛나게 만드는 것이 아니던가? 이들이 지닌 약점을 보면 우리와 다를 바 없이 평범하고 허약하지만, 그럼에도 불구하고 그들은 위대했으며, 마찬가지로 약점투성이인 우리 또한 중대한 판단을 내릴 수 있다는 말이 아닌가?

이 책 곳곳에 들어 있는 인용들은 우리를 즐겁게 한다. 그중에서도 여기저기 들어간 아주 아름답거나 경쾌한 시들을 보라. 역사적 관찰과 철학적 사색 사이에 적절하게 배치된 문학 작품이 얼마나 아름다운가. 거기 멈추어 오래 생각에 잠긴다. 삶이란 대체 무엇인가, 우리 인간은 대체 얼마나 이상한 존재인가? 그토록 잔인하고 그토록 위대하고, 그토록 허망하면서 또한 그토록 아름답다. 이러한 사실을 언제나 거듭 느끼지만 그때마다 이것이 얼마나 이상한 체험인지 새삼 깨닫는다.

아흔여섯의 나이로 죽기 직전까지 윌 듀런트의 곁에는 언제나 사랑하는 아내 에이리얼이 있었다. 이들은 1913년에 스승과 제자로 만났다. 두 사람의 행복한 최후에 대해서는 이들이 죽은 지 20년이 지난 다음 이 유작 원고를 발견한 존 리틀의 글에서 읽을 수 있다. 에이리얼은 처음부터 '문명 이야기'의 공동 저자였다. 다만 불행하고도 다행스럽게도 이 시리즈의 제7권 《이성의 시대가 시작되다 The Age of Reason Begins》에서야 비로소 그 사실이 공식적으로 인정되었다. 이것은 한 위대한 사상가가 자신의 오류를 수정하는 과정이었다고 믿고 싶다. 두 사람은 다행스러운 삶의 동반자였고, 나아가 이상적인 동료였던 것으로 보인다. 이 행복한 결합이 이들이 오래 함께 살면서 많은 저작을 만들어낸 원동력이 되었음은 분명한 일이다. 그리고 인류의 수많은 어두운 측면에도 불구하고 이 글에서도 분명히 읽을 수 있는 유머와 재치, 낙천적 요소의 원인이 되었을 것이다.

죽기까지 인류의 역사와 사상에 대한 통찰을 계속했던 그 삶의 흔적을 만나고 그 깊은 목소리를 듣고 있노라면, 우리 삶이 참으로 경이롭고 또 노년을 존경하는 마음이 뭉클 솟아난다. 나도 이같이 아름다운 노년을 맞이하고 싶구나 하는 마음이 저절로 든다. 여기서 한 스승이 후세와 젊은이들에게, 특히 미국의 젊은이들에게 들려주는 역사의 교훈을 귀담아 들어보면 남의 이야기가 아니다. 귀 있는 이여, 들어보라.

안인희

2002. 7.

개정판을 내며-옮긴이의 글

해석학으로 역사 읽기

 이 책을 처음 번역하고 거의 10년이 흐른 지금, 여러 번에 걸쳐 다시 읽고 여기저기 흩어져 있는 오류들을 수정했다. 1만 년 이상의 역사를 다루고 있는 책의 내용이 워낙 방대하고 등장인물과 사건이 많아 전체를 제대로 한 번 읽는 일이 쉽지 않다. 하지만 윌 듀런트의 재치 넘치는 경구들과 뛰어난 문체는 읽을 때마다 거듭 특별한 기쁨을 선사한다.

 이 책은 50년 이상의 기간에 걸쳐 11권에 이르는 대작 '문명 이야기'를 쓴 저자가 생애 마지막에 작업하다가, 원래 계획대로 완성하기 전에 세상을 떠나는 바람에 미완성으로 남긴 원고를 다시 세월이 흐른 다음 책으로 낸 것이다. 미완성이라고는 해도 여전히 17세기 초까지의 역사를 포괄하는 대작이다. 많은 부분이 '문명 이야기'에서 발췌한 내용들로 채워졌지만, 그렇다고 해서 발췌문을 대강 이어 붙여놓은 것은 아니고, 나이 든 대가의 솜씨로 후세의 젊은이들이 읽기 쉽도록 이음매들을 매끈하게 마무리하고 일부는 새로 써서 보충했다.

 1만 년 이상의 인류사, 주로 서양사를 어쨌든 단 한 권의 책으로 읽는다는 것은 얼핏 상당히 매력적인 소리로 들린다. 하지만 실제로 읽어보면 그렇게 호락호락하지만은 않다. 실제 역사의 속사정은 상당히 복잡한 내용들을 포함하는데 간략하게 줄여 서술하고 있으니, 오히려 이해하기가 쉽지 않은 부분이 생기기 때문이다.
 세부 사항들을 줄인 대신, 이 책은 역사를 거대한 강물의 흐름처럼 읽어내고 있다. 모든 강물은 바다를 향해 흐르고, 모든 역사는 오늘 우리의 삶으로 이어질 수밖에 없다. 강은 구불구불 굴곡을 이루며 흐른다. 높은 산에서 작게 발원하여 산골짜기를 지나 다른 곳에서 온 물줄기들과 합쳐지면서 너른 평원을 지나 때로는 산모퉁이를 돌아 흘러간다. 이따금 물줄기는 여러 갈래로 갈라졌다가 다시 합쳐진다. 중간 중간 작은 마을과 큰 도시들을 통과해 간다. 어느 한 지점에서 강을 바라보면 때로는 풍경이 아름답기도 하고, 때로는 빠른 물살이 두려움을 불러일으키기도 한다. 하지만 높은 산에서 멀리 구불구불 흘러가는 물줄기를 바라보면 그 유장한 흐름이 전혀 다른 모습을 드러낸다. 또는 오늘날의 기술로 가능한 항공 촬영은 그야말로 기나긴 물줄기를 단번에 보여줄 수도 있다.
 그렇듯 이 책에서 우리는 상대적으로 짧은 시간에 기나긴 역사의 흐름을 읽는다. 완전한 것은 아니다. 우선 원래 계획한 지점까지 도달하지도 못했고, 또 수많은 부분들을 그냥 건너뛰었기에 그 자세한 모습을 알 수도 없다. 그런데도 이 책은 우리에게 아주 중요한 교훈을 전해준다. 우리는 흔히 역사를 '암기 과목'으로 분류하곤 한다. 하지만 연도와 사건의 암기만으로 역사를 제대로 읽어낼 수는 없다. 끊임없이 흐르는 강물과 같은 역사를 맥락으로 읽어야 비로소 어느 정도 제대로 읽게 된다.

맥락을 읽기 위해서는 원인과 결과를 '암기'하는 것이 아니라 '이해'해야 한다. 즉 "내가 당시 이러이러한 상황 속에서 살았다면 어땠을까?" 하고 사색 속에서나마 과거의 어느 시대 안으로 직접 들어가 새로운 눈길로 모든 것을 다시 바라보아야 한다. 이런 '과거로의 이입'은 쉬운 일이 아니어서 상당한 훈련이 필요하다. 그 시대의 상황 안에서 보아야 당시 사람들과 당시의 사건을 어느 정도 공정하고 정확하게 이해할 수 있게 된다. 역사는 암기 과목이 아니라 '이해'의 학문인 것이다.

역사의 사건을 바라보는 나의 눈길에는, 현재 나의 상황과 문제에 대한 생각과 의문들이 나도 모르게 투영되게 마련이다. 오늘 내가 처한 문제와 비슷한 문제를 만나면 나의 관심은 훨씬 더 커진다. 그렇게 커진 관심으로 이미 완결된 과거의 사건을 조심스럽게 탐색한 다음, 다시 오늘날의 내 문제로 돌아오면 현재의 문제를 바라보는 나의 관점에 어느 정도의 변화와 발전이 생겨난다. 이것은 우리가 '해석학Hermeneutik'이라 부르는 학문의 방법으로서, 역사의 사건이 오늘 우리의 현실과 만나고 소통하는 방법이기도 하다. 즉 역사를 읽는 나의 관점이 발전하고 성숙해지는 것이고, 그럼으로써 다시 나의 오늘의 역사를 더욱 성숙하게 변화시킬 수 있는 방법인 것이다.

듀런트의 《역사 속의 영웅들》에는 이런 해석학적 관점들이 자연스럽게 녹아들어 있다. 저자는 냉철한 눈길로 과거의 사건들을 서술하면서도, 언제나 거듭 자기가 처한 현재의 문제들을 반성하곤 한다. 그의 현재가 오늘 우리의 현재와 그리 거리가 멀지 않기에, 많은 것이 오늘 우리의 문제이기도 하다. 그가 가볍게 언급하고 지나가는 말들 속에는 결코 가볍지 않은 역사의 인식과 교훈들이 스며들어 있다.

최근 듀런트의 대표작인 '문명 이야기' 시리즈에서 세 권이 우리말로 번역되어 나왔다. 남은 여덟 권도 앞으로 나올 예정이라니 여간 반가운 일이 아니다. 그 방대한 시리즈를 다 읽고 이해하려면 누구라도 상당한 시간을 바쳐야 한다. 우리 책 《역사 속의 영웅들》에는 전체 시리즈 중 제7권까지에 해당하는 내용이 짤막하게 녹아들어 있다. 물론 저자 자신이 직접 손질한 것이다. 유장한 역사의 긴 흐름을 단번에 살펴보기에 아주 편리하다. 이 책을 먼저 읽고, 그중에서 가장 좋아하는 부분을 골라 '문명 이야기'로 더욱 상세한 내용을 읽는다면 역사를 읽는 아주 좋은 방법이 될 것이다. 이 책을 쓸 때 저자의 의도도 그랬으니까.

책을 덮고 나서도 여전히 듀런트가 뽑아놓은 보석 같은 인용문들이 귓가를 맴돈다. 특히 셰익스피어 작품의 인용은 읽는 이를 압도한다. 셰익스피어의 주요 작품들을 여러 번이나 거듭 읽었지만 여전히 듀런트의 인용문을 통해 셰익스피어의 세계로 가장 빨리 제대로 안내를 받는다는 느낌을 지울 수가 없다. 죽음을 향해 이미 문을 활짝 열어 놓은 나이 든 대가들이 뱉어내는 그 이중화음을, 삶의 잔인한 진실을 귀 기울여 들어보라.

안인희
2011. 8